Thomas Keiderling

UNTERNEHMER IM NATIONALSOZIALISMUS

Machtkampf um den Konzern Koehler & Volckmar AG & Co.

D1670116

Sax-Verlag Beucha

Bibliografische Information der Deutschen Bibliothek

Die Deutsche Bibliothek verzeichnet diese Publikation
in der Deutschen Nationalbibliografie; detaillierte bibliografische Daten
sind im Internet über http:/dnb.ddb.de abrufbar

ISBN 3-934544-39-8

1. Auflage 2003
Alle Rechte vorbehalten
© Sax-Verlag Beucha, 2003
Umschlaggestaltung: Hans-Jörg Sittauer, Leipzig
Repros: Grafischer Service Drasdo, Leipzig
Herstellung: PögeDruck Leipzig-Mölkau
Printed in Germany

Inhalt

VORWORT

*Bei Beginn des Ersten Weltkriegs stand die Firma
F. Volckmar in Leipzig, Berlin und Stuttgart in voller Blüte.
Der Ausbruch des Krieges beendete die Periode einer
gesicherten Entwicklung. Die hereinbrechenden Stürme
der Zeit stellten die Inhaber vor völlig neue Aufgaben,
die zunehmend schwerer wurden. Das Steuer mußte
seitdem oft genug herumgeworfen werden,
damit sich das Haus Volckmar in den
Stürmen der Zeit behaupten konnte.*

(Theodor Volckmar-Frentzel, 1954)

1954 erschien im Stuttgarter Verlag K. F. Koehler eine Rechtfertigungsschrift mit dem Titel „In den Stürmen der Zeit" als Handreichung für Berufskollegen und Freunde. Der Verfasser Theodor Volckmar-Frentzel, Leiter des größten Konzerns der deutschen Buchwirtschaft, berichtete darin von turbulenten und tragischen Ereignissen der jüngsten Vergangenheit. Dabei stellte er zwei Aspekte in den Mittelpunkt seiner' Rückschau. Einerseits einen politisch eingefärbten Gerichtsprozess, der 1936 tiefe Gräben in der Führungsmannschaft aufriss, andererseits den fast vollständigen Verlust des betrieblichen und persönlichen Vermögens durch Kriegsschäden sowie Enteignung im Zeitraum von 1943 bis 1949.

Im Mittelpunkt der vorliegenden Studie stehen die gerichtlichen Auseinandersetzungen der dreißiger Jahre. Die auf umfangreiche Quellenrecherchen in Leipziger und Berliner Archiven gestützte Ereignisrekonstruktion nimmt die Denk- und Verhaltensweisen sowie die generelle politische Einstellung von Wirtschaftseliten während des Nationalsozialismus näher unter die Lupe. Konnte der Buchhandel während der Diktatur abseits stehen, neutral bleiben? Welche Zugeständnisse gingen Unternehmer ein, um ihre berufliche und bürgerliche Existenz nicht aufs Spiel zu setzen? Gab es darüber hinaus eine konjunkturelle „Mitläuferschaft", ein Sichanbiedern der Unternehmer an das System, um eigene wirtschaftliche Ziele durchzusetzen? In jüngster Zeit sind zahlreiche Publikationen erschienen, die sich kritisch mit der Thematik auseinandersetzen.[1] Der vorliegende Band ordnet sich hier ein.

Die Untersuchung stützt sich auf eine ausgezeichnete Dokumentenlage zum Machtkampf um einen Konzern, der nicht nur innerhalb der Branche für Interesse sorgte. Denn selbst einflussreiche NS-Institutionen wie die Reichsschrifttumskammer, die SS und Gestapo versuchten, die Situation für eigene Zwecke auszunutzen.

---

[1] Neben unzähligen Aufsätzen sollen fünf Publikationen beispielgebend genannt werden. Es handelt sich einmal um die soziologische und massenbiografische Untersuchung von Hervé Joly (Joly: Großunternehmer), des weiteren um die vergleichend biografisch angelegten Studien und Sammelbände von Paul Erker, Toni Pierenkemper (Erker: Industrie-Eliten, Erker / Pierenkemper: Deutsche Unternehmer), Petra Bräutigam (Bräutigam: Mittelständische Unternehmer), Lothar Gall und Manfred Pohl (Gall / Pohl: Unternehmen).

Die überlieferten Gutachten, Verhörungsprotokolle, Gerichtsschreiben, vertraulichen Vermerke sowie biografischen Aufzeichnungen eignen sich in hervorragender Weise, um Muster des strategischen Wirtschaftshandelns während der NS-Diktatur sichtbar werden zu lassen.

Der Aufbau der vorliegenden Publikation folgt im Großen und Ganzen der Chronologie der Ereignisse. Zunächst soll eine firmengeschichtliche Rückblende die langfristigen sowie unmittelbaren Ursachen der Streitigkeiten und Machtkämpfe während des Nationalsozialismus beleuchten. Sodann erfolgt eine detaillierte Schilderung der Geschehnisse der Jahre 1936 bis 1938, bei denen auch Zensurfälle im Buchhandel, die im Zusammenhang mit den geschilderten Auseinandersetzungen stehen, thematisiert werden. In einem Dokumententeil wird ein umfangreiches Verleumdungs- und Anklageschreiben des Konzern-Vorstandsmitglieds Hermann v. Hase sowie ein schriftliches „Verhörungsprotokoll" der SS sowie dessen Beantwortung durch die Konzernchefs Hans Volckmar und dessen Adoptivsohn Theodor Volckmar-Frentzel in vollständiger Transkription wiedergegeben. Ausgewählte Unternehmerbiografien beschließen den Band.

I.
VOM FAMILIENBETRIEB ZUM MARKTFÜHRER
Der Aufstieg der Firmen Fr. Volckmar und K. F. Koehler

Zu Beginn des 19. Jahrhunderts hatte sich Leipzig zum wichtigsten Zentrum der Buchwirtschaft im deutschsprachigen Raum aufgeschwungen. Die einsetzende Industrialisierung zog Druckereien, Verlage, Buchbindereien und schließlich auch den polygrafischen Maschinenbau in die Stadt. Am Standort entwickelten sich Zeitschriftenverlage ebenso wie Musikalien-, Antiquariats- und Sortimentsgeschäfte mit großen jährlichen Wachstumsraten.

Der expandierende Waren- und Geldaustausch wurde bald durch eine neue Branchenspezialisierung, den Zwischenbuchhandel, organisiert und verwaltet. Unter dem Begriff Zwischenbuchhandel fasst man in der Fachsprache drei Spezialisierungen zusammen: den Kommissionsbuchhandel, das Barsortiment und den Grossobuchhandel. Sie vermitteln allesamt als brancheninterne Dienstleistungsbereiche den Geschäftsverkehr zwischen Verlags- und Sortimentsunternehmen, insbesondere bieten sie Serviceleistungen im Bereich der Warenbestellung, Auslieferung, Lagerhaltung, Abrechnung und Werbung an. Der Kommissionsbuchhandel, in einigen Frühformen seit dem 15. Jahrhundert nachweisbar, wurde im Verlauf des 19. Jahrhunderts zu einem modernen Branchenzweig umgestaltet.[2] Ein hervorstechender Unterschied des buchhändlerischen zum kaufmännischen Kommissionär bestand darin, dass er nicht in eigenem Namen auf Rechnung des Auftraggebers arbeitete, sondern in fremdem Namen auf fremde Rechnung.

Über Leipzig war der Kommissionsbuchhandel wie folgt organisiert: Zunächst wurde zwischen dem Unternehmer des Kommissionsbuchhandels (Kommissionär) und seinem Auftraggeber (Kommittent) ein Vertrag abgeschlossen. Nach öffentlicher Bekanntgabe der Geschäftsbeziehung übergab der auswärtige Verleger seinem Leipziger (Verleger-)Kommissionär ein ständiges Bücherlager gut gehender Titel. Nun konnten die Bestellungen des Bücherkäufers über den Sortimenter sowie dessen (Sortimenter-)Kommissionär in Leipzig einlaufen. Die Bücher wurden vom Lager geholt und in preiswerten Sammelsendungen via Bücherwagendienste ausgeliefert. War ein Buch nicht am Kommissionsplatz vorrätig, musste es zunächst vom Verlag angefordert werden. Neben der hier beschriebenen Lager-, Bestell- und Auslieferätigkeit übernahm der Kommissionär bald auch routinemäßig Abrechnungsarbeiten, er vermittelte das Bargeschäft und streckte soliden Geschäftspartnern Gelder vor.[3]

Im Gegensatz zum Kommissionär handelt der Barsortimenter im eigenen Namen und auf eigene Rechnung. Die neue Geschäftsform entwickelte sich um die Mitte des 19. Jahrhunderts aus dem Leipziger Kommissionsbuchhandel heraus. Ursprüngliche Idee des Barsortiments war es, folgende Tätigkeiten zu kombinieren: Es wurden

---

2   Vgl. Keiderling: Kommissionsbuchhandel.
3   Eine detaillierte Beschreibung der Tätigkeiten eines Kommissionärs findet sich bei Meyer: Geschäftsbetrieb, S. 51–60.

große Partien ungebundener, gängiger Bücher beim Verleger preisgünstig einge-
kauft. Diese hatte man sodann großtechnisch, d.h. kostengünstig binden zu lassen,
um sie anschließend an zahlreiche Sortimentsbuchhändler weiter verkaufen zu können. Der Überschuss, den die selbsthergestellten Einbände ergaben, und die Frei-
exemplare beim Verlegerbezug bildeten eine wesentliche Einnahmequelle. Das
Barsortiment führte somit die Lagerhaltung des maschinenmäßig gebundenen Buches ein und setzte das preiswert gebundene Buch im Sortiment durch.

Neben dem Barsortiment hat sich seit dem ausgehenden 19. Jahrhundert der
Grossobuchhandel entwickelt, der ebenfalls auf eigenen Namen und eigene Rechnung agierte. Das Grossogeschäft wies zwei unterschiedliche Betriebsformen auf:
den Zeitungsgrossisten sowie den Büchergrossisten. Beide Richtungen unterschie-
den sich durch ihre Kundschaft, die einen, die Zeitschriftengrossisten, bedienten den
Zeitungseinzelhandel, Bahnhofsbuchhandel, Kolporteure, Lesezirkel usw., die anderen, die Büchergrossisten, hauptsächlich sogenannte Auchbuchhändler.[4]

Die spannende logistische Tätigkeit des Zwischenbuchhändlers, eine Berufsspe-
zialisierung, die es in dieser Art nur im deutschsprachigen Raum gibt[5], hat seit ihrer
Herausbildung für eine große Faszination gesorgt. Buchhändler aus allen Provinzen
reisten zu den zentralen Kommissionsplätzen, um sich die Buch- und Zeitschriften-
auslieferbetriebe anzusehen. Renommierte Buchhändler aus aller Welt schickten
ihre Söhne zur Ausbildung nach Leipzig, damit sie hier das Modell des modernen
Buchhandels studieren konnten.

Nach Auskunft früher Handelsregister existierten um 1835 bereits 57 zwischenbuchhändlerische Firmen in Leipzig, in denen 65 Unternehmer tätig waren.[6] Zumeist
handelte es sich um kleine und mittelständische Geschäfte, die sich vorwiegend in
Familienhand befanden. Früh entbrannte zwischen ihnen ein harter Konkurrenzkampf, der zu Spezialisierungen, zu Marktaufteilungen, zu Neuerungen und vor allem zu Konzentrationsbewegungen führte.

Unter den Kommissionsfirmen in Leipzig zogen zwei Familiengeschäfte die Aufmerksamkeit auf sich: Friedrich Volckmar und Karl Franz Koehler. Ihnen gelang es,
sich nach 1830 an die Spitze der zehn auftragsstärksten Kommissionsgeschäfte zu
setzen, das heißt, sie vermittelten zahlreiche Kundenfirmen.[7] Neben professioneller
Zielstrebigkeit und Fortüne verdankten beide den steilen Aufstieg ihrer Aufgeschlos-
senheit gegenüber Modernisierungen und vor allem ihrer Bereitschaft zu brancheninternen Innovationen. Mit diesem technologischen Vorsprung schlugen sie nicht nur
die lokale Konkurrenz aus dem Felde, sondern avancierten selbst zu Trendsettern
und Marktführern des deutschen Zwischenbuchhandels.

---

4   „Auchbuchhändler" waren z.B. Kaufhäuser oder Einzelhandelsgeschäfte wie Schreib- und
      Kolonialwarenhandlungen, die in ihrem Sortiment auch Bücher führen wollten. Da ihnen buch-
      händlerisches Wissen fehlte, ließen sie sich von Grossobuchhändlern unterstützen und beraten.
      Vgl. Exposé Grossobuchhandel (um 1923), S. 2–3, in: Sächs. StAL, Börsenverein, 827.
5   Vgl. Meyer-Dohm: Handbuch, Bd. 4, S. 361–405. Vgl. ferner: Keiderling: Kommissions-
      buchhandel, S. 33–73.
6   Das heißt, in einigen Betrieben führten mehrere Unternehmer oder leitende Angestellte die
      Geschäfte. Vgl. Keiderling: Kommissionsbuchhandel, S. 41.
7   Zu den zehn auftragsstärksten Unternehmen des Leipziger Kommissionsbuchhandels zwischen
      1830 und 1888 gehörten (in der Reihenfolge von Platz 1–10): Volckmar, Koehler, Steinacker,
      Wagner, Hermann, Fleischer, Herbig, Kittler, Brockhaus, Schulze. Die Platzierung ergab sich
      aus der Summe aller jährlich betreuten Kundenfirmen (Kommittenten). Vgl. ebenda, S. 46.

1. Das Unternehmen Friedrich Volckmar
(gegr. 1829)

Als Friedrich Volckmar als Sohn eines Kaufmanns am 7. Juli 1799 im westfälischen Soest geboren wurde, hatte man ihm wahrlich nicht die Bestimmung in die Wiege gelegt, einmal der eigentliche Begründer des modernen, professionellen Zwischenbuchhandels zu werden. Die einst mächtige Handelsstadt erlebte – inzwischen zu Preußen gehörend – nach dem Siebenjährigen Krieg ihren Niedergang. So kam für den jungen Volckmar der Ruf seines Cousins Friedrich Arnold Brockhaus nicht ungelegen. Er ging 1821 nach Leipzig, um den Beruf des Buchhändlers praktisch zu erlernen und beim Ausbau des jungen Familienunternehmens Brockhaus zu helfen.

Die Stadt an der Pleiße war damals schon eine Metropole des Buchdrucks, des Buchhandels und des Messegeschäfts. Brockhaus schickte sich als erster Unternehmer Sachsens an, die Schnellpresse von Friedrich Koenig aufzustellen. Seit 1816 brachte Karl Tauchnitz die Stereotypie für seine Klassikerreihen in Anwendung. Weitere Erfindungen, wie die Satiniermaschine und die Hydraulikpresse, effektivierten den Buchdruck ebenso wie die Einführung verbesserter Schriftgießmaschinen und des standardisierten Maßsystems.[8] Zu den großen Buchfirmen am Platze gehörten neben Brockhaus die Dürrsche Buchhandlung (gegr. 1656), Breitkopf & Härtel (1719), J. A. Barth (1780), J. C. Hinrichs (1781), Fr. Fleischer (1788), K. F. Koehler (1789), C. F. Peters (1800), C. F. Amelang (1806), C. A. Klemm (1806), Fr. Hofmeister (1807), W. Engelmann (1811), B. G. Teubner (1811) und O. Wigand (1816). Weitere Firmenansiedlungen und Neugründungen sollten in großer Zahl folgen.

Der junge Volckmar war von dem im Vergleich zu seiner Vaterstadt groß- oder gar weltstädtisch zu nennenden Leben und Treiben in der Messestadt tief beeindruckt.[9] Am Buchhandel fand er Gefallen und erkannte die Entwicklungsmöglichkeiten, die sich einem jungen Mann mit Interesse für diese Branche boten. Er arbeitete sich

---

8   Vgl. Knopf / Titel: Gutenbergweg, S. 24.
9   Zur Situationsbestimmung der aufsteigenden Messestadt siehe besonders den Aufsatz von Hartmut Zwahr. Vgl. Zwahr: Leipzig im Übergang, S. 133–159.

schnell in das Verlagsgeschäft von Brockhaus ein und leitete zwischen 1821 und 1827 eine Strohfirma seines Cousins in Altenburg, die unter dem Namen Volckmar & Co. eigens gegründet worden war, um der sächsischen Zensur zu entgehen. Danach übernahm er das von Brockhaus angekaufte Kommissionsgeschäft, das in den ersten Jahren noch unter dem Namen H. E. Gräfe firmierte, und baute es zu einer gut gehenden Abteilung aus.

Die damaligen Kommissionsgeschäfte arbeiteten zumeist als Zwergunternehmen am Rande des Existenzminimums. Die wenigen Gebühren, die der Kommissionär für seine Dienstleistungen einzuziehen pflegte, reichten gerade aus, um das wirtschaftliche Überleben zu gewährleisten. Volckmar erkannte, dass die Idee, für Verlags- und Sortimentsfirmen logistische Dienstleistungen anzubieten, zukunftsweisend war. Er gründete 1829 ein eigenes Geschäft und war fortan damit beschäftigt, es durch zahlreiche Neuerungen den modernen ökonomischen Verhältnissen anzupassen.

Volckmars zielgerichteter Eifer zahlte sich schon bald aus. Das Geschäft lief gut, mehr noch machte er innerhalb seiner Zunft von sich reden. So verfasste er 1833 ein 27seitiges Zirkular an seine 35 Kommittenten und alle anderen auswärtigen Geschäftspartner und Interessenten unter dem Titel „Handschriftliche Mittheilungen an die Herren Committenden".[10] Darin erläuterte er die Praxis des Leipziger Kommissionsbuchhandels, sein Bestell- und Versandsystem, die Verrechnungsweise und andere Merkwürdigkeiten.

Maßgebend beteiligte sich Volckmar an der Ausarbeitung des „Memorandum für die Herren Committenten mit Bezug auf das Commissions-Geschäft in Leipzig", Leipzig im Juni 1846.[11] Diese Schrift galt als der Usancenkodex des Kommissionsbuchhandels schlechthin und wurde später mehrfach in überarbeiteter Form wieder aufgelegt.[12] Unter den 39 Leipziger Kommissionären, die das Memorandum unterzeichneten, rangierte Volckmar mit 72 Kommittenten an vorderer Stelle.

In der Zeit des Vormärz engagierte sich Friedrich Volckmar auch politisch. Die von Fürst Metternich veranlassten Karlsbader Beschlüsse von 1819 hatten in Preußen, Sachsen und anderen deutschen Ländern die so genannten Demagogenverfolgungen ausgelöst, die sich vornehmlich gegen die nationale und liberale Bewegung richteten. Die sächsischen Polizei- und Zensurbehörden unternahmen nicht wenige Versuche, Kontrollen und Konfiskationen direkt beim Zwischenbuchhandel anzusetzen. Als Zentrum des deutschen Buchhandels verband die Stadt die einzelnen Wirtschaftsregionen untereinander und den nationalen mit dem internationalen Buchhandel. Bereits in der zweiten Hälfte des 19. Jahrhunderts wurden mehr als 90 Prozent aller Bestellungen und Auslieferungen über die Pleißestadt abgewickelt, d.h. durch das „Leipziger Nadelöhr" ging ein Großteil aller Bücher und Zeitschriften des deutschen Marktes. Hier lagerte ein umfangreiches, in die Millionen Bände zählendes Arsenal an Literatur. Die ortsansässigen Firmen waren mit ihren großen Lager-

---

10 Vgl. Keiderling: Kommissionsbuchhandel, S. 143–147.
11 Vgl. Keiderling: Memorandum. Vgl. ferner Keiderling: Kommissionsbuchhandel, S. 152–162.
12 Unter Zugrundelegung des *Memorandums* erschienen die Schriften *Der buchhändlerische Verkehr über Leipzig und der Geschäftsgang des Leipziger Kommissionsgeschäfts* (1892). Bis 1939 folgten weitere Auflagen sowie erneute Publikationen mit den Titeln *Der Verkehr über Leipzig, Wer liefert über Leipzig aus?, Wer verkehrt über Leipzig?, Weshalb verkehrt man über Leipzig?, Wie verkehrt man über Leipzig oder Die Wirtschaftlichkeit des Verkehrs über Leipzig.* Vgl. Keiderling: Modernisierung, S. 153 f.

beständen leicht zu kontrollieren[13], und mittels der seit 1842 bestehenden Zettel-bestellanstalt[14] konnte auch der Vertrieb der Literatur, insbesondere der verbotenen Schriften schnell recherchiert werden. Von daher war der Leipziger Zwischenbuch-handel bestens zur Medienkontrolle durch die sächsischen Behörden geeignet. Ein Umstand, der nicht nur den deutschen Buchhändlern bewusst war, sondern auch den sächsischen Behörden. In den Zensurbestimmungen wurde nicht zufällig der Kommissionär dem Verleger gleich gestellt, um auch ihn überwachen zu können.[15]

Aufgrund seiner liberalen Haltung setzte sich Volckmar vehement für die Mei-nungs- und Medienfreiheit ein. Als Zwischenbuchhändler war er wiederholt mit der Zensur in Berührung gekommen. Ende 1844 wurden beispielsweise in seinem Kom-missionsgeschäft sowie in dem von August Ludwig Schumann Paketballen geöffnet, um aus der Schweiz stammende, „anstößige" politische Schriften zu beschlagnah-men. Volckmar gehörte damals zu den Leipziger Kommissionären, denen die Behör-den die meisten Zensurverstöße vorhielten. Wegen Verbreitung verbotener Schriften wurde er mehrfach verurteilt. 1841 und 1842 erhielt er jeweils Gefängnisstrafen von mehreren Tagen – 1842 waren es sechs –, die allerdings in Geldbußen umgewan-delt wurden.[16] Das brachte dem Unternehmen zwar wirtschaftliche Verluste ein, aber auch einen guten Stand innerhalb der Branche und des Berufsverbandes.[17]

Seit den vierziger Jahren gehörte Volckmar zur Elite des deutschen Buchhandels. Er unterhielt geschäftliche Kontakte zu zahlreichen deutschen Buchhändlern und war an wichtigen Entscheidungen des Börsenvereins unmittelbar beteiligt. Noch bevor er sich altersbedingt aus dem Geschäft zurückzog, trat sein ebenfalls aus Soest stam-mende Neffe Carl Voerster[18] dem Unternehmen bei und setzte das Werk des Onkels zielstrebig fort. Seit 1847 entwickelte Voerster vor allem die Grundlagen des Barsor-timents, eine zweite Spezialisierung des deutschen Zwischenbuchhandels, die heute eine große wirtschaftliche Bedeutung erlangt hat.

---

13 Die im Leipziger Kommissionsbuchhandel lagernde sächsische Verlagsproduktion war inso-fern uninteressant für sächsische Zensoren, da sie bereits im Verlag vorzensiert wurde. Theoretisch konnten sächsische Verleger auch Bücher über zwanzig Bogen dem Kommis-sionsbuchhandel unzensiert zur Verteilung übergeben. Derartige Verstöße waren jedoch aufgrund des großen wirtschaftlichen Risikos nur selten zu verzeichnen. Anders war die Sachlage bei nichtsächsischem Verlag, der in Leipziger Kommissionsgeschäften aufbewahrt wurde. Da innerhalb Deutschlands die Liste verbotener Bücher von Staat zu Staat differierte, befand sich unter diesen Druckerzeugnissen stets ein gewisser Prozentsatz an Titeln, der in Sachsen verboten war. Vgl. Franke: Preßaufsicht, S. 114. Siehe Zensurbestimmungen für den ausländischen, in Leipzig lagernden Verlag, in: SHStA, Ministerium der Auswärtigen Angele-genheiten, 4872, 4873. Ein Großteil der zensierten Literatur kam aus dem deutschsprachigen Ausland. Vgl. StadtAL, Titelakten, 124.

14 Die Zettelbestellanstalt wurde 1842 in Leipzig als genossenschaftliche Einrichtung aller lokalen Buchhändler gegründet. Sie war eine Art Postanstalt des lokalen Buchhandels. Hier wurden die Bestellungen auf Bücher und Zeitschriften, die von den Sortimentsbuchhand-lungen eingingen, innerhalb der Zwischenbuchhändler und Verleger weitervermittelt. Vgl. Keiderling: Kommissionsbuchhandel, S. 147–152.

15 Vgl. Kapp-Goldfriedrich: Geschichte des Deutschen Buchhandels, Bd. 4, S. 251.

16 Vgl. Sächs. HStAD, Ministerium des Innern, 3715.

17 Diese Tradition sorgte während des Nationalsozialismus für Konfliktstoff zwischen der Kon-zernleitung und der RSK. Siehe den Abschnitt III.3.

18 Carl Voerster (1826–1899) heiratete 1856 die älteste Tochter von Friedrich Volckmar, Marie Emilie geb. Volckmar (1837–1875). Nach dem Tod von Marie Emilie heirate Voerster 1877 ein zweites Mal, Frau Marie Wendler (1841–1924) in Leipzig. Vgl. Ziegler: Voerster, S. VI. Vgl. ferner Hohlfeld: Genealogische Tafeln Volckmar, Tafel 6.

2. Das Unternehmen Karl Franz Koehler
(gegr. 1789)

Karl Franz Koehler III (1843–1897)

Die Firma K. F. Koehler wurde 1789 als wissenschaftlicher Verlag, Sortiments- und Kommissionsgeschäft in Leipzig gegründet. Eine Besonderheit der Unternehmerfamilie Koehler gegenüber anderen Buchhändlerdynastien in Leipzig war ihre weit zurückreichende lokale Verwurzelung. So waren die Koehler seit der Mitte des 17. Jahrhunderts in Leipzig ansässig, und der Firmengründer Karl Franz Gottlieb konnte bereits 1764 darauf verweisen, in einer „alten Leipziger Familie"[19] in den Mauern der Stadt geboren worden zu sein.

Ausgangspunkt aller unternehmerischen Tätigkeit war der Verlag wissenschaftlicher Literatur. Zu diesem Zwecke kaufte man gezielt die Rechte entsprechender Buchtitel auf und intensivierte die Beziehungen zu Gelehrten und zur Universität Leipzig. 1805 und 1817 wurden der Bödnersche Verlag (Wismar) und die Akademische Buchhandlung (Frankfurt am Main) aufgekauft und dem Geschäft eingegliedert. Ein Verlagskatalog von 1828 wies 240 allerdings noch ziemlich „zusammengewürfelte Verlagsartikel" auf. Trotz dieser erheblichen Titelanzahl hielt sich das Geschäft in bescheidenen Grenzen. Das Personal bestand zu diesem Zeitpunkt nur aus einem Lehrling und einem Markthelfer.[20] Der gezielte Vertrieb wissenschaftlicher und fachlicher Literatur sollte später vom Unternehmen K. F. Koehler noch auf das Antiquariat und das Barsortiment übertragen werden.

Im Jahre 1830 übernahm der älteste Sohn Franz Koehler (1805–1872) das Unternehmen. Nun erfolgte eine erste Weichenstellung hin zum Zwischenbuchhandel. Die Kommissionsabteilung wurde unter der Leitung des Sohnes erweitert, die Zahl der Auftraggeber wuchs von 17 auf 183. Auch wenn der Kommissionär Koehler in der buchhändlerischen Öffentlichkeit nicht so präsent war wie etwa Volckmar,

---

19   Vgl. Koehler 1914, S. 11.
20   Vgl. ebenda, S. 12.

nahm er einen wachsenden Einfluss auf die Geschicke der Branche. Im Zeitraum von 1836 bis 1839 war er innerhalb des Börsenvereinsvorstandes als Sekretär, d.h. als Geschäftsführer, tätig. Bei zahlreichen brancheninternen Diskussionen legte man auf seine Erfahrung großen Wert. Wichtige Entscheidungen des buchhändlerischen „Verkehrs über Leipzig" konnten nur in Rücksprache mit Koehler getroffen werden.[21] Erhaltene geschäftliche wie private Briefwechsel zwischen Koehler und seinen Kommittenten belegen ferner, wie die Ratschläge und Kredithilfen des Kommissionärs bei den Geschäften der Verlags- und Sortimentsfirmen halfen.[22]

Fast zeitgleich wurde 1846 der Verlag an Adolf Winter in Leipzig veräußert und im Folgejahr eine wissenschaftliche Antiquariatsabteilung angegliedert. Der erste Antiquariatskatalog erschien 1850. Bis Jahresende 1872 hatte das Unternehmen 237 Kataloge mit 315 000 Titeln veröffentlicht. Nach einer Wertbestimmung des Kommissionsgeschäfts von Koehler schuldeten ihm seine Kommittenten 1872 insgesamt 32 000 Taler, wobei davon 1 443 Taler wegen geringer Bonität abgeschrieben wurden.[23]

Die eigentliche Schwerpunktverlagerung auf den Zwischenbuchhandel erfolgte in der dritten Unternehmergeneration unter Karl Franz Koehler III. (1843–1897)[24]. Dieser absolvierte die Buchhandelslehre bei Vandenhoeck & Ruprecht in Göttingen und verbrachte seine Gehilfenzeit in London, Paris und Wien. Nach Geschäftsübernahme führte der Enkel des Gründers, den fortgeschrittenen Zeitverhältnissen entsprechend, höchst notwendige und nützliche Reformen innerhalb des Geschäftsbetriebes durch, beispielsweise die 1873 erfolgte Einführung der doppelten Buchführung.[25] Unter seiner Leitung wurde der Zwischenbuchhandel innovativ ausgebaut.

Zunächst kaufte K. F. Koehler mehrere Kommissionsgeschäfte auf, ließ neue geräumige Geschäftshäuser errichten und gründete als literaturkundiger Sortimenter 1887 ein Barsortiment, in dessen Kataloge er auch wissenschaftliche Titel aufnahm. 1887 wurde eine Lehrmittelgroßhandlung angeschlossen, die neben dem Inlandsgeschäft mit wachsendem Erfolg Exportaufgaben bis nach Südamerika übernahm. Der so entstandene Großbetrieb mit internationalem Charakter war seit den neunziger Jahren des 19. Jahrhunderts zu einem Aushängeschild moderner Betriebsführung geworden. Karl Franz Koehler starb sehr früh im Alter von 54 Jahren. Das Geschäft ging an seine Witwe Bertha Koehler, geb. Schall, über und wurde von den beiden Teilhabern Rudolf Winkler seit 1890 und Otto Engert seit 1895 für diese und ihre Kinder fortgeführt.[26]

---

21 1844 widersprach Koehler beispielsweise einem Vorschlag von Friedrich Volckmar, wonach auf Fakturen die Bemerkung „für Rechnung und auf Gefahr des Empfängers" stehen müsse. Ebenso scheiterte an seinem Veto die Einführung einer Paketbestellanstalt in Leipzig um 1849/50. Vgl. Keiderling: Kommissionsbuchhandel, S. 162–172.

22 Siehe hierzu den Briefwechsel zwischen Koehler und seinem Aarauer Kommittenten H. R. Sauerländer, in: Fa HS, Briefkopierbücher.

23 Vgl. Sächs. StAL, Koehler & Volckmar, 2.

24 Diese Bezeichnung wurde in einschlägigen Biografien für den Enkel des gleichnamigen Gründers verwendet. Vgl. Pfau: Biografien, S. 218. Vgl. Schmidt: Biografien, S. 570.

25 Schmidt: Biografien, S. 570.

26 Vgl. ebenda, S. 571.

3. Der Konzentrationsprozess

Um die Jahrhundertwende verzeichneten führende Industrienationen der Welt, wie beispielsweise die USA, Großbritannien und Deutschland, mit Abstand aber auch Frankreich und Japan, einen steilen wirtschaftlichen Aufstieg. Technischer und wissenschaftlicher Fortschritt machten den Weg frei für Innovationen in fast allen gesellschaftlichen Bereichen.

Die europäischen Großmächte, gestützt auf ihren Kolonialbesitz, drängten auf Erweiterung ihres Machtbereichs im globalen Maßstab. Der weltweit geführte Konkurrenzkampf führte zu Konzentrationsbewegungen in der Wirtschaft. An diesem Wettlauf beteiligte sich auch das kaiserliche Deutschland. Aktiengesellschaften und Konzerne entstanden in nahezu allen Branchen. Es nahm daher nicht Wunder, dass die Buchwirtschaft von diesem Zug der Zeit mit erfasst wurde. Im Zeitraum von 1871 bis 1909 kam es im deutschen Buchdruck und Buchhandel zur Gründung von 85 großen Aktiengesellschaften.[27]

Im Leipziger Zwischenbuchhandel vollzog sich der Konzentrationsprozess seit den 1890er Jahren in rascher Folge. Die Ursache dieser Entwicklung ist vor allem in einer langfristigen, bis zum Ersten Weltkrieg andauernden Konjunktur zu sehen, die immer neuen Firmen die Möglichkeit gab, bei einem ständig steigenden Wettbewerb auf den Markt zu drängen. Die Verlags- und Sortimentsfirmen waren daran interessiert, die Vermittlung der Bücher- und Zeitschriften via Leipzig kostengünstig zu gestalten und wechselten zumeist zu solchen Kommissionären, die aufgrund ihres rationellen Betriebs vergleichsweise geringe Kommissionsgebühren bei einem umfangreichen Servicepaket anboten. Hierzu gehörten die Unternehmen Fr. Volckmar und K. F. Koehler, die sich ein Kopf-an-Kopf-Rennen lieferten.

Beide Firmen kauften ortsansässige Geschäfte auf, die mit der schnellen technologischen Entwicklung nicht Schritt halten konnten oder in finanzielle Not geraten waren. Diese wurden entweder dem eigenen Unternehmen direkt einverleibt oder in verschiedenen Rechtsformen an sie gebunden. Entsprechend der Führungsrolle Leipzigs im deutschen Buchhandel griffen Wachstum und Konzentration beider Firmen auf andere Reichsteile über. In der nebenstehenden Graphik 1 wird die quantitative Entwicklung der sechs größten Leipziger Kommissionsgeschäfte dargestellt. An den steilen Anstiegskurven der beiden Führungsunternehmen Koehler und Volckmar wird ihr dynamisches Wachstum nach 1875 deutlich. Zu beachten ist die Entwicklung eines dritten Kommissionshauses. Unter Leitung des Teilhabers Gottfried Otto Nauhardt (geb. 1852) konnte das Kommissionsgeschäft Fleischer in den achtziger Jahren bedeutend erweitert werden[28] und nahm 1888 mit 223 Kommittenten den vierten Platz in der lokalen Kommittenten-Statistik ein. Während andere Großkommissionäre wie Hermann, Steinacker oder Wagner bald in ihrer Entwicklung stagnierten, konnten die drei Firmen Fleischer, Koehler und Volckmar ihr Auftragsvolumen stetig steigern.[29]

---

27   Vgl. Jäger: Geschichte, Bd. 1.1., S. 212.
28   Vgl. Pfau: Biografien, S. 125–126.
29   Vgl. Schulz: Adressbuch 1888.

Die quantitative Entwicklung der sechs auftragsstärksten Leipziger Kommissionsgeschäfte 1850–1888 (Quelle: Schulz, Adreßbuch)

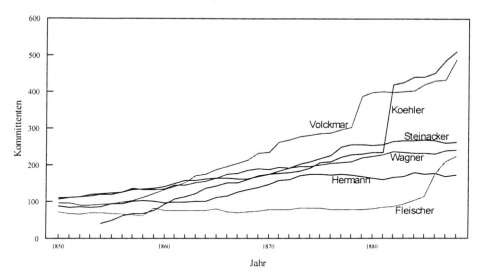

Das Buchhaus Volckmar erwarb sukzessive Unternehmen des Kommissionsbuchhandels und Barsortiments. In Leipzig waren dies 1880 J. G. Mittler (mit 89 Kommittenten), 1888 T. O. Weigel (34 Kommittenten), 1893 Justus Naumann (45 Kommittenten), 1901 die Reinsche Buchhandlung (59 Kommittenten), 1906 L. Staackmann (202 Kommittenten) und 1908 Carl Cnobloch (372 Kommittenten); ferner in Stuttgart 1903 die Kommissionsgeschäfte und Barsortimente Albert Koch & Co. (234 Kommittenten) und 1907/1908 Oetinger (159 Kommittenten) sowie 1907 in Berlin R. Mickisch & Co. (116 Kommittenten) und 1909 J. Bachmann[30]. Die Anzahl der Auftragsfirmen lag 1880 insgesamt bei über 400 und 1910 jenseits der 1 000er Marke.

Dem unaufhaltsamen Aufschwung der Firma konnte die Vergrößerung der Geschäfts- und Lagerräume kaum folgen. Das seit 1846 genutzte Domizil am Grimmaischen Steinweg wurde schon ein Jahr später durch eine Residenz in der Poststraße, allgemein auch als Volckmars Hof bekannt, und noch einmal 1878 durch einen Neubau in der Hospitalstraße abgelöst. Letzterer musste 1905 bis 1907 um mehr als das Doppelte vergrößert werden, um für alle aufgekauften Betriebe Platz unter einem Dach zu finden. Die Zahl der Angestellten steigerte sich von 74 im Jahre 1879 auf 800 im Jahre 1910.[31]

Nicht minder rasant ging es im Hause K. F. Koehler voran. 1839 verlegte die Firma ihre Geschäftsräume in die Nikolaistraße. Von hier zog Koehler 1846 in das für 11 000 Taler erworbene eigene Haus in der Poststraße, wo die Handlung bis 1881

---

30   Hierbei handelt es sich um ein traditionsreiches Barsortiment, das älteste am Berliner Standort.
31   Für 1879: Vgl. Lorck: Leipzig, S. 50–51. Für 1910: Vgl. Volckmar 1910, S. 14.

verblieb. Die größte Expansionsphase wurde mit dem Aufkauf des ebenfalls aus Leipzig stammenden Kommissionsgeschäfts von H. Fries 1881 (Übernahme von 208 Kommittenten) eingeleitet. Mit seiner weitgreifenden Unternehmerinitiative und mit organisatorischem Geschick stellte sich Koehler zwischenzeitlich an die Spitze der damals im Leipziger Buchhandel herrschenden Konzentrationsbestrebungen.

In der Folgezeit machte sich Koehler besonders um die Weiterentwicklung des Barsortiments verdient, das er 1888 in wirklich großem Umfang begründete und mit spezialisierten, insbesondere wissenschaftlichen Literaturlagern ausstattete. Das von ihm mitentworfene Firmengebäude am Täubchenweg markierte eine Entwicklung im Kommissionsgeschäft, die in der Verbindung von Rationalisierung und moderner, zweckentsprechender Architektur bestand. Der in den Jahren 1893/94 vom Archi-

Koehlers großer Zentralpackhof um 1910

tekten Carl Weichhardt errichtete gelbe Backsteinbau mit einer Gesamtfläche von 4 800 m² wurde als eine Sehenswürdigkeit Leipzigs bezeichnet.[32] Ein 1 083 m² großer Innenhof, auch Zentral-Packhof genannt, war mit einem Glasdach versehen worden, damit die Markthelfer vor Wind und Wetter geschützt ihre Arbeiten bei Tageslicht ausführen konnten. Die gläserne Decke wurde von 115 gusseisernen Säulen getragen. Während viele Leipziger Betriebe nur über eingeschränkte Beheizungsmöglichkeiten verfügten, war das Haus mit einer Zentralheizung ausgestattet, die von einer im Kellergeschoss befindlichen Dampfkesselanlage aus betrieben wurde. Ferner gab es eine elektrische Lichtanlage mit ca. 1 000 Glüh- und 20 Bogenlampen sowie mehrere elektrische Fahrstühle, die von zwei Dampfmaschinen, gefertigt in der sächsischen Maschinenbaufabrik Richard Hartmann in Chemnitz, bewegt wurden. Stolz berichtete eine Firmenschrift von dieser architektonischen und technischen Glanzleistung.[33]

Die Beschäftigtenzahl stieg bei K. F. Koehler von 33 im Jahre 1869 auf ca. 500 um das Jahr 1910. Man kaufte 1907 das bedeutendste Stuttgarter Kommissionsgeschäft von Paul Neff (mit 154 Kommittenten) auf und firmierte daselbst fortan unter Neff & Koehler. 1908 wurde das Kommissionsgeschäft Hermann Schultze (129 Kommittenten) und 1910 dasjenige der Firma E. F. Steinacker (205 Kommittenten) übernommen.

---

32 Vgl. Koehler 1914. Vgl. ferner Koehler 1925. Vgl. ferner Schmidt: Biographien, S. 571.
33 Vgl. Koehler 1894.

Der Konzentrationsprozess war um 1910 derartig weit fortgeschritten, dass sich nun auch die Wissenschaft intensiv mit dem Zwischenbuchhandel zu beschäftigen begann. An der Universität Leipzig entstanden an den dortigen juristischen sowie staats- und volkswissenschaftlichen Seminaren mehrere Doktorarbeiten, die sich mit dessen Konzentration und Zentralisation befassten.[34] Paul Jordan, einer der Doktoranden, vermutete bereits 1911, beide Führungsunternehmen würden sich in nächster Zeit vereinigen. Das sorgte zunächst für Skepsis im Buchhandel, denn – wie so oft bei scharfen Konkurrenten – waren die traditionsreichen Familien Volckmar und Koehler tief miteinander verstritten.[35] Es schien undenkbar, gemeinsame Transaktionen durchzuführen. Und doch begann bald, diktiert freilich durch ungünstige wirtschaftliche Rahmenbedingungen, eine neue Ära in der Geschichte beider Häuser. Aus den einstigen Konkurrenten sollten Partner werden.

4. Die ungleiche Fusion
zur Koehler & Volckmar AG & Co. 1918–1925

Die Idee zur Fusion stammte von Hans Volckmar und sie wurde in einer Situation entwickelt, in der die beiden konkurrierenden Firmen ihren Machtzenit gerade durchschritten hatten. Das war im Jahre 1910, als K. F. Koehler und Fr. Volckmar zu jeweils gleicher Beteiligung das Kommissionsgeschäft von R. Hoffmann (273 Kommittenten) in Leipzig erwarben. Für diesen Zeitraum haben sich betriebswirtschaftliche Bilanzen nicht erhalten, doch spricht vieles dafür, dass vor allem konjunkturelle Einbrüche im Verbund mit der intensiven Aufkaufpolitik beide Firmenchefs an den Verhandlungstisch gebracht hatten.

Der Erste Weltkrieg verschlechterte die wirtschaftliche Lage beider Stammfirmen erheblich. Das Fusionsstreben erhielt neuen Auftrieb. Aus dem Jahr 1915 stammte ein Exposé der Unternehmensleitung von Fr. Volckmar, das den Zeitpunkt zur Fusionierung für günstig hielt. „Weder von den Sortimentern, noch von den Verlegern ist in jetziger Zeit ein wirklich ernstlicher Widerspruch zu befürchten. [...] Wenn man der Gesellschaft aber ja mit Schlagworten wie Trust, Monopolbildung, etc. entgegentreten sollte, so wird es dieser nicht schwer fallen, die wirtschaftliche Notwendigkeit ihrer Gründung zahlenmäßig nachzuweisen."[36] So kam es noch im selben Jahr zur Herstellung des großen Barsortimentskataloges in der neuen gemeinsamen Firma „Barsortiments-Katalog GmbH".

---

34 Die erste monographische Darstellung war die Dissertation *Der Kommissionär im Buchhandel* von Walter Kohlhammer, 1904 an der Juristischen Fakultät der Universität Leipzig verteidigt. Weitere juristische Arbeiten wie z. B. die Dissertation von Max Müller *Der Kommissionär im Buchhandel*, eingereicht 1918 an der Juristischen Fakultät der Universität Leipzig, boten bei fast gleicher Themenstellung wenig neue Erkenntnisse und wurden nicht publiziert.

35 Vgl. Jordan: Konzentrationsprozeß. Ein weiteres Beispiel für den verbittert geführten Wettbewerb zwischen zwei gleichartigen Betrieben sind F. A. Brockhaus und das Bibliographische Institut (Meyer). Sogar vor Theaterbesuchen erkundigten sich die Unternehmer der einen Familie, ob Vertreter der anderen Karten reserviert hätten. Man wollte sich unbedingt aus dem Weg gehen.

36 Vgl. Exposé 1915, Bl. 13, in: Sächs. StAL, Koehler & Volckmar, 32.

Die Stuttgarter Betriebe im Graf-Eberhard Bau in Stuttgart, um 1930

Die eigentliche Fusion wurde 1917 mit der Zusammenlegung der Stuttgarter und Berliner Filialen der Firmen Koehler und Volckmar vorbereitet. Wiederum ging die Initiative von Hans Volckmar aus. In einem Brief an Karl Franz Koehler vom 21. März fädelte er die Sache ein. Über seine Beweggründe schrieb er:

Als ich Ihnen bereits im Herbst 1914 meine Ansicht dahin zum Ausdruck brachte, dass dieser Krieg ein mehrjähriger und von den bedeutendsten wirtschaftlichen Folgen begleiteter sein würde, dachten Sie damals wesentlich optimistischer. Ich rechne auch heute noch mit einer längeren Dauer des Krieges. Das Bild von der anscheinend guten wirtschaftlichen Lage Deutschlands ist ein Trugbild und wird sein wahres Gesicht erst zeigen, wenn erst einmal restlos das Steuerprogramm zur Verzinsung und Tilgung der Reichs-, Staats- und Gemeindeschulden aufgestellt sein wird. Augenblicklich leben alle Reichs- und Gemeindewesen auf Pump. [...] Deshalb, meine ich, sollten unsere Firmen schon jetzt für diese kommenden schweren Zeiten eine noch grössere Konsolidierung und eine Reduzierung ihres Risikos anstreben. Eine grössere Konsolidierung scheint mir nicht nur mit Rücksicht auf etwaige Kämpfe mit Verlag und Sortiment geboten, für den Fall, dass wir unsere Bedingungen gemeinsam verbessern müssen, sondern auch mit Rücksicht auf die dauernd steigenden Personalschwierigkeiten und Verteuerungen, die nach Beendigung des Krieges wohl in noch grösserem Maße an uns herantreten werden.[37]

---

37 Brief Hans Volckmar an K. F. Koehler vom 21.3.1917, Bl. 3–4, in: Sächs. StAL, Koehler & Volckmar, 33. Volckmar prognostizierte mit dem Stichwort „Personalschwierigkeiten" bereits eine neue Streikwelle, die den Zwischenbuchhandel 1918 und 1919 jeweils für mehrere Wochen lahm legen sollte.

Koehler, dem lange ein Zusammengehen widerstrebte, stimmte angesichts seiner angeschlagenen wirtschaftlichen Situation zu. Der Vertrag über den Zusammenschluss der Barsortimente sowie der Filialen aus dem Jahre 1917 besagte, die Firma K. F. Koehler sollte mit je einem Drittel und Fr. Volckmar mit je zwei Drittel beteiligt sein.[38] Obgleich Volckmar über die größeren Anteile verfügte, gestand er der anderen Seite gleiches Stimmrecht in der Gesellschaft (Paritätsrecht) zu, sonst wäre wohl ein Zusammengehen nicht möglich geworden.

Die eigentliche Fusion erfolgte am 1. Januar 1918. Bei der Verbindung beider Großbetriebe blieben die bisherigen Firmen de facto separat bestehen, wobei eine Dachgesellschaft (Kommanditistin) mit einem Stammkapital von 1,95 Mio. M gegründet wurde. Der Konzern schloss mit der Leipziger Bank Meyer & Co., die im Besitz von Oskar Meyer, dem Schwager von Hans Volckmar, war, ein günstiges Kreditabkommen ab. Allein die Kosten des Gründungsaufwandes betrugen insgesamt 94 425 M.[39]

Noch im Dezember des Jahres 1917 fand eine Ausbietung des neuen Firmennamens statt. In einem verschlossenen Briefumschlag übergaben die Vertreter der beiden Stammfamilien Zahlungsangebote für den Fall, dass ihr Name in der neu zu gründenden Kommanditgesellschaft zuerst genannt wurde. Koehler bot 30 000 M und Volckmar 20 000 M (jeweils in bar zu zahlen). Demzufolge hieß die fusionierte Firma Koehler & Volckmar AG.[40]

Die Umgründung in Koehler & Volckmar AG & Co. erfolgte auf Beschluss der Generalversammlung vom 21. November 1921 rückwirkend zum 1. Januar 1921. Die Hauptziele der Umgründung bestanden erstens in einer Haftungsbeschränkung, zweitens in einer umfangreichen Steuersenkung und drittens in der Tatsache, dass die neugegründete Aktiengesellschaft ihre vollständigen Bilanzen nicht mehr zu veröffentlichen brauchte. In der Dachgesellschaft verblieben nur noch die Grundstücke, Hypotheken und andere Verbindlichkeiten, während in den darunter liegenden Gesellschaften – die Kommanditisten Albert Koch & Co. für die Volckmar-Firmengruppe und Neff & Koehler für die Koehler-Firmengruppe, beide auch als „Finanzbassins" bezeichnet – die eigentlichen Bilanzen des Geschäftsbetriebes verbucht wurden.[41]

In der Folge expandierte die Firma Koehler & Volckmar AG & Co. weiter. Nachdem schon 1919 K. F. Koehler's Antiquarium in das gemeinsame Unternehmen einbezogen worden war, kamen 1923 die Volckmarschen und Koehlerschen Kommissionsgeschäfte mit der bereits gemeinschaftlich betriebenen Firma Robert Hoffmann hinzu. Auf diese Weise konnten Kosten beträchtlich minimiert werden. Schließlich erfolgte 1924 und 1925 die Verschmelzung der Verlage von Koehler (K. F. Koehler)

---

38   Vgl. Fusionsvertrag in: Sächs. StAL, Koehler & Volckmar, 56.
39   Davon allein für die Beurkundung des Gesellschaftervertrages (mit Reichsstempel von 4 ½ %) 90 000 M, Vergütung an die Revisoren 922,20 M, Genehmigung zur Gründung von der Kgl. Sächs. Innenministeriums 1 750 M, Druck des Gesellschaftervertrages 253 M sowie Notariatskosten 1 500 M. Vgl. juristische und wirtschaftliche Gründung der Koehler & Volckmar AG, in: Sächs. StAL, Koehler & Volckmar, 10.
40   Vgl. Sächs. StAL, Koehler & Volckmar, 10.
41   Die Firma Albert Koch & Co. galt als Finanzgesellschaft der Unternehmerfamilien Volckmar, Voerster und Staackmann; die Neff & Koehler war Finanzgesellschaft der Familien Koehler und Hase. Vgl. Sächs. StAL, Koehler & Volckmar, 11. Vgl. auch Kästner: Konzentrationsbewegung, S. 43–49.

sowie Volckmar (L. Staackmann und C. F. Amelang). Die Fusion der Hauptbetriebe in Leipzig im Zeitraum von 1918 bis 1925, insbesondere die Vereinigung der Kommissionsgeschäfte, wurde mit einer Beteiligung von 60 Prozent (Volckmar) zu 40 Prozent (Koehler) vorgenommen.[42]

Aus den Firmenunterlagen ging hervor, welche immensen Kosten die Umstrukturierung und Zusammenlegung der Volckmarschen und Koehlerschen Kommissionsgeschäfte zwar verursachten, doch langfristig gesehen waren Einsparungen an Betriebs- und Personalausgaben abzusehen. Wie nötig letztere war, zeigte ein intern angestellter Vergleich der beiden Kommissionsgeschäfte im Januar des Jahres 1923. Danach beschäftigte Volckmar mit 333 Angestellten (263 Gehilfen und 70 Markthelfer) 57 Prozent mehr Personal als Koehler mit 212 Angestellten (142 Gehilfen und 70 Markthelfer). An Gehältern und Löhnen zahlte Volckmar 29,2 Mio. M und Koehler nur 16,4 Mio M. (Inflationsgeld). Bei Volckmar war in dieser Summe die Privatkasse mit enthalten, ebenso die anteilige Belastung für die Arbeiten in der Hauptbuchhaltung. Den Angaben zufolge verausgabte also Volckmar 78 Prozent mehr an Gehältern und Löhnen als Koehler. Im Verhältnis zur Gesamtspeseneinnahme betrugen die Gehaltsspesen bei Koehler ungefähr 50 Prozent, bei Volckmar 64 Prozent. Die hauseigene Rationalisierungskommission, besorgt um die betriebswirtschaftliche Rentabilität, verlangte daher einen Abbau des Personalbestands bei Volckmar um 56 Gehilfen und einen Markthelfer.[43]

Markthelfer von Koehler & Volckmar bei Verladearbeiten am Eilenburger Bahnhof, dem Güterbahnhof des Leipziger Zwischenbuchhandels, um 1925

---

42 Die Verschmelzung der Kommissionsgeschäfte musste sehr behutsam vorgenommen werden, weil in Kommittentenkreisen eine große Angst vor einem übermächtigen Konzern Koehler & Volckmar herrschte. Deshalb wurden die alten Firmennamen beibehalten und laut interner Weisung auch die bisherigen Briefbögen und vertrauten Unterschriften weiter verwendet. Ansonsten machte das Zusammenlegen zusätzlichen Raum für andere Geschäftsbereiche des Unternehmens frei. Vgl. technische Fragen zur Fusion der Kommissionsgeschäfte vom 23. Februar 1922, in: Sächs. StAL, Koehler & Volckmar, 26. Siehe weitere Gutachten, in: Sächs. StAL, Koehler & Volckmar, 36, 38.

43 Vgl. Sächs. StAL, Koehler & Volckmar, 14.

Um ihre marktbeherrschende Stellung auszubauen, kaufte die Koehler & Volck-mar AG & Co. weitere Betriebe auf, darunter auch Firmen anderer Branchen und Branchenzweige, wie der Übersicht zu entnehmen ist. Ebenso wurde der Immobilien-besitz in Leipzig, Stuttgart und Berlin durch Neuankäufe ständig erweitert.[44]

Unternehmensaufkäufe der Koehler & Volckmar AG & Co.
(Quelle: Sächs. StAL; Koehler & Volckmar)

Jahr	Transaktion
1919	Aufkauf der Lehrmittelhandlung A. Müller-Fröbelhaus, Dresden und Leipzig
1921	Aufkauf der Großbuchbinderei Haaring & Schramm, Leipzig
1922/23	Aufkauf der Hoffmannschen Pappenfabriken GmbH Jesuborn-Leibis (Thüringen)
1924	Aufkauf des Kommissionsgeschäfts von H. Kessler, Leipzig
1924	Aufkauf der Literaria GmbH, Leipzig
1924	Aufkauf der Buchhandlung Max Nössler & Co. GmbH in Schanghai (Wiederverkauf 1927)
1925	Aufkauf des Antiquariats Oscar Gerschel, Stuttgart
1930	Aufkauf der Druckerei Haag-Drugulin, Leipzig
1930	Aufkauf des Kommissionsgeschäfts von Theodor Thomas, Leipzig
1931	Aufkauf des Kommissionsgeschäfts L. Fernau, Leipzig
1932	Aufkauf der Buchbinderei Föste, Lüddecke, Böhnisch & Co., Leipzig (Zusammenschluss mit betriebseigener Binderei zu Haaring, Schramm, Föste und Lüddecke)
1935	Aufkauf des Kommissionsgeschäfts R. Streller, Leipzig

Der Konzern gehörte seit den zwanziger Jahren zu den größten Unternehmen im deutschen Buchhandel und Buchdruck. Allein im Zwischenbuchhandel besaß er ge-schätzte 80 Prozent Marktanteile.[45] Die Aktien der Gesellschaft befanden sich zu über 90 Prozent in den Händen der beiden Stammhäuser. Vertreter beider Gründer-familien nahmen im Vorstand und im Aufsichtsrat ihren Einfluss in direkter Weise wahr. In der 1931 gegründeten Konzernzentrale saßen Hans Volckmar als Chef und Theo-dor Volckmar-Frentzel als sein Stellvertreter. Diese Zentrale war dem Vorstand über-geordnet und hatte bei wichtigen Entscheidungen das letzte Wort. Darin unterschied sich die Führungsstruktur des Konzerns von einer „normalen" Aktiengesellschaft.[46]

---

44   Frau Else v. Hase bat auf einer Versammlung 1938 um Auskunft „warum der Konzern immer und immer wieder Häuser kaufe. Sie habe sich die Straßen und Häuser angesehen und ver-stehe nicht, warum man Geld immer nur in Häuserkäufen anlege, noch dazu, ohne die Möglichkeit, sich äußern zu können." Wolfgang Koehler jun. meinte hierzu, dass die Kritik berechtigt sei. Die AG besaß einen geschätzten Grundbesitz in Leipzig, Stuttgart, Melle und anderenorts von 5 Mio. RM und ein Grundkapital von 2,4 Mio. RM. Damit überschritt der Grundbesitz das Grundkapital bereits um das Doppelte. Von Sicherungskäufen konnte also keine Rede sein. Vgl. Protokoll zur Anfechtungsklage Neff & Koehler gegen Koehler & Volckmar AG & Co. vom 28.7.1938, S. 9–10, in: Sächs. StAL, Koehler & Volckmar, 105.

45   Nach Aussage von Jürgen Voerster, heutiger Seniorchef der KNOe & Co. GmbH in Stuttgart und Koehler & Volckmar GmbH in Köln, im Interview mit d. Verf. vom 21.9.1998 in Stuttgart.

46   Hierzu heißt es in einer Erklärung: „Die Leitung des Gesamtunternehmens ist so organisiert, daß die letzte Entscheidung bei den geschäftsführenden Inhabern der beiden Kommandit-gesellschaften Albert Koch & Co. und Neff & Koehler liegt, die die Person bestimmen, die als sog. ‚Zentrale' im Namen und im Auftrage beider Kommanditgesellschaften das Ganze leitet.

Als Senior-Chef des sog. Volckmar-Stamms war Hans Volckmar (1873–1942) die Integrations- und Führungsfigur, man nannte ihn auch den „Konzernschmied".[47] Unter seiner Ägide wurde die Fusion in den Jahren 1918 bis 1925 trotz aller damit verbundenen Schwierigkeiten und Hindernisse vollzogen. Als sich nach 1930 Volckmars Gesundheitszustand verschlechterte, übernahm sein Neffe und Adoptivsohn Theodor Volckmar-Frentzel[48] (1892–1973) die alltägliche Entscheidungsfindung in noch stärkerer Weise.[49]

Den Volckmars nahe stand die Unternehmerfamilie Voerster, vertreten durch Alfred Voerster (1859–1944) und dessen Sohn Karl Voerster (1893–1966). Bekanntlich war Carl Voerster, der Vater von Alfred und ein Neffe des Firmengründers Friedrich Volckmar, 1854 in das Unternehmen Volckmar eingetreten. Auch die Staackmanns als weitere Associés, Alfred Staackmann (1873–1941) und sein jüngerer Bruder Hans Staackmann (1878–1933), blieben seit 1906 dem Unternehmen Fr. Volckmar eng verbunden.

Demgegenüber war die Unternehmerfamilie Koehler nach 1918 in der Konzernleitung nur in drei Leitungsfunktionen vertreten. Kurt Hellmuth Koehler (1883 bis 1945), der Sohn des legendären Karl Franz Koehler[50], war der Chef des so genannten Koehler-Stamms in der vierten Unternehmergeneration. 1911 wurde er Teilhaber von K. F. Koehler, 1918 Gesellschafter und 1932 Aufsichtsratsmitglied der Koehler & Volckmar AG & Co.

Hermann v. Hase (1880–1945), der Sohn von Georg Oscar Immanuel v. Hase (1846–1921), war bis 1914 Teilhaber im väterlichen Betrieb Breitkopf & Härtel gewesen. Als es in diesem Jahr zu einem heftigen Zerwürfnis mit seinem Vater kam, verließ er den Betrieb. Am 1. Januar 1915 trat er als Nachfolger seines 1914 im Weltkrieg gefallenen Freundes Wolfgang Koehler in die Firma K. F. Koehler ein. Seit der Heirat mit dessen Witwe Else Koehler, geb. Brugmann, im Jahre 1918, gehörte er direkt zur Unternehmerfamilie Koehler. Fortan agierte er im Vorstand der Koehler & Volckmar AG & Co. Mitarbeiter bescheinigten Hermann v. Hase einen schwierigen Charakter, wodurch er trotz guter Verlagsarbeit und einiger nennenswerter unternehmerischer Erfolge wiederholt in Konflikte mit seinen Mitgesellschaftern geriet. Sein Bruder, der Fregattenkapitän Konsul Georg v. Hase (1878–1971), arbeitete ebenfalls zeitweilig im Vorstand und Aufsichtsrat von Koehler & Volckmar. Die Unterrepräsentanz der Familie Koehler im Konzern hatte zwei erkennbare Ursachen. Einmal besaßen die Koehler aufgrund ihrer prekären finanziellen Situation während der Fusion eine deutlich geringere Beteiligung am neuen Konzern. Ihre Lage verschlimmerte sich sogar in der Folgezeit. Auf eigenen Wunsch hin veräußerte die Familie Koehler Aktienanteile an den Volckmar-Konzern. In der sog. Frühjahrstransaktion

---

[...] Der Leiter des Gesamtunternehmens (die ‚Zentrale') ist berechtigt, innerhalb der einzelnen Koehler-Volckmar-Firmen bzw. gegenüber ihren Leitern selbständig Anordnungen zu treffen. Zunächst aber wird von ihm immer angestrebt, eine etwa bestehende Meinungsverschiedenheit durch Überzeugung zu beseitigen." Vgl. Schiedsklage Koehler & Volckmar AG gegen Hermann v. Hase 1937, S. 5 f., in: Sächs. StAL, Koehler & Volckmar, 100.

47 So Jürgen Voerster in einem Interview mit dem Verfasser vom 21.9.1998 in Stuttgart.

48 Eigentlich Theodor Frentzel. Namensänderung zu Volckmar-Frentzel am 20. Dezember 1932 (laut Adoptionsvertrag Hans Volckmar). Vgl. Sächs. StAL, Koehler & Volckmar, 8.

49 Zum ausführlichen Lebenslauf beider Manager siehe VI.3. und VI.4.

50 Karl Franz Koehler III. war der bedeutendste Zwischenbuchhändler der Familie. Vgl. Keiderling: Kommissionsbuchhandel, S. 50.

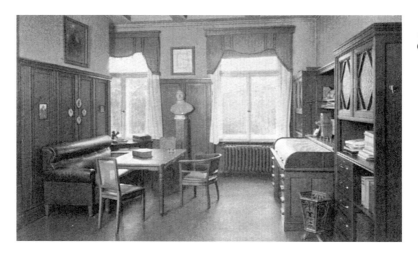

Ein Privat-
kontor der
Geschäfts-
leitung,
um 1930

von 1926 wurde das ursprüngliche Beteiligungsverhältnis zwischen Koehler und Volckmar in 33 1/3 Prozent zu 66 2/3 Prozent umgewandelt. In den Geschäftsunterlagen hieß es hierzu: „Die Kapitalknappheit des Koehler-Konzerns ist darauf zurückzuführen, dass dieser sich von Anfang an mit einem zu hohen, seine eigene Finanzkraft übersteigenden Prozentsatz am Koehler-Volckmar-Konzern beteiligt hat, während die Finanzkraft des Volckmar-Konzerns eine höhere Beteiligung für diesen zugelassen hätte."[51]

Nach weiteren Anteilsverkäufen waren die Familien Volckmar, Voerster und Staackmann (in den Firmenakten oftmals als „Volckmar-Gruppe" zusammengefasst) Mitte der dreißiger Jahre mit 75 Prozent und die Angehörigen der Familien Koehler und v. Hase („Koehler-Gruppe") mit 25 Prozent am Gesamtkonzern vertreten, wobei die letzteren das Paritätsrecht verloren.[52] Später hieß es seitens der Volckmar-Gruppe, die Familie Koehler wäre zu den Anteilsverkäufen gezwungen gewesen, weil sie über ihre Verhältnisse gelebt hätte.[53] Die Koehlerpartei wies diese Darstellung zurück und machte zu geringe Gewinnausschüttungen für ihre Handlungsweise verantwortlich, womit sie den Volckmars die Schuld zuschob.[54]

51   Schlussprotokoll der Frühjahrstransaktion 1926, Bl. 2, in: Sächs. StAL, Koehler & Volckmar, 45. Die Schuld von Neff & Koehler und seiner Inhaber beim Koehler-Volckmar-Konzern betrug vor der Frühjahrstransaktion laut Bilanz vom 31.12.1925 ca. 225 000 RM. Vgl. Verkäufe der Koehlerpartei von Anteilen an den Koehler-Volckmar-Firmen an die Volckmarpartei, Drucksache, S. 1, in: Sächs. StAL, Koehler & Volckmar, 106.
52   Vgl. Schiedsklage Koehler & Volckmar AG gegen Hermann v. Hase 1937, S. 4, in: Sächs. StAL, Koehler & Volckmar, 100. Der Wegfall des Paritätsrechts erfolgte automatisch, in dem die Beschlüsse einer Majorität von 61 Prozent bedurften. Mit dem Erwerb von 66 2/3 Prozent war die Volckmar-Gruppe nun in der Lage, alle Beschlüsse allein zu treffen. Vgl. Vgl. Schreiben Hans Leo an das Schiedsgericht Reichsregierungsrat Frantz vom 29.1.1938, S. 23, in: Sächs. StAL, Koehler & Volckmar, 106.
53   Vgl. Beantwortung der Punkte 5 und 6 des Fragebogens der Dienststelle RFSS, Bl. 7–19, siehe V.2., Ausgewählte Dokumente.
54   „Schon im Frühjahr 1926 verfügten die zur Koehler-Gruppe gehörenden Gesellschafter über keine flüssigen Gelder mehr und waren, da sie nach der Fusion auch der Verlage wegen des Nichtbetriebes eines eigenen Geschäftes keinen Bankkredit bekamen, gezwungen, auf die

Ein zweiter Grund für die Koehlersche Unterrepräsentanz im Konzern war der Mangel an Unternehmerpersönlichkeiten, bedingt durch den fast vollständigen Ausfall einer männlichen Generation im Ersten Weltkrieg. Eine Firmenschrift ging auf diesen Umstand wie folgt ein: „Im Jahre 1904 konnte der älteste der Söhne [von Karl Franz Koehler 1843–1897, Th. K.], wiederum ein Karl Franz Koehler, in die Firma eintreten. Er fiel 1918 im Weltkriege, und seine Witwe trat als Teilhaberin an seine Stelle. Der zweite Sohn, Wolfgang Koehler, wurde 1909 Teilhaber der Firma und mußte ebenfalls sein Leben 1914 im Weltkriege lassen. Auch seine Witwe, die inzwischen wieder verehelichte Frau Hermann v. Hase, übernahm seinen Anteil im Geschäft."[55]

Wie wurde dieses ungleiche Verhältnis zwischen beiden Gründerfamilien in der Führungsriege wahrgenommen? Die überlieferten Protokolle der Vorstands- und Aufsichtsratssitzungen lassen den Schluss zu, dass allgemein eine konstruktive und kooperative Atmosphäre herrschte. Man sprach über Probleme und suchte gemeinsam nach Lösungswegen. Dennoch zeigte sich bei der Koehler-Gruppe zuweilen Unmut über den zunehmenden Verlust von Handlungs- und Entscheidungsfreiräumen im Konzern. Faktisch konnten die Unternehmerfamilien Koehler und v. Hase in allen Fragen, die den gesamten Koehler-Volckmar-Konzern betrafen, überstimmt werden. In den Anfangsjahren boykottierten sogar die Witwen Bertha, Lily und Else Koehler[56] den Fusionsprozess unter Berufung auf das ungleiche Kräfteverhältnis.

Nur am Rande sei erwähnt, dass es offensichtlich an der Spitze eines solchen Konzerns auch innerhalb der Firmen Neff & Koehler sowie Albert Koch & Co., also zwischen den näherstehenden Führungskräften Koehler und v. Hase einerseits sowie Volckmar, Voerster und Staackmann andererseits kleinere Spannungsherde gab bis hin zu offenen Auseinandersetzungen. Später war es vor allem Hermann v. Hase, der zwecks Erlangung eines erweiterten Mitspracherechts die Konfrontation nicht scheute, die sich auch gegen Kurt Koehler richtete.[57]

Den genannten Führungskräften standen um 1933 noch weitere altbewährte Geschäftsführer und Prokuristen sowie ca. 25 Bevollmächtigte zur Seite, die in verschiedenen Firmen und Filialen des Konzerns tätig waren. Im Unternehmen waren somit

---

Vorschläge und Bedingungen der Volckmar-Gruppe einzugehen, die sie mit der sogenannten ‚Frühjahrstransaktion 1926' am 1. April 1926 unterzeichnen mussten, wenn sie nicht ihren persönlichen Konkurs anmelden wollten." Vgl. Brief der Anwälte von v. Hase an das Schiedsgericht vom 23.12.1937, S. 8, in: Sächs. StAL, Koehler & Volckmar, 101.

55   Vgl. Koehler & Volckmar 1934, S. 73.
56   Vgl. Punkt 17 des Fragebogens der Dienststelle RFSS, Bl. 61–67, siehe V.2., Ausgewählte Dokumente. Lily Koehler legte beispielsweise 1923 Einspruch gegen die Fusion der Kommissionsgeschäfte von K. F. Koehler und Fr. Volckmar ein. Vgl. Brief Lily Koehler vom 10.4.1923 an Fritz Gutwasser, in: Sächs. StAL, Koehler & Volckmar, 38. Hans Volckmar beschwerte sich bei Kurt Koehler und Hermann v. Hase, dass aufgrund des „unbegründeten und geschäftsschädigenden Widerstandes" Lily Koehlers eine Reihe von Umgründungen nicht hatten stattfinden können. So seien das Zustandekommen eines Kreditabkommens zwischen den Konzernen und die Verlagsfusion bislang verhindert worden. Volckmar wollte die notwendigen Umgestaltungen auch ohne Frau Koehler durchführen, insoweit dies möglich wäre. Vgl. Brief Hans Volckmar an Kurt Koehler und Hermann v. Hase vom 23.9.1925, in: Sächs. StAL, Koehler & Volckmar, 30.
57   Siehe hierzu die Beantwortung von Punkt 17 im Fragebogen der Dienststelle RFSS, Bl. 61–67, siehe 5.2., Ausgewählte Dokumente, sowie die Ausschluss- bzw. Auflösungsklage bzw. das Vergleichsverfahren Lily und Kurt Koehler gegen Hermann v. Hase, in: Sächs. StAL, Koehler & Volckmar, 98, 105.

Neubau des
Volckmarhauses
an der Ecke
Hospitalstraße/
Platostraße 1936,
im Hintergrund das
Buchhändlerhaus

die geschultesten Fachkräfte des deutschen Zwischenbuchhandels vereint.[58] Zu ihnen zählten die Vorstandsmitglieder Johannes Ziegler (1855–1925), Richard Einhorn (1859–1937), Johannes Cyriacus (1872–1957), Paul Jünemann (1876 bis 1945), Felix Gartmann (1883–1945), Johannes Starkloff (geb. 1894) und Curt Fernau jun. (geb. 1895).

Die Kommittentenzahl des Konzerns betrug im Jahre 1933 2 958. Das bedeutete eine deutliche Konzentration der nationalen Bestellung, Lagerhaltung und Auslieferung in einem Großbetrieb. Sie wurde durch die Verzahnung von Kommissionsgeschäft und Barsortiment noch verstärkt. Von Bedeutung für die Monopolstellung des Großbetriebes war des Weiteren die Vermittlungsfunktion für das Ausland. Ein bedeutender Teil der deutschen Buch- und Zeitschriftenauslieferung in das Ausland wurde über den Konzern abgewickelt. Seit den frühen zwanziger Jahren wurde vor

---

58   Vgl. Koehler & Volckmar 1934, S. 83.

allem durch das so genannte Russlandgeschäft[59] ein großer Umsatz erzielt. Mit Hilfe dieses Geschäfts, das nicht allein zwischenbuchhändlerischer Art war, wurden die bedeutenden Verluste in anderen Bereichen, beispielsweise im Barsortiment, aufgefangen und die anstehende Fusion im Kommissionsbuchhandel mit finanziert.[60]

An dieser Stelle soll ein kurzer Blick auf die offiziellen betrieblichen Bilanzen der Koehler & Volckmar AG & Co. geworfen werden, die in den 30er Jahren Arbeitgeber von ca. 1 500 Personen war.[61] Abgesehen von inflationsbedingten Geldabwertungen in den Jahren 1918 bis 1924, die nicht aus der unten stehenden Übersicht herausgerechnet wurden, lässt sich die Konsolidierung des Konzerns in der Weimarer Zeit erahnen. Die Umgründung von 1921, die mit der Ausgliederung zahlreicher Betriebsteile einherging, ermöglichte es der Konzernleitung, die zu veröffentlichenden Bilanzen nach Belieben zu manipulieren. Insbesondere muss für die Zeit nach 1924 angenommen werden, dass die tatsächlichen Umsätze und Reingewinne deutlich über den hier angegebenen Werten lagen.[62] Der Übersicht können jedoch Aussagen mit Trendcharakter entnommen werden.

Bilanzen der Koehler & Volckmar AG & Co.
(Quelle: Börsenblatt für den Deutschen Buchhandel. Sächs. StAL, Koehler & Volckmar, 21)

Jahr	Umsatz in M	Reingewinn in M
1918	14 911 321,55	2 888 781,41
1919	16 537 032,70	4 145 799,80
1920	28 604 010,24	10 399 936,11
1921	8 160 177,64	461 994,89
1922	94 889 333,15	1 481 070,73
1923	2 362 989 200 000 000 000,00	2 350 111 130 056 500 313,00
1925	2 793 700,00	110 303,43
1926	3 184 830,45	152 166,87
1927	3 168 845,08	127 063,74
1928	3 159 441,68	120 302,58
1929	3 155 180,22	131 023,07
1930	3 149 286,98	185 012,65
1931	3 189 552,81	73 005,68
1932	3 445 846,96	72 461,15
1933	3 760 668,05	92 698,69

---

59 Die Leipziger Firma erhielt 1921 einen großen Auftrag, Lehrmittel – u.a. historische Anschauungsbilder, (Wand-)Karten, Atlanten, Globen – an russische Schulen im Wert von 25 Mio. M zu liefern. Darüber hinaus erfolgten Lieferungen an estnische und ukrainische Schulen. Vgl. Sächs. StAL, Koehler & Volckmar, 25.

60 Im November 1922, während der Inflation, betrug der Umsatz der mit dem Russlandgeschäft beauftragten Ausland-Abteilung 128 Mio. M (Inflationsgeld). Nach Meinung der Konzernleitung hätte dieses Ergebnis noch bedeutend verbessert werden können, wenn „wenn für den europäischen Osten ein genügendes und gut eingearbeitetes Personal zur Verfügung gestanden hätte". Vgl. Protokoll der 48 Betriebsbesprechung vom 12. 12. 1922, in: Sächs. StAL, Koehler & Volckmar, 24.

61 Die Angestelltenzahl schwankte jährlich um die 1 400 bis 1 600, da während der Schulbuch- und Weihnachtszeit zusätzliches Hilfspersonal eingestellt wurde, um die anfallenden Arbeiten des Stoßgeschäftes zu erledigen.

62 Dafür sprechen u.a. auch die zahlreichen Grundstücks- und Immobilienkäufe während dieser Jahre, die einen weitaus größeren Kapitalüberschuss erforderlich machten.

II.
DER BUCHHANDEL
UNTER NS-KONTROLLE

Die Machtergreifung des Nationalsozialismus im Jahre 1933 markierte für den deutschen Buchhandel den Beginn einer unrühmlichen Phase, in deren Folge der Börsenverein als Dachverband einen irreparablen Substanz- und Funktionsverlust erhielt.[63] Dass sich die Weimarer Republik in einer tiefen Existenzkrise befand, war unübersehbar. In der Unternehmerschaft setzte man auf einen „starken Mann", der den unter dem Beifall der rechtskonservativen Kräfte von den Reichskanzlern Brüning, von Papen und Schleicher eingeschlagenen autoritären Kurs zur Abwehr linker Gegner und zur Konsolidierung der Wirtschaft weiter führen sollte. Man meinte, die antidemokratische und antirepublikanische Bewegung der NSDAP durch die Einbindung ihrer Führer in ein „Kabinett der nationalen Konzentration" zähmen zu können und erhoffte sich über dieses Zusammengehen wirtschaftliche Vorteile. Bereits am 12. April 1933 verabschiedete der Börsenverein ein zehn Punkte umfassendes „Sofortprogramm", das der Branche bei staatlicher Intervention den Schutz vor branchenexterner Konkurrenz sichern sollte. Auch in der „Judenfrage" schloss man sich den Nationalsozialisten vorbehaltlos an.[64]

Die Pläne der Wirtschaft, die neuen Machthaber für sich zu vereinnahmen, erwiesen sich aber bald als Trugschluss. An die Schalthebel der Macht gekommen, gingen die Nationalsozialisten sofort daran, mit Unterdrückung und Terror ihren totalitären Staat zu errichten. Nach der gewaltsamen Ausschaltung aller politischen Gegner erfolgte auch in Wissenschaft, Kultur und Medien die Gleichschaltung.

Das Signal gaben die Bücherverbrennungen vom 10. Mai 1933 in Berlin und anderen deutschen Universitätsstädten.[65] „Undeutsches Schrifttum" humanistischer, sozialistischer, marxistischer und jüdischer Provenienz wurde flammenden Scheiterhaufen übergeben. Zu den von den Nazis Verfemten gehörten Sigmund Freud, Heinrich Heine, Erich Kästner, Karl Kautsky, Heinrich Mann, Karl Marx, Carl von Ossietzky, Kurt Tucholsky und viele andere. Den Bücherverbrennungen folgten bald Säuberungen in Volksbüchereien, schulischen und studentischen Bibliotheken.

In den Verlagshäusern, die diese Literatur herausgegeben hatten, und unter den Buchhändlern, die diese Werke vertrieben, mussten die mittelalterlich anmutenden Exzesse der Nazis eigentlich schockierend gewirkt haben. Jedoch ging der organisierte deutsche Buchhandel in eine erstaunliche Offensive. Mit vorauseilendem Gehorsam und mit einem großen Grad an „Selbstgleichschaltung"[66] gab der Börsen-

---

63   Nach einer Einschätzung von Volker Titel. Vgl. Knopf / Titel: Gutenbergweg, S. 36.
64   Vgl. Barbian: Der Börsenverein in den Jahren 1933 bis 1945, in: Füssel: Börsenverein, S. 93 bis 95.
65   Am 2. Mai fand auch in Leipzig eine kleinere Bücherverbrennung statt. Die sozialdemokratische und gewerkschaftliche Bibliothek im Volkshaus wurden gestürmt und Bücher im Hof des Gebäudes verbrannt.
66   So formulierte Jan-Pieter Barbian, vgl. Füssel: Börsenverein, S. 94.

verein unter dem 13. Mai offiziell eine Liste von zwölf Schriftstellern bekannt, die „für das deutsche Ansehen als schädigend zu erachten" seien. Auf dieser Liste standen außer den schon Erwähnten Lion Feuchtwanger, Alfred Kerr und Arnold Zweig. Der Aufruf schloss mit dem Appell: „Der Vorstand erwartet, dass der Buchhandel die Werke dieser Schriftsteller nicht weiter verbreitet".[67]

Nachdem Dr. Joseph Goebbels, der durch rhetorische Begabung und demagogische Fähigkeiten allgewaltige Propagandachef der NSDAP, am 13. März 1933 von Hitler zum Reichsminister für Propaganda und Volksaufklärung berufen worden war, wurde die Gleichschaltung und rigorose Kontrolle des Presse- und Verlagswesens, des Kunst- und Kulturbetriebes durch die NSDAP vorangetrieben. Goebbels beanspruchte die Herrschaft über das gesamte Geistesleben im Reich.[68]

Am 22. September 1933 wurde das Gesetz über die Bildung einer „Reichskulturkammer" erlassen. Es ermächtigte den Reichsminister für Volksaufklärung und Propaganda, „die Angehörigen der Tätigkeitszweige, die seinen Aufgabenkreis betreffen, in Körperschaften des öffentlichen Rechts zusammenzufassen".[69] Dem gemäß wurden errichtet: eine Reichsschrifttumskammer, eine Reichspressekammer, eine Reichsrundfunkkammer, eine Reichstheaterkammer, eine Reichsmusikkammer, eine Reichskammer für bildende Künste und eine Reichsfilmkammer.

Die Erste Verordnung zur Durchführung des Gesetzes vom 1. November 1933 legte die Kammerverfassung fest. Sie bestimmte in § 4 eine Pflichtmitgliedschaft: „Wer bei der Erzeugung, der Wiedergabe, der geistigen oder technischen Verarbeitung, der Verbreitung, der Erhaltung, dem Absatz oder der Vermittlung des Absatzes von Kulturgut mitwirkt, muß Mitglied der Einzelkammer sein, die für seine Tätigkeit zuständig ist."[70] Die Mitglieder waren zu Beiträgen verpflichtet. Nach § 10 konnte die Aufnahme in eine Einzelkammer abgelehnt oder ein Mitglied wegen mangelnder „Zuverlässigkeit und Eignung" ausgeschlossen werden. In schwerwiegenden Fällen konnten Ordnungsstrafen verhängt werden. Der Ausschluss aus der Reichskulturkammer bzw. den Einzelkammern kam einem Berufsverbot gleich. Es wurde in besonderer Weise gegen „Nichtarier" in Anwendung gebracht.

Im Rahmen der Reichskulturkammer (RSK) – sie wurde am 15. November 1933 mit einer programmatischen Rede Goebbels in der Berliner Philharmonie eröffnet – war die Reichsschrifttumskammer für sämtliche Berufsangehörige und Tätige auf dem Gebiet des „Schrifttums" zuständig. Sie übernahm die bestehenden Verbände und Vereinigungen und gliederte sie in die eigene Struktur ein, so den „Reichsverband deutscher Schriftsteller", den „Börsenverein der Deutschen Buchhändler", die „Reichsfachgruppe Buchhandel im Deutschen Handlungsgehilfenverband", den „Verband Deutscher Volksbibliothekare", den „Verein Deutscher Bibliothekare", die „Gesellschaft der Bibliophilen", die „Deutsche Buchgemeinschaften", die „Literarischen Gesellschaften", die „Stiftungen und Verteiler literarischer Preise" sowie die „Verlags- und Buchhandlungsvertreter", um nur die Wichtigsten zu nennen.

---

67 BBl. Nr. 110, 13.5.1933, Sonderdruck.
68 Vgl. Wittmann: Buchhandel, S. 361 f.
69 Vgl. Reichsgesetzblatt 1 zur Durchführung des Reichskammergesetzes, in: Presse in Fesseln, Dokumentenanhang Nr. III, S. 1. Vgl. ferner Dahm: Reichskulturkammer; Barbian: Literaturpolitik, S. 81; Faustmann: Reichskulturkammer, S. 22–72.
70 Vgl. Reichsgesetzblatt 1 zur Durchführung des Reichskammergesetzes, in: Presse in Fesseln, Dokumentenanhang Nr. IV, S. 2.

In der Praxis bedeutete dies für die Vereinsangehörigen, dass ihre dortige Mitgliedschaft bestehen blieb, wobei sie zusätzlich der Disziplinargewalt der Kammer unterstellt wurden und an diese Beiträge abzuführen hatten. Die Mitgliedschaft in der RSK war für buchhändlerische Unternehmer wie Arbeitnehmer eine Zwangsverpflichtung. Ohne sie war die Berufsausübung nicht möglich. Mit der am 15. September 1934 erlassenen Satzung der Reichsschrifttumskammer wurde die bisher noch begrenzt vorhandene Autonomie der Fachverbände weitgehend eingeschränkt.

Da der Buchhandel prinzipiell sowohl Bücher als auch Zeitschriften herstellt und verbreitet, war neben der RSK anfangs auch die Reichspressekammer für Buchhandelsfirmen zuständig. Am 4. April 1934 wurden die Zuständigkeitsbereiche von Presse- und Schrifttumskammer aber voneinander getrennt. Als ausschlaggebendes Kriterium für die Mitgliedschaft in einer der beiden Kammern wurde nun die Umsatzrelation zwischen den „Produktionssparten" Bücher, Zeitungen und Zeitschriften erklärt. Durch Mehrfachspezialisierung zahlreicher Betriebe blieben die Grenzen der Zuständigkeitsbereiche beider Kammern jedoch weiterhin fließend.[71]

In den Folgejahren gab es für die Verwaltung des Buchhandels zwei wesentliche Veränderungen. Zunächst wurde am 19. Oktober 1934 der Börsenverein wieder aus der Reichsschrifttumskammer ausgegliedert.[72] An seine Stelle trat der kurz zuvor ins Leben getretene „Bund Reichsdeutscher Buchhändler e.V.", der am 1. Oktober 1936 jedoch aufgelöst und in die „Gruppe Buchhandel" umgewandelt wurde.[73] Seitdem bestand die RSK aus sieben Abteilungen (s. nebenstehendes Organisationsschema). Im Zentrum ihrer Tätigkeit stand weiterhin die Aufsicht über kulturkammerpflichtige Personen und Unternehmen des Buchhandels. Hierzu gehörten u.a. die Koordination der Fachschaftsarbeit, die soziale Betreuung der Mitglieder (Arbeitsvermittlung, Prüfung von Anträgen zur finanziellen Unterstützung, Schulungsmaßnahmen), Buchwerbungsfragen, weitgehende zensorische Überprüfungen, Regelungen von „Nichtarierfragen" oder Sperranordnungen betreffs Firmenneugründungen.[74]

Parallel zur Reichskulturkammer richteten die im April 1933 geschaffene Geheime Staatspolizei und der schon 1931 als Nachrichtendienst der NSDAP gebildete Sicherheitsdienst (SD) der SS mehrere literaturpolitische Kontrollstellen ein.[75] Durch Gesetz vom 26. April 1933 wurde das Geheime Staatspolizeiamt geschaffen, das die bisherigen politisch-polizeilichen Funktionen des Landeskriminalamtes übernahm. Der Gestapo als kulturpolitischen Instanz war nun mehr auch die Aufgabe übertragen worden, auf Befehl des Reichsführers SS oder der RSK Beschlagnahmungen von Büchern vorzunehmen. Mit der Ernennung Heinrich Himmlers zum Reichsführer SS und zum Chef der Deutschen Polizei am 17. Juni 1936 wurde das Kontrollsystem im kulturpolitischen Bereich weiter perfektioniert. Nun besaß auch der Reichsführer SS ein eigenständiges Verbotsrecht auf Grundlage der Notverord-

---

71 Vgl. Barbian: Literaturpolitik, S. 86.
72 Diese Veränderung war aus Sicht der RSK notwendig geworden, da der Börsenverein der Satzung nach eine internationale Mitgliedschaft aller am System des deutschen Buchhandels beteiligten Unternehmer zuließ, während man für die Mitgliedschaft in der RSK die deutsche Nationalität nachweisen musste. Ferner besaß der Börsenverein eine zu „lange Tradition" und er umfasste auch Zeitschriftenverleger. Vgl. Warmuth: Taschen-Jahrbuch 1937, S. 68 f.
73 Vgl. Barbian: Börsenverein, S. 108.
74 Vgl. Barbian: Literaturpolitik, S. 93 f.
75 Vgl. ebenda, S. 107–122.

Die Reichsschrifttumskammer

*Zeitgenössische
Darstellung
von 1937*

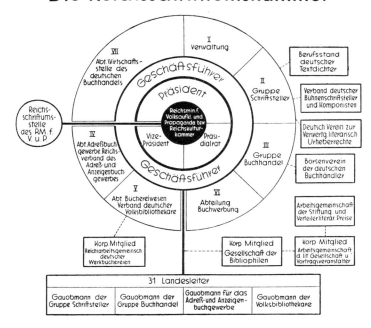

nung des Reichspräsidenten vom 28. Februar 1933. In der Regel machte er hiervon nur in Absprache mit der RSK Gebrauch. Es war somit ein Instanzenzug geschaffen, der die Gewährleistung der „sicherheitspolitischen Aufgaben" des NS-Staates sowohl auf Reichs- und Landesebene als auch in der kleinsten Region sicherte.[76]

Diese kurze Charakterisierung einiger wichtiger literaturpolitischer Einrichtungen soll vorerst genügen, um ihr Tätigwerden im Fall v. Hase gegen Volckmar verstehen zu können. Eine tiefergehende Untersuchung würde zeigen, welches ständige Macht- und Kompetenzgerangel innerhalb der Behörden herrschte. Um- und Neugründungen von Abteilungen waren ebenso häufig wie der Personalwechsel in führenden Leitungspositionen. Hinzu kam ein in der Forschung wiederholt thematisierter Umstand: In den Zensurbehörden waren zahlreiche junge Mitarbeiter der Jahrgänge um 1900 beschäftigt, die vielfach unter „Durchbrechung der klassischen Grundsätze staatlicher Personalpolitik"[77] als Angestellte oder Beamte in den mittleren und höheren Dienst aufsteigen konnten. Nur vereinzelt gab es in der RSK neben der „jungen Garde" auch erfahrene Verwaltungsbeamte wie beispielsweise Erich Greiner, Karl Ott oder Hans Schmidt-Leonhardt, die aus anderen Ministerien übernommen wurden.[78] Somit standen den zumeist betagten Unternehmern und leitenden Angestellten des deutschen Buchhandels in der Regel junge, vom NS-Geist geformte Zensoren und „Literaturpolitiker" gegenüber.

---

76   Vgl. ebenda, S. 109.
77   Mommsen: Beamtentum, S. 63.
78   Vgl. Barbian: Literaturpolitik, S. 69.

III.
UNTERNEHMERISCHES VERHALTEN WÄHREND DER NS-ZEIT

Der Rechtsstreit v. Hase gegen Volckmar im Konzern Koehler & Volckmar 1936–38

Während sich die Koehler & Volckmar AG & Co. – wie die anderen Buchhandelsfirmen gleichermaßen – den von der Reichskulturkammer verordneten neuen Struktur- und Gleichschaltungsmaßnahmen gegenüber sah, ereignete sich im Konzern ein Vorfall mit weitreichenden Folgen, der ihn in seinen Grundmauern erschüttern ließ. Den Auslöser gab Mitte Oktober 1936 ein Rechtsstreit zwischen Hermann v. Hase, dem Leiter der Koehler-Verlage und Vorstandsmitglied des Koehler-Volckmar-Konzerns, und Hans Volckmar und Theodor Volckmar-Frentzel, beide Vertreter der Konzernzentrale.

Das Verhältnis zwischen beiden Seiten war seit längerem getrübt. Grund war das bereits oben angesprochene unterschiedliche Machtverteilungsverhältnis, das die Koehler-Hase-Seite benachteiligte. Mit dieser Situation wollte sich Hermann v. Hase nicht einverstanden geben, und somit kam es zum Ausbruch eines offenen Konflikts. Die Spannungen explodierten geradezu im „Fall Gottschling".

Der Autor Erich Gottschling hatte von April 1932 bis April 1934 in einem Dominikanerorden gelebt. Doch die Zustände im Kloster, das dortige Erziehungssystem und der Alltag überhaupt bedrückten ihn auf das Schwerste. Er litt, wie er schrieb, unter „seelischen Geißelungen", den „Menschenwürde verletzenden Zumutungen und sonstigen Entwürdigungen" wie anderen „Gewissensquälereien", so dass er den Orden wieder verließ. In dem autobiografischen Buch „Zwei Jahre hinter Klostermauern. Aus den Aufzeichnungen eines ehemaligen Dominikaners" nahm er eine scharfe Abrechnung vor. Er fühlte sich um diese zwei Lebensjahre betrogen und wollte einer breiteren Öffentlichkeit in „sachlicher Weise" Aufklärung darüber verschaffen.[79]

Auf Empfehlung des Stabsamtsleiter Gotthard Urban in der Hauptstelle Schrifttumspflege der NSDAP[80] hatte Hermann v. Hase das Buch Ende 1934 in das Verlagsprogramm übernommen. Der Koehler-Verlag, erst seit Kriegsende durch eine umfangreichere Programmtätigkeit auf dem deutschen Markt wieder präsent, verlegte zahlreiche Memoiren und war auch in diesem Genre geachtet.[81]

---

79   Vgl. Gottschling: Klostermauern, S. 6, 14, 76, 182.

80   Zum Aufbau und zur institutionellen Entwicklung der Reichsstelle zur Förderung des deutschen Schrifttums / Hauptstelle (Amt/Hauptamt) Schrifttumspflege beim Beauftragten des Führers für die Überwachung der gesamten geistigen und weltanschaulichen Schulung und Erziehung der NSDAP, siehe Barbian: Literaturpolitik, S. 116–128. Siehe ferner: Warmuth: Taschen-Jahrbuch 1939/40, S. 74–81. Siehe ferner: Bollmus: Amt Rosenberg, S. 66–71, 145–152.

81   Für den Eher-Verlag München (zugleich Zentralverlag der NSDAP) sei dieser Titel nicht in Betracht gekommen, da er sich nicht mit nationalsozialistischen Fragen beschäftigte. Klageschrift des Konzerns (i.A. Hans Leo) zur Schiedsklage gegen Hermann v. Hase vom 22.11. 1937, S. 8, Sächs. StAL, Koehler & Volckmar, 102.

Eine antikatholische
Kampfschrift, 1935
im Verlag K. F. Koehler,
Leipzig, erschienen

Weil es sich in diesem Falle um eine antikatholische Kampfschrift handelte, befürchtete die Konzernleitung, katholische Verlegerkommittenten der Kommissionsgeschäfte von Koehler & Volckmar würden Anstoß daran nehmen, und dies hätte letztlich geschäftliche Schwierigkeiten zu Folge. Ein zwischenbuchhändlerischer Konzern – so die Überlegung – müsse als Serviceleistender Rücksicht auf seine Auftraggeber im Buchhandel nehmen.[82]

Am 20. Mai 1935 bat die Konzernleitung Hermann v. Hase zu sich, um ihren Wunsch, das Buch aus dem Programm herauszunehmen, zu erörtern. An der Besprechung nahmen die Herren Volckmar-Frentzel, Starkloff und v. Hase teil. Auf Drängen der Konzernzentrale kam man nach längerer Diskussion überein, den Titel an den Verlag Theodor Herbert Fritzsch d. Jüngeren zu veräußern.[83] Den Beschluss wollte Hermann v. Hase selbst Gotthard Urban von der Hauptstelle Schrifttums-

---

82   „Der Verlag Herder fühlt sich durch das Buch von Gottschling ganz besonders unangenehm
       berührt, weil dieses Buch sich gegen einen prominenten Autor von Herder, einen Pater B. M.
       Nissen, wendet, ohne diesen namentlich zu nennen. In der ‚Germania' seien hierüber sehr
       wesentliche Ausführungen gemacht worden." Klageschrift des Konzerns (i.A. Hans Leo) zur
       Schiedsklage gegen Hermann v. Hase vom 22.11.1937, S. 9, Sächs. StAL, Koehler &
       Volckmar, 102.
83   Das Verlagswerk ging nach Vereinbarung mit dem Autor am 8.7.1935 an den Fritzsch-Verlag
       über. Vgl. Zusammenstellung der wichtigsten Tatsachen in der Streitsache Hase gegen die
       Zentrale der Koehler-Volckmar-Firmen, S. 1, in: Sächs. StAL, Koehler & Volckmar, 96.

mitteilen. Dies geschah am 15. Juni 1935. V. Hase berichtete vier Tage später der Konzernleitung, er habe den Inhalt der Besprechung ordnungsgemäß an die Behörde weitergegeben. Somit war diese Angelegenheit eigentlich erledigt.

Als sich über ein Jahr später, nämlich Anfang Oktober 1936, die Reichsschrifttumskammer mit einer Anfrage zum „Fall Gottschling" an die Konzernleitung wandte, stellte sich heraus, Hermann v. Hase hatte in seinem schriftlichen Bericht an Urban die Besprechung vom 20. Mai 1935 und deren Ergebnis falsch wiedergegeben. Gegenüber der RSK behauptete er, der Beschluss über die Abgabe des Titels wäre allein von der Konzernzentrale getroffen worden. Er selbst sei zu keinem Zeitpunkt damit einverstanden gewesen, nur weil er sich in der Minderheit befunden hätte, sei ihm nichts anderes übrig geblieben, als zuzustimmen. Außerdem hatte v. Hase die Dinge so dargestellt, als hätte er im Sinne der NSDAP politisch korrekt gehandelt, während die Zentrale ideologische Vorbehalte gegenüber weltanschaulichen Fragen des Nationalsozialismus erkennen ließ.

Die Zentrale des Konzerns stellte daraufhin gegenüber der RSK und Hermann v. Hase die Sache richtig. Bezüglich der Abgabe des Gottschlingschen Werkes an einen anderen Verlag hätte sich v. Hase nicht nur an der Lösungsfindung aktiv beteiligt, sondern dem gefassten Beschluss vom 20. Mai freiwillig zugestimmt. Mit seinem unzutreffenden Bericht an Urban und der inkorrekten Rückmeldung hierüber an die Zentrale hätte er einen schwer wiegenden Vertrauensbruch gegenüber dem Unternehmen begonnen. Bei einem solchen eklatanten Fehlverhalten, insbesondere bei der Weitergabe von Betriebsgeheimnissen an Dritte, sei eine weitere Zusammenarbeit in der Konzernleitung nicht vorstellbar.

Hermann v. Hase ging unverzüglich zur Gegenoffensive über. Es war damals kein Geheimnis, dass er seit 1933 Mitglied der NSDAP war und hervorragende Kontakte zu hohen parteiamtlichen Stellen unterhielt. In seiner Eigenschaft als Verleger „nationaler Literatur" pflegte er z. B. ein enges Verhältnis zur Dienststelle des Reichsführers SS, insbesondere zum dortigen, bei der Chefadjunktur beschäftigten SS-Hauptsturmführer Bruno Galke[84]. Unter anderem wurde im Verlag K. F. Koehler die Zeitschrift „Germanien. Monatshefte für Germanenkunde zur Erkenntnis deutschen Wesens" herausgebracht, die in besonderer Beziehung zur Ahnenerbe e.V. Berlin stand, als dessen Kurator wiederum der Reichsführer SS Heinrich Himmler fungierte.[85]

Über seine Differenzen mit der Zentrale des Konzerns informierte v. Hase umgehend Galke und erhielt von ihm den Rat, sein Problem an die Reichsschrifttumskammer weiterzuleiten. Wohl um zu hindern, dass die Konzernzentrale die Angelegenheit firmenintern behandelte, stellte er sich als Opfer eines grundlos von der Konzernzentrale gegen ihn geführten Angriffes dar und erklärte seine Schutzbedürftigkeit seitens der Kammer. Er ersuchte Galke, dem Präsidenten der Reichsschrifttumskammer Hanns Johst mitzuteilen, er besäße das Vertrauen des SS-Hauptsturmführers und stünde unter seinem persönlichen Schutz. Galke entsprach sofort dieser Bitte.

---

84   Bruno Galke, geb. 1905, war im Stab der Dienststelle des Reichsführers SS in der Abteilung „Wirtschaftliche Hilfe" zu diesem Zeitpunkt als Hauptsturmführer tätig (entspricht dem Dienstgrad eines Hauptmanns bei der Wehrmacht). Zuletzt war er SS-Standartenführer (Oberst). Vgl. Höhne: Totenkopf, S. 150.

85   Vgl. Exposé Hermann v. Hases zur Entwicklung des K. F. Koehler Verlags vom 27.10.1937, S. 4, in: Sächs. StAL, Koehler & Volckmar, 117. Zur „Forschungs- und Lehrgemeinschaft: Das Ahnenerbe" (gegr. am 1.7.1935) siehe Bollmus: Amt Rosenberg, S. 178–185.

In der Folge intensivierte v. Hase seine Kontakte zum SS-Hauptsturmführer Galke und sprach wiederholt bei ihm vor. Um seine angebliche Schutzbedürftigkeit gegenüber dem Konzern glaubhaft zu machen und seine NS-Linientreue zu versichern, ging v. Hase so weit, frühere Meinungsverschiedenheiten und Vorkommnisse in der Konzernleitung aufzubauschen, um letztere bei den Parteistellen in ein weltanschaulich-politisches Zwielicht zu setzen.[86]

Die unterschiedlichen Besitzverhältnisse im Koehler-Volckmar-Konzern – 75 Prozent der Besitzanteile lagen bekanntlich in den Händen der Volckmar-Gruppe und nur 25 Prozent in denen der Koehler-Gruppe – nahm v. Hase zum Vorwand, seinen Partnern zu unterstellen, sie würden seit mehr als einem Jahrzehnt nichts unversucht lassen, die Koehler-Hase-Gruppe aus dem Unternehmen hinauszudrängen. Als Nachweis legte er Galke den vertraulichen Vorentwurf eines Exposés zu einer innerbetrieblichen Umgründung vor.[87] Ferner brachte v. Hase verschiedene Zensurfälle bei Koehler & Volckmar in Erinnerung, vor allem die Beanstandung des Barsortimentskatalogs durch die Reichsschrifttumskammer im Frühjahr 1936. Damals missbilligte die RSK eine Reihe von „unerwünschten" Buchtiteln im Katalog und konfiszierte sogar bei Durchsuchungen einige solcher Titel. Auch die so genannte Beflaggungsfrage rührte v. Hase wieder auf. 1933 hatte er der Konzernleitung vorgehalten, die Firmengebäude nicht entsprechend ihrer Größe mit Hakenkreuzfahnen zu „schmücken". Nicht ohne Hintergründe teilte er schließlich dem SS-Hauptsturmführer mit, der Seniorchef des Konzerns Hans Volckmar wolle sich nicht von seiner halbjüdischen Ehefrau trennen, und fragte mit gespielter Verwunderung, wie man bei solch „jüdischer Versippung" einen derart einflussreichen Konzern leiten könne.[88]

Am 14. Oktober 1936 lud Hermann v. Hase mehrere Vertreter der Koehler-Gruppe in seine Leipziger Wohnung, Güldengossaer Straße 13, ein. Es erschienen Konsul Georg v. Hase, Kurt Koehler und Karl Koehler[89]. Ihnen erläuterte er seinen „Angriffsplan" gegen die Zentrale.[90] Der „große Schlag" sollte mit politischen Waffen geführt, der Vorentwurf des Umgründungsexposés aus „weltanschaulichen Gründen" abgelehnt werden. Dabei könne er sich auf seine „Berliner Freunde", insbesondere auf SS-Hauptsturmführer Bruno Galke, verlassen.[91] „Es sei für ihn sehr einfach [...] die Beseitigung der Herren Hans Volckmar und Volckmar-Frentzel durchzuführen."[92] Hermann v. Hase war sich seiner Sache so sicher, dass er seinem Bruder Georg, der

---

86 Vgl. die Zusammenstellung der wichtigsten Tatsachen in der Streitsache v. Hase gegen die Zentrale der Koehler-Volckmar-Firmen, S. 3, in: Sächs. StAL, Koehler & Volckmar, 96.

87 Vgl. ebenda. Zum Entwurf siehe den „18. Fall" der Denunziationsschrift v. Hase sowie die Beantwortung von Punkt 35 des Fragenbogens RSK durch Volckmar und Theodor Volckmar-Frentzel. V. Hase beanstandete den Vorentwurf, der ihm am 13.10.1936 zuging, aus „weltanschaulichen Gründen".

88 Vgl. ebenda.

89 Karl Koehler war der damals noch unmündige Sohn des im Weltkrieg gefallenen Wolfgang Koehler.

90 Die Grundgedanken eines solchen Plans hatte er bereits Wochen zuvor gegenüber Kurt Koehler angedeutet.

91 Vgl. Chronologische Übersicht betr. den Konflikt mit Herrn Hermann v. Hase, S. 3, in: Sächs. StAL, Koehler & Volckmar, 96.

92 Schreiben Hans Leo an das Schiedsgericht Reichsregierungsrat Frantz vom 29.1.1938, S. 8, in: Sächs. StAL, Koehler & Volckmar, 106.

1935 aus dem Konzern ausgeschlossen worden war, schon eine leitende Position in den Koehler-Volckmar-Firmen anbot.[93]

Bereits wenige Tage später verfasste er eine an den Reichsführer SS Heinrich Himmler gerichtete Denkschrift. Das 187seitige Exposé mit den Titel „Niederschrift über Vorkommnisse im Koehler-Volckmar-Konzern" (siehe Dokumententeil) überreichte er am 28. Oktober 1936 Galke mit der Bitte um Weiterleitung. Galke hatte die gesamte Schrift bis zum 30. Oktober gelesen und erklärte, er sei auf das Tiefste davon erschüttert.[94] Er würde die Denkschrift seinem Chef einreichen, hielt das Papier allerdings für zu umfangreich, um es dem Reichsführer vorzulegen, und bat um einen Extrakt. V. Hase machte sich sofort daran, seine Verleumdungs- und Anklageschrift auf sechs Seiten zusammenzufassen.[95]

Nachdem der Reichsführer Heinrich Himmler den Fall zur Kenntnis genommen hatte, stellte er Hermann v. Hase einen „Schutzbrief" der SS aus, und entschied ferner, die Angelegenheit der Reichsschrifttumskammer zur weiteren Behandlung zu übergeben. Dies geschah am 5. November. Da sich Staatsrat Johst, der Präsident der RSK, gerade in Leipzig aufhielt, wurden ihm die umfangreichen Unterlagen tags darauf im dortigen Hotel Astoria überreicht. Johst ließ Hermann v. Hase zu sich ins Hotel kommen und die Sache vortragen. Am selben Tag begannen die Vorbereitungen zum Ausschlussverfahren der Unternehmer Volckmar. Der „Film" war, wie man später in der Schrifttumskammer notierte, ins Rollen gekommen.[96]

In den folgenden Tagen und Wochen unterließ v. Hase keine Gelegenheit, um weitere Briefe mit unverkennbar verleumderischen Inhalt an die Schrifttumsbehörde oder an die SS abzusenden. In einem Exposé „Einige Vorkommnisse, die die grundsätzliche Verschiedenheit der Einstellung der Herren Hans Volckmar und Theodor Volckmar-Frentzel mit meiner Einstellung charakterisieren" schrieb er, ohne Zeugen zu benennen oder Belege beizufügen, Begebenheiten auf, welche die „Skrupellosigkeit" seiner Kollegen kennzeichnen sollten.[97] Dabei scheute sich Hermann v. Hase nicht, seine eigenen „programmatischen" Ziele den Behörden mitzuteilen. Er sehnte vier Ergebnisse herbei. Die Herren Volckmar und Volckmar-Frentzel sollten ausscheiden, zwischen den Koehler- und Volckmarparteien das alte Beteiligungsver-

---

93   Vgl. Klage Kurt und Lily Koehler gegen Hermann v. Hase beim Leipziger Landgericht vom 10.9.1937, S. 28, in: Sächs. StAL, Koehler & Volckmar, 98.

94   Vgl. Das Verhalten von Georg v. Hase und die Verwirkung seiner Pensionsansprüche, S. 14, in: Archiv KNOe Stuttgart.

95   Vgl. Chronologische Übersicht, S. 5, in: Sächs. StAL, Koehler & Volckmar, 96.

96   „Ebenso war es unser gutes Recht, uns mit auf das durch Dr. v. Hase beigebrachte Material zu stützen. Irgendjemand muss ja einmal den Film ins Rollen bringen." Vgl. Aktenvermerk Herbert Menz vom 10.1.1938, in: BArch (ehemals BDC), Volckmar-Frentzel.

97   Daraus: „Durch die Herren der Volckmar-Partei gelangte eine Pappenfabrik in Thüringen in den Besitz des Koehler-Volckmar-Konzerns [Gemeint ist vermutlich die Hoffmannsche Pappenfabrik, Jesuborn-Leibis, die 1922/23 aufgekauft wurde, Th. K.]. Ich werde nie den Augenblick vergessen, als Herr Hans Volckmar aus einer Besprechung, die er im Volckmar-Haus mit den Vorbesitzern, wohl zwei Brüdern, hatte, zu mir ins Nebenzimmer kam und sagte: ,So, jetzt haben wir Sie (und dabei machte er das bekannte Zeichen des Zuziehens einer Schlinge um den Hals), jetzt können sie nicht mehr anders!' Ich habe damals meine Abscheu über diese Art des Geschäftemachens unverhohlen zum Ausdruck gebracht." An anderer Stelle führte er aus: „Als ich einmal mit Herrn Theodor Volckmar-Frentzel eine mit einem Autor auftauchende Schwierigkeit besprach, sagte er: ,Können Sie ihm nicht Geld pumpen und ihn dadurch in Abhängigkeit bringen?'" Schreiben Hermann v. Hase vom 19.11.1936, in: BArch (ehemals BDC), Akte Volckmar-Frentzel.

hältnis von 40 zu 60 Prozent bei Stimmenparität wieder hergestellt werden, er selbst kapitalbeteiligter Gesellschafter[98] der vereinigten Koehlerverlage K. F. Koehler und Koehler & Amelang werden und schließlich bereits ausgeschiedene Gesellschafter, beispielsweise sein Bruder Georg, in die Konzernleitung zurückkehren. Man konnte sich vorstellen, dass es nach dieser „Machtstärkung" der Koehlerseite leicht möglich gewesen wäre, weitere Manipulationen vorzunehmen.[99]

Inzwischen hatte die Konzernzentrale von den dubiosen Bemühungen v. Hases erfahren und beauftragte den Firmen-Rechtsanwalt Dr. Tempel mit der Vertretung ihrer Interessen. Ein erster Versuch des Rechtsanwalts, v. Hase in dieser Angelegenheit zur Rede zu stellen, misslang. V. Hase teilte ihm am 9. November 1936 mit, der „Fall Gottschling" sei der RSK übergeben worden, eine Stellungnahme erübrige sich also.

Daraufhin sprach Rechtsanwalt Tempel am 13. November beim SS-Hauptsturmführer Galke in dessen Berliner Büro, Prinz-Albrecht-Str. 8, vor, um Klarheit in die Angelegenheit zu bringen. Er überreichte drei Exposés, die den Standpunkt der Konzernzentrale zum Ausdruck brachten. Galke reagierte postwendend und schickte Tempel wenige Tage darauf einen 35 Punkte umfassenden Fragebogen zu, den die Konzernzentrale gewissenhaft und ausführlich beantworten sollte. Die schriftliche Entgegnung der Unternehmer wurde am 9. Dezember 1936 nach Berlin geschickt (siehe Dokumententeil).[100]

Als der Fragebogen der Dienststelle des Reichsführers SS auf dem Tisch der Zentrale lag, war vollends klar, dass der Rechtsstreit zwischen Hermann v. Hase und der Konzern-Leitung eine neue Qualität angenommen hatte. Hier ging es nicht mehr um den „Fall Gottschling", sondern um eine Generalattacke auf die Konzernleitung. Seit längerem verfolgte v. Hase eine Strategie, durch eine offene Auseinandersetzung die Ergebnisse des Fusionsprozesses zugunsten seiner Person bzw. der Koehler-Partei zu korrigieren. In einem internen Gutachten formulierte die Firmenleitung:

„Herr Dr. v. Hase strebt offenbar, und zwar gestützt auf die Mitwirkung seines Bruders [Konsul Georg v. Hase, Th. K.], an, in Zukunft selbst die Zentrale der Koehler-Volckmar-Firmen, unter völliger Ausschaltung der Herren Volckmar und Volckmar-Frentzel, oder, wenn ihm dies nicht gelingen sollte, wenigstens Eigentümer der Koehler-Verlage zu werden. Diese Zielsetzung ist die Fortsetzung einer von Herrn Dr. v. Hase mit wechselnden Mitteln schon seit langem verfolgten Politik."[101]

Man erinnerte sich der früheren Vorgänge. Bereits im Oktober 1924 hatte sich Hermann v. Hase mit seinen Associés verstritten, denn er plante eine Intrige gegen die Konzernzentrale. Gemeinsam mit seiner Frau behauptete er, die Volckmar-Gruppe wolle Kurt Koehler von der Mitleitung des Konzerns ausschließen.[102] Diese

---

98   Bislang war er Gesellschafter ohne Kaptialbeteiligung.
99   Vgl. Möglichkeiten bei einer Umwandlung des Koehler-Volckmar-Konzerns. Programmatisch ausgearbeitet von Dr. Hermann v. Hase vom 3.11.1936, in: BArch (ehemals BDC), Akte Volckmar-Frentzel.
100 Vgl. ebenda, S. 9.
101 Vgl. die Zusammenstellung der wichtigsten Tatsachen in der Streitsache Hase gegen die Zentrale der Koehler-Volckmar-Firmen, S. 5, in: Sächs. StAL, Koehler & Volckmar, 96.
102 Zutreffend war vielmehr, dass es sachliche Meinungsverschiedenheiten zwischen der Konzernzentrale und Kurt Koehler über die richtige Führung der Lehrmittelabteilung gab. Es wurde auch die Frage erörtert, ob Koehler diese Leitungsfunktion niederlegen und eine andere übernehmen solle, wozu es aber nicht kam. Siehe Beantwortung von Punkt 17 des Fragebogens der Dienststelle RFSS, Bl. 61–67, siehe V.2., Ausgewählte Dokumente.

Absicht sei seiner Ansicht nach nur dadurch vereitelt worden, weil er der Volckmar-Partei zum Ausdruck gebracht habe, er fühle sich mit Herrn Koehler solidarisch und würde bei Durchführung dieser Absicht auch seinerseits eine weitere Mitarbeit im Konzern ablehnen. Frau Hase-Koehler meinte sogar, ihr Mann sei über das Ansinnen der Konzernzentrale derart aufgebracht gewesen, dass er äußerte, er würde sich eine Kugel durch den Kopf schießen, wäre der Vorstoß der Volckmar-Partei gegen ihn selbst gerichtet. Am Ende hätte v. Hase „auf diese seelische Enttäuschung" hin einen Nervenzusammenbruch erlitten. Bald jedoch stellte sich heraus: Die gesamten Anschuldigungen waren durch das Vorstandsmitglied v. Hase frei erfunden worden. Er musste sie am 13. Oktober 1924 in schriftlicher Form wieder zurücknehmen.[103]

Wilhelm Baur

Anfang 1935 hatte sich ein neuer Konflikt zwischen der Konzernzentrale und Hermann v. Hase angebahnt. Diesmal operierte v. Hase mit „weltanschaulichen Gegensätzen" zwischen ihm und der Konzernleitung, das heißt, er hatte sich für eine politisch motivierte Form des Angriffs entschieden. Im Rahmen dieser Aktion versuchte er, den Verlag Koehler & Amelang zu seinen Gunsten bzw. zugunsten von Neff & Koehler aus dem Konzern Koehler & Volckmar herauszulösen.[104] Es ließen sich weitere Beispiele für die Versuche Hermann v. Hases nennen, die sein Bemühen verdeutlichten, die Konzernzentrale in Misskredit zu bringen. Seit der Machtergreifung der Nationalsozialisten stellte er, selbst bei rein fachlichen Streitfragen, stets politische bzw. weltanschauliche Differenzen in den Vordergrund.

So war zu Beginn des Jahres 1937 eine Situation entstanden, in der die Konzernzentrale befürchten musste, es könnte Hermann v. Hase mit Hilfe seiner braunen Bundesgenossen gelingen, die Leitung der Koehler & Volckmar AG & Co. an sich zu reißen. In dem internen Papier „Wie kommen wir nun weiter?" prüfte die Konzernleitung Möglichkeiten, wie aus dem Dilemma herauszukommen sei. Noch war es nicht ersichtlich, ob die offiziellen Stellen nur ihren Parteigenossen v. Hase in dessen

---

103 Vgl. ebenda.
104 Vgl. die Zusammenstellung der wichtigsten Tatsachen in der Streitsache Hase gegen die Zentrale der Koehler-Volckmar-Firmen, S. 6, in: Sächs. StAL, Koehler & Volckmar, 96. Siehe das umfangreiche, gedruckte Gutachten „Der Kampf um die Verlage Koehler & Amelang und K. F. Koehler im Jahre 1935", in: Sächs. StAL, Koehler & Volckmar, 102.

persönlichen Ambitionen unterstützen oder ob sie selbst von dem Machtkampf im Konzern profitieren wollten. Auch war unklar, welche Position Wilhelm Baur, Funktionär der Reichsschrifttumskammer, Börsenvereinsvorsteher und Manager des nationalsozialistischen Eher-Verlags, in dieser Angelegenheit einnehmen würde.[105] Seit längerem war bekannt, dass sich Baur gern an der Koehler & Volckmar AG & Co. geschäftlich beteiligen wollte. Die Konzernleitung hatte seine Vorstöße wiederholt abgewiesen.[106] Doch in der jetzigen kritischen Situation wollte sie den einflussreichen Buchhändler und Funktionär nicht zum Gegner haben. In der Hoffnung, ihn für sich gewinnen zu können, nahm sie Fühlung zu ihm auf. Baur hielt sich bewusst aus dem Fall heraus.[107]

1. Der Fragebogen der Dienststelle des Reichsführers SS

Die Methode des schriftlichen Fragebogens war eine durchaus übliche in den kulturpolitischen Kontrollinstanzen des Nationalsozialismus, und sie wurde in solchen Fällen angewandt, bei denen die vorgebrachten Beschuldigungen kompliziert waren, so dass sie ohne Rechtsbeistand und ohne Hinzuziehung von umfangreichen Dokumenten kaum beantwortet werden konnten. In diesem Sinne wurde das Zusenden eines schriftlichen Fragebogens von der Konzernleitung zunächst als Chance gesehen, die Dinge zurechtzurücken. Doch schon bei erster Sichtung der insgesamt 35 Fragen wurde Hans Volckmar und Theodor Volckmar-Frentzel der Ernst ihrer Situation klar.[108]

Bislang hatten sie nur Vermutungen darüber anstellen können, welche betriebsinternen Informationen durch Hermann v. Hase an parteiamtliche Stellen und an die RSK weitergeleitet worden waren. Jetzt mussten sie zur Kenntnis nehmen, dass faktisch der gesamte Konzern von seiner Gründung an auf eine Weise politisch durchleuchtet werden sollte, die seine Existenz, aber auch das Schicksal seiner Führungsgruppe bedrohte.

---

105   Wilhelm Baur (1905–1945), seit November 1920 im Eher Verlag tätig, seit 1935 Verlagsleiter und Aufsichtsratsmitglied des Eher-Konzerns; September 1934 bis 1945 Vorsteher des Börsenvereins der Deutschen Buchhändler und Vorsitzender des Bundes Reichsdeutscher Buchhändler (ab 1.10.1936 Leiter der „Gruppe Buchhandel" in der RSK); 1922–23 und 1928–30 SA-Mitglied; nach seiner Aufnahme in die SS am 1.6.1938 stieg er zum SS-Standartenführer und 1945 zum SS-Obersturmführer auf. Zuletzt beging er Selbstmord. Vgl. Barbian: Literaturpolitik, S. 389.

106   Vgl. Exposé der Zentrale: „Wie kommen wir nun weiter?", S. 1, in: Sächs. StAL, Koehler & Volckmar, 96.

107   Im Dezember 1936 schrieb Gartmann der Konzernleitung: „Die Einstellung des Herrn Wilhelm Baur war im Grunde für uns wohlwollend, er scheut sich aber, sich in das Verfahren bei der Gestapo irgendwie einzuschalten und findet leider keine Zeit, sich gründlich mit der ganzen Angelegenheit zu beschäftigen." Aktenvermerk über eine Besprechung mit Baur vom 21.12.1936, S. 3, in: Sächs. StAL, Koehler & Volckmar, 115.

108   Auf Anfrage von Felix Gartmann meinte auch Wilhelm Baur, man müsse sich „über den Ernst der Lage klar sein". Sollte die SS etwa im Konzern „einen Kommissar einsetzen wollen, wie das in ähnlichen Fällen geschehen sei", würde er dafür sorgen, daß dies ein Buchhändler sei". Vgl. ebenda, S. 1.

Die Fragen bezogen sich auf die Fusion von 1918, auf seitherige Umgründungs-aktionen, auf Anteils- und Machtverteilungen im Konzern sowie auf einzelne Konflik-te und Vorkommnisse im Vorstand und Aufsichtsrat. Dass die beiden Betriebsführer nochmals ihren Ariernachweis erbringen mussten, der Voraussetzung für die Mit-gliedschaft in der RSK und somit zur Berufsausübung war, zeigte, dass v. Hase keine Gelegenheit ausgelassen hatte, um die Konzernleitung und vor allem Hans Volck-mar persönlich zu belasten.

Hans Volckmar war mit Martina, geb. Meyer, der Tochter des Leipziger Bankiers Paul Meyer verheiratet. Martina Volckmar galt nach den sogenannten Nürnberger Rassegesetzen als „Mischling ersten Grades".[109] Da er sich von seiner Frau nicht trennen wollte, blieb ihm nichts anderes übrig, als im August 1935 seine Mitglied-schaft in der RSK und im Bund Reichsdeutscher Buchhändler (BRB) niederzulegen. Somit besaß er eigentlich ein Berufsverbot. Als Mitglied des Aufsichtsrates und über seinen Adoptivsohn Volckmar-Frentzel versuchte er aber weiterhin, die Geschicke des Konzern aus dem Hintergrund zu leiten.

Mehrere Fragen beschäftigten sich mit der Tätigkeit von Volckmar und Volck-mar-Frentzel in der Konzernzentrale, in der die Koehler-Familie durch eigene Gesell-schafter nicht vertreten war. Galke interessierte nach den wiederholten Hinweisen Hermann v. Hases, wie es zur konkreten Stimmen- und Machtverteilung im Konzern gekommen war. Einen weiteren Schwerpunkt bildeten Erkundigungen zur politischen Gesinnung von Volckmar und Volckmar-Frentzel. Warum waren beide nicht Mitglie-der der NSDAP, zumal sie in solch einflussreicher Position agierten? Bekannten sie sich uneingeschränkt zum nationalsozialistischen Staat? Und wenn ja, wie konnten sie dies belegen? Welche programmatischen Ziele verfolgte die Unternehmenslei-tung mit ihrer Verlagsgruppe? Kam es trotz der rigorosen Bestimmungen dennoch vor, dass im Konzern „nichtarische" Angestellte weiter beschäftigt wurden? Waren die Konzernhäuser „zeitgemäß" beflaggt? Wurden die Spenden der Winterhilfe so-wie der Adolf-Hitler-Spende ordnungsgemäß abgeführt? Wer zeichnete dafür ver-antwortlich, dass es 1935 und 1936 zu Beanstandungen des Barsortimentskatalogs durch die RSK kam? Handelte es sich um ein versehentliches oder um ein absichtli-ches Fehlverhalten von Firmenchefs oder -angehörigen? War es zu jeder Zeit Vor-standsmitgliedern gestattet, politische Ehrenämter zu übernehmen? Insofern sie daran gehindert wurden, wie konnte dies die Konzernleitung begründen?

Die Dienststelle des Reichsführers SS wollte ferner von der Konzernzentrale er-fahren, weshalb es auch zwischen den engeren Associés Hermann v. Hase und Kurt Koehler zu diversen Meinungsverschiedenheiten gekommen sei. Entsprechende Hinweise hatte sie zuvor von der Zentrale selbst erhalten.[110] Auch der „Fall Gott-schling" wurde noch einmal aufgegriffen. Man wollte die näheren Umstände der Ab-gabe dieses Titels an einen anderen Verlag wissen. Auch interessierte, inwieweit die Reichsschrifttumskammer von diesem Vorfall informiert worden war.

---

109 Vgl. hierzu die Beantwortung von Punkt 13 des Fragebogens der Dienststelle RFSS, Bl. 47–55, siehe V.2., Ausgewählte Dokumente.
110 Zumindest die Tatsache, dass Kurt Koehler nach eigenen Aussagen ein gutes Verhältnis zur Zentrale besaß, ließ die Argumentation v. Hases fragwürdig erscheinen, die Volckmars planten einen Vorstoß gegen die gesamte Koehler-Gruppe.

Schließlich sollte die Zentrale ausführen, wie sie sich ein mögliches Ausscheiden Dr. v. Hases aus dem Konzern vorstelle. Seit den frühen dreißiger Jahren waren insgesamt acht Personen aus dem Vorstand bzw. Aufsichtsrat ausgeschieden.[111] Handelte es sich mehrheitlich um Mitglieder der sogenannten Koehler-Gruppe? Welche Vereinbarungen wurden 1925 hinsichtlich einer schiedsgerichtlichen Einigung bei firmeninternen Querelen getroffen?

Der Fragebogen verriet viele Details der persönlichen Haltung und politischen Einstellung der befragten Manager. Die Beantwortung zeigte, mit welchen Argumentations- und Begründungsstrategien die Volckmar versuchten, die z.T. schweren Belastungen zu entkräften. Für sie stand alles auf dem Spiel: die unternehmerische, wenn nicht sogar die bürgerliche Existenz. Zu welchem Zweck genau die Untersuchungen geführt wurden, sollten sie erst Wochen später erfahren.

2. Kernpunkte der Anschuldigungen gegen die Konzernzentrale

Aus dem Fragebogen der Dienststelle des Reichsführers SS war deutlich zu ersehen, dass sich der Vorstoß gegen die Konzernzentrale auf zwei Umstände stützte, die schon Hermann v. Hase in seiner Denkschrift hervorgehoben hatte. Einmal war es der Vorwurf, die Leitung betreibe eine unlautere firmeninterne Machtpolitik, und zum anderen die Verdächtigung, sie wäre im Sinne des NS-Systems politisch unzuverlässig. War eine solche Anklage von der Sache her überhaupt berechtigt? Welche Absichten verbargen sich hinter diesen Anwürfen? Der beantwortete Fragebogen ist für die Wahrheitsfindung sehr aufschluss- und hilfsreich, wenngleich man an vielen Passagen die vorsichtige Federführung des Firmenadvokaten verspürt.

Betrachten wir zuerst die Beschuldigung, die „Koehler-Partei" sei von der Volckmar-Gruppe Schritt um Schritt absichtlich und unrechtmäßig aus der Führung des Konzerns hinaus gedrängt worden.

Die besonderen Umstände der ungleichen Fusion beider Geschäftshäuser sind oben schon dargelegt worden. Aufgrund der betriebswirtschaftlich ungünstigeren Bilanzen und einer geringeren Kapitalkraft konnte sich seinerzeit die Koehler-Gruppe nur zu einem Drittel an dem neu entstandenen Konzern Koehler & Volckmar beteiligen. Als ein großes Entgegenkommen des Partners war es daher zu werten, der Koehler-Gruppe trotzdem gleiches Stimmenrecht bei wichtigen Entscheidungen zu geben.

Eine Besonderheit der Koehler & Volckmar AG & Co. bestand darin, dass es seit 1931 eine über dem Vorstand gelagerte Konzernzentrale ab, in der die Koehler-Gruppe durch eigene Gesellschafter nicht vertreten war. In der Beantwortung des Fragebogens hoben Volckmar und Volckmar-Frentzel hervor, am 23. Dezember

---

111 Es handelte sich um Alfred Voerster, Hans Volckmar, Kurt Koehler, Richard Einhorn, Hans Staackmann, Alfred Staackmann, Emil Oelrich und Georg v. Hase. Vgl. Beantwortung von Punkt 30 des Fragebogens der Dienststelle RFSS, Bl. 115–117, siehe V.2., Ausgewählte Dokumente.

1931 rechtmäßig und einstimmig in diese Position gewählt worden zu sein. Die Zentrale hätte den Auftrag besessen, die Interessen des gesamten Konzerns zu vertreten, auch wenn sie gemäß dem „Führerprinzip" – hier machten sie bewusst eine Anleihe bei einem zeitgenössischen NS-Begriff – dem Vorstand übergeordnet war. Von daher sei die Koehler-Gruppe nicht in der Zentrale vertreten gewesen, weil sie keine geeignete Führungspersönlichkeit vorweisen konnte. Darin sei man sich zumindest in der Gesellschafterversammlung von 1931 einig gewesen.

Aus der sachlichen Darstellung der Leitungsstruktur im Konzern erhellte, wie sehr die Vorwürfe in diesem Punkt von Hermann v. Hase vorformuliert waren. Es wurmte ihn einfach, persönlich nicht in der Machtzentrale vertreten zu sein. Sein Associé Kurt Koehler erklärte später ohne Umschweife: „Der erste durchschlagende Grund zu einer persönlichen Feindschaft [zwischen Hermann v. Hase und den beiden Volckmar-Herren, Th. K.] ist meiner Auffassung nach die Gründung der Zentrale gewesen, denn diese Einrichtung berührte das Geltungsbedürfnis und die Herrschergelüste Dr. v. Hases auf das empfindlichste." [112]

Im Januar 1935 hatte Hermann v. Hase einen Antrag eingebracht, in die Zentrale künftig auch einen Repräsentanten der dort nicht vertretenen offenen Handelsgesellschaft aufzunehmen. Hans Volckmar lehnte dies mit der Begründung ab, bei der Zentrale handle es sich lediglich um eine Einzelperson. Ferner verwies er darauf, die Konzernzentrale sei kein Kollegium, sondern würde immer nur „aus einer Person" bestehen. Es sei gar kein Spielraum dafür vorhanden, eine weitere Person zu benennen, der gegenüber die Zentrale eine Informationspflicht habe. [113]

In Wahrheit stellten aber zwei Personen die Zentrale. Insofern konnte die Ablehnung von der Koehler-Gruppe durchaus dahingehend interpretiert werden, ihre Beteiligung – insbesondere eine nachträgliche Aufnahme Hermann v. Hases – wäre prinzipiell unerwünscht. Andererseits traf die Behauptung v. Hases, er hätte immer ein untrügliches Gefühl gehabt, von der Konzernzentrale nicht über alle geschäftlichen Angelegenheiten ausreichend informiert worden zu sein (Frage 7, s. Fragebogen in Kap. V. Ausgewählte Dokumente), in dieser Form nicht zu. Hans Volckmar verwies zu Recht darauf, es habe nie zur Gepflogenheit der Zentrale gehört, ständig alle Gesellschafter über alles zu informieren. Vielmehr hätte jeder Gesellschafter die Pflicht und auch die Möglichkeit besessen, gewünschte Informationen selbst einzuholen. Der kritisierte Missstand rührte daher, dass „doch lediglich durch die räumliche Trennung eine ständige Information des Herrn Dr. v. Hase erschwert und durch die fast ständige Abwesenheit des Herrn Dr. Koehler dessen Information unmöglich [...], daß aber schon aus der Tatsache, daß Herr Konsul v. Hase ständig informiert ist (was dieser auch zugibt) sich ohne weiteres ergebe, daß die Ursache für die Nichtinformation des Herrn Dr. v. Hase lediglich daran liege, daß dieser nicht sich selbst öfter einmal über das, was im Volckmar-Haus vorginge, informiere." [114]

Was die Anteilsverkäufe von der Koehler- an die Volckmar-Gruppe anging (vgl. Fragen 5 und 6), so erklärten die Befragten, ein akuter „Geldbedarf auf Seiten der

---

112 Kurt Koehler: Zur Vorgeschichte der Aktion Dr. v. Hase, 14.8.1937, S. 5, in: Sächs. StAL, Koehler & Volckmar, 118.
113 Vgl. Punkt 7 des Fragebogens der Dienststelle RFSS, Bl. 22, siehe V.2., Ausgewählte Dokumente.
114 Ebenda.

Koehler-Gruppe" sei der Grund für diese Transaktionen gewesen. Wie kam dieser Kapitalmangel der Koehler-Gruppe zustande?

Zunächst war die Fusion nicht in dem wahren wirtschaftlichen Verhältnis beider Gruppen von etwa 66 2/3 Prozent für Volckmar und 33 1/3 Prozent für Koehler durchgeführt worden, sondern auf Wunsch der Familie Koehler im Verhältnis 60 zu 40. Dies hatte zur Folge, dass die Koehler-Gruppe nach der Fusion kein wesentliches, außerhalb des Konzerns liegendes Vermögen behielt. Sie verschuldete sich gegenüber der Partnergruppe mit ca. 225 000 RM.[115]

Mit Nachdruck machten Volckmar und Volckmar-Frentzel auf die kostspielige Lebensführung mehrerer Gesellschafter von Koehler aufmerksam. Sie hätten deutlich über ihre Verhältnisse gelebt, „was sich besonders in jenen Jahren rächte, in denen der Konzern mit Verlusten arbeitete und keine Gewinne ausgeschüttet werden konnten".[116] Einige Vertreter der Gesellschaft Neff & Koehler würden sogar untereinander und mit Autoren noch immer in kostenaufwendigen Prozessen liegen. Um ihr Argument, die Koehler hätten einen zu großen Lebensaufwand betrieben, zu untermauern, führten sie ein Beispiel aus dem Vorfeld der Fusion an:

„Die Neigung, mehr zu verbrauchen, als verdient und vorhanden ist, war in der Koehler-Gruppe keine erst seit der Fusion bestehende Erscheinung. Aus dem gleichen Grunde war schon einmal vor den Anfängen der Fusion eine Bereinigung der Koehler-Bilanzen erforderlich geworden, die, soweit wir aus späteren Erzählungen wissen, damals durch die Seniorin der Koehler-Gruppe, Frau Bertha Koehler-Schall, erfolgte, die einen sehr grossen Betrag (es handelte sich damals wohl um 1 Million M) zwecks Sanierung zur Verfügung stellte."[117]

Schließlich verwiesen Volckmar und Volckmar-Frentzel darauf, dass sämtliche firmeninterne Anteilsverkäufe stets von der Koehler-Gruppe initiiert wurden. In die Anlage B zur Beantwortung der Fragen 5 und 6 nahmen sie ein Schreiben von Hans Volckmar an Kurt Koehler und Hermann v. Hase vom 14. April 1932 über einen internen Anteilsverkauf auf. Volckmar erklärte darin, er könne den Wünschen der Gegenseite nicht in vollständiger Höhe gerecht werden. „Zunächst ist der Geldbedarf von Neff & Koehler durch die jetzt zur Verfügung kommenden RM 120 000 nach Ihren eigenen Angaben auf ca. 1 ½ Jahre gedeckt. Meine Associés und ich sehen nun aber keine Möglichkeit, für einen weiteren Zeitraum darüber hinaus Neff & Koehler schon jetzt unbedingt von der Gefahr des erneuten Unflüssigwerdens zu befreien. Niemand weiss, wie sich die allgemeine Lage noch entwickeln wird und ob überhaupt dem Koehler-Volckmar-Konzern bei weiteren Verlustjahren zugemutet werden kann, im Interesse der Flüssighaltung seiner beiden Inhaberfirmen selbst grosse finanzielle Opfer zu bringen." Deshalb bat Volckmar darum, mit dem Kapital „so haushälterisch wie möglich umzugehen".[118] Nach dieser Transaktion bedankte sich Hermann v. Hase bei Hans Volckmar, dem Vertreter des Unternehmens A. Koch &

---

115 Aus einem Schreiben vom Dezember 1932 ging sogar hervor, dass Frau Lily Koehler durch die freiwerdende Summe einen eigenen Konkurs hatte abwenden können. Vgl. Schreiben A. Koch & Co. an Neff & Koehler vom 27.12.1932, in: Beantwortung der Punkte 5 und 6 des Fragebogens der Dienststelle RFSS, Bl. 7–19, siehe V.2., Ausgewählte Dokumente.
116 Vgl. ebenda, Bl. 7.
117 Ebenda.
118 Brief Hans Volckmar an Kurt Koehler und Hermann v. Hase vom 14.4.1932, in: ebenda, Bl. 12.

Co., denn nun war sein unternehmerisches Dasein und das seiner engeren Associés für eine weitere Zeit gesichert.[119]

Um die Liquidität der Koehler-Gruppe zu gewährleisten, mussten im April 1933 schon wieder Anteilsverkäufe getätigt werden. Die Firma Neff & Koehler veräußerte 3 Prozent Konzernanteile im Nominalwert von 108 000 RM zu einem Kurs von 75 Prozent an A. Koch & Co., erhielt also 81 000 RM.[120] Nunmehr betrug der Anteil der Koehler-Gruppe 25 Prozent und derjenige der Volckmar-Gruppe 75 Prozent vom Gesamtkonzern.

Diese von der Konzernleitung vorgelegten Dokumente ließen die Behauptung v. Hases, die Zentrale plante eine systematische Ausschaltung der Koehler-Gruppe, unglaubwürdig erscheinen. Dazu hatte die Konzernleitung keinerlei Veranlassung, denn sie besaß bereits die Majorität im Konzern und konnte ihre Interessen problemlos durchsetzen. Die Anteilsverkäufe der Koehler-Gruppe waren zudem auf deren eigenen Wunsch hin und noch nicht einmal in der von ihnen gewünschten Höhe getätigt. Nach der Lektüre des Fragebogens dürfte auch der Dienststelle des Reichsführers SS und der RSK klar gewesen sein, dass Hermann v. Hase mit seinen Vorwürfen eigene wirtschaftliche Ziele verfolgte. Insbesondere drohte der Koehler-Hase-Gruppe bei finanziellen Engpässen der Verkauf weiterer Konzernanteile.

Kommen wir nun zum zweiten Hauptanklagepunkt im Fragebogen der Dienststelle des Reichsführers SS: War die Konzernzentrale „weltanschaulich" gegen den Nationalsozialismus eingestellt? Das war der schwerwiegendste Vorwurf, der gegen die Konzernleitung erhoben wurde. Mangel an „weltanschaulicher" Haltung konnte als Antihaltung zum NS-Staat schlechthin interpretiert werden. In diesem Falle bot die Verfassung der Reichskulturkammer Mittel und Wege, über den Konzern den Stab zu brechen. Es ging im wahrsten Sinne des Wortes um Sein oder Nichtsein des Unternehmens und seiner Führungskräfte. Seit längerem war der Konzernleitung bewusst geworden, dass Herman v. Hase seinen Hauptangriff auf politischem Felde mit Hilfe seiner Freunde bei der NSDAP und SS vorzutragen wünschte, weil er offenbar um die Schwäche seiner Argumentation im betriebswirtschaftlichen Bereich wusste. Das von ihm zusammengetragene Material für eine politische Anklageschrift ließ den eindeutigen denunziatorischen Zweck erkennen. Dennoch war es für die Konzernleitung nicht einfach, die entsprechenden Fragen der SS-Dienststelle in überzeugender Sachlichkeit zu beantworten.

Da war zunächst der Vorwurf, die Konzernzentrale hätte Hermann v. Hase eine ehrenamtliche Tätigkeit im Bund Reichsdeutscher Buchhändler, Fachschaft schöngeistiger Verlage, nicht gestattet. Wie war der Sachverhalt?

---

119 „Auf Ihren gestrigen Finanz-Brief erlaube ich mir, Ihnen persönlich zu antworten, daß mich Ihre Stellungnahme zu den Koehler'schen Vorschlägen sehr angenehm berührt hat und daß ich Ihnen und Ihren Associés für Ihr Entgegenkommen bestens danke. Da Herr Dr. Koehler z.Zt. in Berlin weilt, kann ich fürs erste nur persönlich Stellung dazu nehmen, doch zweifle ich nicht daran, daß Ihnen Herr Dr. Koehler im gleichen Sinne antworten wird." Brief Hermann v. Hase an Hans Volckmar vom 15.4.1932, in: ebenda, Bl. 13–14.
120 Schreiben A. Koch & Co. an Neff & Koehler vom 3.5.1933, in: ebenda, Bl. 17–18.

Karl Baur[121], damals Leiter der Fachschaft Verlag im BRB der RSK, hatte mit Schreiben vom 6. Dezember 1934 bei Hermann v. Hase angefragt, ob er nicht gewillt sei, im Bund Reichsdeutscher Buchhändler die Leitung der Fachschaft schöngeistiger Verleger zu übernehmen.[122] Das Angebot schmeichelte v. Hase. Umgehend wandte er sich an die Konzernzentrale mit der Bitte, seine Kandidatur zu befürworten. Man könne sich in dieser bewegten politischen Zeit einem solchen Auftrag nicht entziehen:

„Wenn nicht schwerwiegende Gründe vorliegen, kann man sich im Dritten Reich nicht einfach sträuben, sondern hat zu folgen. Ich soll ja auch nicht nur Leiter der Arbeitsgemeinschaft schöngeistiger Verleger werden, sondern damit auch Leiter der Fachgruppe II: Schöngeistiger und populär-wissenschaftlicher Verlag, zu der noch Volksliteratur, Reisebuchhandel, Leihbüchereiwesen und Bühnenspiel-Verleger gehören. [...] Als Leiter eines grossen und durch seine Richtung mit den Tendenzen der Regierung im Einklang stehenden Verlages kann ich persönlich mich auch sehr schlecht einer Berufung entziehen, insbesondere nicht mit der Begründung, dass ich in meinem Amt in Interessenkonflikt mit Zweigen meiner Firma kommen könnte, wie ich ja diesen Grund auch <u>offiziell</u> nie angegeben habe. Mir bleibt unter den gegenwärtigen Umständen also eigentlich nur übrig, entweder <u>zuzusagen</u> oder <u>mit der Begründung</u> abzulehnen, dass meine Mitgesellschafter die Uebernahme des Amtes nicht wünschten. Ich fürchte aber, dass eine solche Begründung dem Konzern übelgenommen werden könnte und dass wir uns deshalb eigentlich in der Zwangslage befinden, meine Annahme der Berufung als das kleinere Uebel zu betrachten. Ich warte Ihre Antwort ab, bevor ich Herrn Baur antworte. Heil Hitler!"[123]

In seiner Antwort vertrat Volckmar-Frentzel zunächst den Standpunkt, man könne für die Übernahme rein verlegerischer Ehrenämter keine „nationalsozialistischen Gründe" geltend machen. Es handle sich hierbei nicht „um eine weltanschauliche, sondern um eine rein sachliche Zweckmäßigkeitsfrage". Eine sachliche Veranlassung lag nach Meinung der Konzernleitung allerdings nicht vor. Allein die Tatsache, dass der Konzern in seinem überwiegenden Maße Zwischenbuchhandlung und nicht Verlag, Sortiment oder irgend etwas anderes sei, sorge dafür, dass er im Buchhandel auch in erster Linie als führender Vertreter des Zwischenbuchhandels wahrgenommen werde. „Bei richtiger und sachlicher Darstellung dieser Tatsachen wird sich ihr auch keiner der derzeitigen Führer des Buchhandels verschließen" können.

Volckmar-Frentzel ging noch weiter und setzte v. Hases Selbsteinschätzung, er fühle sich aufgrund seiner verlegerischen Tätigkeit für diesen Ehrenposten besonders geeignet, diskret in Zweifel: „Ohne Ihrer persönlichen Einschätzung hierzu vorgreifen zu wollen, meine ich, dass sich auch unter diesem Gesichtspunkte eine Absage vertreten lässt. Schließlich hatte sich Baur ja auch den sachlichen und persönlichen Gründen nicht verschlossen, die zu einer Absage der Herren Dr. Kilpper[124] und

---

121 Karl Baur (1898–1984) war seit 1930 persönlich haftender Gesellschafter der Verlage D.W. Callwey (München), B. G. Teubner (Leipzig) sowie der Druckerei Kastner & Callwey (München). 1930 trat er in die NSDAP ein, gehörte der SA an (SA-Obersturmführer), seit 1933 übte er zahlreiche Ämter aus, u.a. war er 1933/34 Mitglied des „Aktionsausschusses" des Börsenvereins, von 1934 bis 1941 Leiter der Fachschaft Verlag im BRB bzw. in der „Gruppe Buchhandel" der RSK. Vgl. Barbian: Literaturpolitik, S. 388 f. Vgl. die Lebenserinnerungen von Baur: Wenn ich so zurückdenke.

122 Vgl. Beantwortung von Punkt 32 des Fragebogens der Dienststelle RFSS, Bl. 122–124, siehe V.2., Ausgewählte Dokumente.

123 Brief Hase an Volckmar-Frentzel vom 8.12.1934, in: Denkschrift v. Hase, Bl. 94–95, siehe V.1., Ausgewählte Dokumente.

124 Gustav Kilpper, Dr. (1879–1963), Verlagsbuchhändler, war seit 1910 Generaldirektor der Deutschen Verlags-Anstalt in Stuttgart. Vgl. Lexikon Buchwesen, Bd. 4, S. 211.

Dr. Spemann[125] führten, die vor Ihnen als geeignet befunden und trotzdem auch im dritten Reiche nicht einfach zur Amtsannahme kommandiert wurden."[126]

Nachdem sich Volckmar-Frentzel klar gegen die Übernahme dieses Ehrenamtes ausgesprochen hatte, gab er v. Hase noch den Rat, Baur gegenüber die Ablehnung „richtig" zu begründen. Um keine Missstimmung aufkommen zu lassen, wünschte er, den Briefentwurf vorher einzusehen. Sollte es v. Hase schwer fallen, seine Absage zu formulieren, so würde dies die Konzernleitung für ihn übernehmen.[127] Zu ihrer Entlastung verwies die Konzernleitung in der Beantwortung des Fragebogens auf einen relevanten Konzernbeschluss vom 25. September 1925:

„Die vorstehend genannten Personen verpflichten sich weiter, keine Ehrenämter zu überneh-men, die ihre Arbeitskraft in nennenswerter Weise dem Koehler-Volckmar-Konzern entziehen, es sei denn, daß in einer Besprechung der Aufsichtsrats- und Vorstandsmitglieder der Koehler & Volckmar A.-G. hierzu ausdrücklich Genehmigung erteilt worden ist. Für diejenigen Ehren-ämter, die die genannten Personen zur Zeit bekleiden, gilt diese Genehmigung als erteilt."[128]

Unter diese Bestimmung würde auch eine politische ehrenamtliche Tätigkeit fallen, vor allem wenn sie einen Gesellschafter so sehr beschäftige, dass er in Konflikt zu der zwischenbuchhändlerischen Neutralität geraten könnte.

Ein weiterer Vorwurf betraf die Spendenfreudigkeit des Konzerns. Im Frühjahr 1933 hatten Wirtschaftsverbände die so genannte Adolf-Hitler-Spende der deutschen Wirtschaft aufgelegt, bei der rund fünf Prozent der Lohnsteuer abgeführt werden sollten. Im Herbst 1933 kam das von der NSDAP initiierte „Winterhilfswerk des deutschen Volkes" (WHW) hinzu, an dem sich auch Firmen beteiligen sollten. Hermann v. Hase behauptete nun, in der letzten Zeit seien die Spenden des Konzerns gering ausgefallen, wofür „weltanschauliche" Gründe sprächen. Anstelle der jeweils gezahlten 5 000 RM für das Winterhilfswerk hätte der Konzern seine Beiträge sehr wohl verdoppeln können.[129]

Die Konzernleitung wies diese Behauptung zurück. Sie machte geltend, die Spenden waren erstens freiwillig, zweitens gab es bereits Sonderzuwendungen des Konzerns in beträchtlicher Höhe, und drittens existierten hierfür keine auf die Unternehmensgröße bezogenen Richtlinien. Außerdem seien im Verhältnis zu anderen Betrieben relativ große Summen gespendet worden, die im Verbund mit weiteren freiwilligen betrieblichen Sozialleistungen (Krankenkassen für die Angestellten etc.) eher für die Großzügigkeit der Spender spreche. Mit aller Entschiedenheit wies die Konzernleitung jeden Verdacht „weltanschaulicher" Reserviertheit von sich. Falls v. Hase die Spendensumme zu gering dünke, könnte er ja weitere finanzielle Mittel zu Lasten der Firmengruppe Neff & Koehler oder zu Lasten seiner eigenen Person bereitstellen.[130]

---

125 Adolf Spemann, Dr. (1886–1964), Verlagsbuchhändler, war Inhaber des Verlags Engelhorn in Stuttgart. Vgl. BBl., Frankfurter Ausgabe, Nr. 87, 30.10.1964, S. 2121.
126 Brief Volckmar-Frentzel an Hase am 10.12.1934, in: Denkschrift v. Hase, Bl. 97, siehe V.1., Ausgewählte Dokumente.
127 Vgl. ebenda, Bl. 97 f.
128 Zitiert in Beantwortung von Punkt 32 des Fragebogens der Dienststelle RFSS, Bl. 122–124, siehe V.2., Ausgewählte Dokumente. Siehe auch Anklageschrift Hermann v. Hases,13. Fall.
129 Siehe hierzu die Beantwortung der Punkte 22 und 23 im Fragebogen der Dienststelle RFSS, Bl. 92–104, siehe 5.2., Ausgewählte Dokumente.
130 Brief Volckmar-Frentzel an Hase vom 2.10.1933, in: Sächs. StAL, Koehler & Volckmar, 112.

Die Anfrage der Dienststelle des Reichsführers SS, ob im Betrieb nichtarische Angestellte beschäftigt seien, konnte die Konzernleitung für das buchhändlerische
Fachpersonal verneinen. Zur Berufstätigkeit war die Mitgliedschaft in der Fachschaft
Angestellte der Reichsschrifttumskammer notwendig, die ihrerseits keine „Nicht-
arier" aufnahm. Lediglich im Bereich der nichtbuchhändlerischen Angestellten gab
es zwei jüdische Mitarbeiter „bei einer Gesamtgefolgschaft von 1 500 Köpfen":

*„1. Ernst Steinhardt seit 1. Juli 1929 als Hilfskraft in der Auslieferung im Kommissionsgeschäft.
Seitens der RSK (Rechtsabteilung) erging in dieser Sache mit Schreiben vom 23.X.1935 an
Herrn Steinhardt Akt.-Zeichen Z.7197 folgende Entscheidung: ‚Rein büromäßige und technische Arbeit fällt nicht in den Zuständigkeitsbereich der Reichsschrifttumskammer. Das Berufsverbot erstreckt sich nur auf die kammerpflichtige Tätigkeit.'*

*2. Paul Bernhold seit 18. November 1921 als Buchhalter in der Barsortiments-Buchhaltung.
Die Fälle Steinhardt und Bernhold sind seinerzeit im Vertrauensrat besprochen worden. In Ansehung der langjährigen Betriebszugehörigkeit von Bernhold und in Ansehung der Tatsache,
daß seine rein buchhalterische Tätigkeit nicht kammerpflichtig ist, wurde damals beschlossen,
zunächst die weitere Entwicklung der Ariergesetzgebung abzuwarten. Die später ergangene,
zu a) erwähnte Entscheidung der Reichsschrifttumskammer in Sachen Steinhardt regelte sinngemäß den Fall Bernhold."*[131]

Niemand war nach der Machtübernahme der Nazis aufgrund nichtarischer Abstammung entlassen worden. Daraus schloss die Konzernleitung, auch vor 1933
habe es keine weiteren jüdischen Beschäftigten gegeben. Pflichtgemäß machten die
Betriebsführer auf einen „Sonderfall" aufmerksam. In der juristischen Abteilung der
Firma war der „halbjüdische" Rechtsanwalt Dr. Joachim Volz beschäftigt.
Volz war im September 1933 für die Stelle des zweiten Syndikus durch einen Leipziger Rechtsanwalt vorgeschlagen worden. Er selbst teilte dem Unternehmen sofort
mit, „daß er seine Zukunft nicht im Staatsdienst finden könne, weil seine Mutter nicht-
arischer Abstammung sei". Da er sich jedoch in den Jahren 1928 bis 1930 mit Fragen der „wirtschaftlichen und kulturellen Schädigungen durch die Grenzziehung des
Versailler Vertrages im Osten" beschäftigt und „verdient gemacht" hatte, gestattete
ihm der damalige sächsische Justizminister und nunmehrige Präsident des Volksgerichtshofes Dr. Thierack im Juli 1933, seinen Vorbereitungsdienst zu beenden und
das Assessor-Examen abzulegen, obwohl er offiziell aus dem Vorbereitungsdienst
schon entlassen worden war. Unter Berücksichtigung der genannten Umstände wurde Volz per 1. Januar 1934 als Hilfssyndikus, und zwar zunächst auf drei Monate zur
Probe, eingestellt. Joachim Volz war nicht Mitglied der Reichsschrifttumskammer.
Diese Mitgliedschaft war allerdings auch nicht erforderlich, da er keine kammerpflichtige, d. h. buchhändlerische Tätigkeit ausübte. Damals gab es seitens der RSK
keine Nachfragen. Deshalb meinte die Firmenleitung, sich in dieser Angelegenheit
keines Fehlverhaltens schuldig gemacht zu haben.

Was hatte es schließlich mit der Vorhaltung auf sich, der Konzern hätte seine Geschäftshäuser nicht „ordnungsgemäß" beflaggt?[132]

---

131   Fragebogen der Dienststelle RFSS, Bl. 56–58, siehe V.2., Ausgewählte Dokumente.
132   Dieser Punkt wurde zwar im Fragebogen nicht angesprochen. Er war aber durch v. Hase in
      seiner Denunziationsschrift bei der SS angezeigt worden und spielte bei den weiteren
      Verhandlungen eine Rolle.

Die Hitler-Regierung hatte durch Erlass vom 12. März 1933 Schwarz-Weiß-Rot[133] wieder zur Reichsfarbe bestimmt, wobei die Hakenkreuzfahne der NSDAP als gleichberechtigt zugelassen wurde. Das Reichsflaggengesetz vom 15. September 1935 erhob die Hakenkreuzfahne allein zur Reichs- und Handelsflagge und legte fest, zu welchen Feiertagen außer zu besonderen Anlässen die Reichsflagge zu hissen sei. Nachlässigkeiten oder gar Verstöße in der Flaggenfrage nahmen die Nazis oft zum Anlass, gegen Einzelpersonen wie rechtliche Körperschaften restriktiv vorzugehen. Dabei schreckte man auch nicht vor Denunziation zurück, wie im Fall des Leipziger Verlegers Anton Kippenberg.[134]

Als Parteigenosse fühlte sich Hermann v. Hase verpflichtet, die Konzernleitung auf eine seiner Meinung nach unzulängliche Beflaggung der Firmengebäude aufmerksam zu machen. In einem Schreiben vom 1. September 1933 führte er aus:

„Da Sie wohl insbesondere für die früher bestehende Hauskommission zuständig sind, möchte ich Ihnen mitteilen, dass ich in letzter Zeit verschiedentlich daraufhin angesprochen worden bin, dass das Koehlerhaus entsprechend seiner Grösse nicht richtig beflaggt sei. Auch habe ich das Gefühl, dass die drei kleinen Flaggen an der Front Täubchenweg und die beiden etwas größeren Flaggen an den beiden Ecken nicht sehr günstig aussehen. M. E. wäre es besser, wenn wir auf der Frontseite Täubchenweg vom obersten Stockwerk aus 2 riesengrosse Flaggen und zwar eine schwarz-weiss-rote und die andere Hakenkreuz heraushängten und an den beiden abgeschrägten Ecken, ebenfalls in der gleichen Länge, je 1 schwarz-weiss-rote und eine Hakenkreuz-Flagge heraushängten und zwar so, dass von links nach rechts gesehen die Reihenfolge wäre: schwarz-weiss-rot, Hakenkreuz, schwarz-weiß-rot, Hakenkreuz."[135]

Auf dieses Schreiben reagierte Starkloff wenige Tage später mit folgendem Brief:

„Auf Grund Ihres Briefes vom 1.9. habe ich durch Herrn Engler einmal kalkulieren lassen, wie teuer sich neue Flaggen in der von Ihnen gewünschten Art stellen würden. Das macht einen Betrag von M 223 aus. Nach Rücksprache mit Herrn Volckmar-Frentzel teile ich Ihnen mit, dass mit Rücksicht auf diesen verhältnismässig hohen Betrag die Frage der Neuanschaffung bis zum nächsten Frühjahr zurückgestellt werden sollte."[136]

Von NS-Pflichteifer getrieben, wandte sich v. Hase nun direkt an Volckmar-Frentzel:

„Aus dem Briefe des Herrn Dr. Starkloff vom 16. September ersehe ich, dass aus finanziellen Gründen die Beschaffung der von mir vorgeschlagenen 4 Flaggen für das Koehlerhaus bis zum nächsten Frühjahr zurückgestellt werden soll. Da doch zweifellos noch in diesem Herbst des öfteren Gelegenheit sein wird, zu flaggen, möchte ich doch empfehlen, fürs erste 2 grosse Flaggen für die Front Täubchenweg zu beschaffen und sich für die beiden Eckeingänge fürs erste mit kleineren Flaggen zu behelfen. 1934 könnten ja dann auch diese beiden Flaggen noch angeschafft werden.[137]

---

133   Schwarz-Weiß-Rot (in Horizontalausrichtung) war seit 1871 die Handelsflagge des Deutschen Reiches.
134   Auch im Falle des Leipziger Verlegers Anton Kippenberg (Verlag „Die Insel") gab es eine anonyme Beschwerde bei der Politischen Polizei des Leipziger Polizei-Präsidiums, die allerdings ohne Folgen blieb. Vgl. Sarkowski / Jeske: Insel, S. 299.
135   Brief Hermann v. Hase an Starkloff vom 1.9.1933, in: Denkschrift v. Hase, Bl. 37, siehe V.1., Ausgewählte Dokumente.
136   Brief Starkloff an Hermann v. Hase vom 16.9.1933, in: Denkschrift v. Hase, Bl. 38, siehe V.1., Ausgewählte Dokumente.
137   Brief Hermann v. Hase an Volckmar-Frentzel vom 19.9.1933, in: Denkschrift v. Hase, Bl. 38, siehe V.1., Ausgewählte Dokumente.

Beflaggte Vorderfront der Offizin Haag-Drugulin (Salomonstraße/Dresdner Straße), 1933

Er erhielt auch jetzt keine befriedigende Antwort, nicht weil die Konzernleitung in offener Opposition zum NS-Regime stand, sondern weil sie die Unkosten einer übertriebenen Beflaggung nüchtern zu kalkulieren schien.

Hermann v. Hase ließ sich nicht beirren, er mahnte weiterhin und sammelte auf diese Weise Material gegen die Zentrale. Kurt Koehler schrieb später hierzu: „So besteht für mich gar kein Zweifel daran, daß Dr. v. Hase [...] spätestens aber seit dem Hochsommer 1936 systematisch das Material, das er gegen die Volckmar-Herren verwenden wollte, gesammelt hat, denn es ist ersichtlich, daß er eine weit in die Vergangenheit zurückgreifende und mit einem sehr umfangreichen Aktenstudium verbundene Arbeit geleistet hat, die Wochen in Anspruch genommen haben muss."[138]

Die Konzernleitung wies die Vorwürfe in der „Flaggenfrage" samt und sonders als eine Verleumdung zurück und machte dies auch in einem späteren Schreiben von Theodor Volckmar-Frentzel an den Reichsminister Dr. Goebbels deutlich.[139] Sie hätte von jeher ihre Geschäftshäuser „würdig" beflaggt, niemals die Fahne der „Systemzeit" (schwarz-rot-gold) gezeigt, sondern lange vor 1933 die schwarz-weiß-roten Fahnen mitsetzen lassen, was in Leipzig und im Buchhandel stets besonders beachtet worden wäre. Seit April 1933, also Monate vor dem angezogenen Briefwechsel, hätte man drei große Hakenkreuzflaggen für das Volckmarhaus und das Koehlerhaus anschaffen lassen. Hases Verlangen nach „Heraushängen riesengroßer Fahnen" wäre man nur deshalb nicht nachgekommen, weil man dies für unangemessen hielt. Außerdem wäre es „ganz abwegig, aus der Größe der gezeigten Fahnen die politische Einstellung bemessen zu wollen. Nirgends ist gegen jemand, der bei allen gegebenen

---

138 Zur Vorgeschichte der Aktion Dr. v. Hase, S. 6, in: Sächs. StAL, Koehler & Volckmar, 118.
139 Vgl. Einschreiben Volckmar-Frentzel an Goebbels vom 17.2.1937, S. 9–10, in: Sächs. StAL, Koehler & Volckmar, 120.

Anlässen von vornherein die anerkannten Reichsfahnen zeigte, daraus der Vorwurf politischer Unzuverlässigkeit gemacht worden, daß er nicht noch größere zeigte."
Und weiter: „Man muß hier zunächst den Brief Dr. v. Hases vom 1.9.1933 im Wortlaut würdigen, und wenn man da liest, daß es besser wäre, wenn ‚riesengroße' Fahnen ‚herausgehängt' würden, so kann man sich eines üblen Beigeschmacks nicht erwehren, zumal wenn man sich vor Augen hält, daß sich hier ein Mann geradezu vor Gesinnung überschlägt. [...] Daß diese Form von Gesinnungstüchtigkeit zu Widerspruch reizen mußte, ist leicht verständlich, und die Ablehnung solcher Haltung war in erster Linie der Anlaß zur Ablehnung der Anschaffung ‚riesengroßer' Fahnen. Der Kostenpunkt, der dabei an sich eine nebengeordnete Rolle spielte, wurde nur deshalb als Grund angegeben, weil man aus Höflichkeit nicht gut den inneren Grund nennen konnte, den Dr. v. Hase bei seiner Einstellung sicherlich auch gar nicht begriffen hätte."[140]

Daher könnte man aus der „Beflaggungsfrage" keinen Vorwurf mangelnder politischer Zuverlässigkeit und mangelnder Vorbildlichkeit als Betriebsführer herleiten. Zudem wies die Konzernleitung nach, dass sie seit 1933 ihren Fahnenbestand erhöht hatte (siehe Tabelle).

Anschaffung von Flaggen für die Geschäftshäuser von Koehler & Volckmar
Quelle: Sächs. StAL, Koehler & Volckmar, 112.

Anschaffungsdatum	Art der Fahne	Bestimmungsort	Stück	Preis in RM
20.04.1933	Hakenkreuz	Volckmarhaus	1	28,00
28.04.1933	Hakenkreuz	Koehlerhaus	1	26,70
28.04.1933	Schwarz-Weiß-Rot	Koehlerhaus	1	13,50
16.05.1933	Hakenkreuz	Volckmarhaus	1	32,50
05.07.1934	Hakenkreuz	Volckmarhaus	1	44,50
17.04.1935	Hakenkreuz	Volckmarhaus	1	27,50
13.05.1935	Hakenkreuz	Volckmarhaus	2	53,50
21.09.1935	Hakenkreuz	Volckmarhaus	3	101,50
21.09.1935	Hakenkreuz	Koehlerhaus	2	30,50
24.10.1935	Hakenkreuz	Volckmarhaus	5	151,15
25.10.1935	Hakenkreuz	Volckmarhaus	3	145,50
25.10.1935	Hakenkreuz	Koehlerhaus	2	89,00
25.04.1936	Hakenkreuz	Volckmarhaus	1	26,75
13.08.1936	Olympia	Volckmarhaus	1	33,00
Gesamtpreis				803,60

Die Konzernleitung hatte es insgesamt geschickt verstanden, auf die durchschaubar vorgetragenen Anwürfe v. Hases wie auf die Fangfragen der SS-Dienststelle sachlich-korrekt zu antworten und diese weitgehend zu entkräften. Trotzdem stellt sich hier die Frage nach der politischen Grundhaltung. Waren die Volckmar – was v. Hase nachweisen wollte – Gegner des Nationalsozialismus oder bezogen sie vorerst eine aus ihrer Unternehmerposition verständliche abwartende Haltung zum System?

---

140 Exposé zur Flaggenfrage, S. 2, in: Sächs. StAL, Koehler & Volckmar, 112.

Aus den vorliegenden Firmenquellen kann nicht auf eine erklärte Gegnerschaft geschlossen werden. Die Konzernzentrale war deutschnational-konservativ eingestellt. In diesen Kreisen gab es eine distanzierte Haltung zur Hitler-Bewegung. Vor allem der Radikalismus der neuen Machthaber gegenüber Andersdenkenden und „Nichtariern", die ja auch zur Klientel der Firma gehörten, wirkte abschreckend. Ihrer zwischenbuchhändlerischen Tradition folgend, verstanden sich die Volckmar als Dienstleister einer pluralistischen Öffentlichkeit. Aus diesem Grund gehörten sie auch nicht der NSDAP an.

Nach 1933 hatte es wiederholt in Belangen der Zensur Reibungen mit den neuen Machthabern gegeben. Erst auf massiven Druck der RSK kooperierten die Unternehmer mit den Behörden. Zur Zurückhaltung nötigten auch der Rassismus und die auf Revision des Versailler Vertrages und auf Wiederaufstieg des Deutschen Reichs zur Großmacht orientierte Außenpolitik und die sie begleitende Volkstumspropaganda („Heim ins Reich", „Lebensraum"). Die Konzernzentrale verspürte früh die daraus erwachsenden Spannungen für ihr traditionell weltweit gespanntes Handelsnetz. Die Koehler & Volckmar AG & Co. unterhielt 1933 zu ca. 2 000 ausländischen Buchfirmen Kontakte und erzielte große Umsätze und Gewinne mit dem Auslandsgeschäft. Seit jeher war es eine unternehmerische Maxime – wie erwähnt von der Geschäftsleitung 1925 sogar als Beschluss gefasst –, dass sich alle Gesellschafter (partei-)politischen Tätigkeiten weitgehend fernzuhalten hätten. Es waren also in erster Linie ökonomische und keine „weltanschaulichen" Erwägungen, die die Konzernzentrale von Anbeginn zu Zurückhaltung gegenüber dem NS-Staat veranlassten.

Wie berechtigt diese Einstellung war, zeigte ein Vorgang, der ein Jahr vor dem Hase-Volckmar-Streit eine erste Bedrohung des Unternehmens mit sich brachte. An dieser Stelle sollen die damaligen Auseinandersetzungen zwischen der Reichsschrifttumskammer und der Konzernleitung kurz nachskizziert werden.

3. Ein Rückblick: Die Beanstandung des Barsortimentskatalogs von Koehler & Volckmar durch die Reichsschrifttumskammer 1935/1936

Der Streit zwischen Koehler & Volckmar und der Reichsschrifttumskammer in Sachen des Barsortimentskatalogs von 1935/36[141] war dadurch entstanden, dass die staatliche Schrifttumsbehörde die im Oktober 1935 abgeschlossene „Liste 1 des schädlichen und unerwünschten Schrifttums" aus außenpolitischen Gründen vor der Öffentlichkeit geheim gehalten hatte.[142] Auch Koehler & Volckmar AG & Co. war die

---

141 Vgl. Barbian: Literaturpolitik, S. 254–261.
142 Heinz Wismann, der stellvertretende Präsident der RSK, legte den Grund der Geheimhaltung später wie folgt dar: „Es sind dies in erster Linie aussenpolitische Gesichtspunkte, weil vermieden werden musste, daß die Veröffentlichung einer solchen Liste dazu führe, daß im Ausland eine Hetzpropaganda gegen das dritte Reich entsteht." Man habe aber die Absicht, die Liste später zu veröffentlichen, um Unsicherheiten im Buchhandel zu vermeiden. Vgl. Bericht Starkloffs über die Versammlung der Fachschaft Zwischenbuchhandel vom 20.3. 1937, S. 2, in: Sächs. StAL, Koehler & Volckmar, 119.

Einsichtnahme in den ersten reichseinheitlichen Buchverbotindex verweigert worden. So gelangten einige der indizierten Buchtitel in dessen Barsortimentskatalog für das Jahr 1935/36. Für den Sortimentsbuchhandel war der Katalog Orientierungs- und Bestellgrundlage zugleich, so dass die Möglichkeit bestand, auf diesem Wege „schädliche und unerwünschte" Literatur zu bestellen.[143]

Die RSK machte nun die Koehler & Volckmar AG & Co. dafür verantwortlich, verbotene Literatur nicht rechtzeitig aus dem Verkehr gezogen zu haben. Auf Anweisung des Präsidenten der RSK Hanns Johst durchsuchte die Gestapo am 14., 15. und 16. März 1936 die Barsortimente von Koehler & Volckmar in Leipzig und Koch, Neff & Oetinger in Stuttgart. Im Ergebnis dieser Untersuchung wurden 62 Exemplare des aktuellen Barsortimentkatalogs und mehrere Buchtitel beschlagnahmt, die zum Teil in verschlossenen Räumen aufbewahrt wurden.[144] Die Untersuchung erbrachte allerdings auch, dass etwa ein Drittel der beanstandeten Titel schon nicht mehr am Lager vorrätig war, weil diese entweder als offiziell beschlagnahmt galten oder bereits an die Verleger zurückgesandt worden waren.[145]

Um einen wirtschaftlichen Schaden gering zu halten, begaben sich die Unternehmer in Verhandlungen mit der Behörde. Sie wollten wenigstens die Freigabe derjenigen Katalogexemplare erreichen, für die Bestellungen des Sortiments vorlagen.[146] Nach altem Usus der Zensurgesetzgebung konnten konfiszierte Bücher je nach ihrer Provenienz unterschiedlich behandelt werden. Während die von der Gestapo beschlagnahmte verbotene Literatur deutscher Verlage eingezogen und vernichtet wurde, gestattete die Kammer aus außenpolitischen und volkswirtschaftlichen Gründen den Export ausländischer Verlagsproduktionen bzw. deren Rückgabe an die Verleger.[147]

Um künftig einer Wiederholung solcher Durchsuchungsaktionen vorzubeugen, unterbreitete die Geschäftsleitung von Koehler & Volckmar der RSK am 24. April 1936 detaillierte „Vorschläge zur Verhinderung der Verbreitung unerwünschten Schrifttums und zur Überwachung der Importe aus der UdSSR".[148] Der Grundgedanke des Papiers lautete, die Verleger stärker in die Verantwortung zu nehmen. Zensur und Beschlagnahmung sollten bei ihnen und nicht beim Zwischenbuchhändler ansetzen. Man verwies hierbei auf den umfangreichen über Leipzig gehenden Warenaustausch, der eigentlich nicht kontrollierbar sei:

---

143 Vgl. Barbian: Literaturpolitik, S. 254.

144 Vgl. Bericht Volckmar-Frentzel auf der Associebesprechung vom 16.3.1936, in: Sächs. StAL, Koehler & Volckmar, 58.

145 Vgl. Schreiben der Koehler & Volckmar AG & Co. an Wismann vom 24.4.1936, S. 5, in: Sächs. StAL, Koehler & Volckmar, 120.

146 Zu diesem Zweck schickte das Unternehmen Anfragen von Kommittenten an die RSK, aus denen hervorging, dass die buchhändlerische Arbeit ohne den Barsortimentskatalog undenkbar war. Vgl. Schreiben vom 6. und 7.5.1936, in: BArch, RKK, Koehler & Volckmar, 13.

147 In einem Brief der RSK an die Geheime Staatspolizei vom 27.1.1938 heißt es: „Die Angaben der Firma Koehler & Volckmar treffen zu. Es wurde dort seinerzeit im Einvernehmen mit der Reichsschrifttumskammer ein Lager für den Transit-Verkehr eingerichtet, über das solche Werke gehen sollten, die zwar im Inland unerwünscht sind, sich jedoch nicht gegen Deutschland richten – etwa Stefan Zweig – und gegen deren Verbreitung im Ausland Bedenken nicht bestehen. Die Errichtung dieses Transit-Lagers war durch das Interesse an der Erhaltung der internationalen Bedeutung der Stadt Leipzig bestimmt." BArch, RKK, Koehler & Volckmar, 13.

148 Vgl. Schreiben der Koehler & Volckmar AG & Co. an Wismann vom 24.4.1936, in: Sächs. StAL, Koehler & Volckmar, 120.

„Da es sich täglich um Tausende solcher Pakete, die das Leipziger Buchhandels-Clearing durchlaufen, handelt und da dieses Clearing sich in wenigen Stunden abwickeln muß, ist eine Kontrolle durch die Kommissionäre vollkommen ausgeschlossen. Bei der ungeheuren Zahl der täglich bei den Kommissionären einlaufenden für die Verleger und ihre Auslieferungsstellen bestimmten Bestellungen und bei der Schnelligkeit, mit der dieses im Leipziger Clearing weiter-gegeben und ausgetauscht werden müssen, ist ebenso jede Kontrolle der bei den Kommissio-nären durchlaufenden Bestellzettel auf Titel hin vollkommen unmöglich."[149]

Diese Feststellung, die einer Jahrhunderte langen Tradition des Branchenzweiges entsprach[150], war völlig zutreffend. Die Unternehmensleitung ging noch einen Schritt weiter und unterbreitete Vorschläge, wie der Verlagsbuchhandel stärker einbezogen werden könnte. Er sollte eine Informationspflicht gegenüber dem Zwischenbuchhan-del besitzen, welche Literatur von Verboten betroffen sei. Eigens dazu nahm sich die Unternehmensleitung vor, ein Rundschreiben zu verfassen, worin die Verleger zu ent-sprechenden Auskünften aufgefordert wurden.[151] Würde danach ein Verleger seiner Pflicht nicht nachkommen,

„oder gar versuchen, über den Zwischenbuchhandel durch Nachlieferungen noch weitere Vor-räte zu verkaufen, so bedarf es nur einer vertrauensvollen Fühlungnahme zwischen Reichs-schrifttumskammer und Fachschaft Zwischenbuchhandel, um solche Fälle bald aufzudecken und dem Verleger gegenüber zu ahnden. Die Initiative hierfür muß aber naturgemäß bei der Reichsschrifttumskammer liegen, da der Zwischenbuchhandel deren Anordnung an die einzel-nen Verleger nicht kennt."[152]

Für ein solches Kontrollsystem sei es unabdingbar, dass die wichtigsten „universell" arbeitenden Betriebe des Zwischenbuchhandels, insbesondere die Barsortimente, je ein Exemplar der geheimen Listen der Reichsschrifttumskammer in fortlaufenden Aktualisierungen in die Hand bekämen. Wenn die geheimen Listen zusätzlich Verlag und Verlagsort aufführten, wären sie noch besser als buchhändlerische Nachschla-gemittel geeignet. Die Geschäftsleitung bot sich sogar an, der Kammer erstmalig ab dem Spätsommer 1936 die Fahnenabzüge ihres Barsortimentskatalogs zur Verfü-gung zu stellen, „sofern es der Reichsschrifttumskammer möglich ist, die Fahnen je-weils innerhalb von zwei Tagen zu prüfen und mit einem Unbedenklichkeitsvermerk versehen wieder zurückzusenden".[153]

Die Herstellung eines Barsortimentskatalogs – so führten die Betriebsführer weiter aus – betrage drei bis vier Monate, sofern redaktionelle und herstellungsbedingte Vorgänge bestens aufeinander abgestimmt seien. Seine gewünschte Aufgabe für den Gesamtbuchhandel könnte der Lagerkatalog nur erfüllen, wenn er rechtzeitig vor dem Weihnachtsgeschäft erscheine. Um Verzögerungen bei der Erstellung des Kata-logs zu vermeiden, war der Leipziger Konzern Koehler & Volckmar sogar bereit, die Unkosten zu übernehmen, „die erforderlich wären, um die Anwesenheit eines mit den erforderlichen Vollmachten ausgestatteten Beamten der Reichsschrifttumskammer

---

149 Vgl. ebenda, S. 3.
150 Vgl. Keiderling: Kommissionsbuchhandel, S. 277–290.
151 Geschäftsrundschreiben der Koehler & Volckmar AG & Co. vom 14.7.1936, in: Sächs. StAL, Koehler & Volckmar, 114.
152 Vgl. Schreiben der Koehler & Volckmar AG & Co. an Wismann vom 24.4.1936, S. 4, in: Sächs. StAL, Koehler & Volckmar, 120.
153 Vgl. ebenda, S. 5.

Heinz Wismann

in Leipzig während der wichtigsten Herstellungsperioden des Katalogs zu ermöglichen."[154] Je enger RSK und Unternehmen in diesen Dingen zusammenarbeiten, desto geringer wäre der wirtschaftliche Schaden, der bei Beschlagnahmungen selbst von Lagerkatalogen entstünde. Auch zur Verfahrensweise mit ausländischen Verlegern oder Transitpaketen unterbreitete die Geschäftsleitung Anregungen. Abschließend kam die „Überwachung buchhändlerischer Importe aus der UdSSR" zur Sprache. Dazu hieß es:

„Wie wir in unserer an die Geheime Staatspolizei (Presse Abt.) Berlin gerichteten Eingabe vom 27. März 1936 ausgeführt haben, glaubten wir, daß es den deutschen Behörden durchaus erwünscht sein müsse, den Import sowjetrussischer Bücher, Zeitschriften und Zeitungen bei einer Firma zusammengefaßt zu wissen, weil dadurch eine einfache Überwachung der eingeführten russischen Literatur, sowie insbesondere ihrer Besteller ermöglicht ist. Es ist buchhändlerisch einfach, fortlaufend eine Liste oder besser noch eine Kartothek zu führen, die die Nachprüfung ermöglicht, wer russische Bücher, Zeitschriften oder Zeitungen bestellt, zu welchem Zeitpunkt dies geschehen ist, wann und auf welchem Wege (warenmäßig an uns, oder direkt an den Besteller) von Moskau geliefert wurde und wann und auf welchem Wege die Ware, falls über uns gegangen, an den Besteller weitergeleitet worden ist. An Hand eines solchen Hilfsmittels ist es einfach, behördlicherseits diejenigen Personenkreise zu bestimmen, die aus politischen oder wissenschaftlichen Gründen ohne weiteres bezugsberechtigt für russische Bücher, Zeitschriften und Zeitungen sind, und diejenigen Besteller von der Belieferung auszuschließen, die entweder überhaupt keine derartigen Artikel oder aber nur nach einer zuvor behördlicherseits zu bewirkenden inhaltlichen Prüfung erhalten sollten."[155]

Das Schreiben endete mit Worten der Hoffnung, die Behörde und insbesondere deren stellvertretender Präsident, Ministerialrat Heinz Wismann[156], mögen erkennen, wie sehr es den Zwischenbuchhändlern darum ginge, mit der RSK zur Wahrnehmung der Interessen des eigenen Branchenzweigs „vertrauensvoll" zusammenzuarbeiten.

---

154 Vgl. ebenda, S. 6. Die Praxis, die Leipziger Buchhändler für ihre eigene Zensur bezahlen zu lassen, besaß eine lange Tradition. Vgl. Keiderling: Kommissionsbuchhandel, S. 279.

155 Vgl. Schreiben der Koehler & Volckmar AG & Co. an Wismann vom 24.4.1936, S. 11, in: Sächs. StAL, Koehler & Volckmar, 120.

156 Dr. Heinz Wismann (1897–1945), Leiter der Abteilung Schrifttum im Reichsministerium für Volksaufklärung und Propaganda, stellvertretender Präsident der RSK. Stockhorst: Wer war was? Vgl. ferner: Barbian: Literaturpolitik, S. 394.

Dieses bereitwillige und in seinen Einzelheiten weit entgegenkommende Angebot der Konzernleitung scheint auf den ersten Blick jeden Gedanken an eine kritisch-distanzierte Haltung zum NS-System von sich zu weisen. Doch muss man es kontextuell in die Auseinandersetzung zwischen der Reichsschrifttumskammer und dem Leipziger Konzern einordnen. Nachdem Kontrollen und Beschlagnahmungen seitens der RSK schon zu wirtschaftlichen Verlusten geführt hatten, lag der Geschäftsleitung viel daran, durch die Bekundung eines „guten Willens" die Kammer zu besänftigen und somit weitere Einbußen zu vermeiden. Gleichwohl sollten die von den Behörden offen oder indirekt gegen den Konzern formulierten Vorwürfe weltanschaulicher Art ausgeräumt werden. Insofern handelte es sich um einen geschickten Schachzug, mit dem auch personelle Konsequenzen für den Konzern vermieden werden konnten. Dass es sich um einen Verstoß gegen die Tradition des eigenen Hauses und das Berufsethos des Zwischenbuchhändlers handelte, war den Unternehmern durchaus bewusst. Woher nahmen sie die Idee, die Zensur gerade auf diese Art und Weise im eigenen Haus anzusiedeln?

Der von den Leipziger Unternehmern wiederholt als Eigenleistung bezeichnete „Vorschlag zur Überwachung der sowjetischen Export und Importe" vom April 1936 bekommt eine neue Leserichtung, wenn man ihn mit einem vertraulichen Bericht Wismanns „über die für die Überwachung des Buchimports geleistete Vorarbeit" aus dem April 1935 vergleicht. In diesem Papier hatte Wismann über einige der später von den Unternehmern „in Vorschlag gebrachten" Punkte bereits referiert. Seiner Meinung nach sollte man eine „unsichtbare" Kontrolle des Buchimports und Buchexports am Leipziger Kommissionsbuchhandel ansetzen. Sollte dies nicht zufriedenstellend gelingen, wäre über eine Enteignung des Branchenzweigs nachzudenken. Das Dokument ist für die im Jahr darauf geführte Auseinandersetzung zwischen der RSK und dem Koehler-Volckmar-Konzern von großer Wichtigkeit, so dass es an dieser Stelle erstmals und ausführlich zitiert werden soll. Wismann schrieb im April 1935:

„Zusammen mit der Denkschrift für die Förderung des Buchexportes wurde von dem zuständigen Referenten der Reichsschrifttumskammer eine Denkschrift ausgearbeitet für die Überwachung des Buchimportes. Darin wurde vorgeschlagen, eine ähnliche Regelung zu treffen, wie sie Frankreich im Jahre 1841 als Gesetz erlassen hat. Die Einfuhr von Kulturgut nach Frankreich wird nur über bestimmte, nach Gesetz vorgeschriebene Zollstationen geleitet. Gegen diesen Plan hat der Buchhandel noch stärkeren Widerstand geltend gemacht als gegen die Exportförderungspläne. Da nach wie vor unerwünschte und verbotene Literatur nach Deutschland geführt und in Deutschland vertrieben wird, sah ich mich veranlasst, Herrn Sturmhauptführer Pruchnow vom SD-Dienst zu einer Besprechung zu bitten und ihm Vorschläge für die Überwachung der nach Deutschland hereingehenden Kreuzbandsendungen zu unterbreiten. Die Vorschläge habe ich schriftlich niedergelegt und Herrn Sturmhauptführer Pruchnow zur weiteren Veranlassung übergeben. Mein Vorschlag ging darauf hinaus, dass bei den Sammelpostämtern zuverlässige Leute des SD-Dienstes, die von mir laufend über die unerwünschte Literatur unterrichtet werden sollten, aus dem Ausland eingehenden Post- und Kreuzbandsendungen überprüfen.

In der Zwischenzeit wurde durch einen glücklichen Zufall festgestellt, dass ein grosser Teil der unerwünschten den Weg über den Leipziger Platz und die Leipziger Kommissionäre nimmt. Ein Einschreiten der Kammer gegen die Kommissionäre würde jedoch zu keinem Ergebnis führen, weil der Betrieb so mechanisiert ist, dass der Kommissionär sich dem Vorwurf der Unzuverläs-

sigkeit stets mit der Entschuldigung entziehen kann, dass er bei der raschen Abwicklung des Buchumschlages in Leipzig nicht jedes aus dem Ausland hereingehende fertiggepackte Paket auf den Inhalt hin untersuchen könne. Der zuständige Referent der Reichsschrifttumskammer hat inzwischen während meines Urlaubs über den Herrn Sturmhauptführer Pruchnow einen neuen Vorschlag für die Kontrolle der nach Deutschland hereinkommenden Bücher unterbreitet, der darin besteht, dass schlagartig eine Kontrolle der Leipziger Kommissionäre vorzunehmen ist. Dieser Weg ist bei dem jetzigen Stande der Dinge nicht ohne großes Risiko gangbar, weil die Post- und Zollbehörden – selbst wenn sie über ein Heer schrifttumskundiger Kontrollbeamten verfügen würden, – nicht jede Sendung prüfen können, sondern sich auf Stichproben beschränken müssen. [...]

Es gibt m.E. nur einen Weg, wenn man den Sortimenter vor dem Ankauf und damit vor dem Vertrieb dieser verbotenen Literatur einschliesslich der Emigrantenprodukte schützen will: unsichtbare staatliche Kontrolle des Buchimports; mit dieser hat man leicht unter Einhaltung ganz bestimmter Richtlinien die Verleger und die Auslieferungslager völlig in der Hand, damit aber auch die Kreise, die in Deutschland durch den Handel mit verbotener Literatur weiter aus ,Geschäftsrücksichten' die deutsche Seele vergiften! Mir liegen zur Durchführung dieser Aktion ganz bestimmte Pläne vor, die die beigefügten Anlagen[157] genauer erläutern und über deren Durchführung ich bereits vor Wochen mit dem Chef des Sicherheitsamtes des Rf.SS – Gruppenführer Heidrich[158] – in Verbindung getreten bin. [...]

Nicht weniger wichtig zur Lösung dieser ganzen Fragen erscheint mit die Ueberwachung des Buchexportes, weil dadurch verhindert wird, dass verbotene Literatur ins Ausland verschoben wird. [...] Weil aber diese Pläne mit einem Schlage den Handel mit verbotener bezw. unerwünschter Literatur unterbinden, ist es nur zu verständlich, dass ihre Durchführung von den Kreisen sabotiert wird, die wirtschaftliche Vorteile aus der Erhaltung des augenblicklichen Zustandes der ,offenen Grenzen' ziehen möchten und deren Einstellung zu den kulturellen Belangen des NS-Staates doch nur auf ,äusserer Gleichschaltung' beruht!

Da diese Kreise, im Buchhändlerbörsenverein zusammengefasst, aber auch über die Reichsschrifttumskammer der Aufsicht und Strafgewalt der Reichskulturkammer unterliegen, wäre empfehlenswert, wenn der Herr Minister in seiner Eigenschaft als Präsident der RKK in einer Verordnung – als Warnung in letzter Stunde – den Buchhandel darauf hinweisen würde, dass jeder, der wissentlich oder fahrlässig verbotene, unerwünschte oder Emigranten-Literatur in Deutschland im Handel anbietet oder verkauft, oder der diese Art der Literatur importiert oder exportiert, ohne Rücksicht auf seine wirtschaftliche Lage die Anwendung des § 10 der L. DV. KKgesetz (Ausschluss und damit Unterbindung seiner Berufstätigkeit) zu erwarten hat.

[...] Sowie der Beweis der Unzuverlässigkeit erbracht ist, – und daran ist nach Lage der Dinge nicht zu zweifeln, – beabsichtige ich, den Leipziger Kommissionsbuchhandel von mir eingesetzten zuverlässigen, nationalsozialistischen Treuhändern zu unterstellen, bis die Überwachung des Buchumschlags endgültig geregelt ist."[159]

Es ließen sich nun Vermutungen anstellen, ob den Unternehmern in mündlichen Verhandlungen später nahegelegt worden ist, die Kontrolle der russischen Ein- und Ausfuhren im eigenen Betrieb in Vorschlag zu bringen. Belege hierfür gibt es nicht. Erstaunlich ist allerdings die grundsätzliche Übereinstimmung beider Zensurideen.

---

157   Diese haben sich im Berliner Bundesarchiv leider nicht erhalten.
158   Richtig: Reinhard Heydrich (1902–1942), Chef des Geheimen Staatspolizeiamtes in Berlin.
159   BArch, R 56 V, 158, Bl. 13–16.

Zu welchem Resultat führte der Schritt der Unternehmensleitung? Bei der reichs-
internen Regelung von Zensurfragen war die Schrifttumskammer gegenüber den
Vorschlägen von Koehler & Volckmar reserviert. Sie war weder bereit, die Verantwortlichkeit für die Entfernung „unerwünschter" Literatur allein den Verlegern zu
überlassen, noch den Barsortimentern die „Liste des schädlichen und unerwünschten
Schrifttums" zugänglich zu machen.[160]

Anders die Reaktion der Kammer zur Überwachung des Handels mit der UdSSR.
Am 28. April 1936 kamen Verhandlungen zwischen dem Leipziger Konzern und der
Gestapo zustande, in denen man sich über die Kontrolle von sowjetrussischen Importen und Exporten verständigte. Auf Vorschlag der Gestapo verfügte die RSK, dass
diese Lieferungen ab sofort nur noch über Koehler & Volckmar zu tätigen wären. Im
Leipziger Konzern, genauer in der dortigen Ausland-Abteilung, wurde ab 15. Mai ein
so genanntes Russland-Lektorat, eine Sonderdienststelle des Sicherheitsdienstes der
SS, eingerichtet.[161] Der Leipziger Konzern musste nur die Räume zur Verfügung zu
stellen. Das Personal suchte der Sicherheitsdienst selbst aus. Drei Personen nahm er
in die engere Auswahl: den Buchhändler Erich Carlsohn[162], der ein kleines Geschäft
unter eigenem Namen in Leipzig betrieb, sowie zwei Spezialisten und Sprachkundler,
die die Lieferungen inhaltlich zu begutachten hatten. Zur ihrer Aufgabe gehörte es,
nicht nur zu verhindern, „dass sowjet-russisches Schrifttum in unrechte Hände" geriet, sondern sie sollten auch „die Ausfuhr nach der Sowjet-Union daraufhin prüfen,
dass technische, insbesondere militärwissenschaftliche Abhandlungen, die in der
Sowjet-Union nicht bekannt werden sollen, nicht nach dort ausgeführt werden".[163]
Um die sichere Kontrolle des Schrifttums zu gewährleisten, sollte jedes Buch Seite um
Seite geprüft werden. So wollte man auch verhindern, dass hinter das Deckblatt eines
ganz harmlosen Titels eine Propagandaschrift gebunden wurde. Unliebsame Artikel
(bei Zeitschriften) konnten ausgeschnitten und geschwärzt, Bücher konfisziert werden. Ferner wurden bei Importen sowjetrussischer Bücher die Endabnehmer ermittelt
und geheimdienstlich überprüft.[164] Die anfallenden Kosten hatten die Händler auf-
zubringen.[165]

---

160 Aktennotiz Schott vom 29.4.1936, S. 2, in: Sächs. StAL, Koehler & Volckmar, 114. Vgl.
     Barbian: Literaturpolitik, S. 155.
161 Siehe hierzu ausführlich: Schroeder: Zensor.
162 Biografische Hinweise zu SS-Unterscharführer (später: Obersturmführer) Carlsohn (1901–87)
     bei: Schroeder: Zensor, S. B94–B95. Carlsohn war in der Zeit des Dritten Reiches ein
     stadtbekannter Zensor. Das beweist der umfangreiche Briefwechsel mit zahlreichen Vertretern
     des Buchhandels, erhalten im Berliner Bundesarchiv. Im Widerspruch dazu galt Carlsohn bis
     zu seinem Tod in der Bundesrepublik als der Prototyp des unbescholtenen, ehrenwerten
     Leipziger Buchhändlers. Noch in den achtziger Jahren erschienen im Verlag List & Francke,
     Meersburg, dessen Erinnerungen an die gute alte Buchhandelsstadt Leipzig (Carlsohn:
     Lebensbilder). Bei Bekanntwerden der Vergangenheit Carlsohns ließ der Verlagsleiter von List
     & Francke, Christian Lenhardt, die unverkaufte Restauflage sofort einstampfen. Vgl. Interview
     Lenhardt mit dem Verfasser vom 20.9.1998 in Meersburg am Bodensee.
163 Aktennotiz über eine Verhandlung zwischen Koehler & Volckmar, der Gestapo und der RSK in
     Berlin vom 28.4.1936, S. 2, in: Sächs. StAL, Koehler & Volckmar, 114.
164 Zur Arbeitsweise und Wirkung dieser Abteilung, die bereits nach fünf Monaten Über-
     wachungsarbeit mehr als 40 000 Vorgänge bearbeitet hatte, siehe: Schroeder: Zensor,
     S. B95–B99.
165 Verleger und Besteller (bei Importen) hatten insgesamt eine „Sonderabgabe" von drei Prozent
     des Umsatzes zu entrichten. Vgl. Aktennotiz betr. der Russen-Angelegenheit vom 28.4.1936,
     in: Sächs. StAL, Koehler & Volckmar, 114.

Auf das Angebot von Koehler & Volckmar, die Fahnenabzüge des Barsortiments-katalogs auf verbotene Literatur hin zu überprüfen, kam die Kammer erst unter dem 21. August 1936 zurück.[166] Natürlich dachte sie nicht im Entferntesten daran, ein so wichtiges Kontrollinstrument aus der Hand zu geben. Heinz Wismann teilte mit, man werde die Überprüfung des Katalogs in Berlin vorzunehmen, weil sich dort das Kar-teimaterial zu den Verlagen, Autoren und ihrer Werke befände. Täglich sollten ab dem 7. September durch Eilboten vier Korrekturbogen à 64 Seiten von Leipzig aus an den Referenten SS-Oberscharführer Herbert Pfeiffer im SD-Hauptamt, Berlin Wil-helmstr. 102, geschickt werden. Nach umgehender Prüfung würde man die Unter-lagen am selben Abend wieder nach Leipzig zurücksenden, so dass sie am darauf-folgenden Morgen wieder in den Händen der Absender wären. Für diesen Arbeits-vorgang kalkulierte Wismann drei Mitarbeiter, die vom Leipziger Konzern für jede bearbeitete Seite eine Entschädigung von 50 Pfennigen erhalten sollten. Die Bear-beitung des Gesamtkatalogs würde sich demnach auf ca. 900 RM belaufen.[167] Ob-wohl die Geschäftsleitung eine Übernahme der Kosten eigentlich nur für den Fall angenommen hatte, dass die Überprüfung des Katalogs in Leipzig stattfände, blieb ihr nun nichts anderes übrig, als sich „versuchsweise und ohne uns damit für kom-mende Jahre zu präjudizieren", mit dem Vorschlag Wismanns einverstanden zu er-klären.[168]

Die Geschäftsleitung unternahm am 25. August 1936 noch einmal einen Vor-stoß, um die Überprüfung des Katalogs nach Leipzig zu holen. Sie berief sich auf ein Telefongespräch mit Karl Heinrich Bischoff von der RSK, der diesbezüglich bereits ein Entgegenkommen der Behörde signalisiert hätte. Im Schreiben hieß es weiter:

„Wie Sie verstehen werden, ist uns dies [eine Überprüfung in Berlin, Th. K.] außerordentlich un-erwünscht. Wir würden es viel lieber sehen, wenn die Überprüfung in Leipzig stattfinden würde, schon damit wir hier in Leipzig Gelegenheit hätten, mit dem die Überprüfung durchführenden Beamten gegebenenfalls über die Gründe einer Streichung und unsere Gegengründe zu spre-chen. Insbesondere befürchten wir aber, daß durch die Hin- und Hersendung der Fahnen nach Berlin sehr viel kostbare Zeit verloren geht, sodaß es uns unmöglich werden wird, den Katalog rechtzeitig herauszubringen. Letzteres ist aber für die reibungslose Abwicklung des buchhänd-lerischen Weihnachtsgeschäftes für den gesamten Sortimentsbuchhandel von entscheidender Bedeutung."[169]

Schließlich verlangte die Firmenleitung, ein Leipziger Mitarbeiter sollte auf jeden Fall der Streichung oder Beanstandung in Berlin beiwohnen, damit der Konzern die Gründe sofort erführe und gegebenenfalls Gegenargumente geltend machen könne.

Das war der Reichsschrifttumskammer denn doch zu viel. Als der Geschäftsführer der Berliner Betriebe von Koehler & Volckmar, Dr. Werner Trautz, am Vormittag des 28. August 1936 Bischoff in der Kammer besuchte, sprang dieser wütend auf und rief,

---

166   Schreiben Wismann an Koehler & Volckmar, in: Sächs. StAL, Koehler & Volckmar, 114.
167   Vgl. Brief Wismanns an Koehler & Volckmar vom 21.8.1936, S. 1–2, in: Sächs. StAL, Koehler & Volckmar, 114.
168   Vgl. Antwortschreiben an Wismann vom 25.8.1936, in: Sächs. StAL, Koehler & Volckmar, 114.
169   Schreiben Koehler & Volckmar an Hanns Johst vom 25.8.1936, in: Sächs. StAL, Koehler & Volckmar, 114.

ob denn die Unternehmer wüssten, was sie da von seinem Vorgesetzten verlangten?
Der Präsident der Reichsschrifttumskammer sei vom „Führer" persönlich eingesetzt
worden. Die Buchhändler sollen keinen „Kuhhandel" mit der RSK treiben. „Ist die
Firma Koehler & Volckmar arisch oder ist sie es nicht?" Wie konnte sie es wagen, einen solchen Brief unter dem 25. August 1936 zu schreiben, der doch eher in die
„Brüningszeiten" von 1929 gehöre. Er, Bischoff, habe Koehler & Volckmar immer
verteidigt und an den guten Willen der Herren Volckmar-Frentzel, Gartmann und
Starkloff geglaubt. Nun sei es aber aus! Der jüngste Brief zeige, wie sehr er sich ge-
täuscht hätte. Er deutete an, Beweise für weitere Vorstöße der Unternehmensleitung
zu haben, und drohte, die Angelegenheit dem Chef des Sicherheitsdienstes und der
Polizei Heinrich Himmler persönlich vorzutragen.[170]
Trautz vermochte durch besonnenes Auftreten Bischoff zu beruhigen und somit
das Ärgste erst einmal abzuwenden. Er wies alle Beschuldigungen weit von sich und
meinte, man könne dem Brief des Konzerns keinen scharfen und fordernden Ton entnehmen. In seinem Bericht an Volckmar-Frentzel schrieb Trautz seinen Eindruck. Es
schien, das Drängen auf eine Überprüfung in Leipzig hätte die Behörde so ausgelegt, als wolle man über einzelne Titel noch verhandeln.[171]
Noch am selben Tag richtete Wismann einen in scharfen Worten gehaltenen Brief
an die Geschäftsleitung von Koehler & Volckmar. Sie hätte bei der Zusammenstellung des vorjährigen Katalogs bewiesen, sie sei nicht in der Lage, die Bearbeitung
nach den geltenden Maßstäben vorzunehmen. Deshalb verbitte er sich jedwede Be-
lehrung und Beratung. Die Unternehmer planten offensichtlich, den Sachverhalt wie
mit einem beliebigen Gesprächspartner geschäftlich aushandeln zu wollen. Er hätte
von vornherein einen anderen Ton an den Tag legen sollen.

*„Daß Sie die Situation in so grotesker Weise mißverstehen könnten, habe ich nicht für möglich
gehalten. Sie muten mir zu, daß ich die Prüfung des Katalog-Manuskriptes nur in Gegenwart
Ihres Vertreters vornehmen lassen solle. [...] Selbst wenn ich die Zumutung als solche (von der
ich nicht recht weiß, ob ich sie als naiv oder anmaßend ansprechen soll) auf sich beruhen lasse,
so bleibt immer noch die Frage, was mich nach Ihrer Meinung denn wohl veranlassen könnte,
Ihrer Forderung stattzugeben. Verstehe ich recht, so wollen Sie mich bei der Prüfung des Katalogs belehren und beraten."*[172]

Somit blieb alles beim Alten, die Kontrollen fanden in Berlin nach dem von der
Kammer festgelegten Modus statt. Lediglich die erste Korrektursendung erfolgte eine
Woche früher als vorgesehen, nämlich am 1. September 1936.
Wie stark die Berliner Überprüfungen in den Barsortimentskatalog eingriffen, leg-
te der Schriftwechsel zwischen der RSK und dem Konzern in den folgenden Wochen
offen. Danach wurden im September 1936 von insgesamt ca. 50 000 Buchtiteln[173]
des Katalogs 354 von der Reichsschrifttumskammer gestrichen (siehe nachfolgende
Übersicht).

---

170 Vgl. Brief von Trautz an Volckmar-Frentzel vom 28.8.1936, S. 1, in: Sächs. StAL, Koehler &
     Volckmar, 114.
171 Vgl. ebenda, S. 2.
172 Wismann an Koehler & Volckmar vom 28.8.1936, in: Sächs. StAL, Koehler & Volckmar, 114.
173 Die Angabe bezieht sich auf eine Auszählung von Herbert Lindenberger, der die Barsorti-
     mentskataloge von Koehler & Volckmar sowie KNOe untersucht hat.

Titelstreichung im Barsortimentskatalog 1936/37 durch die RSK im September 1936
Quelle: BArch, RSK, Koehler & Volckmar, 13.

Tag	Datum	Korrektur-fahnen	Titelstrei-chungen	Tag	Datum	Korrektur-fahnen	Titelstrei-chungen
01	02.09.	1– 64	14	15	18.09.	897– 960	15
02	03.09.	65–128	7	16	19.09.	961–1024	19
03	04.09.	129–192	17	17	21.09.	1025–1088	19
04	05.09.	193–256	14*	18	22.09.	1089–1152	12
05	07.09.	257–320	19	19	23.09.	1153–1216	15
06	08.09.	321–384	16	20	24.09.	1217–1280	10
07	09.09.	385–448	14	21	25.09.	1281–1344	7
08	10.09.	449–512	5	22	26.09.	1345–1408	8
09	11.09.	513–576	5	23	28.09.	1409–1472	5
10	12.09.	577–640	12	24	29.09.	1473–1536	14
11	14.09.	641–704**	15	25	30.09.	1537–1600	4
12	15.09.	705–768	21	26	1.10.	1601–1664	21
13	16.09.	769–832	18	27	2.10.	1665–1674	2
14	17.09.	833–896	26	Gesamt			354 Titel

* Eigentlich handelt es sich um 13 Titel sowie einen Streichungsvermerk „Sämtliche Bücher der Schocken-Bibliothek". Vgl. Aktennotiz der RSK vom 5.9.1936, in: BArch, RKK, Koehler & Volckmar, 13.

** Mit folgendem Vermerk: „Die Fahnen 697, 698 und 699 fehlten". Vgl. ebenda.

Gründe für die Streichungen wurden nicht angegeben. Aus der Aktenlage lassen sich solche im Nachtrag nur in wenigen Fällen ausmachen. Einige Titel waren zuvor durch die „Liste 1" indiziert worden.[174] Bei den Titelschwärzungen im Barsortimentskatalog handelte es sich vor allem um philosophische, geschichtliche und rechtswissenschaftliche Abhandlungen, aber auch um astrologische Schriften, Ratgeber und Belletristik. Neben Ausgaben, die schon aufgrund ihres Titels oder Autors Misstrauen erregten, wie eine „Geschichte des jüdischen Volkes seit der Zerstörung Jerusalems" von F. Hemann, „Die Kabbalah. Einführung in die jüdische Mystik und Geheimwissenschaft" von E. Bischoff, „Die Grundgedanken der Freimaurerei im Lichte der Philosophie" von O. Heinichen, „Russlands soziale Zustände" von Alexander Herzen oder Heinrich Heines „Buch der Lieder und Neue Gedichte", gab es zahlreiche von der Thematik her unauffällige Publikationen, die aus dem Verkehr gezogen wurden, wie ein Fachbuch zur „Wärme- und Kälteschutztechnik" von H. Balcke, „Das Autotestbuch" von E. Friedländer oder „Fröhliche Gymnastik" von J. Jäckle.[175]

---

174 Nur in wenigen Fällen hieß es: „auf Grund der Liste 1 des schädl. und unerwünschten Schrifttums" aus dem Katalog entfernt. Häufiger fielen die Verbote in die Rubrik: „nach Rücksprache mit den Herren Dr. Pogge, Dr. Bischoff und Menz von der Reichsschrifttumskammer" gestrichen. Vgl. BArch, RKK, Koehler & Volckmar, 13. – Zu den Indizierungskriterien der „Liste des schädlichen und unerwünschten Schrifttums" siehe Aigner: Indizierung, Sp. 972–1006.

175 Die letztgenannten Bücher befinden sich heute sämtlich in der Deutschen Bücherei Leipzig. Lediglich bei Johannes Jäckle „Fröhliche Gymnastik nebst Reigen und Volkstänzen für Kinder und Erwachsene", Stuttgart: Paul Mähler 1935, findet sich hinter dem Titelblatt folgender Vermerk: „Beschlagn. Sächs. Fahndungsbl. 166,55, S. 2936". Bei Friedländer könnte es sich um einen jüdischen Autor handeln.

*Aktennotiz
zur Überprüfung
der Katalog-Fahnen
durch die RSK*

A k t e n n o t i z

Bei der Durchprüfung der Fahnen 1 - 64 des Barsortimentskataloges der Fa.Koehler u.Volckmar wurden gestrichen:
a. auf Grund der Liste 1 des schädl.und unerwünschten
   Schrifttums

Adolphi M.,und A.Kettmann,"Tanzkunst und Kunsttanz"
Bauer,Walter sämtliche Schriften

b.nach Rücksprache mit den Herren Dr.Pogge,Dr.Bischoff
   und Menz von der Reichsschrifttumskammer:

Adam,Ad.Der Postillon v.Lonjumeau ,Reclams U.B.
Agricola, "Spione durchbrechen die Front
Albrecht,Reinh. "Das Tagebuch des Gerhard Thiele"
Altensteig,G.,"Wilhelm Kube"
Andresen,E.Wie deute ich mein Schicksal aus den Sternen"
Anet,Cl. sämtliche Schriften
Anschütz,Gerh. Die Verfassung des Deutschen Reichs vom
               11.VIII.19
Arkaja,Mah.Br.Liebe und Ehe.
Ball,Hugo "Hermann Hesse"
Barth,Karl sämtliche Schriften
Balcke,Hans,"Wärme-und Kälteschutztechnik"
Bauer,Michael,"Christian Morgensterns Leben und Werk"

Sogar politische und rassenkundliche Publikationen standen auf den Verbotslisten: „Mit Hitler zur Volksgemeinschaft und zum Dritten Reich. Mit Christus zur Glaubensgemeinschaft und zur Dritten Kirche" von J. Kuptsch, „Mussolini aus der Nähe" von K. Kornicker, „Nationalsozialistische Feier-Stunden" von F. H. Woweries, „Arier und Jude" von B. Peters, „Rassenforschung und Familienkunde" von A. Gercke und „Grundriß der Rassenkunde" von H. Muckermann.

Die hier nachskizzierte Auseinandersetzung zwischen der Reichsschrifttumskammer und dem Konzern Koehler & Volckmar ist in der Absicht eingefügt worden, die Bemühungen des Konzerns zu illustrieren, aus einer angeschlagenen Situation herauszukommen. Nur unter großen Konzessionen gelang es den Unternehmern Volckmar, keine personalpolitischen Konsequenzen aus dem Disput um den Barsortimentskatalog zu ziehen. Auf Druck der Behörde ging die Konzernzentrale zu weitgehenden Kooperationen über und unterbreitete sogar nach eigenen Aussagen Zensurvorschläge. Trotz ihres zur Schau getragenen Wohlverhaltens gegenüber dem NS-Staat stieß das Verhalten der Konzernmanager bei der Behörde auf Misstrauen und Unmut. Die Kammer vermutete, die Buchhändler könnten versuchen, eine Art

Mitbestimmung in Zensurangelegenheiten zu erlangen.[176] Ferner zeigte sich, welche deutliche Skepsis und persönliche Abneigung der Beamte Wismann gegen einige Gesellschafter in der Konzernleitung hegte. Insofern verwundert es nicht, dass er die Bemühungen Hermann v. Hases wenige Monate später voll unterstützte, die Volckmar aus der Konzernleitung zu entfernen.

Kehren wir nun zurück zur Auseinandersetzung v. Hase gegen Volckmar. Mit den Verleumdungen Hermann v. Hases in der Hand nutzte nun die RSK die Gelegenheit, um das längst gewünschte Ausscheiden der Konzernzentrale zu bewirken.

4. Der Ausschluss von Theodor Volckmar-Frentzel aus der Reichsschrifttumskammer

Die Angelegenheit des Koehler-Volckmar-Konzerns war bereits am 6. November 1936 von der SS an die Reichsschrifttumskammer abgegeben worden. Für den Kammerpräsidenten Johst schien von Anbeginn festzustehen, dass die beiden Manager unverzüglich ausscheiden müssten. Unter dem 20. November 1936 richtete er ein Schreiben an den Ministerpräsidenten Hermann Göring, den Beauftragten des Führers für den Vierjahresplan, worin er sein Vorhaben skizzierte und sich Rückendeckung verschaffte. Er bezeichnete Volckmar und Volckmar-Frentzel als nicht geeignet, um „das bedeutendste gesamtbuchhändlerische Unternehmen Deutschlands mit rund 1500 Angestellten zu leiten". Ferner verfolge die so genannte Konzernzentrale „lediglich kapitalistisch liberalistische Ziele", und sie unterdrücke eine „nationalsozialistische Betriebsführung".

Johst fuhr fort: „Ich beabsichtige nun, auf Grund der bestehenden Bestimmungen, den beiden Herren die Befugnis zur Leitung des buchhändlerischen Unternehmens abzusprechen bzw. zu entziehen. Durch diese Maßnahme erfolgt kein Eingriff in die Wirtschaft, denn das Unternehmen ist so organisiert, daß eine Beseitigung der vollständig überflüssigen Zentrale keinerlei Einfluß auf den Beschäftigungsgrad oder auf den Personalbestand des Konzerns bzw. der einzelnen Firmen hat. Da das Gesamtunternehmen einen außerordentlichen Einfluß auf die geistige Haltung des deutschen Volkes nimmt, ist es m.E. unerläßlich, daß hier mit allen zulässigen Mitteln vorgegangen wird."[177] Am Schluss seines Schreibens bat Johst den Ministerpräsidenten um Genehmigung zu den vorgesehenen Maßnahmen. Er würde von Zeit zu Zeit über den Fortgang der Dinge informieren.

Nachdem im Dezember 1936 auch der beantwortete Fragebogen der Dienststelle des Reichsführers SS bei Johst eingegangen war, leitete er konkrete Schritte ein.

---

176 Diese Art der buchhändlerischen Mitbestimmung bei Zensurangelegenheiten wäre wiederum kein Novum gewesen. Bereits seit 1835 durften zwei Leipziger Buchhändler als Beisitzer an allen Versammlungen der „Bücherkommission" teilnehmen. Sie erfüllten ebenfalls nur beratende Funktionen. Bei Zensurfällen (Konfiskationen) konnten, bei Nachdruckfällen mussten sie hinzugezogen werden. Während der Leipziger Ostermesse war wenigstens eine obligatorische Sitzung der Kommission dem Buchhandel zu widmen. Vgl. StadtAL, Titelakten, 102–103, 106–107, 112, 120. Vgl. ferner Keiderling: Kommissionsbuchhandel, S. 278 f.

177 Vgl. Brief Johst an Göring vom 20.11.1936, in: BArch (ehemals BDC), Volckmar-Frentzel.

Am 23. Januar 1937 verlangte der Kammerpräsident per Einschreiben gegen Rückschein von Hans Volckmar Auskunft, wieso er trotz seiner „jüdischen Versippung"[178] noch in der Firma tätig sein könne:

„Wie ich aus der von Ihnen am 3. Dezember 1936 mitunterzeichneten ,Beantwortung des Fragebogens vom 14.11.1936' entnehme, sind Sie im Koehler-Volckmar-Konzern noch in leitender Stellung tätig. Ich stelle fest, daß Sie damit gegen die Bestimmungen des Reichskulturkammergesetzes (§ 4 der Ersten Verordnung zur Durchführung des Reichskammerkulturgesetzes vom 1.11.1933 – RGBl. 1933 I. S. 797) und meine Anordnung (Nr. 3 Abs. 3a) verstoßen haben, da Sie die Mitgliedschaft [in der RSK, Th. K.] bisher nicht nachsuchten. Sie können sie auch auf Grund Ihrer eigenen Angaben in der ,Beantwortung des Fragebogens vom 14.11.36', wonach Sie jüdisch versippt sind, nicht erwerben. Ich ersuche Sie daher, Ihre Tätigkeit, zu deren Ausübung die Mitgliedschaft in meiner Kammer vorgeschrieben ist, zur Vermeidung weiterer Maßnahmen mit sofortiger Wirkung einzustellen und mir bis zum 31. Januar 1937 zu bestätigen, daß Sie meinen Anordnungen nachgekommen sind."[179]

Aus Furcht vor möglichen weitergehenden repressiven Maßnahmen stellte Hans Volckmar sofort mit Schreiben vom 30. Januar 1937 den Sachverhalt richtig. Es könne sich hier offenkundig nur um ein Missverständnis handeln, denn:

„Ich darf Sie bitten, hieraus Anlage 1 zu vergleichen, welche die Beantwortung zu Frage 1 und Frage 16 des Fragebogens enthält. Im Gegenteil ist in der Antwort zu Frage 30 des Fragebogens unter Beifügung der protokollierten Vereinbarung vom 23. Dezember 1931 ausdrücklich festgestellt, daß ich zufolge eigenen Antrags aus meiner leitenden Stellung im Konzern ausgeschieden bin. Ehrenhalber verblieb es auf Bitten meiner Associés bei meiner Zugehörigkeit zur "Zentrale" und beim Vorsitz im Aufsichtsrat der Koehler & Volckmar A.G., wo ich jedoch nur Funktionenverwaltung technischer Art ausübte.

Mein Ausscheiden aus dem Bund reichsdeutscher Buchhändler habe ich diesem unterm 16. August 1935 angezeigt. Mein diesbezügliches Schreiben und die darauf erfolgte Antwort vom 29. August 1935 füge ich als Anlage II bei. Hieraus geht hervor, daß auch der Bund meine Tätigkeit nicht als kammerpflichtig betrachtete. Hinzu kommt noch, daß zahlreiche Beispiele im Buchhandel darauf hinweisen, daß wohl die Vorstandsmitglieder buchhändlerischer Aktiengesellschaften, nicht aber auch Aufsichtsratsmitglieder als kammerpflichtig angesehen werden. Dabei ist die Koehler & Volckmar A.G. keineswegs eine rein buchhändlerische Aktiengesellschaft. Ich kann mir also nicht erklären, wie ich insoweit gegen die im Schreiben vom 23. Januar 1937 aufgeführten Bestimmungen verstossen habe."[180]

Ohne eine Antwort der Kammer abzuwarten, entschied Volckmar, sich künftig noch mehr von der Leitung der Geschäfte fernzuhalten. Berufsverbot hatte er de facto schon seit seinem Ausscheiden aus der RSK und dem BRB am 30. September 1935. Dennoch versuchte er als Seniorchef, Aufsichtsratsmitglied sowie über seinen Adoptivsohn und Stellvertreter Volckmar-Frentzel aus dem Hintergrund Einfluss auf

---

178 Der Umstand, mit einer halbjüdischen Frau verheiratet zu sein, führte nicht automatisch zum Ausschluss aus der RSK. Hier gab es Unsicherheit im Buchhandel, da die Kammer von Fall zu Fall unterschiedlich entschied. Vgl. Schreiben Leo an Johst vom 14.6.1937, S. 15, in: Sächs. StAL, Koehler & Volckmar, 116. Zur Handhabung der Berufszulassung „als Instrument der RSK" siehe auch Barbian: Literaturpolitik, S. 217–222, besonders S. 219, 221.

179 Einschreiben Johst an Volckmar vom 23.1.1937, in: Vgl. Sächs. StAL, Koehler & Volckmar, 113.

180 Brief Volckmar an Johst vom 30.1.1937, S. 1 f., in: Vgl. Sächs. StAL, Koehler & Volckmar, 113.

das Geschäftsgebaren der Firma zu nehmen, so weit es ihm möglich war. Am 3. Februar 1937 erklärte er gegenüber den Mitgesellschaftern, dass er sich vollständig aus der Leitungsfunktion zurückziehen werde.[181] Über Möglichkeiten eines Mitwirkens in wichtigen Angelegenheiten verfügte er aufgrund seiner Aktienanteile und über Interessenvertreter in der so genannten Majoritätsgruppe des Konzerns weiterhin.[182] Sein Entschluss vom 3. Februar 1937 hing auch mit dem Vorgehen der Reichsschrifttumskammer gegenüber seinem Adoptivsohn zusammen.

Am 23. Januar 1937 teilte Hanns Johst per Einschreiben Theodor Volckmar-Frentzel mit, er sei mit sofortiger Wirkung aus der Kammer ausgeschlossen. Gleichzeitig wurde ihm aufgetragen, seine Tätigkeit im Konzern Koehler & Volckmar bis zum 1. März 1937 abzugeben. In der Begründung ließ Johst durchblicken, seine überraschend erfolgte Entscheidung stützte sich im Wesentlichen auf das Belastungsmaterial, das Hermann v. Hase der SS vorgelegt hatte. Johst schrieb:

„Ich war in letzter Zeit mehrfach genötigt, Firmen, die zum Koehler & Volckmar-Konzern gehören, verschiedener Vorkommnisse wegen auf die Verpflichtung hinzuweisen, die der buchhändlerische Beruf aus Verantwortung vor Volk und Staat zu erfüllen hat. Ich habe auch keinen Zweifel darüber offen gelassen, daß gerade der Koehler & Volckmar-Konzern durch seine Größe ein Beispiel geben muß und bei geeigneter Leitung auch geben kann. In der von Ihnen und Herrn Hans Volckmar unterzeichneten ‚Beantwortung des Fragebogens vom 14.11.1936' haben Sie sich unter dem 3. Dezember 1936 zu Frage 1 als Betriebsführer des Gesamtbetriebes und als den eigentlichen Leiter der ‚Zentrale' der Firma Koehler & Volckmar A.G. & Co., Leipzig, bezeichnet. In dieser Eigenschaft sind Sie deshalb für die Vorkommnisse in diesen Betrieben verantwortlich, insbesondere für nachstehende Vorgänge: ..."[183]

Und nun zählte Johst genau die Punkte auf, die von Hermann v. Hase in den Mittelpunkt seiner gegen die Zentrale gestellten Beschuldigungen gerückt wurden. Als erstes nannte die Begründung den „Fall Gottschling" und dessen Behandlung durch Volckmar und Volckmar-Frentzel. Der Präsident der RSK sah es als erwiesen an, dass die Konzernzentrale das weitere Erscheinen des Buches „Zwei Jahre hinter Klostermauern" im Koehlerverlag verhindert hatte, obwohl dies Reichsleiter Rosenberg „in seiner Eigenschaft als Beauftragter des Führers für die gesamte geistige und weltanschauliche Erziehung der NSDAP" mit großen Interesse gewünscht hätte. Von einer Verletzung der Konzerninteressen durch dieses Buches könne nach Meinung des Präsidenten keine Rede sein.

„Ich stelle ausdrücklich fest, daß Sie dieses Vorgehen mit einer Intervention katholischer Verleger begründen, obwohl Ihnen bekannt sein mußte, daß es sich bei Gottschling um ein Werk handelt, das in keiner Weise das religiöse Empfinden katholischer Volkskreise verletzt. Im übrigen nehme ich Bezug auf Ihre vorgelegte Aktennotiz vom 20. Mai 1935 und stelle überdies zur weiteren Kennzeichnung Ihrer politischen Unzuverlässigkeit fest, daß Sie im Februar 1933 sich

---

181 Vgl. Schreiben Volckmar vom 3.2.1937, in: Sächs. StAL, Koehler & Volckmar, 121.
182 Später wurde dies von der Koehler-Gruppe so formuliert: „Bei allen Entscheidungen wirkt aber Herr Hans Volckmar, dem jede buchhändlerische Tätigkeit von der RSK untersagt ist und der der RSK nicht angehört, nicht nur mit, sondern er entscheidet im wesentlichen auf Grund der Mehrheitsverhältnisse." Vgl. Schreiben Hillig (Anwalt von Hermann v. Hase) an das Schiedsgericht z.Hd. Frantz vom 8.7.1938, S. 3, in: Sächs. StAL, Koehler & Volckmar, 104.
183 Vgl. Einschreiben Johst an Volckmar-Frentzel vom 23.1.1937, S. 1–2, in: Sächs. StAL, Koehler & Volckmar, 122.

bewogen fühlten, die Neutralität des Konzerns in politischer Beziehung dadurch zu wahren, daß Sie es wagten, anläßlich des Jubiläumsessens des Vereins der Buchhändler zu Leipzig die geplante Festgabe des Koehler-Verlages in Gestalt eines Auszuges: ‚Hitler' aus dem Werk Czech-Jochberg: ‚Politiker in der Republik' zu unterbinden. Sie hielten es also für den Konzern für nicht tragbar, eine Würdigung des Führers und Reichskanzlers als Festgabe zuzulassen."[184]

Der Präsident der RSK bekräftigte den Vorwurf, der Konzern hätte in seinem Barsortimentskatalog 1935/36 in schwerwiegender Weise gegen Zensurbestimmungen verstoßen. Die meisten der beanstandeten Bücher wären bereits seit längerem, spätestens jedoch seit dem 25. April 1935 verboten gewesen. Eine entsprechende Anzeige sei im „Völkischen Beobachter" vom 8. Mai 1935 veröffentlicht worden. Das wäre auch der Grund für die Durchsuchung der Geschäftsräume von Koehler & Volckmar im März 1936 durch die Geheime Staatspolizei gewesen. Außerdem hätte der Referent der RSK Karl Heinrich Bischoff auf einer Konferenz im Volckmarhaus am 17. März 1936 eine 23 Seiten umfassende „Liste I: Barsortiment" übergeben.[185] Sie enthielt indizierte Titel, welche die Firma weiterhin vertrieb bzw. noch nicht aus dem Vertrieb genommen hatte. Unter anderem handelte es sich um die Bücher:

Barbusse, Henri: Das Feuer. Tagebuch einer Korporalschaft, Zürich: Rascher & Cie 1930.
Brod, Max: Heinrich Heine, 2. Aufl., Leipzig, Wien: Tal & Co. 1935.
Grigorev, Simon: Im Schatten der G.P.U. Vier Geschichten, Berlin: Obelisk-Verlag 1934.
Gul, Roman Borisovic: Die roten Marschälle, Berlin: Obelisk-Verlag 1935.
Höllriegel, Arnold: Das Mädchen von St. Helena, Leipzig, Wien: Tal & Co. 1933.
Kästner, Erich: Drei Männer im Schnee. Eine Erzählung, Zürich: Rascher & Cie 1934.
Olbracht, Iwan: Der Räuber Nikola Schuhaj, München: Piper 1934.
Thiess, Frank: Frauenraub, Berlin: G. Kiepenheuer 1933.
Ders.: Die Verdammten, Berlin: G. Kiepenheuer 1935.
Wassermann, Jakob: Bula Matari. Das Leben Stanleys, Berlin: S. Fischer 1932.
Wells, H. G.: Die Geschichte unserer Welt, Berlin, Wien: Paul Zsolnay 1929.
Wendel, Hermann: Danton, Berlin: Rowohlt 1930.
Ders.: Französische Menschen, Berlin: Rowohlt 1932.
Werfel, Franz: Barbara oder die Frömmigkeit, Berlin, Wien: Paul Zsolnay 1929.
Zweig, Stefan: Josef Fouché: Bildnis eines politischen Menschen, Leipzig: Insel-Verlag 1930.
Ders.: Marie Antoinette, Wien: Reichner 1935.

Das weitere Auflisten der genannten Bücher im Barsortimentskatalog sei schon deshalb ein schwerwiegender Vorfall, da der Katalog zum täglichen Handwerkszeug eines jeden Sortimenters gehöre. Ferner habe Theodor Volckmar-Frentzel in einer Unterredung im Geheimen Staatspolizeiamt Berlin in Gegenwart des Regierungsrats Klein nicht einsehen wollen, dass es sich um eine „gröbliche Verletzung" seiner Sorgfaltspflicht gehandelt habe. Er soll sein Handeln sogar noch verteidigt haben, indem er erklärte, das Buch sei für ihn nur eine Ware wie jeder andere Artikel auch.[186]

184 Vgl. ebenda, S. 4.
185 Vgl. Liste 1: Barsortiment, in: BArch (ehemals BDC), Volckmar-Frentzel.
186 Vgl. Einschreiben Johst an Volckmar-Frentzel vom 23.1.1937, S. 6–7, in: Vgl. Sächs. StAL, Koehler & Volckmar, 113. Später verwahrte sich Volckmar-Frentzel gegen die Behauptung, er würde nicht den Doppelcharakters des Buches anerkennen. Auch stimme es nicht, dass er keine Bücher lese. Vielmehr unterhielt er eine ausgedehnte Privatbibliothek, griff „gern und viel" zur Lektüre. Vgl. Kurze Übersicht zu der Angelegenheit Volckmar-Frentzel vom 23.3. 1937, S. 5–6, in: Sächs. StAL, Koehler & Volckmar, 120.

Der nächste Punkt im Schreiben des Kammerpräsidenten betraf die Ablehnung „zeitgemäßer" Beflaggungen des Koehlerhauses wegen angeblich zu hoher Anschaffungskosten. Johst bezog sich auch hier auf die von Hase zugespielten Unterlagen und schrieb:

„Wie glaubwürdig festgestellt wurde, haben Sie erst zwei Jahre später, nämlich nach der Erklärung der Hakenkreuzflagge zur alleinigen Fahne des Dritten Reiches auf dem Parteitag 1935 eine würdige Beflaggung des großen Koehler-Hauses für nötig befunden. Durch dieses Verhalten haben Sie sich Ihrer selbstverständlichen Pflicht entzogen, als Betriebsführer Ihren Gefolgschaftsmitgliedern beispielgebend voranzugehen, und haben als Leiter des größten buchhändlerischen Unternehmens des deutschen Reiches damit eine Gesinnung zum Ausdruck gebracht, die geeignet ist, Ihre politische Unzuverlässigkeit festzustellen."[187]

Wenn Volckmar-Frentzel die Nichtanschaffung der gewünschten Flaggen mit zu hohen Kosten von 223 RM begründete, so verstärke er den Verdacht der politischen Unzuverlässigkeit. Für solches Verhalten gäbe es keine Rechtfertigung, zumal der Konzern im selben Jahr mit großem Bargeldaufwand das Rittergut Zeititz erworben hätte.

Auch das „Verbot der Annahme von Ehrenämtern" sowie die zu gering ausgefallenen Konzernspenden wurden von der RSK angesprochen. In Bezug auf die Adolf-Hitler-Spende störte den Kammerpräsidenten, dass die vom Konzern gespendeten Beträge stets in Raten gezahlt wurden. Dies sei angesichts der tatsächlichen Liquidität und Kapitalkraft des Konzerns eine Zumutung und eine „liberalistische Verschleierungsmethode" gewesen.[188] Den berechtigten Vorschlägen Hermann v. Hases, die Summen zu erhöhen, sei nicht entsprochen worden. Gerade in diesen Punkten vermisse die Kammer im Antwortschreiben der Konzernzentrale den Geist „jeder nationalsozialistischen Auffassung von freiwilliger und freudiger Opferbereitschaft".[189] So weit der Brief des Kammerpräsidenten Johst.

Der erfolgte Ausschluss von Theodor Volckmar-Frentzel aus der RSK und die Abmahnung Hans Volckmars sorgte in den Koehler-Firmen, besonders bei Hermann v. Hase, für Genugtuung. In einer Versammlung, die am 6. Februar 1937 im Koehlerhaus stattfand, erklärte v. Hase gegenüber seinen Associés und Rechtsanwälten, man müsse der Reichsschrifttumskammer noch mitteilen, die Behauptung von Hans Volckmar sei unwahr, er würde sich schon seit mehreren Jahren der buchhändlerischen Tätigkeit fernhalten.

Der dort ebenfalls anwesende Kurt Koehler berichtete noch am selben Abend Volckmar-Frentzel detailliert von dem Treffen. Er hob hervor, dass sich Georg v. Hase auf der Versammlung „tadellos" benommen hätte und wiederholt sehr energisch gegen Hermann v. Hase aufgetreten sei.[190] Außerdem bezeichnete er Hermann v. Hase „als ,Schweinehund', der es sogar fertig gebracht habe, am Schluss

---

187   Einschreiben Johst an Volckmar-Frentzel vom 23.1.1937, S. 7, in: Vgl. Sächs. StAL, Koehler & Volckmar, 113.

188   Dieser Punkt wurde von der Konzernleitung später dahingehend entkräftet, dass die vierteljährliche Ratenzahlung vom Kuratorium der Stiftung selbst vorgeschlagen wurde. Vgl. Einschreiben Volckmar-Frentzel an Goebbels vom 17.2.1937, S. 11, in: Sächs. StAL, Koehler & Volckmar, 120.

189   Vgl. ebenda, S. 11–12.

190   Die Konzernzentrale ging zunächst davon aus, dass auch Georg v. Hase hinter den Aktionen seines Bruders steckte. Erst im Verlauf der Verhandlungen wurde klar, dass auch er, wie andere Gesellschafter von Neff & Koehler, sich von Hermann v. Hase distanzierte.

der Unterredung gegenüber Justizrat Dr. Wünschmann [einem Rechtsanwalt der Firma, Th. K.] grosse Krokodilstränen zu vergiessen, wie tief bedauerlich es doch wäre, dass der Konzern in eine solche Angelegenheit hineingeraten wäre".[191]

Die Maßnahmen der Reichsschrifttumskammer, durch verbale Einschüchterungsversuche flankiert, stellten die Konzernleitung Koehler & Volckmar vor eine schwierige Aufgabe. Während sich Hans Volckmar wie beschrieben aus dem Unternehmen zurückzog, lotete Volckmar-Frentzel sämtliche rechtliche Möglichkeiten aus, um gegen die Kammerentscheidung vorzugehen. Zu diesem Zweck wandte er sich an den Rechtsanwalt Karl-Friedrich Schrieber, der schon in anderen Fällen Mitgliedern der RSK in Beschwerdeverfahren gegen Kammerentscheidungen vertreten hatte.[192]

Zunächst sollte Felix Gartmann, ein Vorstandsmitglied des Unternehmens, im Auftrag der Konzernzentrale die Haltung weiterer Funktionäre sondieren. Gartmann zog am 27. Januar 1937 bei Wilhelm Baur in der RSK Erkundigungen über die weitere Handhabung der Fälle Theodor Volckmar-Frentzel und Hans Volckmar ein. Eingangs teilte er mit, gegen die Entscheidung des Kammerpräsidenten sei eine – seiner Ansicht nach – „erfolgversprechende" Beschwerde eingelegt worden. Baur winkte ab und interessierte sich dafür, ob die Volckmar angesichts der neuen Lage bereit seien, ihre Anteile an den Koehler-Volckmar-Firmen zu verkaufen. Gartmann verneinte eine solche Absicht, weil es dafür keine rechtliche Grundlage gebe. Baur entgegnete, eine solche könne durch die Gesetzgebung der Reichspressekammer, wonach auch das Kapital von Unternehmen „in rein arischen Händen sein muss", leicht geschaffen werden. Er rate beiden Herren dringend, sich rechtzeitig von ihrem Besitz zu trennen, bevor dies auf andere Weise geschehe.[193]

Theodor Volckmar-Frentzel legte am 17. Februar 1937 beim Präsidenten der RKK, Reichsminister Joseph Goebbels, Beschwerde gegen seine Entlassung aus der Reichsschrifttumskammer ein. Er gab an, Opfer von hinterhältigen Denunziationen des Hermann v. Hase geworden zu sein. Dieser habe zu solchen Mitteln gegen ihn und die Konzernzentrale gegriffen, weil er „nicht mehr in der Lage war, sich mit sachlichen Gegenargumenten gegen den nachweisbaren Vorwurf zu verteidigen, einer hohen Parteidienststelle und der Zentrale der Koehler-Volckmar-Firmen der Wahrheit zuwider [vertrauliche Angelegenheiten, Th. K.] berichtet zu haben".[194] Punkt für Punkt ging er auf die „Anklage" ein und widerlegte sie mit seinen Argumenten. Hermann v. Hase bescheinigte er konjunkturelles Mitläufertum. Seine Parteizugehörigkeit seit 1933 missbrauche er für ein übertriebenes persönliches Geltungsbedürfnis.

Schließlich forderte Volckmar-Frentzel seine vollständige Rehabilitierung: „Die Entscheidung des Herrn Präsidenten der RSK vom 23.1.1937 verhängt über mich die schwerste Strafe, die überhaupt verhängt werden kann. Falls diese Entscheidung aufrecht erhalten bleiben sollte, hätte sie die Wirkung, mein und meiner Familie Ansehen und Existenz zu vernichten und mich aus meiner Lebensarbeit herauszureißen, die ich nunmehr seit Beendigung des Weltkrieges auszufüllen bemüht war." Nach

---

191 Vgl. Aktennotiz Volckmar-Frentzel über einen telefonischen Anruf Kurt Koehlers vom 6.2. 1937, in: Sächs. StAL, Koehler & Volckmar, 121.
192 Vgl. Barbian: Literaturpolitik, S. 258.
193 Aktenvermerk Gartmann vom 27.1.1937, in: Sächs. StAL, Koehler & Volckmar, 121.
194 Einschreiben Volckmar-Frentzel an Goebbels vom 17.2.1937, S. 4, in: Sächs. StAL, Koehler & Volckmar, 120.

Ansicht seiner Anwälte sei die Entscheidung der RSK auch in rechtlicher Hinsicht problematisch, da „niemand verurteilt werden darf, dem nicht zuvor die gegen ihn erhobenen Beschuldigungen bekanntgegeben wurden, dem Gehör geschenkt und ausreichende Gelegenheit zur Verteidigung gegeben wurde. [...] Ich spreche die dringende Bitte aus, meiner Beschwerde und meinem Antrag auf Grund der insbesondere auch aus den Anlagen zu diesem Briefe ersichtlichen Gegenargumente eine gründliche Neuuntersuchung zuteil werden zu lassen, und sich hierbei nicht auf einseitige Aussagen des Herrn Dr. v. Hase zu verlassen, der mir seit Jahren feindseligst gegenüber steht und dem diese Denunziationen zu nichts anderem als zu einem Verdeckungsversuch seiner eigenen Akte der Untreue gegenüber seinen Mitgesellschaftern dienen."[195] Dem Schreiben an Goebbels wurde weiteres Material, das der Entlastung der Zentrale dienen sollte, beigelegt, darunter die komplette Beantwortung des Fragebogens der Dienststelle des Reichsführers SS sowie ein „militärisch-politischer Lebenslauf" von Theodor Volckmar-Frentzel.

Rechtsanwalt Karl-Friedrich Schrieber reichte im April 1937 ein umfangreiches Gutachten nach, das in geschickter Weise die einzelnen Vorwürfe nochmals zu widerlegen suchte. Zum „Fall Gottschling" wurde beispielsweise angemerkt, das Buch sei seinerzeit in der Presse schlecht besprochen worden, und der Verfasser selbst wäre als Bürgermeister einer kleineren thüringischen Stadt unangenehm aufgefallen, weil er seine Kriegsorden öffentlich durch Zeitungsannonce zum Verkauf angeboten habe.[196]

Betreffs des Barsortimentskatalogs wurde nachgewiesen, dass die „Liste des schädlichen und unerwünschten Schrifttums" vom Präsidenten der RSK zwar im April 1935 angekündigt, tatsächlich später veröffentlicht worden sei, so dass sie bei der Zusammenstellung des Barsortimentkatalogs von 1935/1936 nicht mehr berücksichtigt werden konnte. Selbst der Börsenverein habe erst nach mehrmaligen Anfragen im Sommer 1936 ein Exemplar der Buchverbotsliste erhalten.[197] Auch Schrieber kam am Ende seiner detaillierten und gut belegten Beschwerdebegründung zu dem Schluss, sämtliche Vorhaltungen gegenüber Volckmar-Frentzel wären sachlich haltlos.[198]

Inzwischen war die Leitung des Konzerns vakant geworden. In Absprache mit der RSK wurde eine Neuwahl vorbereitet. Kurt Koehler schlug Anfang Februar 1937 die Vorstandsmitglieder Johannes Starkloff (als neuen Leiter der Zentrale) und Felix Gartmann (als dessen Stellvertreter) vor. Sie kannten den Aufbau und die Verwaltung des Konzerns genau, hatten nach außen genug Fühlung und gehörten weder dem Finanzbassin Albert Koch & Co. noch Neff & Koehler an. Zudem war Starkloff ein überzeugtes Mitglied der NSDAP.[199]

Nach Kräften suchte Hermann v. Hase eine solche Neubesetzung zu verhindern. Auf einer Gesellschafterversammlung der Firma Neff & Koehler am 16. Februar 1937 regte er an, der RSK eine „Blanko-Ermächtigung" zur Besetzung der Konzernzentrale

---

195 Ebenda, S. 13.
196 Vgl. ebenda, Anlage I.
197 Brief Schrieber an Goebbels vom 19.4.1937, S. 7–8, in: Sächs. StAL, Koehler & Volckmar, 120.
198 Vgl. ebenda, S. 17–18.
199 Vgl. Schreiben Kurt Koehler an A. Koch & Co. sowie Neff & Koehler vom 9.2.1937, in: Sächs. StAL, Koehler & Volckmar, 118. Starkloff war seit dem 1. Mai 1933 Mitglied der NSDAP. Gartmann entschloss sich erst später zu diesem Schritt und trat der Partei am 1. Mai 1937 bei.

zu erteilen. Wahrscheinlich rechnete er sich Chancen aus, selbst von der Behörde ernannt zu werden. Auf jeden Fall hielt er „es für einen ausgesprochen Affront gegen die RSK, wenn die Finanzbassins jetzt die Zentrale neu besetzen und zwar ausgesprochen z.B. mit Herrn Dr. Starkloff, der bisher ganz und gar im gleichen Sinne mit den gemaßregelten Herren Hans Volckmar und Volckmar-Frentzel gearbeitet hat".[200]

Am 28. Juni 1937 schritten die Vertreter der beiden Finanzbassins zur Wahl. Fünf Gesellschafter – nämlich Alfred Voerster, Karl Voerster, Kurt Koehler, Theodor Volckmar-Frentzel, der für sich und für Hans Volckmar votierte – stimmten für die Neubesetzung, einer – nämlich Hermann v. Hase – dagegen.[201] Trotz des Widerstandes v. Hases, der sofort beim Präsidenten der RSK Einspruch einlegte[202], wurden Starkloff und Gartmann als neue Konzernzentrale bestätigt. Die Kammer war mit dieser Wahl einverstanden.

Unter den gegebenen Umständen schien es nahezu hoffnungslos, die Angelegenheit zugunsten der Volckmar zu entscheiden.[203] Vor allem die Verbissenheit der RSK-Leitung, Johst und Wismann, die am Ausscheiden der bisherigen Konzernzentrale unbedingt festhalten wollte, ließ die Erfolgschancen gering erscheinen. Johst schickte am 25. und 26. Mai 1937 einen zweiten Fragebogen an Volckmar-Frentzel, bei dem sich dieser zu weiteren „Fällen" und Vorkommnissen detailliert äußern sollte. Hier galt es für den Unternehmer und seine Anwälte, sehr vorsichtig bei der Beantwortung zu sein. Der Anwalt Schrieber vermutete, dass nun die Kammer versuche, weitere Anklagepunkte „nachzuschieben", um den Ausschluss von Volckmar-Frentzel aufrecht zu erhalten. Höhepunkt der zweiten „Fragerunde" war der Vorwurf Johsts, Volckmar-Frentzel würde durch Unachtsamkeit bei der Auslieferung den Tatbestand des Hochverrats erfüllen, da er so die Verbreitung kommunistischer Hetzschriften" ermöglicht hätte. Gegen einen solch unhaltbaren Vorwurf legte Schrieber Protest ein.[204]

200 Vgl. Protokoll der Gesellschafterversammlung Neff & Koehler vom 16.2.1937, S. 1–2, in: Sächs. StAL, Koehler & Volckmar, 118.
201 Vgl. Protokoll der Associé-Besprechung von A. Koch & Co. sowie Neff & Koehler vom 28.6.1937, in: Sächs. StAL, Koehler & Volckmar, 118.
202 Hermann v. Hase schrieb vorgeblich im Auftrag von Neff & Koehler an den Präsidenten der RSK am 15.2.1937: „Wir bitten hiermit den Präsidenten der Reichsschrifttumskammer, eine geeignet erscheinende Persönlichkeit oder geeignet erscheinende Persönlichkeiten für die Leitung der Zentrale des Koehler-Volckmar-Konzerns zu bestimmen und erklären uns ausdrücklich bereit, Ihren Vorschlag anzunehmen, also die von Ihnen vorgeschlagenen Persönlichkeiten als Leiter der Zentrale zu bestellen." Entgegen seinen Erwartungen bestätigte jedoch die RSK die vorgeschlagenen Herren Starkloff und Gartmann. Vgl. Klage Kurt und Lily Koehler gegen Hermann v. Hase beim Leipziger Landgericht vom 10.9.1937, S. 52–53, in: Sächs. StAL, Koehler & Volckmar, 98.
203 Vgl. Volckmar-Frentzel: In den Stürmen, S. 28 f.
204 Vgl. Zwei Briefe von Schrieber an die Präsidenten der RKK und RSK vom 27.5.1937, in: Sächs. StAL, Koehler & Volckmar, 116. Die Liste der „nachgeschobenen" Fragen befindet sich auch in dieser Akte.

5. Die Überprüfung des Leipziger Zwischenbuchhandels durch die Reichsschrifttumskammer 1937. Der Fall Gunther Haupt

Die Vorkommnisse in und um den Konzern Koehler & Volckmar dienten der Reichsschrifttumskammer zum Anlass, die politische Einstellung und das Geschäftsgebaren der Zwischenbuchhändler zu überprüfen. Der stellv. Kammerpräsident Wismann ließ am 2. März 1937 Felix Gartmann in seiner Funktion als Leiter der Fachschaft Zwischenbuchhandel und zweiten Konzernchef von Koehler & Volckmar den „Wunsch der Kammer" wissen, „eine über die kulturpolitischen Ziele der Kammer besonders gut unterrichtete Persönlichkeit solle sich mit den besonderen Verhältnissen des Zwischenbuchhandels vertraut machen und feststellen, inwieweit es möglich sei, den Zwischenbuchhandel zur Erfüllung der kulturellen Aufgaben des Gesamtbuchhandels enger heranzuziehen".[205] Nachdem Gartmann und weitere Betriebsführer des Leipziger Zwischenbuchhandels ihre Unterstützung hierzu gegeben hatten, erteilte Wismann am 6. März 1937 seinem Vertrauten Gunther Haupt[206] einen bis zum 31. März befristeten „Sonderauftrag des Präsidenten der Reichsschrifttumskammer".

Am 19. März hielt Wismann im kleinen Saal des Leipziger Buchhändlerhauses vor der Fachschaft Zwischenbuchhandel einen Vortrag über das nationalsozialistische „Führertum".[207] Früher hätte sich die Verantwortlichkeit hinter einer anonymen Mehrheit versteckt, jetzt im Nationalsozialismus wäre jeder in leitender Stellung für seinen Bereich voll verantwortlich. „Auf den Buchhandel angewendet bedeutet das, daß der Sortimenter nicht den Verleger verantwortlich machen dürfte für das Schrifttum, das er aus diesem Verlage verkauft, vielmehr müsse der Sortimenter selbst verantwortlich sein."[208] Dies zielte gegen den Zwischenbuchhandel und seine Führungskräfte, die ihre Verantwortung wiederholt auf die Verleger abzuwälzen versuchten. Der Zwischenbuchhandel sollte bei der „Säuberung", „Reinerhaltung", „Ausrichtung" und Werbung des Schrifttums aktiv werden. Der Buchhändler sei für den geistigen Inhalt der Bücher, die er verlege oder vertreibe, voll verantwortlich. „Nicht die Gangbarkeit sei das Entscheidende für die Tätigkeit des Buchhändlers. Gerade das Buch, das nicht gut gangbar sei, müsse besonders propagiert werden."[209]

Am Schluss seines Vortrags ging Wismann direkt auf die Lage des Leipziger Zwischenbuchhandels ein. Er nannte sie „außerordentlich ernst" und erinnerte mit einem drohenden Unterton an den Satz Hitlers bei der Eröffnung der Automobilausstellung 1937: „Die freie Wirtschaft, die ihre Aufgabe nicht löst, ist nicht berech-

---

205 Vgl. Sächs. StAL, Koehler & Volckmar, 119.

206 Haupt (geb. 1904) war am 1. Oktober 1935 gleichzeitig mit dem Präsidenten Hans Friedrich Blunck aus den Diensten der RSK entlassen worden, nachdem er sich durch provokative öffentliche Äußerungen vor allem in Buchhändlerkreisen viele Feinde gemacht hatte. Auch kammerinterne Streitigkeiten mit dem zweiten Geschäftsführer Suchenwirth haben zu seiner Entlassung beigetragen. Vgl. Dahm: Kampf, S. B158. Hinweise entnommen aus BArch (ehemals BDC), Haupt.

207 Der aus der RSK ausgeschlossene Volckmar-Frentzel durfte der Versammlung nicht beiwohnen.

208 Bericht Starkloffs über die Versammlung der Fachschaft Zwischenbuchhandel vom 20.3. 1937, S. 1, in: Sächs. StAL, Koehler & Volckmar, 119.

209 Ebenda, S. 3.

tigt, freie Wirtschaft zu sein". Nachdem der Beifall der anwesenden Unternehmer verklungen war, meldete sich noch Hermann v. Hase zu Wort und bedankte sich „ganz besonders" für die Anregungen.[210]

Gunther Haupt, der Vertraute Wismanns, hatte die Instruktion, „Vorgänge, wie sie sich bei der Zusammenstellung des Barsortimentskataloges, bei der Aus- und Einfuhr unerwünschter Bücher, bei der rücksichtslos kapitalistischen Behandlung auslandsdeutscher Persönlichkeiten und Unternehmungen, bei der nur zu oft noch rein geschäftlich orientierten Werbung der Zwischenbuchhandelsfirmen immer wieder abgespielt haben, für alle Zukunft unmöglich zu machen".[211] Er bezog auf Kosten des Konzerns Koehler & Volckmar in der Leipziger Seeburgstraße 57 ein eigenes Büro und beschäftigte eine Schreibkraft für zwei bis drei Stunden täglich. Seine monatlichen Tätigkeitsberichte an die Reichsschrifttumskammer bezeichnete er verharmlosend als „Leipziger Stimmungsberichte".[212] Womit er sich zu beschäftigen hatte, erhellte aus einem ersten Monatbericht im März 1937:

„Obwohl ich mich also, wie ich eingangs betont habe, zunächst nur darauf beschränkt habe, in grossen Zügen die Verhältnisse des Leipziger Zwischenbuchhandels kennen zu lernen, stiess ich sozusagen schon beim ersten Blick auf Dinge, die auf das deutlichste erkennen liessen, dass man sich bisher keiner kulturpolitischen Verantwortung bewusst geworden ist. Man hat ‚Geschäfte' gemacht wie mit jeder anderen ‚Ware' auch und beschränkt sich lediglich darauf, unmittelbare Anweisungen der Kammer bezw. anderer Stellen hinsichtlich des verbotenen und unerwünschten Schrifttums mehr oder weniger sorgfältig zu befolgen. Waren solche Anweisungen nicht erfolgt, glaubte man völlig freie Hand zu haben."[213]

Haupts Vorgehensweise sah so aus, dass er Leipziger und Stuttgarter Betriebe des Zwischenbuchhandels aufsuchte, ihre Geschäftsbereiche inspizierte, Abteilungsleiter befragte und Einsicht in firmeninterne Unterlagen verlangte, um – wie er sagte – Ratschläge und Verbesserungen für den Branchenzweig entwickeln zu können. Außerdem fungierte er als Zensor, indem er sich Bücher vom Barsortiment (zumeist Neuzugänge) kommen ließ und diverse Titel nach gründlicher Lektüre für ein Verbot bei der RSK vorschlug.[214]

Mit großer Bestürzung registrierten Betriebs- und Abteilungsleiter, mit welcher Raffinesse Haupt bei seinen Betriebskontrollen vorging. Eingangs bemühte er sich um eine persönliche, Vertrauen erweckende Atmosphäre, indem er immer wieder betonte, dass alles Gesagte „streng vertraulich" behandelt würde.[215] Zwischendurch lancierte er Bemerkungen oder Gerüchte über andere Personen oder Betriebe des Zwischenbuchhandels in unverkennbarer Absicht, die Firmenmitarbeiter zu unbedachten Äußerungen oder zur Herausgabe von brisantem Material zu verleiten.

Auch Felix Gartmann, der neue Chef von Koehler & Volckmar, wusste von derart dubiosen Methoden Haupts zu berichten. Bei einem Besuch der Offizin Haag Drugu-

---

210 Ebenda, S. 4–5.
211 Vgl. Brief Wismann an Haupt am 6.3.1937, in: BArch (ehemals BDC), Haupt.
212 Vgl. Brief Haupt an Schrieber vom 7.5.1937, in: Sächs. StAL, Koehler & Volckmar, 119.
213 Vgl. BArch, (ehemals BDC), Haupt, Tätigkeitsbericht vom März 1937, S. 3.
214 So geschehen am 3. und 17. März 1937. Vgl. Aktennotizen über Besprechungen mit Haupt vom 3. und 17.3.1937, in: Sächs. StAL, Koehler & Volckmar, 119.
215 Bericht Jünemanns vom Besuch Haupts bei KNOe in Stuttgart am 10. und 11.5.1937, S. 2, in: Sächs. StAL, Koehler & Volckmar, 119.

lin (im Besitz von Koehler & Volckmar) meinte dieser, es sei unerträglich, wie lange man auf die Antworten der Reichsschrifttumskammer warten müsse. Er bat Gartmann, ihm doch „Material zu verschaffen", mit dem er die langsame Arbeitsweise der Kammer nachweisen könne. Diesem Ansinnen kamen der Konzernchef natürlich nicht nach. Vermutlich hätte Haupt die Unterlagen dazu genutzt, um die Firmenleitung seinerseits unter Druck zu setzen.[216]

Ferner erwähnte Haupt, man sei im Buchhandel der Ansicht, Koehler & Volckmar würde seine Monopolstellung dazu ausnutzen, um die Kommittenten fremder Kommissionäre unrechtmäßig abzuwerben. Der Begriff der „Ringbildung", um wirtschaftlich schwächere Unternehmen in die Zange zu nehmen, sei dabei gefallen.[217] Auch die Kreditvergabe des Zwischenbuchhändlers, eine stets diskrete Angelegenheit, hätte Haupt in auffälliger Weise interessiert. Sein Verlangen, alle Listen über erfolgte Kredite einzusehen, wurde abgewiesen. Man ließ sich nur darauf ein, auf konkrete Anfragen anhand der Firmenkartei Auskunft zu geben. Auch Haupts Verdächtigung, die Kommissionäre würden über eine gezielte Kreditvergabe in die Verlagsproduktion eingreifen und vielleicht nationalsozialistische Literatur verhindern, wurde entschieden zurückgewiesen. Denn die durchaus banküblichen Kredite erfolgten nach Überprüfung der Zahlungsfähigkeit an zahlreiche Kommittenten.[218]

Eine Bemerkung Haupts gegenüber dem Rechtsanwalt Schrieber zum Ausschluss Volckmar-Frentzels aus der RSK ließ im Konzern aufhorchen. Diese Entscheidung hätte die Kammer „sehr ungeschickt begründet" und dabei „den Fehler gemacht, sich auf die Erörterung relativ geringfügiger Einzelfälle einzulassen, während sie die grundsätzliche Haltung von Herrn Volckmar-Frentzel zum Gegenstand der Entscheidung hätte machen müssen". Sie sei am besten nachzuweisen, indem man scheinbar unerhebliche Äußerungen, Maßnahmen und Handlungen unter die Lupe hätte nehmen müssen.[219] In dem Zusammenhang nannte Haupt die um 1934 erschienene Firmenschrift „Koehler & Volckmar Leipzig–Stuttgart–Berlin"[220] ein „wesentliches Beweismittel". Darin werde das Buch an zahlreichen Stellen als Artikel und Ware bezeichnet. Von der Reichsschrifttumskammer sei hierin nur einmal und ganz nebensächlich die Rede[221], während an einer anderen Stelle sich die Firma nicht scheute

---

216 Vgl. Aktenvermerk über ein Gespräch mit Haupt vom 7.5.1937, in: Sächs. StAL, Koehler & Volckmar, 119.

217 Vgl. Aktenvermerke von Gartmann vom 15. und 17.3.1937, in: Sächs. StAL, Koehler & Volckmar, 119.

218 „In den meisten Fällen stellte es sich heraus, dass es sich entweder um unbedeutende Konten handelte, oder um ganz unwesentliche Kredite, so z.B. Phaidon-Verlag [Wien], der im Kommissionsgeschäft mit RM 2.000 im Soll stand, bei dem wir auch die Forderung der Offizin per 31.12.36 RM 15.000 und per 30.3.37 RM 6.000 mitteilten. Sehr verwundert war Herr Dr. Haupt darüber, dass z.B. die Firma Langen-Müller, München bei uns keinen Kredit in Anspruch nimmt. [...] Herr Dr. Haupt hatte sich anscheinend eine größere Vorstellung von den von uns gewährten Krediten, sowohl der Zahl als auch der Höhe nach gemacht und brachte dies auch zum Ausdruck." Aktenvermerk Schott über eine Besprechung mit Haupt betr. Kreditfragen vom 29.4.1937, S. 2, in: Sächs. StAL, Koehler & Volckmar, 119.

219 Vgl. Aktenvermerk Schrieber in Sachen Volckmar-Frentzel vom 16.4.1937, S. 1, in: Sächs. StAL, Koehler & Volckmar, 119.

220 Vgl. Koehler & Volckmar 1934.

221 An der besagten Stelle geht es um die Berliner Filiale von Koehler & Volckmar in der Potsdamer Straße. Deren Aufgabe sei es, „den Verkehr mit den in Berlin ansässigen Reichsstellen sowie den Vertretungen der ausländischen Staaten zu vermitteln, der sich aus den internationalen Beziehungen des Unternehmens ergibt". Ebenda, S. 12.

Firmenschrift,
um 1934

auszusprechen, sie habe „Verständnis für die Forderungen der Gegenwart"[222]. Besonders die letzte Formulierung sei ein schlagender Beweis für den Geist, der im Hause Koehler & Volckmar herrsche. „Von einem Buchhändler, Verleger, Kommissionär im nationalsozialistischen Staat werde nicht nur Verständnis für die Forderungen der Gegenwart, sondern freudiger und verantwortungsbewusster Einsatz und positive Mitarbeit verlangt."[223] Aus der Tatsache, dass in der Firmenbroschüre kein einziges Wort zur kulturpolitischen Aufgabe und Verantwortung des nationalsozialistischen Buchhändlers falle, könne zu recht geschlussfolgert werden, bei Volckmar-Frentzel handle es sich nicht um einen nationalsozialistischen Buchhändler und Verleger. Dann holte Haupt zu einem weiteren Schlag gegen die Volckmar aus:

„In der Kollegenschaft werde z.B. der Kampf der Volckmargruppe gegen die Koehlergruppe mit gespanntester Aufmerksamkeit verfolgt. Niemand in Leipzig könne es der Volckmargruppe vergessen, dass nach dem Tode der beiden im Kriege gefallenen Koehlers der Kampf gegen die Koehlergruppe planmässig aufgenommen wurde und bis heute fortgesetzt wird. Jeder in Leipzig warte auf das Ende dieses Kampfes, der vermutlich, nachdem die Familien Koehler und Voerster aus dem Konzern hinausgedrängt seien, mit einem vollständigen Siege der Volckmargruppe abschliessen werde. In Leipzig sei man z.B. überzeugt, dass nach dem Tode des jetzt noch lebenden alten Herrn Voerster dessen Sohn aus der Firma hinausmanövriert werden würde."[224]

Haupt monierte, dass Hans Volckmar noch in der Firma tätig sei, obwohl er seit Jahren der Kammer nicht mehr angehöre. Am Ende wollte er noch ein Vorkommnis – Schülern der Reichsschule des Deutschen Buchhandels zu Leipzig war nach dem Besuch einer Leipziger Buchhandelsfirma Alkohol ausgeschenkt worden – der Firma Koehler & Volckmar anhängen.[225]

---

222 Ebenda, S. 52.
223 Aktenvermerk Schrieber in Sachen Volckmar-Frentzel vom 16.4.1937, S. 1, in: Sächs. StAL, Koehler & Volckmar, 119.
224 Ebenda, S. 2. Hinsichtlich des Hinausdrängens der Familie Voerster sollte sich Haupt gründlich täuschen. Sie leitet heute – gemeinsam mit weiteren Geschäftsführern – die Unternehmen Koehler & Volckmar in Köln sowie Koch, Neff & Oetinger in Stuttgart.
225 Vgl. ebenda, S. 2–3. Zumindest hinsichtlich des letztgenannten Punktes konnte bald Klärung herbeigeführt werden. Diese Ausschreitung hatte eindeutig in einer anderen, ungenannten Firma des Leipziger Buchhandels stattgefunden.

Am 13. März 1937 fand auf Bitte der Leipziger Konzernleitung in Berlin eine fast zweieinhalbstündige Aussprache zwischen Volckmar-Frentzel und Schrieber sowie Wismann und Herbert Menz von der RSK statt. Volckmar-Frentzel wollte die aufs neuerliche gegen ihn erhobenen Beschuldigungen zurückweisen und betonte dabei, er habe es nie an der erforderlichen Mitarbeit beispielsweise in der Angelegenheit des Barsortimentskatalogs fehlen lassen. Doch Wismann unterbrach seinen Gesprächspartner und erklärte, der Vorwurf bestünde nicht darin, der Kammer wäre bei der Durchführung ihrer Aufgaben Schwierigkeiten bereitet worden, sondern darin, der Zwischenbuchhandel – und nun sprach Wismann nicht mehr nur von der Person Volckmar-Frentzel oder dem Konzern Koehler & Volckmar, sondern vom *gesamten* Zwischenbuchhandel – habe

„nicht mehr getan [...], als unbedingt nötig gewesen sei, um nicht unangenehm aufzufallen, dass er es aber offenbar bewusst und planmässig unterlassen habe, aus eigener Initiative und Verantwortungsfreudigkeit positiv mitzuarbeiten, aus innerem Antrieb und Zwang heraus in buchhändlerisches Neuland vorzustossen und so die Wege zu ebnen für Massnahmen, die wegen ihrer Delikatesse von behördlichen Stellen damals und vielleicht auch in absehbarer Zeit noch nicht durchgeführt werden könnten. Der Zwischenbuchhandel habe auch nie versucht, wenn er derartige Pläne gehabt hätte, über sie eine Fühlungnahme mit der Kammer anzustreben. Der Zwischenbuchhandel habe sich in den vergangenen Jahren eben immer nur in einer beobachtenden Reserve gehalten, weil er offenbar noch immer der Ansicht sei, der Kommissionär sei nur Bankier, Spediteur und Lagerist. Von diesem Standpunkt müsse sich der Zwischenbuchhandel endlich und endgültig freimachen."[226]

Mit keinem Wort ging Wismann auf das Anliegen von Volckmar-Frentzel ein, dessen Ausschluss aus der RSK zu überprüfen. Man ging ohne Ergebnis auseinander. Dennoch glaubte Schrieber in einem späteren Protokoll den Eindruck gewonnen zu haben, „dass die Besprechung, wenn sie auch ohne ein handgreifliches Ergebnis verlaufen ist, doch sehr viel zur Klärung der Missverständnisse beigetragen und die Atmosphäre entgiftet hat. Die Aussprache stellt sicher psychologisch für uns einen großen Gewinn dar."[227]

Im Mai 1937 sah sich die Konzernleitung veranlasst, ein Gutachten über die Umtriebe des Gunther Haupt zusammenzustellen mit dem Vorsatz, gegebenenfalls Strafanzeige gegen ihn zu stellen.[228] Haupt wurde vorgehalten, sein Aufgabengebiet deutlich überschritten, unsachliche und fehlgehende Beurteilungen wirtschaftlicher und geschäftlicher Vorgänge vorgenommen und sich an Gerüchten und Indiskretionen beteiligt zu haben.[229]

---

226 Ebenda, S. 4–5.
227 Ebenda, S. 7.
228 Vgl. „Übersicht über die Tätigkeit des Herrn Dr. Haupt" vom 21.5.1937, in: Sächs. StAL, Koehler & Volckmar, 119. Haupt besaß eigentlich keinerlei Kontrolltätigkeit, sondern sollte nur beobachten und informieren. Vgl. Brief Gartmann an Thulke (RSK) vom 8.7.1937, in: Sächs. StAL, Koehler & Volckmar, 119.
229 Von anderer Seite hatten die Konzernleitung bereits erfahren, dass Haupt gegenüber Otto Klemm vom Kommissionsgeschäft Friedrich Fleischer den Konzern Koehler & Volckmar als „zu groß" bezeichnet hatte. Seiner Meinung nach müsse man das Barsortiment abspalten. Dass Koehler & Volckmar zuviel verdienten, sehe man daran, dass sie sich in Zeiten schlechter Wirtschaftslage ein Rittergut in Zeititz kaufen konnten. Vgl. „Übersicht über die Tätigkeit des Herrn Dr. Haupt" vom 21.5.1937, S. 5, in: Sächs. StAL, Koehler & Volckmar, 119.

Dass diese Beschuldigungen nicht von ungefähr kamen, zeigt ein bemerkens-
werter Vorgang. Während seines Leipziger Aufenthalts hatte Haupt versucht, selbst
leitender Angestellte eines traditionsreichen Kommissionsgeschäfts zu werden. Zuerst denunzierte er Otto Wilhelm Klemm, den Chef des Kommissionshauses Fr. Fleischer mit ca. 130 Mitarbeitern, so dass dieser aus der RSK ausgeschlossen wurde.[230]
Danach zitierte er Klemm in seine Wohnung und stellte das Ansinnen, er solle ihm einen Dreijahresvertrag und ein Monatsgehalt mit stattlichen 700 RM bei freier Arbeitszeit ausstellen. Als Klemm die Hinterhältigkeit Haupts erkannte, sich einfach an
seine Stelle setzen zu wollen und dazu auch noch den Segen der RSK einzuholen, geriet er an den Rand eines Nervenzusammenbruchs.[231]

Der Gipfel der selbstherrlichen Tätigkeit Haupts war eine „Denkschrift über eine
mögliche Neuorganisation der Barsortimente Koehler & Volckmar, Leipzig und
Koch, Neff & Oetinger, Stuttgart" vom Juni 1937.[232] Darin betonte er nochmals eine
vermeintliche politische Unzuverlässigkeit der Barsortimenter und kritisierte deren
Monopolstellung. In ihren Geschäftspraktiken sah er eine generelle Gefährdung, ja
sogar eine bewusste Opposition gegen „Sinn und Maßnahmen der amtlichen und
halbamtlichen Buchförderungspolitik".[233] Er empfahl, das Barsortiment genossen-
schaftlich der RSK zu unterstellen, denn nur so könne es „ein aus einem Guss arbei-
tendes, ausgezeichnetes Instrument der nationalsozialistischen Kulturpolitik und des
deutschen Buchhandels werden, ein Betrieb, der sowohl kulturpolitisch als auch in
seiner Finanzgebarung durchsichtig und lauter nicht den Interessen einer ehrgeizigen
Besitzergruppe, sondern ausschliesslich dem Buch und damit der Nation dient".[234]

Im Grunde ging es Haupt, wie er später zu Protokoll gab, nicht nur um die Barsortimente von Koehler & Volckmar. Vielmehr sollte der gesamte Zwischenbuchhandel
enteignet werden. Zu diesem Zweck wollte man in alle größeren Betriebe Vertrau-
ensleute Wismanns einschleusen.[235] Aber so weit kam es nicht. Im Juni 1937 wurde
Wismann seiner Funktion als Vizepräsident der RSK enthoben. Mit dem Sturz des bislang souverän herrschenden Leiters der Schrifttumsabteilung im Propagandaministerium verlor Haupt seine entscheidende Stütze.[236] Am 1. August 1937 wurde auch
Haupt aus Leipzig abberufen. Auslöser hierfür waren seine eigenmächtigen Handlungen im Leipziger Buchhandel. Die Volckmar, die von den Machenschaften
Haupts genauestens unterrichtet waren, stellten schließlich Strafanzeige gegen ihn
und hatten Erfolg damit.[237] Kehren wir nun zu der Auseinandersetzung zwischen
Volckmar und Hase zurück, die eine neue Entwicklung nahm.

---

230 Anlass für den Kammerausschluss von Klemm war der Fall Ille. Klemm wurde vorgeworfen, er
     habe den „großdeutsch gesinnten" Gymnasialdirektor Ille mit Hilfe eines jüdischen Rechts-
     anwalts „massiv" zur Rückzahlung seiner Schulden „genötigt". Vgl. Dahm: Kampf, S. B153–
     B154.
231 Siehe hierzu auch die Recherche von Dahm: Kampf.
232 Vgl. Denkschrift Haupt vom Juni 1937, in: BArch (ehemals BDC), Haupt. Siehe den ver-
     traulichen Berichte Wismanns, zit. auf S. 55–56.
233 Ebenda, Bl. 5–8.
234 Ebenda, Bl. 15.
235 Vgl. Dahm: Kampf, S. B153. Entnommen aus: Protokoll einer Vernehmung Haupts in der RSK
     vom 8.9.1937, BArch (ehemals BDC), Haupt.
236 Vgl. Barbian: Literaturpolitik, S. 73–75, 259.
237 Die Strafanzeige erfolgte durch Volckmar und Volckmar-Frentzel. Vgl. Strafantrag an das
     Leipziger Amtsgericht vom 20.6.1937, in: Sächs. StAL, Koehler & Volckmar, 119.

6. Der Ausgang des Konflikts
v. Hase gegen Volckmar

Die Wende in der Auseinandersetzung v. Hase gegen Volckmar brachte der Fall des Ministerialrats Heinz Wismann im Juli 1937. Er musste seinen Dienst in der RSK quittieren, weil er Reisekostenabrechnungen gefälscht hatte und, wie sich herausstellte, bis 1934 mit einer halbjüdischen Frau liiert war, ohne dies seiner Dienststelle gemeldet zu haben. Auslöser seines Ausscheidens waren Meinungsverschiedenheiten mit Wilhelm Baur, der umfangreiche Recherchen zu Wismann veranlasst hatte.[238] Welche Verlogenheit herrschte unter den Beamten der Reichsschrifttumskammer! Wenige Monate zuvor schickten sie sich noch an, Hans Volckmar abzustrafen, weil er sich nicht von seiner „nichtarischen" Frau trennen wollte. Mit Wismanns Ausscheiden war wenig später auch Gunther Haupt über Nacht aus Leipzig verschunden. Durch den Leipziger Buchhandel ging ein Aufatmen.

In der Reichsschrifttumskammer übernahm nun Ministerialrat Dr. Schmidt-Leonhardt die Angelegenheit. Er schien nicht emotional gegen die Leitung von Koehler & Volckmar eingestellt zu sein, und so unterblieben Schritte gegen den Konzern und gegen den Leipziger Zwischenbuchhandel allgemein.

Die „Feuerpause" nutzte die Konzernleitung, um gezielt gegen Hermann v. Hase, der seinen wichtigsten Protagonisten verloren hatte, vorzugehen. Auf Beschluss der Aufsichtsratssitzung der Koehler & Volckmar AG & Co. vom 2. Juli 1937 wurde ein Schiedsverfahren gegen v. Hase nach den Bestimmungen des Firmenprotokolls von 1925[239] angestrengt, um von unparteiischer Seite untersuchen zu lassen, ob er gegen seine Pflichten als Vorstandsmitglied verstoßen hatte. Vorausgegangen war eine Strafanzeige Volckmar-Frentzels gegen v. Hase beim Leipziger Amtsgericht vom 11. Januar 1937.[240]

Der Aufsichtsrat sah es als erwiesen an, dass sich v. Hase in seinem Vorgehen gegen die Konzernzentrale sowie in weiteren Angelegenheiten gesellschaftsschädigend verhalten hatte.[241] Ihm wurde der Tatbestand der Verleumdung und des Vertrauensbruchs vorgehalten.

Das Belastungsmaterial wies unzweifelhaft nach, dass Hermann v. Hase mit seinen Eingaben beim Reichsführer SS und bei der RSK ausschließlich persönliche Ziele verfolgt hatte. Schwer ins Gewicht fiel seine Weitergabe vertraulicher firmeninterner Unterlagen an Dritte. Mittlerweile wandte sich der gesamte Aufsichtsrat – also Alfred Voerster, Alfred Staackmann, Kurt Koehler, Karl Voerster und Theodor Volckmar-Frentzel – gegen Hermann v. Hase. Wenig später musste dieser auch erkennen, dass Kurt Koehler von den Ergebnissen der Gesellschafterversammlungen von Neff & Koehler stets der Konzernzentrale detailliert berichtet hatte. Der Spieß hatte sich nun

---

238 Eine detaillierte Beschreibung der Entlassungsgründe siehe Barbian: Literaturpolitik, S. 73–75.

239 Der Wortlaut dieser Chefbesprechung ist in einem Schreiben von Hans Leo vom 5.1.1938 in der Anlage A abgedruckt, in: Sächs. StAL, Koehler & Volckmar, 101.

240 Vgl. Strafanzeige vom 11.1.1937, in: Sächs. StAL, Koehler & Volckmar, 119. Als Schiedsrichter der Klage gegen v. Hase wurde vom Aufsichtsrat Rechtsanwalt Paul Axhausen benannt, Vertreter des Beklagten war Rechtsanwalt A. Zuberbier.

241 Vgl. Sächs. StAL, Koehler & Volckmar, 101, Protokoll der Aufsichtsratssitzung der Koehler & Volckmar AG vom 2.7.1937, S. 3–4. Sächs. StAL, Koehler & Volckmar, 101.

umgedreht.[242] Als die Verhandlungen zwischen den beiden Parteien
ins Stocken gerieten, wurde im
Oktober 1937 Reichsgerichtsrat
W. Frantz als Obmann der
Schiedsklage hinzugezogen. In
mehreren gedruckten Klageschrif-
ten nahm die Konzernleitung zu
den einzelnen Vorwürfen v. Hases
Punkt für Punkt Stellung.[243]

Inzwischen kam Volckmar-
Frentzel auch mit der Anfechtungsklage gegen seinen RSK-Aus-
schluss zu ersten Ergebnissen.
Noch im März 1937 hatte der
RSK-Präsident Johst ein umfangreiches Begründungsschreiben an
Goebbels formuliert und darin
nachdrücklich gefordert, man solle das Berufsverbot gegenüber
Volckmar-Frentzel aufrecht erhalten. Er schrieb:

Ministerialrat Dr. Hans Schmidt-Leonhardt

„Ein Buchhändler z.B., der im Dritten Reich sich darauf beschränkt, unerwünschtes Schrifttum
nicht zu vertreiben, der sich jedoch nicht dafür einsetzt, daß nationalsozialistisches Gedanken-
gut durch seinen Einsatz für nationalsozialistisches Schrifttum im Volk verbreitet wird, hat seinen Beruf verfehlt. Er ist nicht geeignet, kulturvermittelnd tätig zu sein, weil durch seine
Mittlertätigkeit die Staatsidee keine Förderung erfährt. Aus der mir übertragenen Verantwortung für die nationalsozialistische Ausrichtung des deutschen Schrifttums kann und werde ich es
auf die Dauer nicht dulden, daß – ich bleibe bei dem Beispiel – die Standesgemeinschaft der
Buchhändler Elemente beherbergt, die den klaren Willen zur positiven Mitarbeit vermissen lassen. Wer lediglich nicht mein Gegner ist, muß dem weichen, der mein Freund ist! [...] Ich lege
Wert auf die Feststellung, daß die Beschwerdeschrift des Herrn Volckmar-Frentzel in keinem
einzigen Falle auch nur den leisesten Versuch macht, über die Loyalität des Volckmar-Frentzel
hinaus ein positives, einsatzbereites Handeln für die nationalsozialistische Staatsidee hervor-
zuheben. Gerade aber von Herrn Volckmar-Frentzel, der eine in ihrem Umfang und ihrer Ein-
flussmöglichkeit einzigartige Stellung im buchhändlerischen Leben Deutschlands einnimmt,
muß ich verlangen, daß er mit heißem Herzen und zutiefst durchdrungen von der Idee des Nationalsozialismus seine Aufgaben erfüllt."[244]

---

242   Auf einer Gesellschafterversammlung von Neff & Koehler wollte Hermann v. Hase Kurt
      Koehler schriftlich zur „Diskretion" verpflichten, was dieser jedoch ablehnte. Vgl. Protokoll der
      Gesellschafterversammlung von Neff & Koehler vom 24.8.1938, S. 4, in: Sächs. StAL,
      Koehler & Volckmar, 105.
243   Klageschrift des Konzerns (i.A. Hans Leo) zur Schiedsklage gegen Hermann v. Hase vom
      22.11.1937, in: Sächs. StAL, Koehler & Volckmar, 102.
244   Begründungsschreiben Johst an Goebbels in der Angelegenheit Volckmar-Frentzel vom
      22.3.1937, S. 2–3, in: BArch (ehemals BDC), Volckmar-Frentzel. In der Akte befindet sich ein
      zweites Schreiben von Johst vom 28.8.1937, in dem dieser seine Antihaltung gegenüber
      Volckmar-Frentzel unterstrich.

Während einer Großveranstaltung zur „Woche des Buches" 1937 in Essen.
Von links nach rechts: Wilhelm Baur, Karl Heinz Hederich, Oberbürgermeister Dillgardt,
Hanns Johst

Johst ging auf die einzelnen Ausschlussgründe detailliert ein. Volckmar-Frentzel
würde die Inverlagnahme eines nationalsozialistischen Buches nur dann befürworten und sich somit ein „nationalsozialistisches Mäntelchen" umhängen, wenn erstens
„von keiner Seite eine Intervention zu befürchten war und somit keine Gefahr einer
Verärgerung nicht nationalsozialistisch gesonnener Kunden bestand", und zweitens
„wenn er die Garantie hatte, daß mit dem nationalsozialistischen Buch ein ausgezeichnetes Geschäft zu machen war".[245]
Der Schrifttumskammerpräsident lobte Hermann v. Hase für sein vorbildliches
Verhalten im Sinne der NSDAP. Er habe sich lediglich als Parteigenosse verpflichtet
gefühlt, Unstimmigkeiten im Konzern an die Behörden weiterzuleiten. Somit sei der
Sachverhalt der Untreue für ihn nicht zutreffend. Nur einen Vorwurf könne man v.
Hase machen. Er habe sich „bei der Durchsetzung seiner innersten Ansichten gegenüber Herrn Volckmar-Frentzel schlapp gezeigt".[246] Schließlich suchte Johst Bedenken zu zerstreuen, der Ausschluss des Managers könne negative Auswirkungen auf
die Wirtschaft oder den Konzern selbst zeitigen. Auch sei das Privatvermögen des Beschuldigten sehr beträchtlich, er könne sich künftig auf das Druckereiunternehmen
oder die Grundstücksverwaltung des Konzerns beschränken.
Johst, der den Kammerausschluss von Volckmar-Frentzel unbedingt aufrecht erhalten wollte, musste in den folgenden Monaten allerdings erleben, wie geschickt es

245 Ebenda, S. 15.
246 Ebenda, S. 21.

die Anwälte des Leipziger Unternehmers verstanden, seine Argumentation zu durchlöchern. Zum Teil musste Johst Behauptungen zurücknehmen, die er Volckmar-Frentzel hatte zukommen lassen. Die Erfahrungen mit den Anwälten des Leipziger Unternehmers mahnten den Kammerpräsidenten zur Vorsicht.[247]

Nachdem im Sommer 1937 noch keine Entscheidung des Reichsministers Goebbels vorlag, übergab Johst die Angelegenheit Ministerialrat Schmidt-Leonhardt zur juristischen Prüfung. Dieser befürwortete nach eingehendem Studium die Anfechtungsklage Volckmar-Frentzels und setzte sich für dessen Entlastung ein. Mit seinem Urteil befand er sich zwar im Gegensatz zu anderen Funktionären[248], doch konnte er die Kollegen in der Reichsschrifttums- und Reichskulturkammer überzeugen.

Am 6. Dezember 1937 wurde die Entscheidung der RSK, Theodor Volckmar-Frentzel aus der Kammer auszuschließen, durch die Reichskulturkammer wieder aufgehoben und der Unternehmer vollständig rehabilitiert.[249] Zu der erfolgten Entscheidung ließ Karl Heinz Hederich, der Leiter der Abteilung VIII des Reichsministeriums für Aufklärung und Propaganda, wissen, die Stellungnahme von Schmidt-Leonhardt sei für den Entschluss ausschlaggebend gewesen und fügte hinzu:

1.) Es besteht wohl bei allen Stellen des Hauses Übereinstimmung darüber, daß der Zustand im Volckmar-Frentzel-Konzern, so wie er augenblicklich gegeben ist, auf die Dauer untragbar ist. Es sind die Maßnahmen zur Herbeiführung eines für die Bewegung und für den Staat befriedigenden Zustandes durch rechtzeitige Besprechung aller beteiligten Stellen sicherzustellen.

2.) Ihr Ausschluß-Entscheid mußte aufgehoben werden, da er ungenügend fundiert war, und zwar:
a) Die von Ihnen angezogenen Gründe sind nicht stichhaltig, wie das bereits von Reichskulturwalter Schmidt-Leonhardt in seinem Vermerk vom Mai 1937 festgestellt wurde. Zusammengenommen muß aber doch gesagt werden, daß das von Ihnen angezogene Material ein weltanschauliches Gesamtbild eines Konzerns und seiner Zentrale gibt, das Ihre Forderung begründet erscheinen läßt, in dieses wichtigste Verlagsunternehmen eine nationalsozialistische Führung einzusetzen, bezw. eine Lösung herbeizuführen, die den Bedürfnissen der Partei und des Staates in vollem Umfange entspricht. Eine solche Lösung dürfte sogar für die weitere Zukunft unablässig sein.

b) Die schwersten Bedenken müssen sich gegen das Verfahren wenden, das von seiten der Kammer in der Angelegenheit Volckmar-Frentzel angewandt worden ist. Das Verfahren genügt den Ansprüchen nicht, die an eine sorgfältige, erschöpfende, rechtliche Behandlung zu stellen sind. Zu beanstanden ist die Fragebogenmethode. Es geht nicht an, einem Angeklagten über-

---

247 So schrieben die drei Anwälte Volckmar-Frentzels Fritz Bergemann-Gorski, Wolfgang Reichstein und Karl-Friedrich Schrieber im Mai 1937, ob er denn seine Beschuldigung, Volckmar-Frentzel verbreite kommunistische Hetzschriften, wirklich aufrecht erhalten wolle. Nachdem sich die Anwälte geweigert hatten, diesen Punkt überhaupt zu beantworten, zog der Kammerpräsident seine Anfrage zurück. Ihm fehlten hinreichende Beweise. Vgl. Briefe der genannten Anwälte an Johst vom 27.5. und 14.6.1937, in: BArch (ehemals BDC), Volckmar-Frentzel.

248 Neben Johst äußerte sich auch Karl Heinz Hederich (geb. 1902), seit 1936 stellvertretender Vorsitzender der Parteiamtlichen Prüfungskommission zum Schutze des nationalsozialistischen Schrifttums, gegen Volckmar-Frentzel, indem er schrieb: „Wir hatten es nämlich allesamt satt, uns von Volckmar-Frentzel auf der Nase herumtanzen zu lassen, wie er es seit Jahren tat." Vgl. Brief Herbert Menz an Geschäftsführer Ihde vom 10.1.1938, in: BArch (ehemals BDC), Volckmar-Frentzel.

249 Vgl. Schreiben der RKK vom 6.12.1937 an die Anwälte von Volckmar-Frentzel, in: Sächs. StAL, Koehler & Volckmar, 122.

haupt nicht bekanntzugeben, wessen er im einzelnen angeklagt ist. Jedermann hat Anspruch auf genügendes rechtliches Gehör. Der Ton der Schreiben in der Angelegenheit seitens der Reichsschrifttumskammer ist ein unerfreulicher. Es ist zu beanstanden, daß die Kammer sich in eine Polemik einläßt, und daß aus dem Schreiben der Eindruck entsteht, als ob von seiten der Kammer ein diktatorisches Verfahren vorliegt. Bedenklich ist auch die einseitige Stützung auf die Person des Dr. v. Hase. Aus dem vorliegenden Material entsteht kein vertrauenerweckendes Bild der Person des Dr. v. Hase.

Die Entscheidung einer Stelle wie die der Kammer darf nicht mit dem Schein belastet werden, durch Denunziation veranlaßt zu sein oder persönliche Interessen einzelner zu dienen.

c) Zur Aktenführung ist zu sagen, dass sie eine schlechte ist. An Hand der mir übergebenen Akten ist es nicht möglich, sich über die eigentlichen Zusammenhänge vor der Entscheidung zu unterrichten. Es entsteht Grund zu der Annahme, daß gerade aus den Vorgängen vor der Entscheidung die Rolle des Dr. v. Hase deutlicher in Erscheinung tritt. Ein weiterer schwerer Mangel liegt darin, daß in den Akten über stattgefundene Rücksprachen usw. nichts zu ersehen ist. Diesem Mangel muß bei Weiterführung der Angelegenheit unter allen Umständen entgegengetreten werden.[250]

Die Entscheidung der Kulturkammer gab Hanns Johst an den Konzern weiter. Er behielt sich allerdings Maßnahmen vor, im Aufbau und in der Geschäftsführung des Konzerns Koehler & Volckmar strukturelle Veränderungen vorzunehmen. Dazu sollte es jedoch in der Folge nicht kommen.[251] Wir sehen, dass die unterschiedlichen Interessenlagen und Standpunkte der Beamten im Verbund mit einem geschickten Taktieren des Unternehmers Theodor Volckmar-Frentzel mitsamt seiner Rechtsanwälte eine Wende herbeigeführt hatten. Aufgrund der neuen Situation war es nun der Konzernleitung möglich, in Ruhe ihre gerichtlichen Schritte gegen Hermann v. Hase fortzusetzen.

Seit Februar 1938 fanden verschiedene Treffen in der Schiedsgerichtssache statt, auf der organisatorische Dinge geklärt wurden. Während sich der Konzern durch den Anwalt Dr. Hans Leo vertreten ließ, erschienen für Hermann v. Hase gleich vier Rechtsanwälte. Auch das verdeutlicht, in welche Erklärungsnot er geraten war. Unter anderem versuchten die Anwälte v. Hases, die Rechtmäßigkeit einer Schiedsklage anzufechten und diesbezüglich das Protokoll vom 25. September 1925.[252] Mit dieser wie mit anderen Verteidigungsstrategien hatten sie jedoch keinen Erfolg.

Hermann v. Hase schickte unablässig neue Denunziationsschreiben an die Reichsschrifttumskammer. Er bat um „irgendwelche Anweisungen", die ihm die Kammer zu seinen Verhandlungen mit der Konzernzentrale geben sollte. Im Konzern würden untragbare und sogar chaotische Zustände herrschen. Nun belastete er auch seinen Mitgesellschafter Kurt Koehler auf das Schwerste. Dieser solle gemeinsame Sache mit „seinem früheren Gegner" Hans Volckmar machen und kürzlich Wohngast auf dessen Sommersitz, Rittergut Zehmen, gewesen sein.[253] Zu Koehlers Charakterisie-

---

250 Brief Hederich, Reichsministerium für Aufklärung und Propaganda, an den Präsidenten der RSK vom 15.12.1937, S. 1–3, in: BArch (ehemals BDC), Volckmar-Frentzel.

251 Vgl. Schreiben Johst an den Koehler-Volckmar-Konzern vom 6.12.1937, in: BArch (ehemals BDC), Volckmar-Frentzel.

252 Vgl. diverse Schreiben der einzelnen Parteien des Schiedsgerichts, in: Sächs. StAL, Koehler & Volckmar, 104.

253 Vgl. Brief Hermann v. Hase an Herbert Menz vom 8.6.1937, in: BArch (ehemals BDC), Volckmar-Frentzel.

rung legte er eine „Aktennotiz über den Hitlergruß" bei, aus der deutlich Koehlers antinationalsozialistische Haltung hervorgehen sollte.[254] Fast beschwörend verwies v. Hase darauf, allein nicht in der Lage zu sein, den Kampf gegen die „Front" im Konzern führen zu können, die gegen ihn und die Reichsschrifttumskammer gerichtet sei. Doch die Kammer blieb untätig.

Als sich die Dinge zugunsten der Konzernleitung entwickelten, kam es auf Veranlassung der Dienststelle des Reichsführers SS zu einem Eingreifen der Geheimen Staatspolizei. In der SS wurde intern diskutiert, wie man auf die Schiedsgerichtssache Koehler & Volckmar AG & Co. gegen v. Hase reagieren sollte, denn v. Hase besaß immer noch einen „Schutzbrief".[255] Käme es nun zu einer Belastung v. Hases, würde auch die Behörde in ein schlechtes Licht gerückt. Deutschmann, ein Rechtsanwalt Hermann v. Hases, der sich selbst als Vertrauensanwalt des Reichsführers Himmler bezeichnete[256], erklärte hierzu: „Es sei unerhört, in welcher Weise die Reichsführung S.-S., in dieser Schiedsgerichtssache von der Gegenseite angegriffen würde; man beschuldige die S.-S., indem man Herrn v. Hase Denunziation vorwerfe, dass sie sich zur Mitträgerin dieser Denunziationen gemacht habe. Die Sache sei an die geheime Staatspolizei abgegeben worden, die in dieser oder nächster Woche Vernehmungen durchführen werde."[257]

In der Tat zitierte am 16. Mai 1938 Oberregierungsrat Klein vom Geheimen Staatspolizeiamt Berlin, Prinz-Albrecht-Str. 8, Vertreter des Konzerns zu sich. Klein forderte eine Beilegung der Auseinandersetzung und einen Abschluss des Vergleichs. Die Behörde war der Meinung, die Angelegenheit solle aufgrund der erdrückenden Beweislast gegen v. Hase firmenintern geregelt werden.

Interessant ist, dass weder die SS noch die RSK die vermeintlich günstige Gelegenheit nutzte, um einen weitgehenden Eingriff in die Führungsstruktur des Zwischenbuchhandels vorzunehmen. Man hätte diesbezüglich bloß die Pläne Wismanns (April 1935) oder die Anregungen Hederichs zu den „untragbaren Zuständen" im „Volckmar-Frentzel-Konzern" (Dezember 1937) heranziehen können. Dies geschah aber nicht. Wurde die Angelegenheit wirklich als zu delikat empfunden? Schreckte man davor zurück, einen weitreichenden Eingriff mit Signalwirkung am größten buchhändlerischen Konzern gerade jetzt durchzuführen? Beide Fragen können zu-

---

254 „Akten-Notiz. Am Dienstag, den 2. Februar 1937, erschien Dr. Kurt Koehler verabredetermaßen in meinem Geschäftszimmer zu einer Besprechung. Er begrüsste mich mit den Worten: ‚Grüß Gott', worauf ich erwiderte ‚Heil Hitler' und sagte: ‚Du scheinst mit dem Heil Hitler-Gruß noch nicht recht vertraut zu sein, daran ist wohl Dein langer Aufenthalt im Ausland schuld?' Dr. Koehler erwiderte: ‚Erstens einmal halte ich den Gruß für falsch und dann halte ich ihn auch für dumm!' Als ich darauf mein Erstaunen und meine Entrüstung äusserte, erwiderte Dr. Koehler: ‚Der Gruß ist ebenso falsch wie ‚Gelobt sei Jesus Christus', den ich auch nicht gebrauche, dumm ist er, weil er meist nur auf Anordnung gebraucht wird und kein wahres Bekenntnis ist, so z.B. wenn ein Schaffner auf der Elektrischen ‚Heil Hitler' sagt. Als ich das allgemein bezweifelte, sagte Dr. Koehler: ‚Ja, früher hatte der Gruß noch einen Zweck, als sich während der Kampfzeit die Anhänger Hitler mit diesem Gruß begrüssten, um sich als solche zu erkennen zu geben, aber jetzt hat der Gruß keine Berechtigung mehr." Vgl. Brief Hermann v. Hase an Johst vom 24.4.1937, Anlage, in: BArch, (ehemals BDC), Volckmar-Frentzel.

255 Vgl. Aktennotiz Schrieber vom 30.7.1937, in: BArch, RKK, Koehler & Volckmar, 13.

256 Vgl. Das Verhalten von Georg v. Hase und die Verwirkung seiner Pensionsansprüche, S. 10, in: Archiv KNOe Stuttgart.

257 Vgl. Aktennotiz in Sachen Schiedsgerichtsklage gegen v. Hase vom 11.5.1938, in: Sächs. StAL, Koehler & Volckmar, 106.

stimmend beantwortet werden. Mittlerweile beobachtete eine breite buchhändlerische Öffentlichkeit den Ausgang des Verfahrens. Zahlreiche Unternehmer befürchteten, dass am Marktführer des Zwischenbuchhandels ein Exempel statuiert werden sollte.[258] Zudem kursierten Gerüchte im Buchhandel, wonach der nationalsozialistische Eher-Verlag versuche, die Koehler & Volckmar AG & Co. vollständig oder teilweise zu übernehmen.[259] Diese Öffentlichkeit, die den Behörden bekannt und unangenehm war, hatte zu deren Nichteingreifen mit beigetragen. Sie hielt es aus taktischen Gründen für ungünstig, als Unterstützer eines Denunzianten dazustehen, der wirtschaftliche Vorteile aus der Maßregelung eines anderen Gesellschafters ziehen wollte. Die notwendige Enteignung des Konzerns sollte besser zu einem späteren Zeitpunkt erfolgen.

Im Juni und Juli 1938 trafen sich die Rechtsanwälte der beteiligten Parteien wiederholt, um in zähen Verhandlungen die einzelnen Standpunkte sowie die Kosten des Vergleichs festzulegen.[260] Im Zentrum der Einigung stand nun die „Bereinigung der Ehrenfrage", also eine vollständige Aufhebung der diversen Beschuldigungen und Beleidigungen. Erst wenn diese Frage geklärt war, konnte man die materielle Seite des Ausscheidens von Hermann v. Hase und seiner Gesellschaftergruppe regeln. Lange Zeit waren sich die streitenden Parteien uneinig über die Größe der Geschäftsanteile, die v. Hase aus der Verlagsgruppe erhalten sollte. Insbesondere wollte man ihm nicht wie gewünscht einen Großteil der Titelproduktion überlassen. Ferner sträubte sich der Konzern zunächst, dass dieser den Namen Koehler fortführe, der ja untrennbar mit dem Stammhaus verbunden war.[261] Von den Fortschritten und Rückschlägen der Versammlungen wurde Oberregierungsrat Klein unterrichtet.[262]

Im September 1938 schätzte der Steuerrechtsberater des Konzerns Wünschmann ein, dass das Verhältnis zwischen v. Hase und den übrigen Mitgliedern der Verwaltung der AG nun vollständig zerrüttet sei. So habe v. Hase auch gegen den neuen Leiter der Konzernzentrale Starkloff eine Anzeige beim Treuhänder der Arbeit sowie beim Kreisgericht der NSDAP erstattet. Er warf ihm Pflichtverletzungen des Betriebsführers vor. Erneut hatte er nicht versucht, eventuelle Meinungsverschiedenheiten persönlich auszuräumen.[263] Als Pg. Starkloff bei der NSDAP Leipzig Klage gegen v. Hase erhob, musste dieser seine Beschuldigungen in schriftlicher Form wieder zurücknehmen.

258 Für die breite buchhändlerische Öffentlichkeit spricht nicht zuletzt die Rechtfertigungsschrift Volckmar-Frenzels „In den Stürmen der Zeit" (1954), die auf die Auseinandersetzungen der dreißiger Jahre eingehen konnte, ohne konkrete Namen zu nennen. Man erinnerte sich im Kollegenkreis noch gut an die Vorgänge.

259 Ein Schweizer Verlag schrieb eine Anfrage an Volckmar-Frenzel, was an der Sache dran sei. Vgl. Aktennotiz Schrieber vom 30.7.1937, in: BArch, RKK, Koehler & Volckmar, 13.

260 Zum Teil sind diese Sitzungen im Leipziger Firmennachlass in wörtlicher Rede und Gegenrede überliefert. Vgl. u.a. Protokoll zu den Vergleichsverhandlungen in Sachen Koehler & Volckmar AG gegen Dr. v. Hase und Neff & Koehler gegen Dr. v. Hase und Stamm Wolfgang Koehler vom 29.6.1938

261 Vgl. u.a. Protokoll zu den Verhandlungen in Sachen Koehler & Volckmar AG gegen Dr. v. Hase vom 29.6.1938, in: Sächs. StAL, Koehler & Volckmar, 105.

262 Siehe diverse Briefe an Klein, in: Sächs. StAL, Koehler & Volckmar, 105.

263 Vgl. Schreiben J. R. Wünschmann an den Aufsichtsrat vom 5.9.1938, Bl. 5, in: Sächs. StAL, Koehler & Volckmar, 111.

Am 22. September 1938 fand der „Vergleich" zwischen Hermann v. Hase und dem Konzern statt, sämtliche Mitglieder des Vorstandes und Aufsichtsrates unterschieben folgende Ehrenerklärung:

„Herr Dr. Hermann von Hase und Frau Else von Hase-Koehler, die verschiedentlich Erklärungen für sich selbst und als Vollmachtnehmerin der Angehörigen des Stammes Wolfgang Koehler abgegeben hat, erklären:

Wir erklären, daß wir von keinem Inhaber und leitenden Herrn der Koehler-Volckmar-Firmen, insbesondere nicht von den Herren Hans Volckmar, Theodor Volckmar-Frentzel, Dr. Kurt Koehler und Dr. Johannes Starkloff, behaupten oder aus irgendeinem Grunde behaupten können, daß seine politische Zuverlässigkeit, weltanschauliche Haltung und Ehrenhaftigkeit in Zweifel gezogen werden kann. Das gilt auch hinsichtlich der Behauptungen in der Denkschrift vom 27. Oktober 1937 betreffend die Umgründung von K.F. Koehler Verlag, und aller Tatsachen, die uns sonst bekannt geworden sind. Demgemäß ziehen wir alle Beschuldigungen, die wir gegen den vorgenannten Personenkreis an amtlichen Stellen oder sonstwo ausgesprochen haben, zurück.

Die Mitglieder des Aufsichtsrates und des Vorstandes der Koehler & Volckmar A.-G. erklären:

..., daß infolge der von Herrn Dr. Hermann von Hase und Frau Else von Hase-Koehler abgegebenen Erklärungen die gegen Herrn Dr. Hermann von Hase und die Angehörigen des Stammes Wolfgang Koehler erhobenen Vorwürfe Anlaß und Grundlage verloren haben und erledigt sind.

Leipzig, den 22. September 1938

Dr. Kurt Koehler, Theodor Volckmar-Frentzel, Karl Voerster, Alfred Voerster, Felix Gartmann, Johannes Cyriacus, [Johannes] Starkloff, Paul Jünemann, Curt Fernau, Dr. Hermann von Hase, Else von Hase-Koehler, Conrad Witzmann[264], Dr. Alfred Staackmann, Dr. Walther Jeremias"[265]

Im Ergebnis des Rechtsstreits legte Hermann v. Hase sein Amt als Vorstandsmitglied der Koehler & Volckmar AG & Co. nieder und schied in Gemeinschaft mit Wolfgang Koehlers Erben rückwirkend zum 1. Januar 1938 aus der Kommanditgesellschaft Neff & Koehler sowie aus dem Verlag Koehler & Amelang aus.[266]

Im Oktober und November 1938 war er damit beschäftigt, sein Leipziger Büro leer zu räumen. Er übergab drei Kisten mit zahlreichen, den Konzern betreffenden Unterlagen der juristischen Abteilung des Koehler-Volckmar-Konzerns, darunter mehrere Barsortimentskataloge, die sich in den Vorjahren bei ihm gesammelt hatten, sowie weiterer Schriftwechsel, diverse Versammlungsprotokolle, Bilanzaufstellungen, Gesellschafts-, Verlags- und Kaufverträge.[267]

Insgesamt 6 Personen[268] erhielten eine Abfindung ihrer sämtlichen Rechte und Ansprüche als Gesellschafter der Firmen Neff & Koehler bzw. K. F. Koehler zur gesamten Hand im Betrag von RM 550 000.[269] Diese Personengemeinschaft bildete

---

264 Witzmann trat im Sommer 1937 in den Vorstand der Koehler & Volckmar AG ein, siehe Protokoll der Aufsichtsratssitzung vom 2.7.1937, in: Sächs. StAL, Koehler & Volckmar, 101.
265 Erklärung vom 22. September 1938, in: Sächs. StAL, Koehler & Volckmar, 108.
266 Neff & Koehler wurde unter Leitung von Lily und Kurt Koehler in eine oHG umgewandelt.
267 Inventarliste und Anschreiben hierzu befinden sich in: Sächs. StAL, Koehler & Volckmar, 108.
268 Hermann v. Hase, Else v. Hase-Koehler, Karl Koehler, Hans Koehler, Gertrud Hansen-Koehler, Konrad Koehler. Vgl. ebenda.
269 Erklärungen und Ergebnisse des Gesamtvergleichs v. Hase am 22.9.1938, in: Sächs. StAL, Koehler & Volckmar, 108.

Hiermit geben wir bekannt, daß wir zusammen mit den Erben des 1914 fürs Vaterland gefallenen Herrn Wolfgang Koehler eine Kommandit-gesellschaft unter dem Namen

v. Hase & Koehler

gegründet haben. Die Erben des 1918 fürs Vaterland gefallenen Herrn Karl Franz Koehler treten unserer Gesellschaft als stille Gesellschafter bei.

Den Herren Hans Schroeder und Paul Rasch haben wir Prokura erteilt.

Der mitunterzeichnete Dr. Hermann v. Hase gibt gleichzeitig bekannt, daß er sein Amt als Vorstandsmitglied der Koehler & Volckmar A.-G. Leipzig niedergelegt hat und damit zugleich als Leiter des Verlages Koehler & Amelang ausgeschieden ist.

Leipzig, den 10. Oktober 1938   Dr. Hermann von Hase   Karl Koehler
                                              i. Fa. v. Hase & Koehler

unter Hermann v. Hase, ebenfalls rückwirkend zum 1. Januar 1938, als persönlich haftender und geschäftsführender Gesellschafter eine neue Kommanditgesellschaft, in die später noch Karl Koehler als Teilhaber eintreten sollte. Der KG wurden vom Koehler-Volckmar-Konzern Teile des Verlagsgeschäfts überlassen, allerdings ohne Berechtigung zur Führung des Namens Koehler & Amelang und ohne die historisch-wissenschaftliche Verlagsgruppe nebst weiterer genannter Buchtitel. Im Börsenblatt wurde dieser Schritt in einer Anzeige unter dem 12. Oktober veröffentlicht.[270]

Nach Ausscheiden der genannten Gesellschafter beteiligten sich Neff & Koehler (Alleininhaber Kurt Koehler) mit 200 000 RM und die Albert Koch & Co. mit 800 000 RM an der Koehler & Volckmar AG. Damit die Konzernbeteiligung von 25 Prozent (Koehler) zu 75 Prozent (Volckmar) wieder gewährleistet wurde, stellte die Koehler & Volckmar AG & Co. der Albert Koch & Co. als Gegenleistung Geschäftsbereiche des Konzerns im Gesamtwert von 735 000 RM zur Verfügung.[271] Sämtliche durch die Auseinandersetzung mit v. Hase entstandenen Kosten, z.B. für Gerichts- oder Schiedsgerichte, für Anwälte, für Urkundensteuer, für Reisen, Drucksachen etc. trug die Koehler & Volckmar AG & Co.[272]

Im Oktober 1938 gab Hermann v. Hase die Gründung seines neuen Verlags „v. Hase & Koehler" mit einem Rundschreiben bekannt. Er kommentierte seinen Schritt mit den Worten: „Möchten sich darüber unsere Verwandten und Freunde mit uns freuen, dass es mir in der grössten Zeit deutscher Geschichte möglich war, nicht nur mich selbständig zu machen, sondern für ein heranwachsendes Geschlecht einen eigenen Verlag zu gründen!"[273]

---

270 Vgl. BBl. Nr. 238, 12.10.1938, S. 5485.
271 Vorschlag III und IV zur Auseinandersetzung mit Kurt Koehler vom 15.9.1938, in: Sächs. StAL, Koehler & Volckmar, 108.
272 Vgl. Aktennotiz über eine Besprechung vom 15.9.1938 der Koehler & Volckmar AG, S. 3–4, in: Sächs. StAL, Koehler & Volckmar, 108.
273 Geschäftsrundschreiben V. Hase & Koehler im Oktober 1938, in: Sächs. StAL, Koehler & Volckmar, 107.

Verlagswechsel

Wir haben die nachstehenden Verlagsgruppen bzw. Werke aus dem Verlag Koehler & Amelang*) übernommen:

Militär- und politische Erinnerungswerke und Kriegserlebnisbücher, insbesondere Flieger- und Marinebücher, Kolonial- und Reisebücher, Erinnerungswerke deutscher Frauen, Musik- und Kunstbücher, Welteislehre, Vorgeschichte und Volkskunde (Deutsches Ahnenerbe). Außerdem übernahmen wir eine Anzahl verschiedener Werke. Ein Verzeichnis der übernommenen Werke geht unseren Geschäftsfreunden unmittelbar zu, steht auch auf Wunsch zur Verfügung.

Leipzig, den 10. Oktober 1938   v. Hase & Koehler

*) wird bestätigt: Koehler & Amelang.

Mit dem Ausscheiden der Gesellschaftergruppe um Hermann v. Hase kehrte vorerst Ruhe in die Unternehmensleitung der Koehler & Volckmar AG & Co. ein. An dieser Stelle sollen zwei Meinungsäußerungen aus dem Lager Koehler und v. Hase wiedergegeben werden, die auf die Ergebnisse der Schiedsgerichtsentscheidung eingehen. In einem Brief, vermutlich aus dem Jahre 1938, schrieb Konsul Georg v. Hase an Kurt Koehler:

„Lieber Kurt, [...] Nachdem Ihr Euch mit meinem Bruder Hermann auseinandergesetzt habt, liegt mir daran, die noch zwischen Volckmars und mir bestehenden Differenzen zu beseitigen. Ich sehe diese einmal in der Verweigerung der Firma Albert Koch & Co. meiner Entlastung als Aufsichtsratmitglied und dann in der Weigerung, den Herren Volckmar und Volckmar-Frentzel die mir damals von Dir vorgelegte Erklärung zu unterschreiben. Als Bruder konnte ich damals in keiner Form meinem Bruder in den Rücken fallen, das hätte auch keiner von Euch getan. Meine Differenzen mit Volckmars sind ja nicht finanzieller Natur. Mein Wunsch entspricht mehr einem gewissen Reinlichkeitsbedürfnis und ich könnte mir denken, dass auch Volckmars daran liegt diese ja nicht aus egoistischen Interessen meinerseits veranlassten Differenzen zu beseitigen. Da ich ja nicht weiß, ob Volckmars grundsätzlich bereit sind die noch bestehenden Differenzen zu bereinigen, mach ich keinen positiven Vorschlag meinerseits. Obwohl ich niemals die politische Zuverlässigkeit der Herren Volckmar in Zweifel gezogen habe, bin ich aber gegebenenfalls bereit dies auf Wunsch zu bestätigen. [...] Mit besten Grüssen von Haus zu Haus. Dein Getreuer Georg"[274]

Else v. Hase schrieb unter dem 24. Oktober 1938 an ihre Mutter:

„Meine liebe Mutter, in diesen Tagen versenden wir an unsere Verwandten, Freunde und Bekannten beifolgende Mitteilung. Hermann ist für ca. 8 Tage im Harz, um sich auf die kommenden grossen Aufgaben, die seiner harren, vorher noch etwas zu stärken. Da drängt es mich, Dir, liebe Mutter, nachdem der Streit zwischen den Volckmarleuten und Kurt einerseits und Hermann, Karlfranz's und Wolfgang's Kindern und Frauen andererseits mit einem Vergleich

---

274 Brief Georg v. Hase ohne Datum, in: Sächs. StAL, Koehler & Volckmar, 107.

beendet ist, dieselbe Mitteilung zuzusenden. Du ersiehst daraus, dass wir uns – wie es vor 1918 war – wieder völlig von Volckmar's trennten. Vielleicht mussten wir damals mit Volck-mar's fusionieren, nicht nur, um geschäftlich lebensfähig zu bleiben, sondern um in den vergangenen 20 Jahren zu erkennen, wie richtig Karlfranz's und Wolfgang's Bedenken waren, ob eine gemeinsame Arbeit mit den Volckmarleuten zum Segen unserer Kinder und Kindeskinder werden könne!

Es war mehr als hart für uns in zunehmenden Maße zu erleben, wie die Volckmarleute keinen weiteren Koehler in ihren Konzern aufnehmen wollten: weder Karli, noch Robert, noch Wolfgang. Sie alle standen vor fest verriegeltem Tor, in das es, wie sie uns sagten, niemals einen Eintritt für sie geben würde!

Es war auch hart für uns zu erleben, dass Kurt sich nicht <u>für</u> seine Neffen und ehemaligen Mündel, die ihm von seinen gefallenen Brüdern besonders ans Herz gelegt wurden, einsetzte, sondern sie gemeinsam mit Volckmar's ausschloss. Nach Kurt's einstigem Tod haben Volckmar's damit ihr Ziel erreicht, alleinige Inhaber dieses Konzerns zu sein. Der Name Koehler steht dann wohl nur noch kurze Zeit auf dem Papier!

Inzwischen ist uns und damit der kommenden Koehler-Generation, Deinen Enkeln und Urenkeln, in Hermann der Helfer gekommen, der unter schweren wirtschaftlichen Opfern und mit Einsatz seiner ganzen Hingabe für die Wiedererstehung des Buchhändlernamens Koehler jahrelang kämpfte. Nicht in erster Linie für sich, wie böswillige Leute verbreiten! Der schon bald 60jährige Mann hätte es sich bequemer machen und mit einer Rente von 20.000 M. sich abfinden lassen können! Nein – Hermann kämpfte in erster Linie für alle Koehlers, die ein Recht auf einen Platz im deutschen Buchhandel haben! Dass Hermann bei der neuen Verlagsgründung seinen eigenen Namen dem Koehler-Namen voransetzte, ist unser aller besonderer Wunsch gewesen. Hermann hat weiterhin dafür Sorge getragen, dass Karlfranz Söhne in unserem Verlag Anstellungen und eine gute Ausbildung erhalten, die es ihnen in Jahren ermöglicht, wenn auch sie tüchtige Buchhändler geworden sind, ein eigenes Buchhändlergeschäft unter dem Namen ‚Karl Franz Koehler' wieder aufleben zu lassen: selbstverständlich ohne den Hase-Namen! [...]

Am 15. November 1938 ziehen Hermann und ich nach Berlin in das schöne neue Verlagshaus ‚v. Hase & Koehler', Berlin Lichterfelde-West, Willdenowstr. 32 am Botanischen Garten. Der Verlag selbst (bis auf einige Herren) mit Karli als nunmehr selbstständigen geschäftsführenden Gesellschafter bleibt in Leipzig."[275]

---

275 Brief Else v. Hase vom 24.10.1938, in: Sächs. StAL, Koehler & Volckmar, 107.

IV.
AUSBLICK

Nach ihrer Machtergreifung gingen die Nationalsozialisten sofort daran, mit Unterdrückung und Terror sämtliche Bereiche der Gesellschaft zu unterwerfen. Die Buchwirtschaft spielte als Hersteller und Verbreiter gedruckter Medien in den Plänen der Diktatoren eine besondere Rolle. Sie sollte nicht nur im passiven Sinne „gleichgeschaltet" werden, sondern eine aktive und „verantwortungsfreudige" Rolle bei der medialen Vermittlung der NS-Ideologie übernehmen. Seit 1933 neu geschaffene kulturpolitische Instanzen wie die Reichskultur- und Reichsschrifttumskammer, aber auch die SS und die Gestapo, erhielten umfangreiche Befugnisse, um den „am Buch wirkenden" Personenkreis total überwachen zu können. Die Palette der Einflussnahme war breit und reichte von subtileren Überwachungs- und Disziplinierungsmaßnahmen über weitreichende Eingriffe in die Managerstruktur bis hin zur vollständigen Enteignung von Betrieben, die nicht nur im Zusammenhang mit der sogenannten Arisierung eine Rolle spielte.

Der Prozess v. Hase gegen Hans Volckmar und Volckmar-Frentzel im größten buchhändlerischen Konzern Deutschlands zeigt im Spannungsfeld der eben angedeuteten Wirtschaftspolitik des Dritten Reichs, welche Strategien einzelne Unternehmer entwickelten, um die Rahmenbedingungen der Diktatur zur Durchsetzung persönlicher und wirtschaftlich motivierter Ziele auszunutzen. Durch Verbreitung von Gerüchten bis hin zur Übergabe von belastendem Material an einflussreiche Partei-, Polizei- bzw. Zensurbehörden wurden unliebsame Konkurrenten denunziert. Je nach Schwere der vorgeworfenen Tatbestände kam es dann zu personellen Eingriffen in die Führungsstruktur der betroffenen Betriebe.

Das Vorstandsmitglied Hermann v. Hase verfolgte mittelfristig die Strategie, einen größeren Einfluss in der Konzernleitung zu erhalten. Unmittelbar nach Machtergreifung des Nationalsozialismus trat er in die NSDAP ein. Seitdem nutzte er jede sich bietende Gelegenheit, um seine Interessen selbst gegen näherstehende Gesellschafter in der Firma Neff & Koehler[276] durchzusetzen. Im Herbst 1936 glaubte er genug Material gesammelt zu haben, um gegen die Konzernzentrale vorgehen zu können. Er übergab der Dienststelle des Reichsführer SS sowie der Reichsschrifttumskammer eine Denunziations- und Anklageschrift von 187 Seiten mit dem Titel „Niederschrift über Vorkommnisse im Koehler-Volckmar-Konzern". Im Zentrum der Beschuldigungen stand der Vorwurf, zwei Gesellschaftern der Konzernzentrale würde es an „weltanschaulicher Gesinnung" mangeln. Ebenso warf er ihnen „Machthunger" vor, der sich darin zeigen würde, dass sie Mitgesellschafter mit unerlaubten Mitteln aus dem Konzern hinausdrängten. Die Art seines Vorgehens war, die konzerninternen Interessengegensätze und Streitigkeiten aufzubauschen und politisch aufzuladen.

Schon bald zeigte sich, dass die Auseinandersetzung angesichts der Größe des Konzerns Koehler & Volckmar weite Kreise zog. Die beschuldigten Betriebsführer

---

276 Vgl. Schrift „Der Kampf um die Verlage Koehler & Amelang und K. F. Koehler im Jahre 1935", in: Sächs. StAL, Koehler & Volckmar, 106.

waren bekannte und einflussreiche Persönlichkeiten des Buchhandels, die aufgrund ihrer logistischen Tätigkeit eine wichtige Rolle bei der Verbreitung gedruckter Medien besaßen. Hinzu kommt, dass die Konzernzentrale wenige Monate zuvor (Frühjahr 1936) in Zensurangelegenheiten heftig mit der Reichsschrifttumskammer aneinandergeraten war. Der damalige Streit war der Behörde, insbesondere Hanns Johst (Präsident) und Heinz Wismann (Vizepräsident) in guter Erinnerung. Sie nutzten die Gelegenheit, mit den Beschuldigungen v. Hases in der Hand, Theodor Volckmar-Frentzel aus der Kammer auszuschließen, was einem Berufsverbot gleichkam. Zugleich verwarnten sie den Seniorchef des Konzerns, Hans Volckmar, der eigentlich seit 1935 Berufsverbot besaß, er solle künftig seine gesamte Geschäftstätigkeit, also auch diejenige im Aufsichtsrat und in der Konzernzentrale, niederlegen. Anderenfalls drohte ihm Bestrafung. In den bisherigen Arbeiten zur Kontrolle des Buchhandels durch die Reichsschrifttumskammer ist die Bedeutung dieser firmeninternen Auseinandersetzung unterschätzt worden, die dazu führte, dass die Kammer nun gezielt gegen den Zwischenbuchhandel vorgehen konnte. Ohne das belastende Material Hermann v. Hases wäre der Vorstoß in dieser massiven Form nicht möglich gewesen.

Die einzelnen Punkte der Auseinandersetzung sind weiter oben eingehend vorgestellt und analysiert worden. Das Anklageexposé Hermann v. Hases, der umfangreiche Fragebogen der Dienststelle des RFSS sowie weitere Dokumente legen Zeugnis darüber ab, mit welchen Argumenten die Akteure versuchten, ihre Interessen durchzusetzen. Dabei lassen sich Fragen zur personellen Verstrickung, zur Mittäterschaft, zum „Widerstand" sowie generell zu den objektiv vorhandenen Handlungsspielräumen an das Quellenmaterial stellen und diskutieren. War es den Unternehmern und Managern eines solchen einflussreichen Unternehmens überhaupt möglich, sich den Anordnungen der Zensurbehörden mit Erfolg zu widersetzen? Wie ist ihr Versuch zu bewerten, in Zensurfragen ein Mitspracherecht zu erlangen, vielleicht auch unter der Maßgabe, „Schlimmeres zu verhindern"?

Hans Volckmar zog sich nach dem Vorstoß der Reichsschrifttumskammer vollständig aus dem Unternehmen zurück und konnte somit weiteren Konfrontationen aus dem Weg gehen. Diese Möglichkeit war ihm auch aufgrund seines fortgeschrittenen Alters und angeschlagenen Gesundheitszustandes gegeben. Anders reagierte der stellvertretene Konzernchef Volckmar-Frentzel. Er stand nach eigenen Aussagen in der Mitte seines Berufslebens und wollte sich mit dem gegen ihn verhängten Berufsverbot nicht abfinden. Mit Hilfe seiner Rechtsanwälte gelang es ihm unter Ausschöpfung sämtlicher zur Verfügung stehenden juristischen Mittel, die Entscheidung der Reichsschrifttumskammer rückgängig zu machen. Nachdem seine Anfechtungsklage erfolgreich durchgebracht war, ging er in Gemeinschaft mit dem Vorstand und Aufsichtsrat gegen seinen Widersacher Hermann v. Hase vor. Dieser konnte trotz seiner hervorragenden Kontakte zu parteiamtlichen Stellen sein strategisches Hauptziel nicht erreichen, mehr Einfluss im Konzern zu erlangen, und schied in Gemeinschaft mit der Gesellschaftergruppe Wolfgang Koehlers Erben aus dem Unternehmen aus. Als Abfindung erhielt er Anteile der Verlagsgruppe von Koehler & Volckmar, die er fortan unter dem Namen „v. Hase & Koehler" fortführte. Dieses Ergebnis kam einem Teilerfolg gleich. Die Kosten des Vergleichs von mehreren hunderttausend RM gingen zu Lasten des Konzerns. Ebenso erlitt die Firmengruppe durch das Abspalten der Verlagsgruppe eine Schwächung.

Die Beschuldigungen v. Hases gaben den NS-Behörden ein gute Möglichkeit, den Konzern Koehler & Volckmar – dessen Management ihnen schon seit längerem ein Dorn im Auge war – zu enteignen. Dazu kam es aber nicht, wofür zwei erkennbare Ursachen anzuführen sind. Einerseits wurde der Vizepräsident der RSK Heinz Wismann, der die Enteignung des Zwischenbuchhandels seit 1935 konzeptionell vorbereitet hatte, im Juli 1937 aufgrund von innerbehördlichen Macht- und Kompetenzstreitigkeiten von seinem Dienst suspendiert. Andererseits war es der SS und RSK nicht recht, dass eine größere Öffentlichkeit der Buchbranche nun Zeuge eines personalpolitisch schwerwiegenden Eingriffs in die Wirtschaft werden sollten, der sich im Wesentlichen auf Denunziationen stützte. Sie hielten es für angebracht, die ihrer Meinung nach unausweichliche Veränderung in der Führungsstruktur, d.i. die Enteignung des Konzerns zu einem günstigeren Zeitpunkt durchzuführen. Natürlich spielte bei ihren Erwägungen eine große Rolle, dass die Behörden mit der erzielten Zwischenlösung – mit Starkloff und Gartmann waren nun zwei Parteigenossen der NSDAP in der Konzernzentrale – vorerst zufrieden waren.

Nach den hier beschriebenen gerichtlichen Auseinandersetzungen wurde es ruhiger um die Geschäftsleitung der Koehler & Volckmar AG & Co. Noch einmal versuchte Wilhelm Baur, Funktionär der Reichsschrifttumskammer und Manager des nationalsozialistischen Eher-Verlags, im Jahre 1939 eine Beteiligung an den Koehler-Volckmar-Firmen zu erlangen. Als darauf die Konzernzentrale erneut nicht einging, veranlasste Baur den Eher-Verlag, sich an der damals unbedeutenden Leipziger Kommissions- und Grossobuchhandlung Lühe & Co. (gegr. 1924) zu beteiligen. Mit Hilfe der NSDAP sollte diese Firma in Konkurrenz zu den Leipziger Kommissionären zu einem einflussreichen „nationalsozialistischen" Kommissionsgeschäft ausgebaut werden. Baur versuchte sogar, massiv Kommittenten von Koehler & Volckmar abzuwerben. Der Zweite Weltkrieg hat dann im Verbund mit dem Untergang des nationalsozialistischen Regimes die Realisierung dieses Plans verhindert.

Das kriegsbeschädigte
Volckmar-Haus, 1944

V.
AUSGEWÄHLTE DOKUMENTE

1. Das Verleumdungs- und Anklageschreiben Hermann v. Hases an den Reichsführer SS sowie an die Reichsschrifttumskammer vom Oktober 1936

Quelle: BArch (ehemals BDC), Akte Volckmar-Frentzel

Editorische Notiz:

Die Edition der vorliegenden Dokumente folgt den üblichen Regeln. Der Text wurde in seinem Wortlaut unverändert übernommen. Zum besseren Verständnis sind einigen unklaren Begriffen erklärende Fußnoten beigefügt.

„Niederschrift über Vorkommnisse im Koehler-Volckmar-Konzern von Dr. Hermann v. Hase"

Inhaltsverzeichnis

[Blatt 1]
I. Die seit 1789 selbständige Firma K. F. Koehler und ihre Nebenfirmen werden nach Fusion mit der Firma F. Volckmar und deren Nebenfirmen durch Zwang zur Unselbständigkeit gebracht.

Die Buchhandelshäuser K. F. Koehler (gegr. 1789) und F. Volckmar (gegr. 1829) in Leipzig betrieben vor dem Kriege unter ihrem eigenen Namen und unter dem Namen von ihnen erworbener Firmen in starkem Wettbewerb in Leipzig, Berlin und Stuttgart buchhändlerische Kommissionsgeschäfte, Barsortiment, Bücherausfuhr und Lehrmittelzwischenhandel. Noch vor dem Kriege wurde als erster Schritt zur Beseitigung des Wettbewerbes von beiden Firmen gemeinsam ein grösseres Kommissionsgeschäft (die Firma Robert Hoffmann in Leipzig) zu gleichen Anteilen (50 % : 50 %) gekauft.

Im Jahre 1915 wurde die gemeinsame Herstellung des grossen Barsortimentskataloges in der gemeinsamen Firma „Barsortiments-Katalog G.m.b.H." beschlossen. Im September 1917 wurden die Stuttgarter und Berliner Zweiggeschäfte im Verhältnis von 33 1/3 % (K. F. Koehler) und 66 2/3 % (F. Volckmar) fusioniert, aber trotzdem als massgeblichste Voraussetzung mit gleichem Stimmrecht beider Parteien. Im Januar 1918 erfolgte die Fusion der Barsortimente beider Firmen, und zwar im Verhältnis von 40 % (K. F. Koehler) zu 60 % (F. Volckmar) mit entsprechender Rückwirkung auf die Berliner und Stuttgarter Zweiggeschäfte. Im Jahre 1923 wurden auch die Kommissionsgeschäfte in die Fusion einbezogen und am 25. 9. 1925 als letzte Firmen auch die Verlage, und zwar von der Koehler'schen Seite der Verlag K. F. Koehler, von der Volckmar'schen Seite die Verlage L. Staackmann und C. F. Amelang, aus dem dann Koehler & Amelang entstand. So waren nunmehr sämtliche buchhändlerische Firmen der Stammfirmen K. F. Koehler und F. Volckmar unter der Firma Koehler und Volckmar A.G. [2] und deren Nebenfirmen zum Koehler und Volckmar-Konzern vereinigt, und zwar sämtlich im Verhältnis von 40 % zu 60 % bei gleichem Stimmrecht.

Die Fusion wurde von beiden Parteien als wirtschaftlich ausserordentlich empfehlenswert, ja sogar als notwendig empfunden und hat sich geschäftlich nicht nur voll und ganz bewährt, sondern sich wirtschaftlich geradezu hervorragend ausgewirkt.

Die Fusion sah eine reine Familiengründung vor und beruhte auf dem gegenseitigen vollen Vertrauen der beiden Parteien. Das Vertrauen, das die Koehlerpartei auf die Volckmarpartei gesetzt hat, hat Letztere restlos enttäuscht. Von dem Augenblicke an, als die Gesellschafter der Firma F. K. Koehler – im Folgenden kurz als „Koehlerpartei" bezeichnet – das gesamte Gesellschaftskapital in das nun gemeinsame Geschäft abgegeben hatten, versuchten die Gesellschafter der Firma F. Volckmar – im Folgenden kurz als „Volckmarpartei" bezeichnet – unter Führung von Hans Volckmar die Macht rein persönlich und anteilmässig in die Hände zu bekommen. Trotz aller Einwendungen und Bitten der Koehlerpartei, eine gleichmässige Ausschüttungspolitik zu treiben, was bei der Liquidität und der Lage der Geschäfte zweifellos möglich gewesen wäre, wurde von der Volckmarpartei unter rücksichtsloser Ausnutzung der Vertragsbestimmung, dass bei der Bilanzierung stets der vorsichtigeren Meinung die Entscheidung zufallen solle, eine völlig übertriebene Abschreibungs- und Nicht-Ausschüttungspolitik betrieben. Die Koehlerpartei, von der zwei Stämme (Wolfgang Koehler, 1914 fürs Vaterland gefallen, und Karl Franz Koehler, 1918 fürs Vaterland gefallen, mit je einer Witwe und je vier Kindern) und die Vorbesitzerin Frau verw. Bertha Koehler-Schall ganz und gar auf den Reingewinn aus dem Geschäft angewiesen waren, konnte diese Finanzpolitik der Volckmar-Partei trotz bestem Willen nicht [3] aushalten, da eine schnelle Umstellung vom grossen Haushalt mit eigenem grossen Wohnbesitz in kleinere Verhältnisse nicht möglich war, während der Volckmar-Partei genügend persönliche Geldquellen aus Privatbesitz zustanden. Als Reingewinn wurde nach der 1923 erfolgten Fusion der Kommissionsgeschäfte für das Geschäftsjahr 1923 überhaupt kein Reingewinn ausgeschüttet. Für das nächste Jahr 1924 wurde nur der geringfügige Betrag von RM 20.000 ausgeschüttet, der sich auf die Vorbesitzerin und fünf grosse Familien verteilte! Für das Jahr 1925 hintertrieb die Volckmar-Partei wieder die Ausschüttung jeglichen Reingewinns und auch für das Jahr 1926 wurde nur der geringfügige Betrag von RM 26.000 aus dem Millionen-Unternehmen ausgeschüttet. Dabei ist zu bedenken, dass die Ausschüttungen immer erst im Frühjahre des auf das Geschäftsjahr folgenden Jahres erfolgten.

Schon im Frühjahr 1926 verfügten die zur Koehlerpartei gehörenden Gesellschafter über keine flüssigen Gelder mehr und waren, da sie nach der Fusion auch der Verlage wegen des Nichtbetriebes eines eigenen Geschäftes keinen Bankkredit bekamen, gezwungen, auf die Vorschläge und Bedingungen der Volckmar-Partei einzugehen, die sie mit der sogenannten „Frühjahrstransaktion 1926" am 1. April 1926 unterzeichnen mussten, wenn sie nicht ihren persönlichen Konkurs anmelden wollten. Damit wurde ihr Anteil von 40 % auf 33 1/3 % heruntergesetzt, für die Volckmar-Partei von 60 % auf 66 2/3 % heraufgesetzt. Damit war ein erstes Ziel der Volckmar-Partei erreicht, denn eine der Bedingungen der Volckmarpartei war die Aufgabe des gleichen Stimmrechtes gewesen.

Während 1917 bei einer Beteiligung von 33 1/3 zu 66 2/3 das gleiche Stimmrecht vereinbart worden war, wurde jetzt von dem Umstande, dass die Beteiligung von 40 % auf 33 1/3 % herabgesetzt worden war, [4] Gebrauch gemacht, indem von der Volckmar-Partei nun bei dem Verhältnis von 33 1/3 % zu 66 2/3 % das gleiche Stimmrecht unter Ausnützung der Notlage verweigert wurde. Der Koehler-Partei wurde zwar finanziell für einige Zeit geholfen, sie verlor aber dafür das, was für die Fusionen die selbstverständliche Voraussetzung gewesen war, nämlich die Gleichberechtigung.

Die Gesellschafter der Koehler-Partei erkannten vollkommen den Ernst der Situation, aber die für den Lebensunterhalt und für sonstige auf früheren Verhältnissen beruhende Verpflichtungen nötigen Gelder waren anders nicht aufzutreiben, sodass sie die Volckmar'schen Bedingungen unterschreiben mussten. Dabei hatte die Volckmar-Partei ausserdem bei der „Frühjahrstransaktion 1926" die Bestimmung durchgesetzt, dass der Verkauf von Aktien der Koehler und Volckmar A.G. nur in Verbindung mit Kommandit-Anteilen der Firma Koehler und Volckmar A.G. & Co. möglich sei, was praktisch die Unmöglichkeit eines Verkaufes von Aktien an Aussenstehende bewirkte, der ausserdem noch durch ein Vorkaufsrecht für die andere Partei erschwert wurde.

Nachdem somit im Jahre 1926 das Verhältnis auf 66 2/3 % zu 33 1/3 % gebracht war, hielt es die Volckmar-Partei für angebracht, für die Jahre 1927, 1928, 1929 und 1930 Reingewinne auszuschütten. Dann begann aber trotz günstiger Konjunktur und gutem Geschäftsgang die alte Politik der Volckmar-Partei, die Koehler-Partei, deren Gewinne auch in den Ausschüttungsjahren 1927–1930 infolge der erzwungenen Abgabe von Anteilen geringere geworden waren, durch erneute Verweigerung der Ausschüttung von Reingewinnen ihren Finanz- und Machtwünschen gefügig zu machen. Für die Jahre 1931 und 1932 wurden keinerlei Gewinne ausgeschüttet. Allmählich musste die Koehler-Partei Anteile an die Volckmar-Partei verkaufen, und zwar zu Bedingungen, [5] die überhaupt in keinem Verhältnis mehr zu dem wirklichen Werte der Anteile standen. Trotz den durch die vielen Abschreibungen aufgehäuften stillen Reserven und trotz Neuerwerb von Grundstücken, Firmen und neuen Beteiligungen übernahm die Volckmar-Partei die Koehlerschen Anteile nur zu 75 % (48.000 RM nominal Aktien für 36.000 RM, valuta 1.1.1932!), ja sogar mit nur 62,5 % (72.000 RM nominal Aktien für 45.000 RM, valuta 1.1.1933!). Mit der finanziellen Herabsetzung ihrer Anteile hat sich die Koehler-Partei keineswegs abgefunden, da diese unter Zwang geschah.

Mit dem Verlust des gleichen Stimmrechtes begann ein langer Leidensweg der Koehler-Partei, hervorgerufen durch den immer rücksichtsloser werdenden Missbrauch der Macht der Volckmar-Partei durch Hans Volckmar, der infolge seiner Beherrschung der Volckmarpartei nun auch den gesamten Koehler und Volckmar-Konzern in allen seinen Verzweigungen und Verschachtelungen beherrscht, obwohl der mit einer Nichtarieren verheiratete Hans Volckmar, wie ich erst jetzt durch Zufall erfahre, weder Mitglied des Börsenvereins noch des Reichsbundes deutscher Buchhändler, mithin auch nicht Mitglied der Reichsschrifttumskammer ist. Das Adressbuch des Deutschen Buchhandels 1936 bestätigt diese Tatsache.

Eine solche Beherrschung des gesamten Konzerns durch eine eigentlich ausserhalb des Buchhandels stehende Persönlichkeit ist dadurch möglich geworden, dass Hans Volckmar einerseits nach wie vor noch vom Aufsichtsrat der Koehler und Volckmar A.G., dessen Aufsichtsratsvorsitzender Herr Hans Volckmar selbst ist, mit der Geschäftführung aller Konzernfirmen beauftragt ist und dass er andererseits seine Macht durch eine sogenannte „Konzern-Zentrale" ausübt, in der er von seinem Adoptivsohn Th. Volckmar-Frentzel vertreten wird. [6]

Die Verschachtelung des Koehler und Volckmar-Konzerns hier zu schildern, ist mir unmöglich, da diese infolge von gegenseitigen Beteiligungen, Verpachtungen, Bildung der Koehler & Volckmar A.G. & Co., zahlreicher G.m.b.H.s, G.m.b.H. und Co.'s und Kommanditgesellschaften so unübersichtlich und undurchsichtig geworden ist, dass für ein Verständnis derselben schon ein besonderes Studium erforderlich ist. [7]

II. Das Konzernprotokoll vom 23.12.1931

Herr Hans Volckmar und Herr Theodor Frentzel (durch Adoption seitens des Herrn Volckmar später: Theodor Volckmar-Frentzel) nahmen wie gesagt allmählich die alleinige Führung des gesamten Konzerns in Anspruch, die sie zweifellos bereits innerhalb der Volckmarpartei tatsächlich besassen. Sie fühlten sich nach Aufhebung des gleichen Stimmrechtes als unbeschränkte Herren im Konzern und erwarteten von den Herren der Koehlerpartei völlige Gefügigkeit. Im sogenannten Konzernprotokoll vom 23. 12. 1931 wurde dies Verhältnis auch rechtlich und tatsächlich festgelegt. Hans Volckmar hat der ganzen Sache in seinem Brief vom 19. Dezember 1931 den Schein einer gewissen Biederkeit gegeben, aber wer Brief und Protokoll genau vergleicht, findet den Pferdefuss sofort heraus. Hans Volckmar schrieb am 19. 12. 1931 an die Koehlerpartei unter anderem:

„In der Anlage überreiche ich Ihnen den Entwurf zu einem Konzernprotokoll, das von einer ähnlichen grundsätzlichen Bedeutung ist, wie unser letztes derartiges Konzernprotokoll vom 25. September 1925, auf das mehrfach Bezug genommen wird und von dem Sie ja auch auszugsweise Abschrift besitzen. Ich bemerke, dass ich diesen Entwurf bereits im Kreise meiner engeren Associés im Volckmar-Konzern habe zirkulieren lassen und dass er deren Zustimmung gefunden hat. Der grundsätzlich wichtigste Teil meines Entwurfes ist nun Punkt VI: Die Leitung des Gesamtkonzerns.

Man kann verschiedener Ansicht darüber sein, ob man die Kompetenzen der einzelnen Abteilungen und somit auch der sie leitenden Herren [8] zueinander überhaupt zu kodifizieren wünscht, oder ob man dies dem fallweise freien Einvernehmen hierüber überlässt. Ich würde keine Bedenken tragen, dies zu tun, also die bisher schon bestehenden Gebräuche hierüber nicht zu kodifizieren, wenn wir uns in einer Zeit der Wirtschaftsblüte oder auch nur einer gewissen wirtschaftlichen Stabilität befänden. In Zeiten ruhigeren Geschäftslebens kommen bekanntlich viel weniger oft schwierigere Fälle vor, und das Bewusstsein einigermassen zuverlässigen Besitzes und Gewinnes glättet die Nerven und stärkt alle Harmonien. Leider sind dem deutschen Wirtschaftsleben und auch unserem Konzern in den nächsten Jahren solche geruh-

same Zeiten nicht beschert. Wir müssen vielmehr damit rechnen, dass die geschäftlichen Schwierigkeiten auf allen Gebieten des Geschäftes (Umsatz–Spesen–Steuern–Kredite–eigene Finanzen–Zahlungsschwierigkeiten der Kundschaft–allgemeine geldmässige Erscheinungen wie Deflation oder Inflation, um nur die wichtigsten Gedanken in dieser Richtung beispielsweise zu nennen) zukünftig das laufende normale Geschäft arbeitsmässig bei Weitem überwiegen werden. Damit steht in engstem Zusammenhange die Frage der Verantwortlichkeit und die einer einheitlichen Führung des Konzerns in allen diesen Dingen. Jedes grössere Gemeinwesen, ob wirtschaftlicher, ob kommunaler oder staatlicher oder politischer Art bedarf einer gewissen Gliederung und einheitlichen Zusammenfassung in eine Spitze. Auch bei uns hat die Praxis dies längst von selbst gebildet. Es handelt sich somit nur [9] darum, das schon Bestehende zu kodifizieren.

Im Sinne dieser Gedanken bestand bereits die juristische Abteilung, die Buchhaltungs- und Bilanzkontrolle und die sogenannte Zentrale.

Es erschien mir weiter erwünscht, bei dieser Gelegenheit auch die Kompetenzen der sogenannten Zentrale klar zu umreissen. Ich gehe hierbei von dem Gedankengang aus, dass die eigentliche Gesamtleitung des Konzerns überhaupt keiner einzelnen Person, sondern ausschließlich der Gesamtheit der geschäftsführenden Teilhaber der beiden Inhaber-Firmen: Albert Koch & Co. und Neff & Koehler zusteht und dass die Zentrale nur ein ausführendes Organ des Willens dieser Gesamtheit ist, da diese selbst nicht ständig zusammen sein kann. Daraus ergibt sich:

1. dass diejenige Person, der das Vertrauen, dieses Organ zu sein, entgegengebracht wird, ihr Mandat von einer solchen Gesellschafter-Versammlung erhält, die jederzeit aber auch berechtigt ist, es wieder zu entziehen, wenn der Betreffende nicht mehr für geeignet befunden wird,

2. dass diese Person als Organ einer solchen Gesellschafter-Versammlung sich deren Anordnungen stets zu fügen und, wenn diese gegen ihre Ueberzeugung sind, das Mandat niederzulegen hat,

3. einem jeden Herrn der Geschäftsleitung das freie Recht zusteht, sofort an die Gesellschafter-Versammlung zu appellieren, wenn er glaubt, dass die Zentrale nicht im Sinne der Gesellschafter-Versammlung handelt, [10]

4. daher der Gedanke auch keinen Raum haben darf, dass die betreffende Person zu den anderen Associés oder Herren der Geschäftsleitung etwa in einem Vorgesetzten Verhältnis stünde. Es muss wie bisher unbedingt auch zukünftig die kollegiale Zusammenarbeit Aller beibehalten werden. Somit ist für die Zentrale auch nur eine Art Einspruchsrecht festgelegt (Seite 17 des Entwurfs unter f) mit der Wirkung, dass in solchem Falle die Entscheidung der Associé-Versammlung anzurufen ist.

In der Annahme, dass trotz der verringerten Pflichten, die ich nach Punkt I B des Protokolles ab 1. Januar 1932 im Konzern zu erfüllen habe, ich selbst vorläufig noch weiter mit dieser Aufgabe betraut bleiben soll (und in meiner Vertretung Herr Frentzel) habe ich dies im Protokoll-Entwurf zum Ausdruck gebracht. Ich hatte allerdings in einem früheren Entwurfe Herrn Frentzels und meinen Namen, als diejenigen Herren, die die Zentrale bilden, fortgelassen und wollte hierfür eine geheime Neuwahl vorschlagen. Ich fühlte mich hierzu bezüglich meiner Person veranlasst, weil ich mir innerlich nicht dessen sicher bin, ob ich nach meiner doch noch keineswegs überwundenen Erkrankung für diese Stelle noch die Eignung besitze. Auch Herr Frentzel hatte den Wunsch, durch einen solchen Wahlakt feststellen zu lassen, ob, was sich während des Jahres meiner Krankheit nur still herausgebildet hatte, er mein der Associéschaft genehmer Vertreter sei. Von diesem Vorschlage hat mich andererseits aber auch wieder das Gefühl abgebracht, dass die Associés leicht eine solche formelle Handhabung als eine über-

triebene [11] Wichtigkeit empfinden könnten. Ich hatte mich deshalb schliesslich dazu entschlossen, die Bestätigung unserer Personen im Entwurfe nur in die kurzen Worte auf Seite 15
zu kleiden. Sollte aber jemand von Ihnen finden, dass mein ursprünglicher Gedankengang der
richtigere war, so werde ich gern den Entwurf in diesem Sinne abändern.

Somit glaube ich, alles Wesentliche zur Erläuterung meines Entwurfes gesagt zu haben. Ich erwähnte schon, dass die Anfänge seiner Entstehung bis zum Oktober zurückreichen und dass
ich erst allein, dann mit Herrn Frentzel, dann mit beiden Herren Voerster, dann mit den Herren
Gartmann und Dr. Starkloff die Probleme mehrfach durchgedacht und beraten habe, weil die
genannten Herren von den organisatorischen Veränderungen im Konzern ja am meisten berührt werden. Die in der Anlage vorliegende Schreibmaschinen-Unterlage ist vielleicht schon
die dritte oder vierte Fassung, die sich aus diesen verschiedenen Aussprachen ergeben und in
der vorliegenden Form inzwischen, wie gesagt, nun auch schon die Billigung der Herren Alfred
und Hans Staackmann und Johannes Cyriacus gefunden hat.

Ich bin mit meinem Entwurf nach den vorgeschilderten Vorberatungen in ein Stadium gelangt,
wo ich denselben nun auch Ihnen als den Repräsentanten der Koehler-Partei vorlegen möchte,
damit Sie ihn in Ruhe durcharbeiten können. Ich erstrebe, dass in der grossen Besprechung aller leitenden Konzern-Herren alles ganz glatt geht, so dass, wenn alle massgeblichen Herren
im voraus schon zugestimmt haben, dann [12] schliesslich das Protokoll nur verlesen und unterzeichnet zu werden braucht. Von den anderen mitwirkenden Herren sind ja sicher keine Einwendungen zu erwarten. Die Konferenz möchte ich, je nachdem, wie bald Sie sich werden
äussern können, und ob Sie noch Einwendungen haben und Aufklärungen wünschen, entweder
noch vor Weihnachten, sonst vor Neujahr zusammenrufen, da ja die ersten Punkte des Protokolls noch vor dem 31. Dezember 1931 unterschrieben werden müssen, weil sie ab 1. Januar
1932 bereits in Kraft treten."

Ehe ich zum Protokoll selbst übergehe, möchte ich auf folgende Punkte hinweisen:

1.) Die Volckmarpartei hat das Protokoll bereits seit Oktober beraten und bereits Einstimmigkeit über die Annahme erzielt.

2.) Der Brief ist vom 19. Dezember geschrieben, Herr Volckmar wünscht aber, dass die Koehlerpartei entweder noch vor Weihnachten, sonst vor Neujahr ihre Unterschrift geben möchte,
weil die ersten Punkte bereits ab 1. Januar 1932 in Kraft treten. Die Volckmarpartei hat also
drei <u>Monate</u> beraten, der Koehlerpartei werden drei <u>Tage</u> zugemutet!

3.) Die Kodifikation, die Leitung des Gesamtkonzerns, wird mit Zukunftsverhältnissen begründet, die damals völlig ungewiss waren.

4.) „Es handelt sich somit nur darum, das schon Bestehende zu kodifizieren" stimmt durchaus
nicht, Hans Volckmar hat fast alle Bestimmungen des Protokolls frei erfunden!

5.) Gegen eine <u>Führung des Konzerns</u> ist nichts einzuwenden, wenn sie nicht im Mißbrauch
der Macht gegen die eigenen Gesellschafter besteht!

6.) Hans Volckmar schreibt, „dass die eigentliche [13] Gesamtleitung des Konzerns überhaupt
keiner einzelnen Person, sondern ausschliesslich der Gesamtheit der geschäftsführenden Teilhaber der beiden Inhaber-Firmen, d.h. der Volckmarpartei und der Koehlerpartei zusteht und
dass die Zentrale nur ein <u>ausführendes Organ</u> des Willens der Gesamtheit ist" – im Protokoll
wird aber tatsächlich das Gegenteil festgelegt!

7.) Das freie Recht, an die Gesellschafter-Versammlung zu appellieren, steht nur auf dem Papier, denn die Volckmarpartei kann ja jeden überstimmen!

8.) Hans Volckmar verneint in seinem Brief das „Vorgesetzten-Verhältnis", in Wirklichkeit verlangte aber die Zentrale, d.h. die Volckmarpartei, völlig Gefügigkeit in allen Stücken. [14]

III. Was bestimmt nun das Protokoll tatsächlich?

A. Sitzungen wirtschaftlichen Charakters

„Es ist stets anzustreben, dass jede Beschlussfassung einstimmig erfolgt. Ist dies nicht möglich, so haben nicht die Personen, sondern die beiden offenen Handelsgesellschaften Albert Koch & Co. und Neff & Koehler, und zwar in dem ihnen als Aktionäre der Koehler & Volckmar A.G. jeweils zustehenden Stimmverhältnis abzustimmen. Die Meinungsbildung innerhalb dieser beiden offenen Handelsgesellschaften hat vorher – nötigenfalls unter Vertagung der Abstimmung auf einen späteren Zeitpunkt – gemäss den internen Gesellschaftsverträgen über Abstimmungen festgelegten Bestimmungen zu erfolgen."

Das bedeutet, dass die Volckmarpartei in allen wirtschaftlichen Entschlüssen, also z.B. Ankäufe von Grundstücken, Verkauf von Geschäften usw. allein massgebend ist, denn sie besitzt ja die absolute Mehrheit der Stimmen!

B. Die Zentrale

„Da es für die geschäftsführenden Teilhaber der beiden offenen Handelsgesellschaften, die das kapitalistische Risiko des Gesamt-Betriebes tragen, unmöglich ist, täglich oder in kurzen Intervallen zu Sitzungen wirtschaftlichen Charakters zusammenzutreten, ist es erforderlich, dass als <u>ihr Organ die Zentrale</u> *in ihrem Sinne und Auftrage die einheitliche Leitung des Gesamtkonzerns gewährleistet und durchführt. Aus der Praxis hat sich entwickelt, das z. Zt. diese Zentrale von Herrn Hans Volckmar und in dessen Vertretung von Herrn Th. Frentzel gebildet wird, soweit erforderlich in enger Zusammenarbeit* [15] *mit Herrn Dr. Starkloff. Die Personen, die diese Zentrale bilden, sind jeweilig in einer Sitzung wirtschaftlichen Charakters (Associé-Besprechung) zu ernennen oder abzuberufen.*

Die anwesenden geschäftsführenden Teilhaber der beiden offenen Handelsgesellschaften Albert Koch & Co. und Neff & Koehler bestätigen hierdurch die beiden genannten Herren in diesem Amte, und zwar bis auf jederzeitigen Widerruf.

Insoweit die Zentrale glaubt, Dinge von grösserer Tragweite entscheiden zu müssen, wird sie entweder die Verantwortung durch Einberufung einer wirtschaftlichen Sitzung auf eine breitere Grundlage stellen, oder sie wird sich zumindest der Zustimmung der geschäftlichen Repräsentanten derjenigen Familien versichern, die die hauptsächlichen Träger des kapitalistischen Risikos im Konzern sind.

Die <u>Aufgabe der Zentrale</u> *besteht in folgendem:*

a) Sie ist zu einer möglichst zweckmässigen, einheitlichen und straffen <u>Führung des Gesamt-Konzerns</u> *verpflichtet und hat insbesondere auf* <u>finanziellem, diplomatischem, organisatorischem und buchhalterischem Gebiet</u> *und hinsichtlich der* <u>Besetzung der leitenden Posten</u> *und der* <u>Verteilung der Arbeitsgebiete</u> *die zur Erreichung dieses Zieles erforderlichen Massnahmen zu ergreifen, bezw. zur Beschlussfassung durch eine Sitzung wirtschaftlichen Charakters vorzubereiten. Die Zentrale bedarf hierbei des besonderen Vertrauens, ebenso aber auch des jederzeit freiwillig gewährten Bestrebens aller Herren der Geschäftsleitung, ihr die Durchführung ihrer* [16] *vielseitigen und schwierigen Aufgaben nach Kräften zu erleichtern.*

b) Ihr sind insbesondere alle die Fälle zur Entscheidung zu unterbreiten, aus denen sich Interessenkonflikte zwischen den einzelnen Konzernabteilungen ergeben könnten oder in denen <u>verschiedenartige Interessen der einzelnen Konzernabteilungen</u> *einem Aussenstehenden gegenüber eine diplomatische Behandlung des Falles erforderlich machen.*

c) Sie hat etwa bestehende Unstimmigkeiten zwischen den einzelnen Konzernabteilungen oder auch solche persönlicher Art zwischen deren Leitern zu schlichten und durch entsprechende Anordnungen für eine reibungslose Zusammenarbeit aller Konzernabteilungen und Firmen zu sorgen.

d) Sie hat diejenigen Herren der Geschäftsleitung in Vorschlag zu bringen, die für eine Vertretung der geschäftlichen Interessen des Konzerns in Kammern, Verbänden, Vereinen etc. fallweise in Frage kommen. Die Entscheidung über die Annahme solcher Tätigkeit ebenso wie über diejenige sonstiger Ehrenämter erfolgt in einer Besprechung der Aufsichtsrats- und Vorstandsmitglieder der Koehler & Volckmar A.G.

e) Sie ist seitens der Leiter aller Konzernabteilungen über alle wichtigen Vorkommnisse, insbesondere über diejenigen grundsätzlicher Bedeutung zu unterrichten und zwar so rechtzeitig, dass sie bei zu treffenden Entscheidungen noch mitzuwirken vermag. Der frühere bestehende Verlagsausschuss, sowie die Hauskommission sind in Wegfall gekommen. Sie werden durch diese generelle Bestimmung ersetzt. [17]

f) Gegen von Herren der Geschäftsleitung in den einzelnen Konzernabteilungen beabsichtigte oder getroffene Massnahmen steht der Zentrale ein Einspruchsrecht zu. Kann über eine daraus entstehende Meinungsverschiedenheit keine Einigung erzielt werden, so hat jede weitere Handlung in der strittigen Angelegenheit zu unterbleiben, bis durch eine tunlichst schnell zusammenberufene Sitzung wirtschaftlichen Charakters über die Meinungsverschiedenheit entschieden worden ist.

Fühlen sich die Herren der Geschäftsleitung durch Anordnungen oder Entscheidungen der Zentrale beschwert, so ist der Fall einer Sitzung wirtschaftlichen Charakters zur Entscheidung zu unterbreiten.

Die Bestimmungen über das Schiedsgericht in VII. Allgemeine Bestimmungen C. Schiedsgericht des grossen Protokolles vom 25. September 1925 werden hierdurch nicht eingeschränkt. Desgleichen wird das Recht, an die unter 2.) aufgeführten Organe (Aufsichtsrat, Generalversammlung etc.) zu appellieren, nicht beschränkt."

Ich möchte auf den zweiten Absatz unter f) hinweisen: jede Beschwerde gegen die Zentrale wird durch Stimmenmehrheit der Volckmarpartei entschieden! [18]

IV. In welchem Geiste hat die „Zentrale" vor und nach der „Kodifikation" ihres Amtes gewaltet?

Die Beantwortung dieser Frage soll möglichst nur durch Vorlage von Akten geschehen, die einwandfrei durch ihre schriftliche Festlegung tatsächliche Vorkommnisse der Zeit nach geordnet zeigen. Für einige wenige Fälle lässt sich die Berufung auf Zeugen nicht vermeiden. Die erwähnten Fälle sind aber nur ein kleiner Bruchteil aller der Vorkommnisse, durch die die Koehlerpartei (und auch zur Volckmarpartei gehörende Persönlichkeiten) sich durch das Verhalten der Zentrale bedrückt oder stärker beeinträchtigt gefühlt haben. Setzt man die folgenden Fälle zu einem Mosaik zusammen, so geben sie wohl ein klares Bild von der Geisteseinstellung der Herren Hans Volckmar und Theodor Volckmar-Frentzel. [19]

1. Fall:
Verlag Ullstein-Börsenblatt-Anzeige
Siegert, Tagebuch eines Richtkanoniers

Im Börsenblatt für den deutschen Buchhandel hatte ich als Leiter der Koehlerverlage eine Anzeige über mein Verlagswerk, Siegert, Tagebuch eines Richtkanoniers, aufgegeben, die in Fotokopie beiliegt.[1] Am 1. Juli 1929 schrieb mir Herr Hans Volckmar folgenden Brief:

„Lieber Herr Doktor!

Wie ich es vermutet habe, so ist es gekommen und der Verlag Ullstein hat sich sehr energisch über Ihr Inserat im Börsenblatt vom 27. Juni über das Kriegstagebuch eines Richtkanoniers von Siegert beschwert. Nur der persönlichen Freundschaft des Herrn Prokurist Bertram, der uns im Barsortiment ausserordentlich unterstützt, ist es zu danken, dass kein offizieller Beschwerdebrief bei uns eingetroffen ist und dass Herr Bertram die Sache auf dem Wege des persönlichen Besuches bei mir beigelegt hat. Wie peinlich es für mich ist, in solchen Fällen die Geschäftsleitung des Verlages immer wieder desavouieren zu müssen, werden Sie verstehen. Bei einigermassen Gefühl des Taktes und des Verständnisses für unsere anderen weit wichtigeren Geschäftsabteilungen wären solche Fälle so leicht vermeidbar.

Ich habe Herrn Bertram wie aus Anlage geschrieben und ihm meine Chefumlauf-Notiz in der aus Anlage ersichtlichen, etwas [20] umredigierten Form zugänglich gemacht. Ich musste ihm gegenüber hier mit ganz offenen Karten spielen, um ihn davon zu überzeugen, dass die Geschäftsleitung das Verlages hier wieder einmal eine völlig abwegige Politik betrieben hat, die mit der Politik der Geschäftsleitung des Gesamtkonzerns in absolutem Widerspruch steht.

Ich muss nun ernstlich bitten, dass sich solche Vorfälle unter gar keinen Umständen wiederholen, denn ich bin es satt, in dieser Weise immer wieder persönlich die Kastanien aus dem Feuer zu holen. Ich habe bei Herrn Schroeder schon persönlich angeordnet, dass das Inserat unter gar keinen Umständen wieder in dieser Form oder überhaupt in irgend einer Form, die auf Remarque Bezug nimmt, erscheint. Ich habe dies Herrn Bertram fest versprochen und bitte, dafür zu sorgen.

Im übrigen muss ich nunmehr doch bitten, dass, da dies nun schon der dritte Fall ist, in dem K. F. Koehler zu solcher Reibung Veranlassung gegeben hat, dass mit zukünftig alle Propagandamassnahmen des Verlages zur Begutachtung vorgelegt werden, in denen irgend wie auf ein

---

[1]   Die Fotokopie ist in den Unterlagen des Bundesarchivs nicht enthalten.

Werk, das in einem anderen Verlag erschienen ist, oder überhaupt auf irgend einen Verlag oder dessen Autor Bezug genommen wird. An sich halte ich dies überhaupt für überflüssig und möchte ersuchen, dass dies tunlichst unterbleibt, wenn aber dennoch, dazu die Notwendigkeit empfunden wird, so möchte ich dies vorher sehen.

Mit bestem Gruss
Ihr ergebener Hans Volckmar (gez.)" [21]

Der Brief Hans Volckmars an den Prokuristen Bertram des Ullstein-Verlages, Leipzig, lautete:

„Meinem Versprechen gemäss erlaube ich mir, Ihnen in der Anlage eine Abschrift der Notiz zu geben, die ich, als mir das fragliche Börsenblatt-Inserat des Verlages K. F. Koehler am vergangenen Freitag zu Gesicht kam, in unserem Chef-Umlauf gelegt habe.

Ich kann Ihnen nur nochmals sagen, dass ich mich selbst über dieses Inserat sehr geärgert habe und den Unwillen der Herren Ullstein durchaus verstehen kann. Ich habe gerade mit der Geschäftsleitung des Verlages K. F. Koehler aus ähnlichem Anlass schon einige Male Verdruss gehabt und die Herren wiederholt und sehr eindringlich darauf aufmerksam gemacht, dass sie solche Dinge unterlassen möchten. Ich kann nur hoffen, dass sie wenigstens für die Zukunft aus diesem neuen Falle nur endlich die Lehre ziehen. Es wäre für mich persönlich ja kaum durchführbar, dass ich mir alle Propagandamassnahmen dieses Verlages vorher zur Begutachtung vorlegen liesse, da ich an sich mit der Geschäftsleitung des Verlages nichts zu tun habe.

Ich bitte Sie, den Herren Ullstein gegenüber mein Bedauern zum Ausdruck zu bringen und danke Ihnen persönlich dafür, dass Sie es nicht zu einer offiziellen Beschwerde kommen liessen, sondern den Fall persönlich freundschaftlich mit mir beigelegt haben." [22]

Die beiliegende Notiz lautete:

„Chef-Umlauf

Betrifft: K. F. Koehler Verlag.

Ist denn der vorjährige Streitfall mit der Union, den ich schliesslich nur durch persönliche Intervention wieder beilegen konnte, schon sobald vergessen, dass man es heute für nützlich empfindet, sich mit Ullstein zu reiben?

Warum die kritische Bemerkung der ‚Reaktion'? Warum überhaupt ‚Remarque' erwähnen? Ist es der Firma K. F. K. würdig, den Erfolg anderer vorzuspannen, um selbst vielleicht einigen Erfolg zu haben?

Durch die Erwähnung von ‚Reaktion' und ‚Remarque' im Inserat wird meinem Empfinden nach nicht ein Buch mehr gekauft. Warum also Ullstein verärgern, mit dem wir im Barsortiment in einer sehr grossen und angenehmen Geschäftsverbindung stehen.

Hätte das Inserat nicht ebenso wirkungsvoll beginnen können: ‚Ein Urteil der Deutschen Allgemeinen Zeitung in Berlin: etc. etc.'

Dass hier wiederum die Möglichkeit und Gefahr einer Reibung mit einem uns befreundeten grossen Verleger geschaffen worden ist, hat mich ausserordentlich betroffen. Ich hatte gehofft, dass die vorjährige Lehre beim K. F. Koehler Verlag doch etwas tiefer sitzen geblieben wäre.

27.VI.1929   gez. Hans Volckmar" [23]

Als ich diese Unterlagen erhalten hatte, habe ich sofort folgenden Brief vom 2. Juli 1929 an Herrn Hans Volckmar niedergeschrieben:

„Lieber Herr Volckmar!

Ihren Brief vom 1. Juli habe ich erhalten und kann nur meinem grössten Erstaunen darüber Ausdruck geben, dass Sie den mir übersandten Brief vom 1. Juli an den Prokuristen des Verlages Ullstein, Herrn Rudolf Bertram, geschrieben und den ‚Chefumlauf' vom 27.6. beigefügt haben. Dass Sie als erfahrener Taktiker bei dem Besuch eines Prokuristen des Ullstein-Verlages keine andere Lösung gefunden haben, als Ihren Mitchef so brüsk zu desavouieren und dem Ullsteinverlag eine Aktennotiz aus dem vertraulichen Chefumlauf zu übersenden, kann ich nur als eine übereilte Handlung ansehen. M.E. wäre es das einzig Mögliche gewesen, den Prokuristen zwar liebenswürdig aufzunehmen, ihm aber zu erklären, dass er, nachdem Sie mit der Verlagsleitung gesprochen hätten, eine Antwort erhalten würde. Die Art der internen Behandlung der Angelegenheit zwischen uns Associés musste aber Ullstein selbstverständlich wie alle internen Angelegenheiten des Konzerns vorenthalten werden. Ullstein kann nun triumphierend dies Aktenstück aus dem Chefumlauf des Koehler-Volckmar-Konzerns und Ihren Brief überall herumzeigen! Ich erkläre ausdrücklich, dass ich mich mit dieser Behandlung des Ullstein'schen Vorgehens nicht einverstanden erklären kann und bedauere, dass Sie über die Köpfe der sämtlichen Mitchefs hinweg diesen Weg gewählt haben. [24]

Es hat zwar nunmehr keinen Zweck, darauf hinzuweisen, dass die ‚jetzt einsetzende Reaktion gegen Remarque' eine allgemein bekannte Tatsache ist, aber ich möchte diese Tatsache doch durch die beifolgenden Unterlagen beweisen:

1. *Broschüre: Nickl, Im Westen nichts Neues und sein wahrer Sinn*
2. *Broschüre: Im Westen nichts Neues eine Täuschung*
3. *12 Kritiken über Siegert, Kriegstagebuch, in denen deutlich eine ‚Reaktion gegen Remarque' ausgesprochen wird.*
4. *Kritik Rd. G. Binding über Remarque in der ‚Literatur', Krieg für genügsame Leute'*
5. *Prospekt der Frankfurter Societäts-Druckerei, Frankfurt, ‚Renn oder Remarque?',* *der in wohl fast gleicher Form im* <u>Börsenblatt</u> *als Anzeige erschienen war*
6. *Börsenblatt vom ?, in dem auf Seite ? Ullstein selber deutlich die ‚Reaktion gegen Remarque' zu erkennen gibt.*

Dieses Material liesse sich im Handumdrehen vervielfachen!

Ich möchte Sie aber um Ihre Stellungnahme bitte zu dem beiliegenden Berichten des Herrn Prokuristen Schroeder, aus dem hervorgeht, in welcher Form Ullstein die Firma Koehler & Amelang behandelt.[2] Wenn ich nach diesem Vorfall den Berliner Prokuristen des Koehler-Volckmar-Konzerns zu Ullstein geschickt haben [25] würde, so glaube ich nicht, dass einer der Herren Ullstein diese ähnliche Sache nicht einmal seinen Angestellten gegenüber in der gleichen Art behandelt haben würde, wie Sie das mir gegenüber getan haben. Ullstein hält es eben nicht für nötig, eine Firma des Koehler-Volckmar-Konzerns ordnungsgemäss zu behandeln oder gar ihr entgegenzukommen.

Im übrigen möchte ich bemerken, dass die rentable Weiterführung der Verlage K. F. Koehler und Koehler & Amelang geradezu gefährdet wird, wenn den Verlagen jeglicher Kampf gegen andersgesinnte Autoren oder Verlage in der einwandfreien Form, wie er in der Börsenblatt-Anzeige geführt ist und <u>wie er von einer ganzen Anzahl von Verlagen gerade gegen Ullstein und Remarque geführt wird</u>, verboten wird.

---

2   Anmerkungen im Original: „Ullstein hatte sich geweigert, eine Anzeige von K. F. Koehler in der Berliner Illustrierten aufzunehmen!"

Es ist mir gerade auf Grund des Kampfes gegen Remarque gelungen, wie ich hier vertraulich mitteilen möchte, das sicher sehr gewinnbringende Werk des 1. Stahlhelm-Führers Franz Seld-te, eines Führers der Gegenbewegung gegen Ullstein'schen Geist, in sichere Aussicht gestellt zu erhalten. Dieses Buch würde sich nur im Kampf gegen die pazifistische Literatur einführen lassen, und ich habe grosse Bedenken, dieses Werk in Verlag zu nehmen, wenn mir derartige Beschränkungen auferlegt werden. Ich kann Seldte gegenüber dann kaum die Verantwortung für eine sachgemässe Propaganda und Verbreitung übernehmen, die selbstverständlich mit ei-nem Kampf gegen die negative Einstellung der Ullstein'schen Weltanschauung verbunden sein wird. Ich kann auch nicht verhindern, dass Seldte in seiner Zeitschrift ‚Der Stahlhelm' An-zeigen für das zu erwartende Buch mit der Nennung des Verlages [26] aufgibt, die sich gegen Remarque oder dessen Verleger richten, da sich Seldte gerade wegen des Erscheinens des Remarque'schen Buches entschlossen hat, sein Buch zu veröffentlichen. Remarque ist nicht mehr das von Ullstein verlegte Buch, sondern ein Begriff, der eine ganze Weltanschauung kennzeichnet, die naturgemäss eine Gegenbewegung hervorrufen musste, die wohl von Ull-stein nicht vorhergesehen wurde, ihm aber jetzt natürlich sehr unangenehm ist und deshalb in jeder Form bekämpft wird, wie unser Beispiel zeigt. Wie man überhaupt in den Worten meiner Börsenblattanzeige einen Angriff erblicken kann, ist mir unverständlich.

Wenn wir Ullstein weiter in solcher Form nachgeben, wie Sie das im jetzt vorliegenden Falle ge-tan haben, so wird es nicht lange dauern, dass Ullstein auch auf die ihm nicht passende Ver-lagsrichtung der Koehler-Verlage Einfluss nimmt. Anderen Firmen gegenüber wird ihm ein ähnliches Verfahren nicht gelingen; wenn die Herren Ullstein aber erst einmal sehen, was sie uns gegenüber erreichen können, dann werden sie auch nicht zögern, von ihrer Machtstellung weiter Gebrauch zu machen.

Auf jeden Fall ist die völlige Desavouierung der Verlagsleitung ein schwerer taktischer Fehler gewesen. Von der mir dabei widerfahrenen Behandlung will ich dabei ganz schweigen.

Ich bitte, das Material nach Einsicht mit diesem Brief in den Chefumlauf zu geben und füge zu diesem Zweck einen Durchschlag meines Briefes bei." [27]

Man muss meine völlige Niedergeschlagenheit und Hoffnungslosigkeit verstehen, wenn ich mich zur Absendung dieses Briefes nicht entschliessen konnte; es wäre ja zwecklos gewesen und taktisch hätte ich der vaterländischen Aufgabe, die ich mit der Führung des Koehlerver-lages erfüllte, nur geschadet! [28]

2. Fall:
Festgabe des Koehlerverlages zum 100. Gründungstag des „Vereins Leipziger Buchhändler" Februar 1933

Bei den buchhändlerischen Festessen (Kantate usw.) war es üblich, dass verschiedene Häuser des Buchgewerbes (Verleger, Drucker, Buchbinder usw.) kleine Festgaben stifteten. Ich hatte mich dem Verein gegenüber erboten, einen Sonderdruck „Hitler" aus dem damals gerade er-scheinenden Verlagswerk Czech-Jochberg (der damals noch nicht soviel geschrieben hatte!) „Die Politiker der Republik" (S. 163–181) zu stiften. Das hat mir die „Zentrale" verboten, ob-wohl die Stiftung schon bekannt geworden war; dass mir das Verbot ausserordentlich peinlich war, kann man sich denken. Punkt 2 des Protokolles der Associé-Besprechung vom 24. Febr. 1933 besagt darüber folgendes:

„Die Frage der geplanten, inzwischen aber zurückgezogenen Festgabe des Koehlerverlages anlässlich des Jubiläumsessens für den Verein der Buchhändler zu Leipzig (Auszug ‚Hitler' aus

dem Werk Czech-Jochberg ‚Politiker in der Republik') wird nochmals besprochen. _Allseitig_
wird anerkannt, dass es mit Rücksicht auf die nach vielen Seiten exponierte Stellung der Zwi-
schenhandelsbetriebe des Konzerns unbedingt erforderlich ist, beim Hervortreten nach aussen
Neutralität in politischer Beziehung zu wahren.[3] _Zweifelsfälle sollen gemäss Protokoll vom_
23.12.1931 der Zentrale vorgetragen werden, was natürlich rechtzeitig, d.h. bevor ein solcher
Vorschlag nach aussen hin bekannt wird, zu geschehen hat." [29]

Derartige Protokolle wurden übrigens nicht von den Beteiligten unterzeichnet, sondern den
Anwesenden später formlos zugestellt. Von der Zentrale nahm an dieser Sitzung nur Herr
Volckmar-Frentzel teil. [30]

3. Fall:
Wahlspende für Reichstagswahl am 5.3.1933

Punkt 1 des Protokolles über die Associé-Besprechung im Koehler-Volckmar-Konzern
am 24. Februar 1933 lautet:

„1. Auf Antrag des Herrn Dr. v. Hase wird beschlossen, dass die Konzernverlage L. Staackmann und K. F. Koehler je M. 1.000 Wahlspenden für die Reichstagswahl am 5.3.1933 zu
Lasten der Finanzabteilung Beitragskonto zahlen sollen. Die Spenden sollen je hälftig von jedem der beiden Verlage an den Wahlfonds der Kampffront ‚Schwarz-Weiss-Rot' und an die
Deutschlandspende der ‚NSDAP'gegeben werden.

Es wird den Herren anheimgestellt, ihnen persönlich zugehende Bitten um Wahlspenden unter
Hinweis auf Erledigung dieser Frage durch den Konzern (ohne Angabe der spendenden Firma,
der Summe und der bedachten Partei) abzulehnen."

Ich besinne mich noch genau, wie schwer es war, die Herren zu dieser Zahlung zu bestimmen,
erst als ich den Vorschlag machte, dass die Verlage als Spender auftreten sollten, wurde sie
genehmigt. [31]

4. Fall:
Hitler-Spende Juli 1933

Die „Geschäftsleitung" hat am 15. Juli 1933 (am 15./16. Juli fand in Leipzig das Sachsentref-
fen (Gauparteitag) der NSDAP statt, zu dem der Führer persönlich erschien) folgenden Brief
geschrieben:

„Geschäftsleitung Ko.   15. Juli 1933

An die Grosshandels- und Lagerei-Berufsgenossenschaft, _Berlin Wilmersdorf_

Betrifft: Adolf Hitlerspende der Deutschen Wirtschaft Mitgliedschein Sektion 9 Nr. 27393
Leipzig und Mitgliedschein Sektion 7 Nr. 29732 Stuttgart.

Unser _freiwilliger_ und _freudiger_ Entschluss, uns an der Adolf Hitlerspende der Deutschen Wirtschaft zu beteiligen, darf hinsichtlich der Bemessung unseres Beitrages die Eigenart und in Zusammenhang hiermit die besondere wirtschaftliche Lage unserer einzelnen Betriebsabteilungen

---

3   Die handschriftliche Unterstreichung erfolgte durch v. Hase mit Bleistift.

nicht übersehen. Es ist eine Tatsache der Erfahrungen, dass ein Betrieb wie der unsere, der in Deutschland einzigartig ist, schon oft eine Sonderbehandlung für sich in Anspruch nehmen bzw. beantragen musste, weil sich die Anwendung von Richtlinien, die z.B. für Industrie und Grosshandel im Allgemeinen angemessen erscheinen, auf einen Teil unserer Betriebe gänzlich unangemessen auswirken würden.

a) Unser Unternehmen ist mit seinen Buch-Barsortimenten, seiner Buch-Export-Abteilung und seiner Lehrmittel-Abteilung ein Zwischenhandelsgeschäft. Derartige Betriebe müssen bei einem ausserordentlich [32] niedrigen Aufkommen an Bruttogewinn ihr Auskommen finden. Infolge der Eigenart der Ware ‚Buch' ist das Zwischenhandelsgeschäft in Büchern und Lehrmitteln mit einer ungeheueren Kleinarbeit verbunden, die weit über die Kleinarbeit in Grosshandelsgeschäften anderer Branchen hinausgeht. Buchhändlerische Zwischenhandelsgeschäfte sind daher nur mit ungewöhnlich starken Belegschaften zu betreiben, sodass der Anteil der Personalunkosten an den Geschäftsspesen bis zu 75 % beträgt.

Unser buchhändlerisches Exportgeschäft ist hauptsächlich infolge der ausländischen und inländischen Devisengesetzgebung ausserordentlich notleidend geworden. Unsere Lehrmittel-Abteilung arbeitet seit Jahren mit Verlusten, weil den deutschen Schulen keine ausreichenden Mittel für Neuanschaffungen von Lehrmitteln mehr zur Verfügung stehen und weil der Export von Lehrmitteln aus den vorerwähnten Gründen nahezu zum Erliegen gekommen ist.

b) Unser Unternehmen ist mit seinen buchhändlerischen Kommissionsgeschäften eine Art Verkehrsunternehmen. Auch die buchhändlerischen Kommissionsgeschäfte bedingen infolge der ungeheueren Kleinarbeit eine ungewöhnlich starke Belegschaft, sodass auch hier die Personalunkosten in einem anormal hohen Verhältnis zu den Geschäftsspesen stehen.

Die Kommissionsgeschäfte erzielen überhaupt keinen Warengewinn, sondern müssen ihr Auskommen aus Provisionen finden, die im Interesse von Verlag und Sortiment so niedrig wie möglich gehalten werden müssen.

Für unsere a) und b) geschilderten Betriebs-Abteilungen sind wir bereit, einen uns [33] angemessen erscheinenden Beitrag zu leisten. Wir haben daher beschlossen, der Adolf Hitlerspende für diese in Leipzig und Stuttgart geführten Betriebe einen Pauschal-Beitrag von M 5.000 in vier gleichen Raten von je M 1.250 zu den angegebenen Terminen von Leipzig aus zu überweisen.

c) Im Rahmen unseres Gesamtunternehmens und unserer Gesamt-Personalunkosten können wir für unseren Beitrag zur Adolf Hitlerspende unsere Verlagsgeschäfte und unser Antiquariat getrennt betrachten.

Diese Betriebe haben ein relativ höheres, prozentuales Aufkommen an Bruttogewinn als unsere Zwischenhandelsgeschäfte und arbeiten mit einem Unkostensatz für Personal, der als normal bezeichnet werden kann. Für diese Betriebe haben wir beschlossen, Beiträge zur Adolf Hitlerspende in Höhe von 5 % der Personalunkosten des Vorjahres wie folgt zu leisten:

L. Staackmann Verlag G.m.b.H. = M 60.000 5 % = 300 M
Koehler-Verlage = M 40.000 5 % = 200 M
K. F. Koehlers Antiquarium = M 100.000 5 % = 500 M

Für jeden dieser drei Betriebe werden wir getrennte Ueberweisungen bewirken, und zwar in je vier gleichen Raten.

d) Ein Nebenbetrieb unseres Gesamtunternehmens ist eine Werkdruckerei. Diesen Nebenbetrieb haben wir vor einigen Jahren aus verwandtschaftlichen Gründen zwecks Durchführung seiner Sanierung übernommen, durch sehr erhebliche Investitionen vor dem Zusammenbruch gerettet, betrüblicherweise bisher aber nur mit Verlusten geführt. [34]

Die Transaktion war volkswirtschaftlich gesehen wertvoll, weil nur damit der Belegschaft die Arbeitsstelle erhalten werden konnte.

Da wir es bei wirtschaftlicher Betrachtung grundsätzlich als unrichtig erachten, dass ein Wirtschaftskörper freiwillige Beiträge leistet, wenn diese nur eine Vermehrung seiner Verluste, nicht aber eine Minderung seiner Gewinne bedeuten, haben wir uns im Hinblick auf die beschäftigungs- und bruttogewinnmässige Lage dieser Werkdruckerei entschlossen, für diese einen uns angemessen erscheinenden Pauschalbetrag von M 1.000 in vier gleichen Raten von je M 250 zu den angegebenen Terminen zu leisten.

Zusammenfasst werden sich also ergeben:

lt. a) und b) = M 5.000 oder pro Rate = M 1.250
lt. c) = M 1.000 oder pro Rate = M 250
lt. d) = M 1.000 oder pro Rate = M 250
Insgesamt = M 7.000 oder pro Rate = M 1.750

Mit vorzüglicher Hochachtung
Koehler & Volckmar A.-G. & Co."

Ich bitte, hier beim Lesen keine Pause zu machen, sondern sofort Fall 5 zu lesen. [35]

5. Fall:
Kauf des Ritterguts Zeititz

Zur gleichen Zeit, als der unter Fall 4 angeführte Brief geschrieben wurde, also gegen Mitte Juli 1933 hat die „Zentrale" beschlossen, ein in der Nähe von Leipzig liegendes Rittergut Zeititz zu kaufen. Der bezahlte Barpreis muss etwa 220.000 RM betragen haben; die Akten sind mir leider nicht zur Hand. Da der Kauf seitens der Volckmarpartei fest beschlossen war, gab ich auf starkes Drängen meine Zustimmung zum Kauf. Dass ich innerlich mit dem Kauf nicht einverstanden war, habe ich des öfteren zum Ausdruck gebracht; so habe ich noch am 23. November 1934 folgenden Brief an Herrn Volckmar-Frentzel geschrieben:

„Anbei übersende ich Ihnen einen Ausschnitt aus der (nationalsozialistischen)[4] ‚Leipziger Tageszeitung' vom 22. November; den Anfang dieser Diskussion vom 4. 11. besitze ich allerdings leider nicht mehr. Doch wollte ich Ihnen für den Fall, dass Sie die Diskussion nicht gelesen hätten, davon Mitteilung machen. Es sieht doch so aus, als ob einmal die Zeit kommen könnte, in der der Nationalsozialismus dagegen auftreten könnte, dass der Erwerb eines Rittergutes nur als Kapitalanlage betrachtet wird."

Am 30. Dezember 1933 habe ich an Herrn Volckmar-Frentzel in einem in Fall 13 zitierten Brief [36] geschrieben:

„Auch zur Mithilfe an der Arbeitsschlacht wurde dringend aufgefordert, und ich halte es für unsere Pflicht, auch in dieser Beziehung zu erwägen, was wir nur irgend tun können. Wenn Arbeitereinstellungen in unseren buchhändlerischen Betrieben sich wohl nur mit grossen Schwierigkeiten vornehmen lassen, so wäre doch vielleicht zu erwägen, ob das neu erworbene Rittergut zu diesem Zwecke irgendwie herangezogen würde, vielleicht durch Anlegung von Siedlungen,

---

4   Anmerkung im Original: „Jetziger Zusatz von Dr. v. Hase."

die den Wert dieses Landbesitzes vielleicht sogar noch erhöhen könnten. Studentkowski fasste seinen Appell in die Worte zusammen ,Sozialist ist, wer neue Leute einstellt, Kapitalist und Egoist, wer das nicht tut.'"

Irgend eine Antwort habe ich auf diese Anregung nie bekommen; ich hörte aber erst 1936 ganz zufällig durch Herrn Dr. Starkloff, dass im Jahre 1933 der Erwerb des Rittergutes Zeititz durch die Koehler-Volckmar-A.G. auf ausserordentliche Schwierigkeiten bei amtlichen Stellen gestossen sei, doch sei der Kauf damals „durchgeboxt" worden. [37]

6. Fall:
Ablehnung zeitgemässer Flaggen für das Koehlerhaus wegen zu hohen Preisen

Am 1. September 1933 habe ich an Herrn Dr. Starkloff, der zur „Zentrale" gehörte, folgenden Brief geschrieben:

„Da Sie wohl insbesondere für die früher bestehende Hauskommission zuständig sind, möchte ich Ihnen mitteilen, dass ich in letzter Zeit verschiedentlich daraufhin angesprochen worden bin, dass das Koehlerhaus entsprechend seiner Größe nicht richtig beflaggt sei. Auch habe ich das Gefühl, dass die drei kleinen Flaggen an der Front Täubchenweg und die beiden etwas grösseren Flaggen an den beiden Ecken nicht sehr günstig aussehen.

M. E. wäre es besser, wenn wir auf der Frontseite Täubchenweg vom obersten Stockwerk aus 2 riesengrosse Flaggen und zwar eine schwarz-weiss-rote und die andere Hakenkreuz heraushängten und an den beiden abgeschrägten Ecken, ebenfalls in der gleichen Länge, je 1 schwarz-weiss-rote und eine Hakenkreuz-Flagge heraushängten und zwar so, dass von links nach rechts gesehen die Reihenfolge wäre: schwarz-weiss-rot, Hakenkreuz, schwarz-weiß-rot, Hakenkreuz.

Ich würde mich freuen, wenn Sie meiner Anregung nachkämen und bin mit deutschem Gruss und Heil Hitler ..."

Die Antwort Dr. Starkloffs vom 16. September 1933 lautete: [38]

„Auf Grund Ihres Briefes vom 1.9. habe ich durch Herrn Engler einmal kalkulieren lassen, wie teuer sich neue Flaggen in der von Ihnen gewünschten Art stellen würden. Das macht einen Betrag von M 223 aus. Nach Rücksprache mit Herrn Volckmar-Frentzel teile ich Ihnen mit, dass mit Rücksicht auf diesen verhältnismässig hohen Betrag die Frage der Neuanschaffung bis zum nächsten Frühjahr zurückgestellt werden sollte."

Daraufhin schrieb ich am 19. September 1933 an Herren Volckmar-Frentzel:

„Aus dem Briefe des Herrn Dr. Starkloff vom 16. September ersehe ich, dass aus finanziellen Gründen die Beschaffung der von mir vorgeschlagenen 4 Flaggen für das Koehlerhaus bis zum nächsten Frühjahr zurückgestellt werden soll. Da doch zweifellos noch in diesem Herbst des öfteren Gelegenheit sein wird, zu flaggen, möchte ich doch empfehlen, fürs erste 2 grosse Flaggen für die Front Täubchenweg zu beschaffen und sich für die beiden Eckeingänge fürs erste mit kleineren Flaggen zu behelfen. 1934 könnten ja dann auch diese beiden Flaggen noch angeschafft werden."

Auf diesen Vorschlag habe ich nie eine Antwort bekommen, die alte blau-gelbe, grün-weisse, schwarz-weiss-rote und wohl auch eine neue Hakenkreuzfahne zierten weiterhin das riesige

Koehlerhaus. Erst als auf dem Parteitag von 1935 die Hakenkreuzfahne zur alleinigen Fahne des Dritten Reiches erklärt wurde, sind neue Fahnen angeschafft worden – zwei Jahre nach meiner Mahnung! [39]

7. Fall:
Abschluss des Vertrages über die Zeitschrift „Deutsche Bühne" mit dem Reichsverband Deutsche Bühne e.V. im Kampfbund für deutsche Kultur

Auf Grund meiner besonderen Bemühungen und Verbindungen hatte mich Reichsleiter Alfred Rosenberg am 27. Juni 1933 zu einer mehr als einstündigen Besprechung empfangen, bei der allerhand Verlagspläne besprochen wurden, ich mich insbesondere auch für den Verlag einer kulturellen Zeitschrift zur Verfügung stellte.

Meine Ferien wollte ich in Hidessen bei Detmold mit meiner Frau verbringen; was sich dort ereignete, möchte ich hier auf Grund meines Briefes vom 5.8.33 an Herrn Volckmar-Frentzel schildern, der geschrieben wurde, nachdem mir Herr Volckmar-Frentzel Vorwürfe wegen des Abschlusses gemacht hatte.

„Freitag, 21. Juli traf ich 19 Uhr in Hidessen ein, ½ 20 Uhr telefonierte der Verlag, ich möchte einen Geschäftsfreund in Berlin wegen ganz wichtiger Sache anrufen. Dieser teilte mir mit, dass zwei Herren von der Deutschen Bühne mit dem Auto zu mir kämen, die Reichsleitung habe die Herausgabe einer Zeitschrift beschlossen, alles nähere sei ihm unbekannt. Daraufhin habe ich erst die ganze Ausgestaltung einer Zeitschrift durchdacht und alles in einem Vertrag niedergelegt. Sonnabend Abend kam die Nachricht, dass die Herren wegen einer Panne erst Sonntag früh kämen. Sonntag sechsstündige Verhandlung; ich hatte bereits am Sonnabend mir vom Verlag alle Unterlagen geben lassen. Am Montag, 24. Juli früh 10 Uhr sollten die Herren im [40] Ministerium in Berlin berichten, dass alles abgeschlossen sei! Schon wegen des Sonntag war es unmöglich, irgendwelche Fühlung mit Leipzig zu nehmen, ausserdem war ja mein Vertrag sehr günstig. Nach gemeinsamen Sonntagmittagessen (die Herren waren zu fünft gekommen) fuhren die Herren freudig, dass alles geklappt habe, ab; am Montag früh wurde der Vertrag in meiner Form nicht angenommen. Telegramm, dass Dienstag 6.45 der Führer der Verhandlungen zurückkäme, 10.10 aber wieder zurückmüsste, von Hannover mit dem Flugzeug nach Berlin führe, da die entscheidende Sitzung um 16 Uhr im Ministerium stattfände. Innerhalb von drei Stunden wurde nun der Vertrag in seine endgültige Form gebracht, abends 19 Uhr hatte ich bereits das Telegramm ‚genehmigt' in der Hand, am Mittwoch früh bereits den von Dr. Stang unterschriebenen Vertrag.

Ich bemerke noch, dass es sich bei den bisherigen Verhandlungen noch nie um die neue Zeitschrift ‚Die deutsche Bühne' gehandelt hatte, so dass ich auch vor meinem Urlaub nichts über die Sache mit Ihnen hätte besprechen können. Wie das gedreht worden ist, dass gerade Koehler-Amelang die Zeitschrift bekommen hat, das kann ich Ihnen erst mündlich berichten, es ist das Ergebnis meiner Berliner Bemühungen, die fürs Erste hauptsächlich darin bestanden, dass ich mit den betreffenden Kreisen zusammenkam. Ich bitte Sie nunmehr, auf Grund dieser Darlegungen, die ich später noch gern mündlich ergänzen werde, die Frage zu prüfen, ob mein selbständiges Handeln zu verantworten ist; ich hielt es jedenfalls für meine Pflicht, die Interessen des Verlages und des [41] Konzerns selbständig zu vertreten. Erst in Berlin (am 1. August) hörte ich vertraulich, dass der Verlag Elsner (gleiche Firma wie die Druckerei!) alles versucht hat, den Vertrag zu bekommen, dass aber mein persönliches Auftreten in der ganzen Sache dafür entscheidend gewesen wäre, dass mit K. & A. abgeschlossen wurde."

Durch den Vertrag wurde mir eine grossangelegte, in 100.000 Auflage erscheinende Zeit-schrift anvertraut von einer unter dem Reichsleiter Alfred Rosenberg stehenden grossen Orga-nisation der NSDAP; man kann sich meine Freude und meinen Stolz vorstellen, dass ich mitten in den Ferien, fern vom Verlagsort, zu einem solchen Abschluss gekommen war. Nach endgül-tigem Abschluss telegrafierte ich an Dr. Stang, Reichsleiter Deutsche Bühne, Berlin: „Herzli-chen Dank für Vertrauen werde mit voller Hingabe Ihrem schönen Unternehmen dienen."

Meine Freude wurde allerdings dadurch vergällt, dass mit die „Zentrale" den Vorwurf machte, gegen das Konzernprotokoll vom 23.12.1931 verstossen zu haben. Endlose Briefe wurden gewechselt, in denen mir immer stärkere Vorwürfe gemacht wurden, die mich seelisch schwer belasteten. Trotz der genauen Darlegung der Gründe des schnellen Zustandekommens schrieb mir Herr Volckmar-Frentzel am 7.8.1933: *„Ihre Verhandlungen hätten sich wohl un-schwer nach Leipzig oder Berlin verlegen lassen."* Ich wurde gequält mit der Zumutung, das Risiko des Vertrages persönlich tragen zu müssen. Am 17. August 1933 schrieb ich an Herrn Volckmar-Frentzel:

„Heute erscheint im Börsenblatt die erste Anzeige über die ‚Deutsche Bühne' und der ganze Buchhandel wird uns bewundern und beneiden, dass es einem Konzernverlag gelungen ist, diese Riesensache mit ihren unmittelbaren [42] und mittelbaren Vorteilen zu bekommen. Sie halten es aber für richtig, Ihrem Associé Vorwürfe über Vorwürfe zu machen, obwohl Ihnen nur einige wenige schriftliche Unterlagen vorliegen. Ich stehe nach wie vor auf dem Standpunkt, dass ich meine Pflichten gegenüber dem Konzern voll und ganz erfüllt habe und werde mit aller Kraft dafür kämpfen, Sie zur Anerkennung dieses meines Standpunktes zu bringen."

Letzteres gelang mir nicht; mir wurde gedroht, die Sache vor eine Associé-Besprechung im Sinne des Konzernprotokolles vom 23.12.1931 zu bringen, in der ja die Volckmarpartei durch die absolute Stimmenmehrheit in der Lage war, den Stab über mich zu brechen. Ich schrieb am 23. August 1933 an Herrn Volckmar-Frentzel:

„Nachdem die Zentrale einschliesslich der Juristischen Abteilung den von mir als Geschäfts-führer der Koehler & Amelang GmbH. mit der Deutschen Bühne getätigten Vertrag unter Ver-zicht auf ihr Einspruchsrecht nach VI, 3 f, nachträglich ausdrücklich genehmigt hat, und mich damit der persönlichen Verantwortung für den Vertrag entbunden hat, liegt auch keinerlei Grund vor, irgendeine Entscheidung in wirtschaftlicher oder geldlicher Beziehung zu treffen. Ueber die Bestimmungen des Protokolles hinaus mich einer Art Scherben- oder Ehrengericht zu unterwerfen, lehne ich ausdrücklich ab."

Meine Berufung darauf, dass, selbst wenn ich formal gegen das Konzernprotokoll verstossen haben sollte, doch die aussergewöhnliche Situation mir geradezu die Pflicht auferlegt habe, im Interesse des Konzerns diesen für den [43] Verlag so bedeutsamen Vertrag auf jeden Fall abzuschliessen, wurde nicht anerkannt; ich sollte eine Gewähr dafür bieten (Brief Volckmar-Frentzels vom 26.8.1933 an mich), dass *„weitere Verstösse gegen das Protokoll oder gegen Anordnungen der Zentrale meinerseits unterblieben"*.

Der Brief fährt fort:

„Es täte mir leid, wenn Sie hierfür keine geeigneten Vorschläge der Associé-Besprechung schriftlich unterbreiten könnten, denn dann würde mir im Interesse der unbedingt notwendigen Aufrechterhaltung einer <u>einheitlichen Konzernleitung</u> schliesslich nichts mehr übrig bleiben, als bei den hierfür zuständigen Konzerninstanzen Ihre Absetzung als Vorstandsmitglied der Koeh-ler & Volckmar A.G. und als Geschäftsführer der Verlage zu beantragen. Dass eine solche durch Ihre Schuld notwendig werdende Enthebung von Ihren Ämtern im Konzern unter Umstän-den auch Rückwirkungen auf Ihren Associévertrag im Koehler-Konzern haben könnte, brauche ich Ihnen nicht erst zu sagen.

Ich bedauere, dass ich Ihnen gegenüber so deutlich in der Klarlegung der auf dem Spiele stehenden Konsequenzen werden muss, wo ich doch gerade bei Ihrer mir bekannten Einstellung
glaubte, erwarten zu dürfen, dass Sie sich willig und gern dem in unserem Konzern schon seit
langen Jahren bestehenden Führerprinzip freiwillig unterordnen würden. Ich persönlich trage
schwer an der Verantwortung, die mir als Stellvertreter meines erkrankten Onkels durch diese
von mir wahrlich nicht erstrebte Führerstellung auferlegt ist[5] und würde mich über nichts mehr
freuen, als wenn ich auch mit Ihnen alle Dinge in bester Kameradschaft [44] erledigen könnte.
Andererseits habe ich aber dafür zu sorgen, dass die einheitliche Konzernführung und die Un-
terordnung unter die Bestimmungen der Zentrale von keiner Seite durchlöchert wird, nötigenfalls unter Anwendung der stärksten, hierfür zur Verfügung stehenden Mittel. Ich würde mich
freuen und Ihnen dankbar sein, wenn Sie mir solches durch entsprechende Einsicht ersparen
wollten."

Der Brief schliesst mit den Worten:

„Ich möchte somit unsere Korrespondenz über diese Angelegenheit schliessen, und möchte
Sie bitten, mit nur kurz mitzuteilen, ob ich,
entweder damit rechnen kann, dass Sie zukünftig bei der Geschäftsführung der Koehler-Verlage
unbedingt die Bestimmungen des Protokolles vom 23. Dez. 1931 befolgen und lieber einmal
öfter als zu wenig die juristische Abteilung oder die Zentrale zu Rate ziehen und auch Ihre im
Verlage arbeitenden Herren dazu angehalten werden. Im Falle solcher Versicherung lege ich
keinen Wert darauf, den Fall ‚Deutsche Bühne' jetzt der Associébesprechung vorzutragen, zumal die materiell interessierende Frage Ihrer eventuellen Verantwortlichkeit z.Zt. nicht akut ist.

oder ob Sie auf Ihrem bisherigen Standpunkt beharren und auch zukünftig die Zentrale oder
die juristische Abteilung als deren Hilfsorgan (gleichgültig, ob in dem betreffenden Falle viel
oder wenig Zeit zur Verfügung steht) nicht unter allen [45] Umständen rechtzeitig, d.h. bevor
Sie wichtige die Firma bindende Handlungen vornehmen, zuziehen werden. Vermögen Sie mir
nicht unbedingte Abkehr von Ihrer bisherigen mit der einheitlichen Konzernführung nicht ver-
einbarlichen Arbeitsmethode zuzusichern, muss ich die Associébesprechung zur Entschluss-
fassung im oben ausgeführten Sinne anrufen."

Was blieb mir damals anderes übrig, als den folgenden Brief vom 29. August 1933 an Herrn
Volckmar-Frentzel zu senden:

„Auf Ihren Brief vom 26. August erwidere ich, dass ich selbstverständlich bei der Geschäftsführung der Koehler-Verlage unbedingt, zukünftig auch in Zweifelsfällen, die Bestimmungen des
Protokolls vom 23. Dezember 1931 befolgen werde und lieber zu oft als zu wenig die Juristische Abteilung oder die Zentrale zu Rate ziehen werde; im gleichen Sinne werde ich auch die
mit mir in den Verlagen arbeitenden Herren zur Befolgung der Bestimmungen des Protokolles
anhalten. Auch mir liegt daran, dass wir in Zukunft in bester Kameradschaft zusammen arbeiten werden."

Es bedurfte meiner ganzen Willenskraft, diesen sinnlosen Kampf der Zentrale gegen mich zu
ertragen und dabei auch die immer mehr sich entfaltenden grossen Koehlerverlage allein zu
führen. Ich habe manches Trommelfeuer wochenlang ausgehalten, als ich mit 35 Jahren als
Kriegsfreiwilliger Soldat, noch dazu als Dauernd-Untauglicher und dann als Garnisondienst-
Verwendungsfähiger, in einem Frontregiment den Krieg mitmachte, ohne, dass es mich zer-
mürbte, aber der Kampf mit der „Zentrale" ging über die Nerven selbst eines Kriegsoffiziers –
am 27. September 1933 schrieb ich [46] an Herrn Volckmar-Frentzel folgenden Brief:

---

5   Die handschriftliche Unterstreichung erfolgte durch v. Hase mit Bleistift.

„Bedauerlicherweise hat es sich herausgestellt, dass ich seit einiger Zeit bei völliger organischer Gesundheit an Oppressionen leide, die sich in Anfällen von Atemnot äussern. Mein Arzt hat mir dringend geraten, zur Behebung dieses Zustandes mich einige Tage von der praktischen Geschäftstätigkeit fernzuhalten. Da ich sowieso die mir zustehenden diesjährigen Ferien noch nicht ganz ausgenutzt habe, beabsichtige ich, voraussichtlich am 3. Oktober, nachdem ich am 2. Oktober noch einen Autor in Leipzig empfangen haben werde, für 8 bis 10 Tage zur Wiederherstellung meiner Gesundheit zu verreisen. "

Ich habe während des „kameradschaftlichen Zusammenarbeitens" mit den Herren der Volckmarpartei wegen der immer wiederkehrenden Aufregungen wiederholt meinen Hausarzt in Anspruch nehmen müssen; ich füge sein Gutachten vom 21.10.1936 hier bei:

„Herr Dr. v. Hase, Leipzig-O 27, Güldengossaerstr. 13 ist mir seit sehr langer Zeit bekannt. Ich habe ihn oft vor und nach dem Kriege gesehen und ihn höchstens wegen belangloser Dinge zu beraten gehabt. Er ist vollkommen gesund und kraftstrotzend aus dem Kriege gekommen und zeigt, wie mir besonders wie vielen Eingeweihten bekannt ist, eine geradezu ungewöhnliche Leistungsfähigkeit in Verhandlungen und Sitzungen mit Angestellten und Berufsgenossen in den schwierigen Nachkriegszeiten.

So etwa seit 1926 ist eine erhebliche Veränderung seines seelischen Wesens und seiner Nervenleistungsfähigkeit in ihm vorgegangen, ich habe das als sein ihm nahestehender vertrauter [47] Hausarzt bemerken müssen und mir notiert. Körperlich war er, von belanglosen Dingen abgesehen, der Alte, aber er litt oft und viel unter Depressionen und unlösbaren innern Krämpfen seelischer Art und Folgen davon: Herzopressionen bei gesundem Organ. Die Nervenüberregbarkeit äusserte sich auch in Hautreaktionen als Überempflindlichkeit innerer Darmvorgänge, Schlaflosigkeit, zeitweise bedrohliche Entschlusslosigkeit, unverständliche Hemmungen bei dem sonst körperlich wie seelisch robusten Manne wiesen immer auf die schweren innerlichen ungelösten Konflikte hin. Ich weiss und habe es ihm als Arzt angemerkt, dass Handlungen unter schwerem Druck und überzeugungswidrige Vorkommnisse diese schweren Depressionen ausgelöst haben. Alle ärztliche Kunst konnte nur Unvollkommenes leisten, da immer die innere Harmonie nicht wiederhergestellt werden konnte. Erst jetzt scheinen sich die Konflikte zu lösen.

Dr. med. O. Krausse. "

Am 5. September 1933 machte Herr Volckmar-Frentzel den Vorschlag, Herrn Dr. Jeremias zum stellvertretenden Vorstandsmitglied zu machen und ihm an Stelle des verstorbenen Hans Staackmann die Leitung der Lehrmittelabteilung zu übertragen. Herr Volckmar-Frentzel fährt in seinem Brief fort:

„Weiter schlage ich vor, dass Herr Dr. Jeremias mit seiner Übersiedlung in das bisherige Privatkontor des Herrn Hans Staackmann als in erster Linie zuständiger Sachbearbeiter der juristischen Abteilung für alle im Koehlerhaus untergebrachten Konzernabteilungen gilt. Eine solche Regelung würde es z.B. den Konzernverlagen sehr erleichtern, Herrn Dr. Jeremias mehr als bisher [47a] zu Verhandlungen hinzuzuziehen und im Sinne von Kapitel VI B des Protokolls vom 23. Dezember 1931 mitwirken zu lassen. Aber auch für die Zentrale und die juristische Abteilung wäre hierdurch in Zukunft eine nicht unerhebliche Entlastung zu erwarten." [48]

8. Fall:
Stiftungen für das Winterhilfswerk 1933/36

Am 19. September 1933 habe ich an Herrn Volckmar-Frentzel unter Punkt 3) geschrieben:

„Bei unserer Besprechung am Sonnabend, den 16. September, kam ich nicht mehr dazu, die Frage wegen der Stiftung zur Winterhilfe anzuregen. Ich bin unbedingt dafür, dass der Koehler-Volckmar-Konzern für die Winterhilfe eine grössere Summe stiftet; ich habe das Gefühl, dass wir kaum unter 10.000 M gehen könnten."

Am 30. September 1933 schrieb ich an Herrn Volckmar-Frentzel:

„Noch ganz unter dem Eindruck der gestrigen ausserordentlich eindrucksvollen Versammlung der Handelskammer stehend, an der Sie wohl auch teilgenommen haben, möchte ich auf meinen Brief vom 19. September zurückkommen und bitten, den darin angeschnittenen Fragen näherzutreten, falls dies nicht schon inzwischen geschehen sein sollte.

Für die Winterhilfe wurde ganz besonders eindringlich gesprochen, und ich bin unbedingt dafür, dass seitens des Koehler-Volckmar-Konzerns eine entsprechende Summe gestiftet wird.

Da ich während meiner Abwesenheit in den nächsten Tagen möglichst von allen geschäftlichen Entschliessungen auf Anraten des Arztes entbunden sein soll, so muss ich Sie schon bitten, alle Entschliessungen ohne mich zu fassen – ich erkläre mich grundsätzlich mit allen tragbaren Leistungen einverstanden."

Am 2. Oktober antwortete Herr Volckmar-Frentzel: [49]

„Ihren Vorschlag, der Koehler-Volckmar-Konzern möchte nunmehr der Winterhilfe ca. M 10.000 überweisen, will ich nach Ihrer Rückkehr gern in einer Associé-Besprechung zur Beratung stellen. Bei der Beschlussfassung dürfen wir meiner Ansicht nach aber nicht übersehen, dass der Koehler-Volckmar-Konzern soeben erst einen sehr bedeutenden Beitrag zur Adolf-Hitler-Spende der deutschen Wirtschaft geleistet hat, an den an sich die Zusage geknüpft war, dass der Koehler-Volckmar-Konzern künftig von anderweitigen, derartigen freiwilligen Leistungen als befreit zu erachten wäre. – Weiterhin darf man meiner Ansicht nach die gesamte steuerliche Belastung nicht unberücksichtigt lassen, sowie die grossen freiwilligen Lasten, die der Koehler-Volckmar-Konzern auch aus Gründen der Arbeitsbeschaffung sonst schon, wie z.B. im Hinblick auf die vermehrte Anzahl der Pensionäre, auf sich genommen hat.

Persönlich bin ich aus sehr verschiedenen Gründen der Ansicht, dass Spenden für die Winterhilfe nicht zu Lasten des Koehler-Volckmar-Konzerns, sondern zu Lasten der Unterkonzerne bezw. der einzelnen Privatpersonen, ganz deren persönlicher und freiwilliger Initiative unterliegend, erfolgen sollten.

Uebrigens weiss ich nicht, ob Sie sich vielleicht auch zufällig Gedanken hierüber gemacht haben, wie grotesk es doch ist, wenn Unternehmungen, wie von den Grossbanken, [50] z.B. die ADCA, mit sehr erheblichen Beiträgen als Stifter zur Winterhilfe in den diesbezüglichen Listen figurieren, Unternehmungen, die mit solchen Stiftungen lediglich ihre Verluste vermehren, die allerdings letzten Endes immer durch Staatsgelder ausgeglichen werden."

Der sehr bedeutende Betrag für die Adolf Hitler-Spende betrug insgesamt 7.000 M; näheres darüber unter Fall 7, wo der Brief vom 15. Juli 1933 an die Großhandels- und Lagerei-Berufsgenossenschaft, Berlin, wiedergegeben ist. Am 25. September 1933 hat Herr Volckmar-Frentzel übrigens einen ganz ähnlichen ausführlichen Jammerbrief an die Industrie- und Handelskammer Leipzig geschrieben.

Meiner Anregung, 10.000 M für das Winterhilfswerk zu stiften, ist erst in einem Brief von Herrn Hans Volckmar an die Associés und Vorstandsmitglieder vom 10. Februar 1934 entsprochen worden:

„Endlich hielten wir es für richtig, auch des Winterhilfswerkes zu gedenken und hierfür M 5.000 zu stiften. Darüber hinaus ist intern noch eine gewisse Summe zurückgehalten worden, die zur Erledigung der öfteren Einzellaufforderungen zur Verfügung stehen soll, die an jeden von uns i.S. des Winterhilfswerkes gelangen. Z.B. lagen in der Besprechung solche Anforderungen seitens des früheren Handelskammerpräsidenten Bote, seitens des Regimentes durch Major v. Stein und seitens des Geheimrat Volkmann, der auch einem Sammelkomitee angehört, vor.

In solchen Fällen soll es den Herren Associes und Vorstandsmitgliedern freistehen, [51] kleinere Beträge zu zeichnen, die dann aus dem vorerwähnten, noch in Reserve gehaltenen Betrage von der Firma aus bezahlt werden. Es wurde aber als Richtlinie festgesetzt, dass die Einzelzeichnungen in solchen Fällen, im Hinblick auf die Vielheit ihres Auftretens, in mässigen Grenzen, also etwa zwischen 5 und 50 RM gehalten werden müssten. Um eine einheitliche Durchführung zu gewährleisten sollen alle diese Zeichnungen durch Herrn Dr. Starkloff gehen. Ich bitte also die Herren, ihre Wünsche dort geltend zu machen. Die Kasse wird Auszahlungen solcher Privatanweisungen auf das Winterhilfskonto zu Lasten der Firma nur vornehmen, wenn sie das Signum von Herrn Dr. Starkloff tragen."

Der Gedanke Herrn Volckmar-Frentzels ist hier also in sein Gegenteil verkehrt worden.

Lt. Brief des stellvertretenden Vorstandsmitgliedes, Herrn Dr. Starkloff, vom 15. Oktober 1936 sind insgesamt vom Koehler-Volckmar-Konzern 5.000 RM im Februar 1934, 5.000 RM im November 1934 und 5.000 RM im Oktober 1935 für das Winterhilfswerk gestiftet worden. Für das Winterhilfswerk 1936/37 ist lt. Mitteilung von Herrn Dr. Starkloff beabsichtigt, nur von denjenigen Firmen des Konzerns, die Kapitalgesellschaften sind, Winterhilfsbeiträge nach den Richtlinien des Reichsbeauftragten für das Winterhilfswerk abzuführen. Im übrigen aber soll es den Inhabern überlassen bleiben, ihre Winterhilfsbeiträge persönlich zu bewirken. [52]

9. Fall:
Wie ich als Verleger nach Hans Volckmars Wünschen sein sollte

Herr Hans Volckmar hat mir am 27. Februar 1934 folgenden Brief geschrieben:

„Der Umstand, dass wir gestern über eine verhältnismässig einfache Frage verlegerischer Diplomatie und Taktik stundenlang reden mussten, ohne eigentlich mit dem klaren Bewusstsein auseinanderzugehen, uns verstanden zu haben und mit der Gewähr, dass die Verlagstaktik und Diplomatie nun von Ihnen auch nach diesen Grundsätzen geschaltet würde, hat mir die Nöte einmal selbst augenfällig klar gemacht, über die mir mein Neffe Th. Volckmar-Frentzel und auch Dr. Jeremias öfter hinsichtlich ihrer Verhandlungen mit den Herren Verlagsleitern, also mit Ihnen und mit Herrn Alfred Staackmann, geklagt haben. Die letzteren Nöte sind ja nun beseitigt, d.h. sie sind zunächst der noch viel grösseren Not gewichen, dass mein Neffe nun erst einmal wieder Ordnung in den Staackmann'schen Verlag hineinbringen muss. In nicht zu ferner Zeit muss entschieden werden, ob das Objekt lieber zu liquidieren ist, da der Konzern unmöglich seine wichtigste Kraft auf längere Zeit mit Aufgaben festlegen kann, die, am Konzern-Ganzen betrachtet, nebensächlich sind. Die Nöte mit Ihnen bestehen aber offenbar weiter; sie liegen nicht auf rein verlegerischem Gebiete. Niemand will Ihre verlegerischen Eingebungen beschränken oder Ihnen in die verlegerisch-kaufmännische Einschätzung des einzelnen Geschäftes, also z.B. die Bemessung der Auflagenhöhen und Honorare [53] hinein-

reden. Wünschen Sie in der Beziehung eine Ansichtsäusserung, um Ihre eigene Verantwortlichkeit einzuschränken, oder um Ihre eigene Ansicht durch Meinungsaustausch mit anderen Herren in positiver oder negativer Hinsicht zu festigen, so soll Ihnen solche Rücksprache natürlich gern werden. Das sind aber Dinge, die weder die bisherige, noch die heutige Meinungsverschiedenheit betreffen. Ich habe den Eindruck, dass die hauptsächlichsten Meinungsverschiedenheiten mit Ihnen stets nur auf <u>zwei</u> Gebieten liegen;

a) dem juristischen, d.h. das manche Verträge nicht den Konzernvorschriften entsprechend mit der juristischen Abteilung rechtzeitig beraten wurden und dass aus daher entstandenen Vertragsmängeln sich später für den Verlag Unannehmlichkeiten, wenn nicht gar grössere Verluste ergaben.

b) dem diplomatisch-taktischen, d.h. dass der Verlag sich auf gewisse Verlagsgebiete begibt, die Ihnen persönlich liegen und symphatisch sind, die aber mehr oder weniger grossen Anfechtungen nicht unmassgeblicher Kreise ausgesetzt sind, aus denen sich grosse Unannehmlichkeiten für den Verlag ergeben können, die vielleicht wiederum Verluste und Gefahren ideeller Art nach sich ziehen.

Im Fall a) dürften die Vorgänge im Jahre 1933 wohl auch bei Ihnen die Ueberzeugung herbeigeführt haben, dass ein rechtzeitiges Zurateziehen der juristischen Abteilung bezw. jetzt des Herrn Dr. Jeremias keine Beeinträchtigung Ihrer verlegerischen Hoheitsrechte, sondern [54] nur ein Akt der Klugheit und der Erleichterung für Sie ist, ganz abgesehen davon, dass es lt. Konzernprotokoll Konzernbeschluss ist, der auch von allen anderen Herren befolgt wird.

Im Falle b) liegen die Dinge insofern schwieriger, als Taktik und Diplomatie keine erlernbare Kunst ist, wie die Juristerei, vielmehr ein angeborenes Talent. Dass Sie dieses Talent offenbar nicht besitzen, zeigte mir unsere gestrige Debatte über eine taktisch-diplomatisch ganz einfache Frage, vor allem aber heute Ihre Briefentwurf an den deutschen Verlegerverein, der mir nach unserer gestrigen Aussprache völlig unverständlich ist. Was stand gestern zur Debatte?

1.) In den Welteisverlagswerken[6] liegt offenbar <u>erfolgsmässig</u> ein verlegerischer Irrtum vor, wie er natürlich jedem Verleger passieren kann. Wir haben bei dieser Gruppe, wenn ich Sie richtig verstanden habe, Geld verloren oder werden es noch verlieren. Das darf einem Verlagsleiter umsoweniger verübelt werden, wenn er, wie Sie, auch gute erfolgsmässige Unternehmungen für sich zu buchen in der Lage ist. Gefährlich würde es nur, wenn eine persönliche Liebhaberei für eine solche Lehre den objektiven kaufmännischen Blick trüben und zu <u>weiteren</u> Verlusten führen würde. Ich hoffe, dass das von Ihnen hinsichtlich WE1 erkannt ist, und nicht geschieht.

2.) In den Werken um Wirth scheinen mir Erfolg und Misserfolg sich die Waage zu halten, wenn nicht der letztere noch überwiegt. Die 'Heilige Urschrift der Menschheit' hat sicher bisher nur Verluste gebracht, die selbst durch [55] die Gangbarkeit der 'Ura Linda-Chronik' nicht aufgewogen werden. Hierzu gilt sinngemäß das unter 1.) Gesagte.

3.) Während aber die Welteisverlagswerke dem Verlage selbst wohl keine abträglichen Anfeindungen gebracht haben, also nicht ansehensschädigend gewesen sind, scheint mir bei den Wirth-Werken diese Gefahr sehr akut zu sein. Ganz gleichgültig, ob Sie nun persönlich an

---

6   Zur sogenannten Welteislehre war in einem späteren Verlagskatalog des Verlags v. Hase & Koehler zu lesen: „Die Welteislehre des Wiener Ingenieurs und Forschers Hanns Hörbiger (1860–1931) vermittelt ein neues, geschlossenes Bild des Weltalls von bezwingender Großartigkeit und Folgerichtigkeit. Das Werden und Vergehen unseres Sonnensystems wird darin ebenso überzeugend dargestellt wie die Einflüsse aus dem Kosmos, die das irdische Geschehen beherrschen und sich nicht nur in Wetter und Klima und im Bau der Gebirge äußern, sondern selbst in den Kulturen der Völker." Vgl. Verlagsprospekt v. Hase & Koehler vom Oktober 1938, in: DBSM, Sammlung Verlagskataloge bis 1945.

die Wirth'schen Theorien glauben oder nicht, scheint es mir Ihre Pflicht zu sein, dass Sie den Verlag durch eine vorsichtige, kluge Taktik und Diplomatie vor solchen Anfeindungen oder gar vor daraus entstehenden Schädigungen bewahren. Trauen Sie sich selbst solche Kunst nicht zu, müssen Sie hierfür den Rat Anderer in Anspruch nehmen. Dabei dürfen Sie aber weder Th. Volckmar-Frentzel noch Herrn Dr. Jeremias, die als Ratgeber für solche Fälle in Frage kommen, diesen Hilfsdienst durch endlose Diskussionen erschweren. Dazu haben diese Herren zu wenig Zeit, das sich deren Aufgabenkreis im Konzern ja nicht nur auf eine Abteilung, wie bei Ihnen, erstreckt.

4.) Bezüglich der Verlagswerke Wirth ist es absolut klar, dass nachstehende Gedankengänge angestellt und dann folgende Taktik und Diplomatie verfolgt werden muss:

a) Es kann nicht von einer grösseren Anzahl deutscher Wissenschaftler angenommen werden, dass nur niedere Triebe, wie Erfolgsneid oder Angst vor der eigenen wissenschaftlichen Desavouierung, sie zu Ausfällen so grober Art und zu so schmählichen Mitteln der Denunziation veranlassen, wie sie gegen Wirth, und in seiner Gefolgschaft leider auch gegen [56] den Verlag angewandt worden sind. Daraus muss seitens des Verlages geschlossen werden, dass die Wahrheit der Wirth'schen Theorien zumindest fraglich ist, ganz gleichgültig, wie Sie persönlich als Laie zu dieser Frage stehen.

b) Die Folgerung des aus a) sich ergebenden notwendigen Schlusses ist die, dass der Verlag alles tun muss, um sich der Oeffentlichkeit gegenüber nunmehr aus einer Identifizierung mit dem Autor Wirth zu lösen, ohne dadurch natürlich den bisherigen Erfolg der ‚Ura Linda Chronik' zu gefährden, oder sich gar mit dem Autor zu überwerfen. Ich gebe zu, dass das viel Ueberlegung und Geschick verlangt. Erschwert wird eine solche Taktik natürlich dadurch, dass Sie sich offenbar bereits dem Autor oder vielleicht auch Dritten gegenüber sehr stark im Sinne einer Bejahung der Echtheit der Chronik festgelegt haben. In allen solchen Verlagssachen, bei denen ein Jeder sofort von vornherein erkennen muss, dass das Unternehmen Gegenstand eines heftigen Meinungskampfes werden kann, ist es daher für einen Verlagsleiter der auch nach vielen anderen Seiten hin Rücksicht zu nehmen hat, richtiger, wenn er sich oder den Verlag meinungsmässig in der Sache selbst nicht festlegt.

c) Die allmähliche und sanfte Lösung des Verlages aus einem Konflikt, der dem Autor droht, oder in dem er mitten drin steht, ist natürlich eine taktisch und diplomatisch sehr schwierige Aufgabe, noch dazu wenn leider eine persönliche Festlegung im Sinne von b) erfolgt [57] ist. Solche Aufgabe kann nur durch eine fallweise sehr überlegte und geschickte Behandlung jedes von Aussen erfolgten Angriffes, aber ebenso auch jeder vom Verlag selbst ausgehenden Handlung oder Veröffentlichung (z.B. Reklamen) gelöst werden. Die Behandlung jedes solchen Einzelfalles ist taktisch und diplomatisch so schwierig, dass alle aus dem Verlag herausgehenden Äusserungen (mündlicher, schriftlicher oder gedruckter Art), die sich auf den Wirth-Komplex beziehen, bevor sie herausgehen, der Nachprüfung durch mehrere Köpfe bedürfen, also Dr. Jeremias und Th. Volckmar-Frentzel vorgelegt werden müssen.

d) Die technische Behandlung des unter c) Gesagten muss m.A.n. so sein, dass Sie stets zunächst entwerfen und vorlegen und die genannten Herren dann evtl. korrigieren oder einen Gegenentwurf machen. Auf was sich dann der Kreis nach kurzer Debatte einigt, wird ausgeführt. So muss also unverzüglich auch die jetzt akute Anfrage des Verlegervereins behandelt werden.

Es sollte mich freuen, wenn durch diesen Brief alle weiteren Diskussionen über diese Fragen des reinen taktischen und diplomatischen Gefühls, über das bei verschieden eingestellten Menschen auch schwerlich Uebereinstimmung erzielbar ist, abgeschnitten wären und der Weg zur praktischen Einzelarbeit zurückgefunden wäre."

Wodurch sind grosse bedeutende Verlage entstanden? Dadurch, dass ein Mann mit seinem Herzblut für das eingetreten [58] ist, was ihm seiner ganzen Weltanschauung nach am Herzen lag, für das er kämpfte, litt und siegte. Ich trat 1919 gegen die Ehr- und Wehrlosigkeit auf, indem ich heldenhafte Bücher aus Krieg und Beruf herausgab, indem ich edle Frauen zum deutschen Volke sprechen liess, indem ich der Jugend wertvolle Beispiele zeigte, indem ich für schöne Künste und Musik eintrat. Allmählich erweiterte sich mein Gebiet: ich bezog die deutsche Vorgeschichte und die ganz nordische eingestellte Welteislehre in meinen Arbeitskampf. Ich kann ruhig bekennen, dass ich nie ein Buch um des geldlichen Erfolges willen verlegt habe, sondern nur um seines ethischen Wertes, wenn ich auch bei der Wahl meiner Verlagswerke stets eine buchhändlerisch geschulte Hand bewies.

Hier wirft mir Herr Volckmar vor, dass ich meine Verlagsrichtungen aus persönlicher Liebhaberei gewählt habe. Die Angriffe gegen den Verlag sind ihm höchst unangenehm, und ich soll für Abstellung sorgen, *„ohne dadurch natürlich den bisherigen Erfolg der Ura Linda Chronik zu gefährden"*. Ich soll mich aus einer Identifizierung mit dem Autor Wirth lösen, *„ohne mich mit dem Autor zu überwerfen"*. Das heisst auf deutsch, ich soll keine Verantwortung für meine Verlagsbücher übernehmen, sondern diese auf den Verfasser abschieben, ich soll ganz ungefährliche Bücher verlegen und jeden Kampf vermeiden, aber Geld sollen die Bücher natürlich bringen. Ich gestehe Herrn Volckmar gerne zu, dass ich nach diesem Rezept meinen Verlag nicht aufgebaut habe und auch nicht hätte aufbauen können; die Aufgabe, wie ich sie für einen anständigen Verleger würde hielt, habe ich in den letzten 18 Jahren in die Tat umgesetzt.

Aber von jetzt an *„muss ich den Rat anderer in Anspruch nehmen"*; ich darf zwar noch Vorschläge machen, aber *„auf was sich dann der Kreis* (gemeint sind zwei [59] Herren der Zentrale und meine Wenigkeit) *nach* kurzer *Debatte einigt, wird ausgeführt"*. Das Wort *„kurzer"* ist ausdrücklich unterstrichen – sic volo, sic iubeo.[7] Wieviele Briefe von mir sind nach kurzer, manchmal auch ohne Debatte umgeschrieben worden! Dass ich gerade in den Jahren 1933 und 1934 die grössten Erfolge im Verlage erzielt habe, das habe ich also wohl der gütigen Unterstützung der „Zentrale" zu verdanken – nicht meinen persönlichen Liebhabereien! [60]

10. Fall:
Die vom Koehler-Volckmar-Konzern
an die leitenden Herren gezahlten Gehälter

Von vornherein wurden den als Vertreter der Koehler- oder der Volckmarpartei tätigen Herren persönlich keine Entschädigung gezahlt, sondern es wurden den beiden Finanzbassins monatlich sog. Konzernleitungsbeiträge gezahlt. Mir fehlen hierüber die Akten, doch möchte ich bemerken, dass der Koehler-Volckmar-Konzern bis zum 31. Dezember 1932 für die voll tätigen Herren jährlich 12.000 M, 1. Januar 1933 auf Drängen der Koehlerpartei jährlich mindestens 16.000 M zahlten. Dadurch, dass aber diese Konzernbeiträge nicht immer nach der Zahl der leitenden Herren, sondern nach dem Beteiligungsverhältnis der Koehler- und der Volckmarpartei gezahlt wurden, ist die Koehlerpartei m.E. oft schlecht weggekommen.

Besonders möchte ich aber darauf hinweisen, dass Herr Volckmar und Herr Volckmar-Frentzel darauf bestanden, stellvertretende Vorstandsmitglieder, die zu keiner Partei gehörten, höher zu bezahlen, als die leitenden Herren, obwohl die Koehlerpartei immer wieder auf diese beschämende Behandlung hingewiesen hat. Die Koehlerpartei hatte grundsätzlich nichts gegen die durchgeführte Besoldung der stellvertretenden Vorstandsmitglieder einschliesslich Zahlung

---

7   „So will ich (es), so befehle ich (es)." Die Wendung entstammt den „Satiren" des römischen Dichters Juvenal (60 bis 140 n. Chr.).

von besonderen Gratifikationen, aber sie verlangte nur, dass für ihre eigenen Herren kein geringerer Konzernleitungsbeitrag gezahlt wurde als für diese. Diese Forderung der Koehlerpartei ist aber stets grundsätzlich von der Volckmarpartei abgelehnt worden, sodass das Koehlersche Finanzbassin nicht einmal soviel Geld erhielt, als es nach seinem Gesellschaftsvertrag zu zahlen hatte. [61]

11. Fall:
Die Angst vor dem Gelde

Es ist von mir behauptet worden, dass der Koehler-Volckmar-Konzern in der Lage gewesen wäre, mehr Reingewinn auszuschütten, als er das getan hat; die Koehlerpartei hat immer den Standpunkt vertreten, dass möglichst jedes Jahr ein Gewinn von etwa 5 % auf die Kapitalbeteiligung zur Ausschüttung kommen sollte.

Nachdem für die Jahre 1931 und 1932 überhaupt kein Reingewinn ausgeschüttet worden war und die Koehlerpartei in den Jahren 1932 und 1933 Aktien unter Pari an die Volckmarpartei verkaufen musste, fand am 18. April 1934 eine Gesellschafterversammlung statt, in der Herr Hans Volckmar folgendes vortrug:

„1. Der Vorsitzende berichtet, dass infolge des Zurückgehens des Volumens an Lagerhaltung und Aussenständen in fast allen Abteilungen des Konzerns, obwohl im Laufe des Jahres 1933 für ca. 485.000 M Hypotheken und langfristige Schulden vom Konzern selbst oder von den ihm angeschlossenen Firmen oder den ihm zugehörigen Personen mit Konzern-Geldern zurückgezahlt und obwohl z.B. auch in dem Ankaufe des Rittergutes Zeititz ca. M 220.000 investiert worden sind, dennoch der Konzern sehr liquid geblieben ist. Zum Teil wäre diese Liquidität allerdings auch darauf zurückzuführen, dass Mitglieder der Inhaber-Familien des Konzerns oder andere, denselben zugehörige Personen, einer Aufforderung aus früheren Jahren entsprechend, ihre Ersparnisse und sonstigen Gelder im Konzern angelegt hätten. Zur Zeit verfüge der Konzern etwa über 1.150.000 M Bankguthaben und über einen Wechsel-Portefeuille [62] von Wechseln seiner Kommittenten oder Kunden von etwa M 350.000. Diese Liquidität sei rentabilitätsmässig für den Konzern insofern ungünstig, als sich die liquiden Mittel bei den Banken nur sehr mässig verzinsten, während der Konzern bisher noch daran festgehalten habe, die bei ihm angelegten Gelder den Inhaber-Firmen oder den dem Konzern nahestehenden Personen zu dem günstigsten Zinsflusse von z.Zt. 7,5 % zu verzinsen, den er zu Zeiten angeboten habe, als der Konzern noch fremde Gelder benötigte, es ihm also gleich sein konnte, ob er diese den Banken oder Anderen verzinste. Der Konzern müsse angesichts der veränderten Verhältnisse also entweder seine Liquidität erheblich mindern oder wenigstens den Zinsfluss für die vorerwähnten Gelder sehr bedeutend, etwa auf den Bankzinsfluss von 1 % herabsetzen.

2. Da die leitenden Herren des Konzerns in den vergangenen Jahren im Allgemeinen sehr damit beschäftigt waren und es z.Zt. auch sind, den Konzern möglichst vor Schaden zu bewahren, der aus der Schwierigkeit der wirtschaftlichen und politischen Verhältnisse drohte, und da sie im Besonderen auch noch durch Sanierungsarbeiten in einzelnen notleidenden Konzernabteilungen in Anspruch genommen wurden und noch werden, besteht für absehbare Zeit leider schon rein arbeitsmässig nicht die Möglichkeit, die vorhandenen Mittel für eine Weiterentwicklung des Konzerns, insbesondere auf dem Gebiete des Zwischenbuchhandels zu verwenden. [63]

3. Da z.Zt. die Weiterentwicklung des Konzerns in einem grösseren, bedeutende Geldmittel erforderndem Stile nicht möglich ist, da die weitere Abstossung von langfristigen Konzern-Hypotheken nicht wünschenswert ist, da eine ausserhalb des Betätigungsfeldes des Konzerns liegende rein kapitalmässige Anlage von Geldern, z.B. durch den Erwerb von Aktien, festverzinslichen Werten, Hypotheken oder Grundstücken (es sei denn solchen, die der Abrundung des Konzernbesitzes dienen) erst in letzter Linie in Frage käme, muss zunächst ein anderer, dem Interesse des Konzerns und seiner Inhaber besser dienender Weg eingeschlagen werden, um die Liquidität des Konzerns zu senken.

Trotz einer einmaligen Senkung der Liquidität des Konzerns um mehrere M 100.000 ist anzunehmen, dass in den verbleibenden flüssigen Mitteln und in den sich bei normalen und gewinnbringenden Geschäftsgange immer wieder neu ansammelnden flüssigen Mitteln eine genügende Reserve verbleibt, um eine Weiterentwicklung des Konzerns oder um diesem sich antragende besondere Geschäfte zu finanzieren und um auch über die für den Fall eines Wiederaufbaues des Volumens der einzelnen Konzernabteilungen benötigten, vermehrten Betriebsmittel zu verfügen. Schlimmstenfalls würden dem Konzern stets ja auch wieder Bankkredite zur Verfügung stehen, zumal er schon im Jahre 1933 solche nicht mehr in Anspruch genommen hat.

4. Zur einmaligen Senkung der Flüssigkeit des Konzerns wird beschlossen, sowohl die kurzfristigen Schulden des Konzerns (mit Ausnahme der laufenden Lieferanten- und Verlegerschulden), soweit möglich, voll abzustossen, als auch zur [64] Abstossung von kurz- und langfristigen Schulden den beiden Finanzbassins Albert Koch & Co. und Neff & Koehler auf dem Wege des Abkaufs von Substanz Konzerngelder zur Verfügung zu stellen. Hierdurch soll sowohl die Rentabilität des Konzerns (indem dieser nicht mehr grössere, schlecht verzinsbare Bankguthaben zu unterhalten braucht) als auch der beiden Finanzbassins (indem deren Zinsendienst an Dritte erleichtert wird) gehoben werden.

Im Einzelnen soll dieser Beschluss in der folgenden Weise durchgeführt werden:

a) Zur Rückzahlung seitens der Koehler & Volckmar A.G. & Co. kommen nach dem Stande vom 31. Dezember 1933 die folgenden in der Fina verbuchten Guthaben in Frage. Es wird beschlossen, mit diesem Guthaben etwa in der angegebenen Weise zu verfahren:

Inhaber	Kontostand	Bemerkung
Dr. Walther Dietze	M 5.440,23	voll aufkündigen
Felix Gartmann	M 94.419,65	bitten, etwa M 90.000 anderweitig anzulegen
Clara Schüffner	M 20.197,34	voll aufkündigen
Geschäftssparkasse Kto.	M 122.113,58	Hier müsste zunächst einmal festgestellt werden, in welcher Höhe die einzelnen Einlagen bestehen. Bis zu M 1.000 sollte Jedem im Geschäft zu sparen gestattet sein. In welchem Ausmasse die grösseren Sparguthaben aufgekündigt und zur anderweitigen Kapitalanlage verwiesen werden sollen, würde von der vorerwähnten Statistik abhängen.
dto. weitere	M 75.000	die in der Sparkasse infolge [65] der geplanten Auflösung der F. Volckmarschen Hilfskasse von Albert Koch & Co. für Rechnung der einzelnen Mitglieder demnächst zufliessen werden und die im gleichen Sinne zu behandeln wären.

Schätzungsweise würde der Konzern in der vorgeschilderten Weise ca. M 150.000 bis M 170.000 aus seinen flüssigen Mitteln zurückzahlen können.

b) Die beiden Finanzbassins (Albert Koch & Co. und Neff & Koehler) besitzen ihrerseits eine Anzahl kurz- oder langfristiger Schulden, deren Gegenwerte sie teils auf ihren laufenden Konten bei der Fina, teils in Substanz (z.B. auch in der Konzernbeteiligung) angelegt haben.

Neff & Koehler hatte am 17. März 1934 bei der Fina ca. M 23.000 gut. Dazu kommt noch der Reingewinn vom Konzern aus 1933 mit ca. etwa 93.000, sodass das Guthaben am Schluss des 1. Quartals 1934 etwa M 110.000 betragen dürfte.

Albert Koch & Co. hatte am 17. März 1934 (nach Abzug seines Anteiles an der Schuld der Graf Eberhardbau G.m.b.H. auf laufendem Konto bei der Fina) bei der Fina M 205.000 ca. gut. Dazu kommt noch der Reingewinn vom Konzern aus 1933 mit ca. M 280.000. Von diesem Gesamtguthaben von M 485.000 wäre (da schon unter a) als auf die Geschäftssparkasse des Konzerns übertragen, rechnerisch berücksichtigt) die Schuld an die F. Volckmar'sche Hilfskasse mit M 75.000 anzusetzen. Das Guthaben am Schluss des I. Quartals [66] 1934 würde also etwa M 400.000 betragen.

Da die beiden Finanzbassins bei der Fina in nicht zu knapp bemessenem Umfange stets so viele flüssige Mittel unterhalten sollen, wie laufend für den Verbrauch und die Steuern der am Konzern beteiligten vielen Familien benötigt werden und da die vorermittelten Guthaben zuzüglich der als Konzernleitungs-Entschädigungen im Laufe eines Jahres noch hinzukommenden M 165.000 (M 120.000 für Albert Koch & Co. und M 45.000 für Neff & Koehler) hierfür gerade ausreichen werden, kann der Konzern durch Rückzahlungen auf diese Guthaben seine Liquidität nicht vermindern.

Es müssen daher die laufenden Guthaben der beiden Finanzbassins erst durch Substanzverkäufe an den Konzern genügend aufgefüllt werden.

c.) Es werden daher die folgenden Substanztransaktionen beschlossen, zu denen die betreffenden Anwesenden in ihrer Eigenschaft als Vertreter der beiden Firmen Albert Koch & Co. (bezw. A. Voerster & Co.) und Neff & Koehler und als Vorstandsmitglieder der Koehler & Volckmar A.G. und der Koehler & Volckmar A.-G. & Co., sowie als Geschäftsführer und Vertreter der Gesellschafter der Graf Eberhardbau G.m.b.H. ihre Zustimmung geben.

Neff & Koehler verkauft:

M 75.000 Nominal Aktien der Koehler & Volckmar A.-G. zu pari, valuta 2.1.1934 (Wert gleich M 75.000) an die Koehler & Volckmar A.-G. & Co.

Albert Koch & Co. (bezw. A. Voerster & Co.) verkauft: [67]

M 225.000 Nominal Aktien der Koehler & Volckmar A.G. zu pari valuta 2.1.1934 (Wert gleich M 225.000) an die Koehler & Volckmar A.-G. & Co.

M 250.000 Nominal Graf Eberhardbau G.m.b.H. Anteile zum Kurse vom 114 % valuta 2.1.1934 (Wert gleich M 285.000) an die Koehler & Volckmar A.-G. & Co.

Die Kosten für sämtliche Transaktionen trägt die Koehler & Volckmar A.-G. & Co.

Aus diesen Substanzverkäufen ergibt sich für Neff & Koehler ein Mehrguthaben von M 75.000

Bei Albert Koch & Co. (bezw. A. Voerster & Co.) beträgt der Erlös M 225.000 plus 285.000 M = 510.000. Da sein rechnerischer Anteil an der Schuld der Graf Eberhardbau G.m.b.H. auf laufendem Konto bei der Fina von ca. M 120.000 der bisher der Beteiligung entsprechend die Hälfte betrug, nach dem Verkauf weiterer Anteile aber nur noch ein Zwölftel beträgt, vermehrt sich das Guthaben rechnerisch noch um weitere M 50.000. Das Mehrguthaben beträgt also ca. M 560.000.

Es wird beschlossen, dass Neff & Koehler von diesem Mehrguthaben mindestens M 50.000 und Albert Koch & Co. von diesem Mehrguthaben mindestens M 450.000 und zwar im Laufe des April bis Juli 1934, von der Fina zu entnehmen und ausserhalb des Koehler-Volckmar-Konzerns anzulegen oder zu Schuldentilgungen zu verwenden haben. Diese Entnahmen sollen einmalige Kapitalentnahmen sein, also ausserhalb der durch den normalen Verbrauch der Familienmitglieder und durch die Steuern bedingten laufenden Entnahmen liegen. Dieser Beschluss stellt rechtlich eine Aufkündigung seitens der Koehler & Volckmar A.-G. & Co. gegenüber Albert Koch & Co. und Neff & Koehler hinsichtlich der vorgenannten Beträge, und zwar bis spätestens Ultimo [68] Juli 1934 dar.

Wenn auch die Liquidität des Konzerns durch diesen Beschluss nur um M 500.000 gesenkt wird, darf nicht ausser Acht gelassen werden, dass der Konzern von den Finanzbassins tatsächlich für M 635.000 Substanz erworben hat, also seine Liquidität zu Gunsten derjenigen der beiden Finanzbassins um weitere M 135.000 ungünstiger gestaltet hat. Dies spricht insofern mit, als es selbstverständlich wie bisher sowohl einerseits den beiden Finanzbassins unbenommen bleibt, noch grössere Beträge aus ihren Guthaben bei der Fina abzudisponieren, als andererseits auch der Koehler & Volckmar A.G. & Co., den Finanzbassins noch weitere Beträge aufzukündigen, da rechtlich auch die verbleibenden Guthaben für beide Seiten ‚tägliches Geld‘ bleiben. Vorläufig sind solche veränderten Dispositionen jedoch auf keiner Seite beabsichtigt. Für die verbleibenden Guthaben wird auch weiterhin der sogen. Konzernzinssatz gezahlt. Es wird jedoch beschlossen, dass dieser Konzernzinssatz, der bisher seit längerer Zeit 7,5 % beträgt, ab 1.4.1934 allgemein auf 6 % herabgesetzt wird.

Hinsichtlich des Verkaufes der Aktien der Koehler & Volckmar A.-G. seitens der beiden Finanzbassins an die Koehler & Volckmar A.G. & Co. von insgesamt M 300.000 Nominal wird beschlossen und vereinbart, dass dieser Verkauf sinngemäss unter den gleichen Bedingungen erfolgt, die anlässlich des Aktienverkaufes von M 100.000 Nominal (75.000 M Nom. seitens Albert Koch & Co. und M 25.000 seitens Neff & Koehler) im Protokolle der Associébesprechung [69] vom 30. Dezember 1933 Punkt III unter 1.) bis 4.) niedergelegt und vereinbart wurden.

d) Die beiden Finanzbassins Albert Koch & Co. und Neff & Koehler werden innerhalb ihrer Geschäftsteilhaber oder mit ihren Familienmitgliedern intern Beschlüsse fassen und Vereinbarungen darüber treffen, wie die vom Konzern ihnen einmalig zufliessenden Beträge von M 50.000 bezw. M 450.000 zu Schuldenrückzahlungen oder anderweitigen Kapitaltransaktionen ausserhalb des Konzerns zu verwenden sind.

5. Aus den laut Punkt II dieses Protokolles gefassten Beschlüssen wird sich eine einmalige Senkung der Liquidität des Konzerns von etwa M 700.000 ergeben. Es würden zunächst also im Konzern immer noch genügend flüssige Mittel zur Verfügung stehen, um bei sich bietender Gelegenheit auch eine Konzernerweiterung, besonders auf dem Gebiete des Zwischenbuchhandels oder durch eine wünschenswerte Grundstücksarrondierung, durchzuführen.

Insbesondere ist eine Erweiterung der Grossoabteilung des Konzerns, möglichst durch Ankauf eines Grossogeschäftes, notwendig. Auf Vorschlag des Vorsitzenden soll sondiert werden, ob hierfür vielleicht die Firma Louis Naumann in Frage käme.

Weiter erscheint es erwünscht, zur Beseitigung der wenig glücklichen Form des Druckereigrundstücks dessen Verbreiterung zunächst im Hinterlande anzustreben. Es wird beschlossen, mit dem Besitzer des nachbarlichen, dem Druckergebäude parallel laufenden Grundstückes erneut Ankaufsverhandlungen anzunahmen.

Sollten beide Versuche fehlschlagen und sich keine anderweitige Konzernerweiterungsmöglichkeit ergeben, soll abgewartet werden, wie sich die Flüssigkeit des Konzerns [70] nach Durchführung der in Ziffer 1–4 beschlossenen Transaktionen im Laufe der nächsten Monate *stellt. Unter Umständen soll dann noch eine Senkung der noch auf den Grundstücken der Koehler & Volckmar A.G. oder der Graf Eberhardbau G.m.b.H. auflastenden Hypotheken vorgenommen werden."*

War nach diesen Ausführungen wirklich kein anderer Weg seitens der Volckmarpartei für die Koehlerpartei zu finden, um nach den gewinnlosen Jahren 1931 und 1932 zu Gelde zu kommen, als dass ihr die Volckmarpartei Aktien unter pari abkaufte?!

Wie flüssig der Koehler-Volckmar-Konzern (und zwar nicht nur infolge des Zurückgehens des Volumens an Lagerhaltung und Aussenständen, sondern wegen Nichtausschüttung tatsächlich erzielter Gewinn!) blieb, geht daraus hervor, dass nicht nur das grösste Leipziger Grossogeschäft R. Streller gekauft wurde, sondern auch noch ein Riesengrundstück (Salomonstr. 1-3) neben der Druckerei und ausserdem ein weiteres Gebäude, auch dicht an der Druckerei gekauft wurde. Und der Koehler-Volckmar-Konzern weiss immer noch nicht so recht, was er mit seinen Bankguthaben machen soll. [71]

12. Fall:
Das Ausscheiden des Herrn Alfred Staackmann

Am 16. April 1934 hat eine Associébesprechung im Sinne des Konzernprotokolls vom 23. Dez. 1931 Punkt VI D, Ziffer 2, stattgefunden. Wie üblich, wurde für diese von der Zentrale vorher ein Protokoll aufgesetzt, das die Beteiligten unterschreiben sollten. Der erste Entwurf wurde nicht allseitig genehmigt wegen der Vorwürfe, die die Zentrale gegen Herrn Alfred Staackmann in dessen Abwesenheit erhob. Am 18. April wurde von der 2. Fassung (die erste Fassung kann auf Wunsch vorgelegt werden. Anm. Dr. v. Hase) der Punkt VII, der die Staackmann-Frage behandelte, bemängelt, weil man sich daran stiess, dass Behauptungen aufgestellt würden, die für Verschiedene gar nicht nachprüfbar wären. Da der ausgesprochene Widerspruch des Herrn Alfred Staackmann ins Protokoll aufgenommen war, genehmigte man schliesslich das Protokoll mit den beiden entscheidend wichtigen Zusätzen „nach Ansicht der Zentrale", da durch diese Zusätze nur von der Meinungsäusserung der Zentrale Kenntnis genommen wird, die Darlegungen von den übrigen Unterzeichnern des Protokolles aber nicht als ihre eigene Meinung festgelegt werden.

Punkt III des Protokolles vom 18. April lautet: (in der zweiten Fassung):

„Der Vorsitzende Hans Volckmar macht darauf aufmerksam, dass im Jahre 1933 verschiedene Fälle vorgekommen sind, in denen Herren, die Konzernabteilungen leiten, bei dieser Tätigkeit nach Ansicht der Zentrale[8] nicht die Sorgfalt eines ordentlichen Geschäftsmannes angewandt und insbesondere sich nicht an die im Konzern-Protokoll vom 23. Dezember 1931 unter Punkt VI A bis D vereinbarten Grundsätze über die Leitung des Gesamt-Konzerns [72] gehalten haben. In mehreren Fällen sei weder rechtzeitig die Juristische Abteilung des Konzerns zu Rate gezogen, noch in wichtigen Fällen um die Mitwirkung und Entscheidung der Zentrale ersucht worden. Die diesbezüglichen Bestimmungen des Konzernprotokolles sind nicht nur eine Konzern-Anordnung, sondern darüber hinaus eine von jedem Einzelnen durch seine Unterschrift anerkannte Vereinbarung. Verstösse gegen die einem ordentlichen Geschäftsmanne obliegende Sorgfaltpflicht sind eine Verletzung einer gesetzlichen Bestimmung. In beiden Fällen sei es, nach Ansicht der Zentrale[9], also kein Zweifel, dass Herren, die diesen Vereinbarungen oder gesetzlichen Bestimmungen vorsätzlich oder fahrlässig zuwiderhandeln, sich dadurch der betr. Konzern-Firma gegenüber schadenersatzpflichtig machen. Die Konzernleitung hat leider

---

8   Handschriftliche Anmerkung v. Hases: „erst auf Verlangen hinzugesetzt!"
9   Erneute handschriftliche Anmerkung v. Hases: „erst auf Verlangen hinzugesetzt!"

mehrfach im Jahre 1933 durch den stellvertretenden Leiter des Konzerns, Herrn Th. Volckmar-Frentzel, Herren auf solche Unterlassungen und die sich daraus für sie ergebenden Folgen aufmerksam machen müssen. Einige dieser Fälle befinden sich noch in der Abwicklung, sodass noch nicht feststeht, ob und inwieweit solche angekündigten Schadensansprüche noch durchgeführt werden müssen.

Der Vorsitzende berichtet weiter, dass besonders gravierende Fälle, bei denn zweifellos beachtliche Schäden entstanden sind, oder noch entstehen werden, bei L. Staackmann Verlag vorliegen. Schon seit einigen Jahren hat die Zentrale auf Grund des ständig sich verschlechternden Bilanzbildes Vorstellungen über die Geschäftsführung des Verlages bei Herrn Alfred Staackmann erhoben und ihn gebeten, [73] durch eine straffere Geschäftsführung, durch Abstossung untauglichen Personals, durch eine Verjüngung des Autorenbestandes und Anderes mehr die Wirtschaftlichkeit des Verlages zu heben. Erst nachdem alle diese Vorstellungen nicht nur ohne Erfolg blieben, die Zentrale vielmehr den Eindruck gewann, dass sich die wirtschaftlichen Verhältnisse bei L. Staackmann Verlag zunehmend verschlechterten, musste zu der Maßnahme gegriffen werden, den Rücktritt des Herrn Alfred Staackmann von der Geschäftsführung zu veranlassen. Zwar hat die Zentrale Herrn Alfred Staackmann angeboten, den Verlag für eigene Rechnung zu übernehmen, was dieser jedoch abgelehnt hat. Herr Alfred Staackmann ist sodann am 31. Dezember 1933 als Geschäftsführer der L. Staackmann Verlag G.m.b.H. ausgeschieden und von der Leitung der Abteilung L. Staackmann Verlag in der Koehler & Volckmar A.G. & Co. zurückgetreten. Bekanntlich wird dieser Verlag wirtschaftlich und nach Innen für Rechnung der Koehler & Volckmar A.G. & Co. geführt, wenn auch nach Aussen unter der Firma L. Staackmann Verlag G.m.b.H. durch den Geschäftsführer dieser Firma.

Herr Volckmar-Frentzel berichtet ergänzend weiter, dass erst nach Ausscheiden des Herrn Alfred Staackmann aus der vorerwähnten Doppelstellung und nach Uebernahme der Geschäftsführung durch Herrn Carl Baessler unter seiner Oberleitung er als stellvertretender Leiter der Zentrale von den Zuständen im Verlage und von den aus [74] ihnen sich ergebenden Schäden eingehendere Kenntnis erhalten hat. Die Schäden sind infolge einer mangelhaften organisatorischen und kaufmännischen Führung des Betriebes, insbesondere aber auch durch Vereinbarungen mit Autoren über Honorarvorauszahlungen, Vorschüsse, Renten und Ähnliches entstanden, die jedes verlegerisch und kaufmännisch vertretbare Maß überschreiten. Diese Schäden haben nicht einmal mit dem Ausscheiden des Herrn Alfred Staackmann ihren Abschluss gefunden, sondern werden sich noch längere Zeit fühlbar machen, erstens, weil solche Desorganisation des Betriebes und solche nicht vertretbaren Zugeständnisse an die Autoren sich nicht sofort abstellen lassen und zweitens, weil Herr Alfred Staackmann vor und nach Zeitpunkte seines Ausscheidens mit mehreren Autoren immer weiter in Korrespondenz geblieben ist, deren Inhalt der neuen Verlagsleitung bisher nur zum Teil bekannt geworden bezw. bekannt gegeben worden ist. In dieser Korrespondenz hat Herr Alfred Staackmann das Ansehen des Verlages besonders auch hinsichtlich seiner Zahlungsfähigkeit schwer herabgesetzt und das Verhältnis der Autoren zu der neuen Geschäftsleitung ausserordentlich erschwert und getrübt.

Der Vorsitzende gibt bekannt, dass Herr Alfred Staackmann vom stellvertretenden Leiter des Konzerns, Herrn Th. Volckmar-Frentzel, wiederholt auf die Verletzung der ihm obliegenden Verpflichtungen, insbesondere auf derjenigen aus dem Protokoll vom 23. Dezember 1931, sowie auf die sich daraus ergebende Schadensersatzpflicht hingewiesen worden ist. Der Vorsitzende gibt [75] weiter bekannt, dass hierüber noch eine materielle Auseinandersetzung mit Herrn Alfred Staackmann erfolgen müsse, die aber noch vertagt werden müsse, weil immer noch weitere Fälle bekannt würden, deren unsachgemässe Behandlung mutmaßlich Gegenstand weiterer Regreßansprüche würde.

Der Vorsitzende verweist auf die Bestimmungen des Konzern-Protokolles vom 23.12.1931 und zwar unter Punkt VI D 2 und D 3, für den Fall, dass Alfred Staackmann Berschwerde erheben will."

Punkt IV des Protokolles vom 18. April 1934 lautet:

„Der Vorsitzende teilt mit, dass er von dem Entwurf dieses Protokolles Herrn Alfred Staackmann, der sich z.Zt. in Bozen befindet, mit Schreiben vom 11.4.1934 Kenntnis gegeben und
ihn dabei besonders auf Punkt III hingewiesen habe. Er habe unter dem Ausdruck seines Be-
dauerns, dass überhaupt diese Dinge erörtert werden müssten, Herrn Staackmann anheim gegeben, zur Sitzung zu erscheinen oder seine Wünsche schriftlich zum Ausdruck zu bringen.

Herr Alfred Staackmann habe daraufhin in einem Schreiben vom 14. April 1934 an den Vorsitzenden den Wunsch ausgesprochen, dass der ganze ihn bezw. den L. Staackmann Verlag betreffende Teil des Punktes III des Protokoll-Entwurfes (also Abschnitt 2–5 des Protokolles) in der
Sitzung nicht zum Vortrag kommen möge. Für den Fall, dass diesem Wunsche aber nicht entsprochen werden könne, wozu sich der Vorsitzende entschieden hat – hat Herr Alfred Staackmann zu Händen des Vorsitzenden unter dem 14. April 1934 eine schriftliche Erklärung
abgegeben, die der Vorsitzende verliest und die wie folgt lautet: [76]

,Herrn Hans Volckmar
Vorsitzenden des Aufsichtsrates der Koehler & Volckmar A.G. & Co., Leipzig

Gegen die in Punkt III, Absatz 2, des Protokolls vom 18. April enthaltene Kritik meiner Geschäftsführung, sowie gegen den Vorentwurf, das Ansehen des Verlages herabgesetzt zu haben u.s.w. lege ich hierdurch schärfste Verwahrung ein. – Ich habe den von mir aufgebauten
Verlag im Laufe von ca. 35 Jahren immer individuell, nach den von mir als richtig erkannten
Grundsätzen, unter Einsatz all meiner Kräfte und teilweise auch unter persönlichen Opfern geleitet. Das Wohl und Wehe des Verlages ist meine Lebensaufgabe gewesen und ich habe nur
mit grösster Selbstüberwindung auf den Wiederkauf des mir Ende v.J. angebotenen Objektes
verzichtet, weil, was ich hierdurch ausdrücklich feststellen möchte, mir die nötigen Mittel nicht
in vollem Umfange zur Verfügung standen.

Ich behalte mir die eingehende Erwiderung auf einzelne Punkte der gegen mich, ohne vorheri-
ge Befragung meinerseits, erhobenen Anklage, insbesondere auch den Appell an ein Schiedsgericht, vor und beschränke mich heute darauf, zu erklären, dass

1. die von mir erwähnten finanziellen Zuwendungen zwecks Erhaltung einiger weniger verdienten Autoren und zur Gewinnung neuer Autoren durchaus nur im Interesse des Verlages und seines Prestiges gelegen haben und von mir voll verantwortet werden, und dass es

2. nicht den Tatsachen entspricht, wenn es im Protokoll so dargestellt wird, als seien die Vorschläge der Zentrale von mir nicht berücksichtigt und befolgt worden.

gez. Alfred Staackmann.'

Der Vorsitzende bemerkt hierzu, dass er nach Rückkehr des Herrn Alfred Staackmann gemeinsam mit Herrn Volckmar-Frentzel die Verhandlungen mit diesem aufnehmen und versuchen
wird, nach Möglichkeit mit Herrn Alfred Staackmann alle bestehenden Differenzpunkte zu klären. Insoweit hierbei ein Verschulden des Herrn Alfred Staackmann festgestellt werde, erklärt
der Vorsitzende, zunächst alles versuchen zu wollen, um über den [77] materiellen Teil einer
Schadensvergütung mit Herrn Alfred Staackmann zu einer gütlichen Einigung zu gelangen."

Auf diese Staackmann-Angelegenheit kommt Herr Hans Volckmar in einem Brief vom 24. August 1934 an die Koehlerpartei zurück, den ich im Auszug wiedergebe:

„Im Punkt III unseres Konzernprotokolls vom 18. April 1934 ist von mir besonders auch der
Schäden Erwähnung getan worden, die nach Auffassung der Konzernleitung bei L. Staackmann

Verlag in den vergangenen Jahren durch die Geschäftsführung des Herrn Alfred Staackmann entstanden waren. In Punkt IV desselben Protokolles ist die Verwahrung enthalten, die Herr Alfred Staackmann, der der Konzernsitzung z.Zt. nicht beigewohnt hat, hiergegen damals schriftlich eingelegt hat.

Ich habe inzwischen versucht, diese Differenzen durch eine gütliche Verständigung mit Herrn Alfred Staackmann aus der Welt zu schaffen.

1. Das Resultat verschiedener hierüber gepflogener Verhandlungen und gewechselter Briefe ist, dass Herr Alfred Staackmann bereit ist, L. Staackmann Verlag mit Rückwirkung ab 1. Januar 1934 für alleinige Rechnung zu übernehmen. Wichtig ist noch, dass Alfred Staackmann sich dem Konzern gegenüber verpflichtet, solange er oder seine Familie Besitzer oder Mitbesitzer von L. Staackmann Verlag sind, die graphischen Betriebe des Konzerns (Druckerei und Buchbinderei) wie bisher durch Uebertragung der gesamten Produktionsaufträge zu beschäftigen, wobei der Konzerngrundsatz Gültigkeit behält, dass unsere Betriebe bei konkurrenzfähigen Bedingungen den Vorrang erhalten. Diese [78] Verpflichtung soll aber erlöschen, sobald Herr Staackmann oder seine Familie den Verlag an Dritte verkaufen sollte, damit ihm der Verkauf nicht durch eine solche Verpflichtung erschwert oder unmöglich gemacht wird. Dagegen soll aber im Falle eines solchen Verkaufs dem Konzern wiederum ein Vorkaufsrecht zustehen, damit er durch Ausübung desselben seinen graphischen Betrieben den Kunden erhalten kann.

Ich habe mich auf die vorstehenden Vorschläge, die von Herrn Alfred Staackmann angenommen sind, zunächst weder für den Konzern noch für Albert Koch & Co. fest gebunden, da ich vorerst gern Ihre Ansicht zur Sache und insbesondere zum Kaufpreis hören wollte. Meine Associés bei Albert Koch & Co. und ich sind der Meinung, dass wir auf dieser Basis abschliessen sollten. Es wäre mir aber lieb, wenn der Beschluss zu diesem Vergleiche im Konzern einstimmig durch Albert Koch & Co. und Neff & Koehler gefasst werden könnte. Ich persönlich möchte sehr zur Annahme des Vergleiches raten, da ich glaube, dass das Erreichte für den Konzern akzeptabel ist und besonders auch, weil es den auf die Dauer gar nicht haltbaren Zustand beseitigt, dass mein Neffe sowohl die Leitung von L. Staackmann Verlag als auch die Konzernleitung versorgen muss.

Schliesslich bitte ich noch, davon Kenntnis zu nehmen, dass ich Herren Alfred Staackmann über alle diese Vorgänge und über die Vereinbarungen, die zu ihrer Beilegung führen sollen, Dritten gegenüber im Namen von uns Allen strengste Diskretion zugesagt habe. Für Herrn Alfred Staackmann [79] war der Entschluss besonders schwer, nachdem er Ende Dezember 1933 offiziell von Autoren und Kollegen als Verleger Abschied genommen hatte, nun plötzlich wieder geschäftlich hervorzutreten. Für diesen Wechsel muss auch nach einer guten Begründung gesucht werden. Uebrigens beabsichtigt Herr Staackmann auch nicht in der früheren Weise, etwa gar als Geschäftsführer, im Verlage wieder aktiv zu werden, sondern er will mehr, wie es auch mein Neffe tut, hinter den Kulissen tätig sein und seinem Neffen Baessler die eigentliche Geschäftsführung überlassen. Ich möchte also ganz besonders bitten, diese von mir in unserer Aller Namen Herrn Staackmann zugesagte Diskretion auch Ihrerseits und auch seitens Ihrer Mitgesellschafter bei Neff & Koehler zu wahren."

Ich habe daraufhin am 27. August 1934 an die Volckmarpartei geschrieben:

„Lieber Herr Volckmar!

Aus Ihrem Brief vom 24. August ersehe ich, dass Sie und Ihre Herren sich entschlossen haben, die Anteile der L. Staackmann G.m.b.H. an Herrn Alfred Staackmann valuta 1. Januar 1934 zu verkaufen.

Diese Nachricht überrascht mich insofern, als dadurch zum ersten Male das Prinzip der vollständigen Fusion aller Koehler- und Volckmarbetriebe, auf die seinerzeit ausserordentlich grosser Wert gelegt wurde, durchbrochen wird. Als als letztes auch die Verlage fusioniert wurden, geschah das seitens der Koehlerpartei nicht ohne Bedenken.

Wenn ich namens Neff & Koehler hiermit meine Zustimmung zu dem Verkauf unter den von Ihnen genannten Bedingungen gebe, so kann ich [80] das aber nur tun unter der Bedingung, dass sich Albert Koch & Co. bereit erklärt, ihre Zustimmung dazu zu geben, die Verlage K. F. Koehler G.m.b.H. und Koehler & Amelang G.m.b.H. an uns oder einen Dritten oder an mehrere Persönlichkeiten zu verkaufen, und zwar unter entsprechenden Bedingungen wie beim Verkauf der L. Staackmann G.m.b.H., sobald Neff & Koehler einen dementsprechenden Antrag an den Koehler-Volckmar-Konzern stellt.

Mit den besten Grüssen und Heil Hitler!

Ihr ergebener
gez. Dr. Herm. V. Hase."

Hans Volckmars Antwort vom 28. August 1934 lautete:

„In Ihrer Antwort vom 27. ds. auf mein Schreiben vom 24. ds., in dem ich Ihnen den vom Koehler-Volckmar-Konzern beabsichtigen Verkauf von L. Staackmann Verlag zum Preise vom M 376.000 an Herrn Alfred Staackmann persönlich mitteilte, machen Sie die Zustimmung Ihrer Firma Neff & Koehler zu diesem Verkaufe davon abhängig, dass Albert Koch & Co. Ihnen zusagen soll, dass, sofern Neff & Koehler dies wünscht, die Koehler-Verlage zu dem Staackmann-Verkaufe entsprechenden ‚Bedingungen' an uns oder einen Dritten oder an mehrere Personlichkeiten verkauft werden.

Sie begründen diese Bedingung mit dem Gedanken der Totalfusion, der Ihrer Ansicht nach durch diesen Verkauf des Staackmann-Verlages zum ersten Male, und zwar zu Gunsten eines Angehörigen der Volckmar-Partei, durchbrochen würde, sodass ein analoger Durchbruch dieses Gedankens hinsichtlich der Koehler-Verlage zu Gunsten der Koehler-Partei, sobald diese es wünscht, berechtigt sei.

Diese Begründung für die von Ihnen gestellte Bedingung ist eine irrige, weil Herr Alfred Staackmann in dem Moment, in dem er vom Koehler-Volckmar-Konzern den Staackmann-Verlag kauft, [81] persönlich und mit seinem Kapital, und zwar mit Rückwirkung auf den 1. Januar 1934, aus den Firmen des Volckmar-Konzerns ausscheidet. Ich hätte Ihnen diese Tatsache allerdings in meinem Schreiben vom 24. ds. mitteilen sollen, da Ihre Nichtkenntnis Sie offenbar zu Ihren irrigen Folgerungen und Bedingungen veranlasst hat. Herr Staackmann beschafft sich durch dieses Ausscheiden aus dem Volckmar-Konzern einen Teil seines Geldes, das er zur Bezahlung des Kaufpreises an den Koehler-Volckmar-Konzern zur Bildung eines (über das bei der Fina verbleibende Guthaben hinausgehenden) Betriebskapitals und schliesslich auch zur Regelung privater Angelegenheiten bedarf. Lediglich in seiner Eigenschaft als von seinem Bruder Hans bestimmter Testamentsvollstrecker und als von seinen Nichten ernannter Generalbevollmächtigter wird er auch weiter <u>deren</u> Interesse im Volckmar-Konzern zu vertreten haben.

Der Verkauf an Herrn Alfred Staackmann stellt sich also nicht als ein solcher an ein Mitglied der Volckmar-Partei – in welchem Falle die Logik des Gedankens einer Verletzung der Totalfusion zu untersuchen wäre – sondern als ein Verkauf an eine <u>dritte</u>, nicht mehr am Volckmar-Konzern direkt oder indirekt kapitalistisch oder gewinn- und verlustmässig interessierte Person dar. Ein solcher Verkauf hätte im Koehler-Volckmar-Konzern über kurz oder lang doch erfolgen müssen, da keine geeignete Persönlichkeit da ist, die den Verlag allein führen und ihm ständig neue Impulse geben könnte. Mein Neffe konnte diese Aufgabe natürlich nur vorübergehend übernehmen, und durfte sich dadurch nicht dauernd in erheblichen Maße der wichtigeren Aufgabe der eigentlichen Konzernleitung entziehen. [82]

Da nun unter den heutigen Umständen der L. Staackmann Verlag schwerlich auf dem freien Markte verkäuflich ist, da weiter zwischen Herrn Alfred Staackmann und dem Koehler-Volckmar-Konzern immer noch die von ersterem bestrittenen Regressansprüche stehen, halte ich es für eine für den Konzern sehr akzeptable Lösung, den Verlag für M 376.000 an Herrn Alfred Staackmann zu verkaufen und dadurch die erwähnten Schwierigkeiten auf einmal zu beseitigen.

Nach dieser Darstellung werden Sie einsehen, dass seitens Neff & Koehler nur die Frage zu bejahen oder zu verneinen ist, ob unter den heutigen Verhältnissen ein Kaufpreis von M 376.000 für den Staackmann Verlag nicht nur ein akzeptaber ist, sondern ob in ihm auch ein angemessenes Aequivalent für die Regressansprüche liegt, die der Koehler-Volckmar-Konzern glaubt, an Herrn Alfred Staackmann persönlich stellen zu können.

Sollten Sie meinen, diese Frage für Neff & Koehler verneinen zu müssen, weil Sie glauben, dass bei einer gerichtlichen Geldendmachung der Regressansprüche eine höhere Entschädigung zu erreichen wäre, so würde ich Ihnen dankbar sein, wenn Sie solche Ansichten begründen würden, damit ich nochmals, besonders mit meinem Neffen, Herrn Volckmar-Frentzel, der diese Interna des Verlages ja am besten beherrscht, nachprüfen könnte, ob der gebotene Preis von M 376.000 zur Abgeltung des Kaufpreises und der Regressansprüche etwa doch nicht ausreicht.

Hinsichtlich des Wertes des Verlages ist diese Frage bereits sehr ausführlich von uns geprüft worden. Ueber den Erfolg einer gerichtlichen Austragung der Regressansprüche kann man natürlich sehr verschiedener Ansicht sein. Mein Neffe und ich glauben, [83] dass durch den Gesamtpreis von M 376.000 dieser Anspruch mit mindestens M 50.000 abgegolten wird, denn wir Beide glauben nicht, dass der Verkaufswert des Verlages unter Berücksichtigung der schlechten Konjunktur für reine Belletristik über 325.000 liegen dürfte.

Ich bitte, Ihre etwaigen Gegenargumente über den Wert des Verlages und über die Ihrer Ansicht nach erreichbare Höhe der Regressansprüche meinem Neffen oder mir unverzüglich zur Nachprüfung mitzuteilen. Herr Staackmann, der am 1. September eine mehrwöchige Reise antreten muss, wünscht vorher die Angelegenheit zum Schluss zu bringen und ich möchte wiederum den Koehler-Volckmar-Konzern durch eine Vertagung des Verkaufs bis nach der Rückkehr des Herrn Alfred Staackmann nicht der Gefahr aussetzen, dass dieser von seinem Angebot etwa wieder zurücktritt.

Daher muss im Koehler-Volckmar-Konzern bis spätestens Freitag, den 31. August, Klarheit darüber herbeigeführt werden:

a) ob wir die Transaktion einstimmig beschliessen,

b) oder ob wie sie im Hinblick auf Ihre eventuellen Gegenargumente mit der Begründung ablehnen, dass die gebotene Summe nicht ausreicht,

c) oder ob Albert Koch & Co. bei einer Abstimmung im Konzern Neff & Koehler überstimmen will.

Jedenfalls bitte ich Sie aber, den Gedanken, dessen Unlogik ich Ihnen ja eingangs nachgewiesen habe, die Sie aber in Unkenntnis dessen, dass Herr Alfred Staackmann völlig aus dem Volckmar-Konzern ausscheiden würde, nicht selbst erkennen konnten, aufzugeben, dass Albert Koch & Co. je an Neff & Koehler hinsichtlich der Koehler-Verlage eine Zusicherung geben würde, wenn Sie die glaubten beanspruchen zu können." [84]

Mein Bruder, der Fregattenkapitän Georg von Hase, der Mitgesellschafter der Koehlerpartei, schrieb mir auf diesen Brief hin am 29. August 1934:

„Lieber Hermann!

Der Brief von Hans Volckmar sollte an unserem Standpunkt, dass Neff & Koehler nur unter den von Dir gemachten Bedingungen zustimmen, nichts ändern. Es ist doch einerlei, ob Staackmann Verlag an einen Associé verkauft wird, der mit seiner gesamten Beteiligung aus dem Konzern austritt, oder ob dieser etwa nur einen Teil seiner Anteile verkauft, oder ob er den Verlag ohne Veränderung seiner Anteilverhältnisse im Konzern für sich erwirbt, oder ob schliesslich der Verlag an eine beliebige ausserhalb des Konzerns stehende Persönlichkeit verkauft wird. Ein Teil des Konzerns soll auf jeden Fall jetzt verkauft werden und zwar in einer Zeit, in der wir wirklich reichlich liquide sind, sodass wir nicht auf die Schaffung von neuen flüssigen Geldern angewiesen sind. Der Staackmann-Verlag ist doch z.Zt. nicht von Herrn Alfred Staackmann, sondern von Albert Koch & Co. in den Konzern eingebracht worden wie K. F. Koehler Verlag von Neff & Koehler. Es ist also ganz unlogisch, zu behaupten, der Konzerngedanke würde nicht verletzt, weil Alfred Staackmann ja gleichzeitig aus dem Konzern mit seinem Anteil ausscheidet.

Das einzige, was mir für den Verkauf zu sprechen scheint, ist die nationalsozialistische Forderung, dass Betriebe nur von sich selbst und der Allgemeinheit verantwortlichen Führern geleitet werden sollten. Das ist aber ein Gegenargument zu unserer jetzigen Stellungnahme, wäre aber bei der selbstverständlichen Ablehnung unseres Vorschlages ein Argument für die Notwendigkeit [85] der Selbständigmachung der Koehler-Verlage."

Am 31. August 1934 habe ich der Volckmarpartei folgende Antwort erteilt:

„Lieber Herr Volckmar!

Auf Ihren Brief vom 28. August erlaube ich mir zu erwidern, dass ich es meinen Mitgesellschaftern gegenüber nicht verantworten kann, namens Neff & Koehler meine Zustimmung zum Verkauf der L. Staackmann G.m.b.H. zu geben, ohne dass die Möglichkeit geboten wird, die Koehler-Verlage von einem oder mehreren zur Koehlerpartei Gehörigen erwerben zu lassen und zwar zu entsprechenden Bedingungen, unter denen der Staackmann-Verlag jetzt abgegeben wird, sobald der oder die Erwerber ebenfalls wie Herr Alfred Staackmann finanziell nicht nach dem Kauf mittelbar durch das Finanzbassin Neff & Koehler am Koehler-Volckmar-Konzern beteiligt sind. Ich bitte Sie, Ihren Herren diese Bedingung vortragen zu wollen und bitte Sie sämtlichst, dieser auf der Grundlage der gleichmässigen Behandlung der beiden Parteien beruhenden Bedingung zuzustimmen. Ich bin mir allerdings bewusst, dass Sie unter Nichterfüllung dieses Wunsches jederzeit durch Abstimmung den Verkauf herbeiführen können.

Was nun die Frage des Kaufpreises betrifft, so bin ich erstaunt, das Sie in die geforderte Kaufsumme eine Summe von rund 50.000 M einschliessen, mit der eine von der Volckmarpartei behauptete Regressforderung gegen Herrn Alfred Staackmann abgegolten werden soll, obwohl, wie Sie mir mitteilen, diese Regressansprüche von Herrn Alfred Staackmann bestritten werden. Wenn mir Ihre Begründung für eine solche Regressforderung zwar nicht bekannt ist, so muss ich sagen, dass mir der Rechtsanspruch auf eine solche Regressforderung sehr unsicher erscheint, wie Sie ja selbst über [86] den Erfolg einer gerichtlichen Austragung etwas skeptisch zu sein scheinen. Eine solche Regressforderung an Herrn Alfred Staackmann scheint mir schon aus dem Grunde nicht empfehlenswert zu sein, weil die Unrentabilität des Staackmann Verlages und ihre Gründe schon seit langer Zeit bekannt waren, ohne dass unseres Wissens von irgend einer Seite ernstlich Abhilfe gefordert wurde. Ich stehe auf dem Standpunkt und glaube auch in dieser Beziehung die Ansichten der Koehlerpartei zu vertreten, dass es ratsam erscheint, diese Regressforderung aufzugeben. Ich würde mich also namens Neff & Koehler damit einverstanden erklären, dass der Kaufpreis von 376.000 M um 50.000 M herabgesetzt würde. Wie mir von Herrn Volckmar-Frentzel versichert wurde, hat Herr Alfred Staackmann freiwillig den Rücklauf erbeten; nun könnte es bei einer gedanklichen Einrechnung von 50.000 M Regressforderung leicht so ausgelegt werden, als ob durch das Stellen einer Regressforderung an sich Herr Staackmann zu dem unerwarteten Kaufe veranlasst worden sei.

Bedenken gegen Punkt b) auf Seite 3 Ihres Briefes bestehen also von unserer Seite nicht. Ich halte aber einen Kaufpreis von 326.000 M dem tatsächlichen Wert gleich Ihnen für angemessen, insbesondere, wenn ich bedenke, dass der Verlag Staackmann im Laufes des Jahres 1934 wohl mehr als bisher mit Aufwendungen belastet worden ist und dass, wenn auch bewusst aus bestimmten Gründen, anscheinend nur wenige Verlagsneuigkeiten angenommen sind, sodass der Staackmann-Verlag für Herbst 1934 mit einem starken Herabsinken seines Umsatzes wird rechnen müssen. Bei dieser Gelegenheit möchte ich betonen, dass ich kein Bedenken haben würde, den Roman von Hans Heyck „Robinson kehrt heim" [87] an L. Staackmann Verlag abzutreten. Ich habe meine Zustimmung zum Verkauf an sich gegeben, obwohl ich verschiedene Bedenken dagegen habe, die ich aber, um Ihren Wunsch zu erfüllen, zurückgestellt habe. Grundsätzlich bedaure ich, dass der Staackmann-Verlag aus dem Koehler-Volckmar-Konzern ausscheidet; nähere Begründung würde hier zu weit führen.

Ich glaube jedoch nicht, dass der ‚Verkauf von Staackmann-Verlag über kurz oder lang doch hätte erfolgen müssen, da keine geeignete Persönlichkeit da ist, die den Verlag allein führen und ihm ständig neue Impulse geben könnte.' Ich glaube, dass sich ausserhalb des Konzerns sicher ein solche Persönlichkeit hätten finden lassen, der es, wenn sie gelernter Verleger wäre, bei Einsatz der ganzen Arbeitskraft bald gelingen würde, einen Verlag mit dem Namen Staackmann wieder in die Höhe zu bringen. Uebrigens hätte der Gedanke zum mindestens erwogen werden können, ob unter Beibehaltung des Namens eine völlige Angliederung an die Geschäftsleitung der Koehler-Verlage nicht die richtige Lösung gewesen wäre. Durch eine solche Vereinigung hätte sich sicher ein <u>einziger</u> Konzern-Verlag zusammenschmieden lassen, der ideell und finanziell dem Koehler-Konzern zum Vorteil gereicht hätte. Wenn man mir eine solche Tätigkeit angeboten hätte, so würde ich sie angenommen haben und glaube auch, den Anforderungen einigermassen hätte entsprechen zu können.

Ich bedaure, dass ich von den Verhandlungen mit Herrn Alfred Staackmann nichts gewusst habe, da vielleicht durch meine Mitwirkung als die des einzigen richtigen Verlegers im Konzern die ganzen Verhandlungen einen anderen Gang genommen hätten. Vielleicht ist es aber doch noch nicht zu [88] spät, um in derartige Erwägungen einzutreten. Ich kann jedenfalls nur nochmals betonen, dass ich es bedaure, dass ein Verlag vom Namen Staackmann aus dem Konzern ausscheidet, ohne dass der Konzern bei seiner Gesamtlage aus finanziellen Gründen (Liquidität und Rentabilität) zur Veräusserung gezwungen worden wäre.

Heil Hitler
gez. Dr. Hermann v. Hase"

Hans Volckmar schrieb am 3. September 1934 unter anderem:

„Aus Ihrer Zuschrift vom 31. VIII. ersah ich leider, dass Sie Ihren Beschluss, seitens Neff & Koehler dem Verkaufe vom L. Staackmann Verlag an Herrn Alfred Staackmann nur gegen eine Sonderzusage an Neff & Koehler zustimmen, trotz meiner Ausführungen vom 28. VIII. nicht revidiert haben. Da diese Zusage nicht gegeben werden kann und gegeben wird, habe ich die Transaktion nunmehr heute nachmittag ohne Ihre Mitwirkung, die ich Ihnen unter diesen Verhältnissen nicht zumuten wollte, durchführen lassen. Die beiden Koehler-Verlage sind hierbei durch die Herren Dr. Jeremias und Prokurist Müller vertreten worden. Ich überreiche Ihnen zur nachträglichen Kenntnisnahme die diesbezüglichen Dokumente.

Weiter teile ich Ihnen mit, dass Herr Alfred Staackmann am heutigen Tage mit Rückwirkung auf den 1. Januar 1934 aus den offenen Handelsgesellschaften Albert Koch & Co. und F. Volckmar

(Volckmar-Konzern) ausgeschieden ist. Zu meinem Bedauern muss ich feststellen, dass die aus den Dokumenten 1. bis 5. ersichtliche heutige Transaktion die erste ist, die meines Wissens nicht im vollen Einvernehmen der beiden Inhaber-Firmen des Koehler-Volckmar-Konzerns durchgeführt worden ist. Ich habe bisher stets [89] Wert darauf gelegt, solches Einvernehmen herbeizuführen, obwohl es aus rechtlichen und vertraglichen Gründen an sich nicht erforderlich ist."

Zum Schluss dieser Aktenzusammenstellung möchte ich noch Folgendes bemerken: Mit voller Absicht habe ich in meinem Brief vom 31.8.34 an Herrn Volckmar den Satz geschrieben: „Wie mir von Herrn Volckmar-Frentzel versichert wurde, hat Herr Alfred Staackmann freiwillig den Rückkauf erbeten."

Ich erkläre zu diesem Satz ehrenwörtlich, dass mir Herr Alfred Staackmann persönlich mitgeteilt hat, dass er zu dem Rücklauf und zu der ganzen Erledigung von der Volckmarpartei gezwungen worden sei. Man habe ihm erklärt, dass die Volckmarpartei sich entschlossen habe, auf gerichtlichem Wege seinen Ausschluss aus der Volckmarpartei (aus der offenen Handelsgesellschaft Albert Koch & Co., Leipzig) wegen eines wichtigen Grundes (wohl Pflichtvernachlässigung) zu beantragen. Daraufhin sei ihm nichts anderes übrig geblieben, als eine ‚gütliche' Lösung mit der Volckmarpartei zu suchen.

Ich benenne für die Richtigkeit der obigen Darstellung als Zeugen Herrn Verlagsbuchhändler Alfred Staackmann, Leipzig N 22, Friedenstrasse 1." [90]

13. Fall:
Verhinderung der Annahme von Ehrenämtern

Vorausschicken muss ich, dass ich von der Novemberrevolte 1918 an zum Vorstand des Leipziger Buchhändler-Arbeitgeberverbandes gehörte und zwar anfangs zur Gruppe „Zwischenbuchhandel"; ausserdem gab es einen Arbeitgeberverband der Verleger und einen des Sortiments. Der Vorsitzende des Arbeitgeberverbandes „Verlag" war zugleich Führer der drei vereinigten buchhändlerischen Arbeitgeberverbände. Obwohl ich zuerst längere Zeit nur den Zwischenbuchhandel vertrat, wurde ich in besonders schwieriger Zeit durch das Vertrauen des gesamten Leipziger Buchhandels als Nachfolger reiner Verleger zum Vorsitzenden des Arbeitgeberverbandes „Verlag" gewählt und habe in dieser Eigenschaft lange Zeit über schwierigste Verhandlungen, Streiks und Gegenstreiks hinweg, die drei zusammenarbeitenden Verbände geleitet. Diese Stellung war deshalb von besonderer Bedeutung, weil fast der gesamte deutsche Buchhandel in Deutschland durch einen Leipziger Streik wegen des Zwischenbuchhandels (Kommissionsgeschäfte) lahm gelegt wurde. Trotzdem vertraute man mir als Mitinhaber des Koehler-Volckmar-Konzerns (ich leitete damals nicht nur den Verlag, sondern auch Teile des Zwischenbuchhandels) die Führung, die ziemlich diktatorisch gehandhabt werden musste, an, sodass ich also auch über die Belange des Verlages weitgehend verfügte.

Im Protokoll des Koehler-Volckmar-Konzerns vom 25. September 1925 wurde nun auf S. 25 folgendes bestimmt:

„Die vorstehend genannten Herren (der Volckmarpartei, der Koehlerpartei und sonstige leitenden Herren) verpflichten sich, keine Ehrenämter zu übernehmen, die ihre Arbeitskraft in nennenswerter Weise [91] dem Koehler-Volckmar-Konzern entziehen, es sei denn, dass in einer Besprechung der Aufsichtsrat- und Vorstandsmitglieder der Koehler-Volckmar A.G. hierzu ausdrücklich Genehmigung erteilt worden ist."

Im Laufe der Jahre sind verschiedene Aufforderungen an mich herangekommen, besonders aus dem Verlag, Ehrenämter in Vereinen anzunehmen. Das ist mir grundsätzlich von den Herren der Volckmarpartei abgelehnt worden und zwar immer wieder mit der Begründung, ich könnte als Beteiligter am Koehler-Volckmar-Konzern nicht einseitig Interessen des Verlages vertreten. Nun war ich aber doch seit etwa 1925 fast ausschliesslich als Verleger tätig, mein Verlag entwickelte sich zusehends und ich konnte mich eigentlich den Wünschen gar nicht entziehen. Man muss sich doch einmal überlegen, wie kränkend es für mich war, wenn ich auf Veranlassung der Volckmarpartei immer wieder zum Ausdruck bringen musste, dass ich nicht objektiv genug sei, ein mir übertragenes berufliches Ehrenamt gerecht zu verwalten! Dadurch entstanden zwischen mir und der Volckmarpartei immer wieder Zusammenstösse, da ich immer wieder in eine höchst unangenehme Lage kam. Natürlich machte ich es den Herren der Volckmarpartei nie recht, wie z.B. der Brief von Herrn Volckmar-Frentzel vom 28. Februar 1934 zeigt:

„Im Auftrage von Herrn Volckmar sende ich Ihnen anliegend einen Brief, den Herr Volckmar gestern an Sie, unter Bezugnahme auf die Besprechung von vorgestern, geschrieben hat.

Bezugnehmend auf diesen Brief von Herrn Volckmar reiche ich Ihnen anliegend die Akten betreffend den Deutschen Verlegerverein zurück. – Ihr Briefentwurf geht an den Prinzipien leider gänzlich vorbei, die wir in der vorgestrigen Besprechung als [92] wichtig erkannt haben und nach denen unserer Ansicht nach insbesondere auch dieser Vorgang behandelt werden muss. Sicher ist es das Richtigste, dass Sie nun erst einmal einen Entwurf machen, der diesen Prinzipien in allen Teilen Rechnung trägt. Bitte übersenden Sie dann Herrn Dr. Jeremias und mir einen Durchschlag Ihres neues Entwurfes."

Wie derartige Fragen behandelt wurden, möchte ich am folgenden Beispiel zeigen: Am 6.12.1934 schrieb mir Pg. Karl Baur aus München unter anderem:

„Sehr geehrter Herr von Hase!

Sie wissen, dass ich gelegentlich der a.o. Hauptversammlung in Leipzig zum Leiter der Fachschaft VERLAG im Bund reichsdeutscher Buchhändler berufen wurde. Es war meine erste Aufgabe, die Organisation der Fachschaft entsprechend der Organisation des Bundes auszubauen. Ueber den Aufbau der Fachschaft und die Ueberlegungen, die mich zu dieser Gliederung führten, werde ich in der nächsten Nummer unserer ‚Vertraulichen Mitteilungen' berichten. Ich gebe Ihnen einliegend den Entwurf dieser Veröffentlichung, da er Ihnen am raschesten die Sachlage zeigt.

Die grössten Schwierigkeiten bereitete bisher die Besetzung der Fachgruppe 2. Ihr Kernstück bildet die alte ‚Vereinigung schönwissenschaftlicher Verleger'. Sie wissen ja, dass seit Jahren bereits unter der Führung des Herrn Cohn allenthalben von der Notwendigkeit einer Umgestaltung des Vorstandes gesprochen wurde. [93] Seien Sie mir nicht allzu böse, wenn ich Ihnen nun sage, dass die Wahl auf Sie gefallen ist. Ich habe gestern in diesem Sinne auch mit Ihrem Herren Bruder Helmuth v. Hase gesprochen, der mit mir der Ueberzeugung war, dass Sie sich dem Rufe nicht entziehen würden. Ich bitte Sie also, mir in meiner Arbeit zu helfen, indem Sie die Führung der Fachgruppe und gleichzeitig die Leitung der Arbeitsgemeinschaft schöngeistiger Verleger übernehmen. – Ich würde vorschlagen, Herrn Peter Diederichs dann als Ihren Stellvertreter zu berufen, wobei ich aber selbstverständlich durchaus bereit bin, Ihren Wünschen Gehör zu geben.

Für eine umgehende Benachrichtigung wäre ich Ihnen sehr dankbar, da wir mit dem Druck der ‚Vertraulichen Mitteilungen' so lange warten müssen, bis Ihre Entscheidung gefallen ist."

Auf Vorlage dieses Briefes an Herrn Volckmar-Frentzel lehnte dieser meine Zusage ab, worauf ich ihm am 8. Dezember unter anderem schrieb:

„In meinem Brief vom 14. März 1933 habe ich schon damals zum Ausdruck gebracht, ‚dass es mir letzten Endes doch nicht leicht fallen würde, abzusagen, wenn tatsächlich niemand anders dazu zu bewegen ist', nämlich Vorsitzender der Vereinigung schönwissenschaftlicher Verleger zu werden.

Jetzt beauftragt der Leiter der Fachschaft vom ‚Reichsbund der Deutschen Buchhändler' einfach gewisse Leute mit der Führung gewisser Aemter und wenn auch vorher unter der Hand gefragt wird, so kann es geschehen, dass er jemanden [94] trotz gewissen Widerspruchs einfach zur Leitung eines Amtes beruft. Wenn nicht schwerwiegende Gründe vorliegen, kann man sich im Dritten Reich nicht einfach sträuben, sondern hat zu folgen.

Ich soll ja auch nicht nur Leiter der Arbeitsgemeinschaft schöngeistiger Verleger werden, sondern damit auch Leiter der Fachgruppe II: Schöngeistiger und populär-wissenschaftlicher Verlag, zu der noch Volksliteratur, Reisebuchhandel, Leihbüchereiwesen und Bühnenspiel-Verleger gehören.

Wenn jemand auf einen solchen Posten berufen wird, so versteht es sich jetzt doch von selber, dass er alle persönlichen und geschäftlichen eigenen Interessen auszuscheiden hat und nach bestem Wissen und Gewissen sein Amt, unabhängig von seinem eigenen Geschäft, zu verwalten hat.

Wenn ich in meinem Brief vom 14. März 1933 schrieb: ‚Diesmal wird es aber ernst und wenn die drei ausgewählten Kandidaten versagen sollten, so könnte ich mich wohl kaum der Berufung entziehen, wenn sich nicht der Konzern schroff ablehnend dagegen verhält, was mir an und für sich das Liebste wäre', so entspricht das meiner heutigen Auffassung also nicht mehr. Ich stehe vielmehr auf dem Standpunkt, dass sowohl ich meine persönliche Abneigung gegen die Uebernahme eines Amtes überwinden muss, wie der Konzern auch in Befolgung des Spruches: Gemeinnutz geht vor [95] Eigennutz wohl seinen Vorstandsmitgliedern erlauben muss, im Interesse der Gesamtheit ein Amt zu übernehmen, selbst wenn das betreffende Vorstandsmitglied dadurch die Interessen des Konzerns gegen die Interessen der Allgemeinheit zurückstellen müsste. Man wird also nicht mehr als Vertreter einer Firma berufen, sondern zur Vertretung der allgemeinen Berufsinteressen – das ist die wesentlich Aenderung.

Als Leiter eines grossen und durch seine Richtung mit den Tendenzen der Regierung im Einklang stehenden Verlages kann ich persönlich mich auch sehr schlecht einer Berufung entziehen, insbesondere nicht mit der Begründung, dass ich in meinem Amt in Interessenkonflikt mit Zweigen meiner Firma kommen könnte, wie ich ja diesen Grund auch offiziell nie angegeben habe.

Mir bleibt unter den gegenwärtigen Umständen also eigentlich nur übrig, entweder zuzusagen oder mit der Begründung abzulehnen, dass meine Mitgesellschafter die Uebernahme des Amtes nicht wünschten. Ich fürchte aber, dass eine solche Begründung dem Konzern übelgenommen werden könnte und dass wir uns deshalb eigentlich in der Zwangslage befinden, meine Annahme der Berufung als das kleinere Uebel zu betrachten. Ich warte Ihre Antwort ab, bevor ich Herrn Baur antworte. Heil Hitler!"

Herr Volckmar-Frentzel war jedoch nicht zu bewegen, seine Zustimmung zur Annahme meiner Berufung zu geben, er schreibt [96] am 10.12.1934 wie folgt:

„Es tut mir leid, aus Ihrem Schreiben vom 8. ds. zu ersehen, dass Sie seit dem März 1933 Ihre damals recht vernünftige Ansicht über die Uebernahme rein verlegerischer Ehrenämter seitens eines leitenden Herrn unseres Konzerns sehr verändert haben. Nationalsozialistische Gründe,

die Sie hierfür angeben, können m.A.n. nicht herangezogen werden, da es sich nicht um eine weltanschauliche, sondern um eine rein sachliche Zweckmässigkeitsfrage handelt. Eine sachliche Veranlassung zu einer Ansichtsänderung liegt aber nicht vor, denn die Tatsache, dass der Konzern in seinem überwiegenden Maße Zwischenbuchhandlung und nicht Verlag, Sortiment oder irgend etwas anderes ist, besteht unverändert, wenn nicht gar durch Ausscheiden des Staackmann-Verlages aus unserem Konzern vermehrt, weiter.

Bei richtiger und sachlicher Darstellung dieser Tatsache wird sich ihr auch keiner der derzeitigen Führer des Buchhandels verschliessen, gleichgültig, dass diese jetzt auf Grund des Führerprinzips ihre Unterorgane ernennen, während sie sie früher erwählen liessen. Die Herren werden auch leicht davon zu überzeugen sein, dass Verlag und Sortiment kein Interesse daran haben können, von Herren geführt zu werden, die nicht <u>ausschliesslich</u> Verleger oder Sortimenter sind, deren materiellen Interessen vielmehr zum weitaus überwiegenden Teile beim Zwischenbuchhandel liegen. Dabei ist es von vornherein keineswegs feststehend, dass durch eine solche Inkongruenz sich stets nur unser <u>Konzern</u> geschädigt [97] fühlen müsste. Würde tatsächlich einmal für unseren Konzern aus solcher Tätigkeit Schaden entstehen, so hat die Konzernleitung zu jeder Zeit die rechtliche Möglichkeit, denjenigen, durch dessen Verhalten der Schaden entstand, aus ihrem Mitarbeiterkreise zu entfernen. Im Gegenteil, es ist wahrscheinlich, dass die <u>Verleger</u> glauben könnten und werden, dass von einem Konzernmitglied die rein verlegerischen Belange nicht so wahrgenommen werden, als wenn sie der Obhut eines Mannes anvertraut sind, die nur verlegerisch orientiert und interessiert ist.

Bliebe nun noch der Gedanke zu untersuchen, ob Ihre persönliche Eignung für einen solchen Vorsteherprosten gegenüber anderen Nur-Verlegern eine so überwiegende ist, dass es mit dem Grundsatze: Gemeinnutz geht vor Eigennutz, also im vorliegenden Falle mit dem Wohle des Verlagsbuchhandels, nicht vereinbarlich wäre, wenn Sie den Posten ausschlagen würden. Ohne ihrer persönlichen Einschätzung hierzu vorgreifen zu wollen, meine ich, dass sich auch unter diesem Gesichtspunkte eine Absage vertreten lässt. Schliesslich hat sich Herr Baur ja auch den sachlichen und persönlichen Gründen nicht verschlossen, die zu einer Absage der Herren Dr. Kilpper und Dr. Spemann führten, die <u>vor</u> Ihnen als geeignet befunden und trotzdem auch im dritten Reiche nicht einfach zur Amtsannahme kommandiert wurden.

Im Hinblick darauf, dass es für den Konzern sehr wesentlich ist, <u>wie</u> Herrn Baur, München, Ihre Ablehnung dargestellt und begründet wird, damit nach keiner Seite hin irgendeine Mißstimmung entsteht, bitte ich [98] Sie, mir Ihre Antwort vor Absendung im Entwurfe vorzulegen. Fällt es Ihnen schwer, in dem von mir skizzierten Sinne zu schreiben, so bin ich auch bereit, an Ihrer Stelle, also von der Konzernleitung aus, die Beantwortung an Herrn Baur zu übernehmen."

Meine Antwort vom 10.12. lautete:

„Auf Ihren Brief vom heutigen Tage lasse ich Ihnen meine Antwort an Herrn Baur, München, zugehen und bitte, sie absenden zu wollen, falls Sie mit ihr einverstanden sind. Andernfalls mache ich von Ihrem Vorschlag Gebrauch und bitte Sie, unmittelbar von der Konzernleitung aus an meiner Stelle den Brief des Herrn Baur beantworten zu wollen."

Leider ging die Zentrale nicht auf meinen letzten Vorschlag ein, obwohl ihr mein Brief nicht passte, sondern höchstens die Zensur 3b/4 erhielt; er wurde von Herrn Hans Volckmar persönlich umgeschrieben, wie die beiliegende Fotokopie zeigt.[10]

Man kann sich denken, mit welchen Gefühlen ich diesen Brief durch meine Privatsekretärin abschreiben liess, ihn unterzeichnete und absandte! [99]

---

10   Die Fotokopie des Briefes liegt der Denkschrift nicht bei.

14. Fall:
Kurzer Bericht über die inneren Zusammenhänge meiner Abberufung als Vorstandsmitglied der Koehler & Volckmar A.G. & Co. im Jahre 1935

Erstattet von Georg von Hase

Nach 23jähriger Dienstzeit in der Kaiserlichen Marine wurde mir 1919 unter Verleihung des Charakters als Fregattenkapitän der Abschied bewilligt. Von Anfang Februar 1919 ab war ich als Volontär in verschiedenen Buchhandlungsfirmen, vor allem in den Firmen des Koehler & Volckmar-Konzerns, tätig.

Am 1. Februar 1920 wurde ich Mitinhaber der zum Koehler-Konzern gehörigen Firmen Hermann Schultze und E. F. Steinacker, sowie Prokurist der Firma K. F. Koehler, sämtlich in Leipzig. Ich trat damit gewissermassen in die Lücke ein, die in der 1789 gegründeten Firma K. F. Koehler durch den Tod ihres im Oktober 1918 auf dem Felde der Ehre gefallenen Seniorchefs, des Rittmeisters der Res. Karl Franz Koehler, meines besten Jugendfreundes, entstanden war.

Im Sommer 1923 sollten die Kommissionsgeschäfte dieser Firmen, deren Leitung mir bald nach meinem Eintritt übertragen worden war, mit den Kommissionsgeschäften des Volckmar-Konzerns fusioniert werden. Ich bekämpfte diesen Plan, da ich voraussah, dass die Koehler-partei dabei ihren Einfluss und vielleicht sogar ihre Selbständigkeit verlieren würde. Der Plan wurde aber auf Drängen der Volckmar-Partei trotzdem durchgeführt. Meine Opposition gegen die Fusion der Kommissionsgeschäfte, die für die Volckmar-Partei weniger eine wirtschaftliche, als eine Machtfrage gewesen ist, ist zugestandenerweise die erste Ursache zu meinem schlechten Verhältnis mit den führenden Herren der Volckmar-Partei gewesen.

Nach der erfolgten Fusion der Kommissionsgeschäfte [100] wurde ich im Sommer 1923 als Repräsentant der Koehlerpartei zum Vorstandsmitglied der Koehler & Volckmar A.G. ernannt. Gleichzeitig wurde mir die Leitung der Personal- und Gehaltsabteilung und das Personalreferat des Konzerns übertragen, eine Teilnahme an der Leitung der Kommissionsgeschäfte oder einer anderen buchhändlerischen Abteilung oder Firma wurde mir aber verweigert. Im Jahre 1925 übernahm ich die bis dahin von meinem Bruder Dr. Hermann v. Hase geleitete Katalog- und Vertriebsmittel-Abteilung der Koehler & Volckmar A.G. & Co.

Im Frühjahr 1926 wurden die Gesellschafter der Koehlerpartei durch die die Koehlerpartei geradezu vernichtende Bilanzpolitik der Volckmarpartei gezwungen, ihren Anteil von 40 % auf 33 1/3 % herabzusetzen. Da vertragsmässig 61 % der Stimmen für eine Abstimmung der Gesellschafter erforderlich waren, hatte die Koehlerpartei bis dahin nicht überstimmt werden können, beide Parteien waren also gleichberechtigt gewesen. Jetzt aber ging die Gleichberechtigung der Koehlerpartei verloren!

Von diesem Zeitpunkte ab sahen die Gesellschafter der Volckmarpartei in den Gesellschaftern der Koehlerpartei nicht mehr gleichberechtigte Associés, sondern Menschen, die sich allen ihren Verfügungen unterzuordnen hatten und die nach Möglichkeit den Konzern nicht nach aussen zu vertreten hatten. Jede Entscheidung, in wichtigen und in unwichtigen Dingen, fiel der Volckmarpartei zu, neue Ehrenämter wurden nur von Herren der Volckmarpartei besetzt. [101]

Mir wurde im Mai 1926 die Leitung der freigewordenen Ausland-Abteilung der Koehler & Volckmar A.G. & Co. übertragen, mein übriger Einfluss im Konzern aber wurde planmässig abgebaut. Erst wurde mir die Leitung der Katalog-Abteilung, dann die der Personal- und Gehaltsabteilung genommen, dann das Personal-Referat und meine Tätigkeit im Arbeitgeber-Verband und schliesslich noch die Verwaltung des Wohlfahrtsfonds, sowie der Pensionen und Renten des Konzerns. Ich wurde auf die immer unselbständiger gestaltete Leitung der Ausland-Abteilung beschränkt und da ich sowohl weltanschaulich als auch buchhändlerisch oft anderer Meinung war, als der mit einer Nichtarierin verheiratete Herr Hans Volckmar und sein ganz von ihm abhängiger Adoptivsohn Theodor Volckmar-Frentzel, musste ich bald feststellen, dass man nur nach einer Veranlassung suchte, mich aus der Leitung der Ausland-Abteilung und womöglich überhaupt aus meiner Stellung im Konzern herauszudrängen. Da ich mir aber keinerlei Blößen gab, und da sich die Ausland-Abteilung unter meiner Leitung und Dank günstiger Konjunktur hervorragend entwickelte und grosse Erträge abwarf, so fehlte lange Zeit eine geeignete Handhabe gegen mich.

Eine Veranlassung zum Vorgehen gegen mich wurde erst erblickt, als im Jahre 1933 und 1934 die Exportmöglichkeiten für das deutsche Buch infolge des jüdischen Boykottes sanken und als damit auch die Rentabilität der Ausland-Abteilung eine geringere wurde. Jetzt wurde in meiner Leitung eine Gefahr für die Ausland-Abteilung erblickt!

Ich hatte damals im Interesse der Angestellten der Ausland-Abteilung und auf deren Wunsch eine Herabsetzung der Arbeitszeit eingeführt und konnte mich auf verhältnismässig wenige Entlassungen einiger wirtschaftlich besser gestellter Angestellten und Arbeiter beschränken. [102] Herr Volckmar-Frentzel verlangte aber Wiedereinführung der 48-stündigen Arbeitszeit und zahlreiche Entlassungen von langgedientem Personal, obwohl die Ausland-Abteilung auch bei der verkürzten Arbeitszeit einwandfrei arbeitete. Schliesslich wurde ich zu den von Herrn Volckmar-Frentzel geforderten Maßnahmen gezwungen.

Die infolge des grossen Umsatzverlustes ungünstiger ausgefallene Bilanz der Ausland-Abteilung für das Geschäftsjahr 1933 – es wurde immerhin noch ein Reingewinn erzielt – wurde von der aus Herrn Hans Volckmar und Herrn Th. Volckmar-Frentzel bestehenden sogenannten ‚Zentrale' zur Veranlassung genommen, mir auch die letzte Spur von Selbständigkeit in meiner Tätigkeit als Vorstandsmitglied zu nehmen. Ich wurde gezwungen, die Leitung der Ausland-Abteilung mir einem neuen Vorstandsmitglied, Herrn Fernau, zu teilen. Jeder von mir diktierte Brief musste entweder die Genehmigung des Herrn Volckmar-Frentzel oder des Herrn Fernau erhalten. Durch diese und ähnliche Bevormundungen und Unterbindungen meiner Initiative ist nach aussen mancher Buchexport unterblieben, nach innen manche Härte gegen das Personal entstanden.

Ein halbes Jahr lang habe ich die Ueberwachung jeder meiner Maßnahmen durch Herrn Volckmar-Frentzel und Herrn Fernau erduldet, ohne mich zu irgend welchen Handlungen gegen Herrn Volckmar-Frentzel hinreissen zu lassen. Diesem war es während dieser ganzen Zeit nicht gelungen, mir irgend eine Nachlässigkeit oder einen sonstigen Verstoss gegen die Konzernanordnungen nachzuweisen. Schließlich beantragte ich im August 1933 die Abberufung des Herrn Fernaus aus der Leitung der Ausland-Abteilung. Diese genehmigte Herr Volckmar-Frentzel durch sein Schreiben vom 18. August 1933, das mich zwar von der Koordinierung des Herrn Fernau befreite, das aber zeigt, wie stark auch [103] in Zukunft meine freien Entscheidungen beengt werden sollten und wie sehr ich, obwohl ich jederzeit mit dem Einsatz meiner Zeit und meiner Kräfte im Interesse des Konzerns arbeitete, unter dem ständigen Drucke der Entfernung aus meiner Stellung als Vorstandsmitglied gehalten werden sollte. Ich war dagegen wehrlos, da Herr Volckmar bezw. sein Adoptivsohn Th. Volckmar-Frentzel infolge der eigenartigen Konstruktion und Verschachtelung des Koehler-Volckmar-Konzerns dessen absoluter Herrscher war und auch heute noch ist. Das Schreiben vom 18. August 1933 lautete folgendermassen:

„Sehr geehrter Herr Konsul!

Unter Bezugnahme auf Ziffer III meines Briefes an Sie vom 27. Februar 1933, sowie auf die eingehende Unterredung, die zufolge Ihres Wunsches am 16. August ds. Js. zwischen Ihnen und mir stattgefunden hat, darf ich Ihnen folgendes bestätigen:

Nachdem die zu Beginn dieses Jahres eingeleiteten Sanierungsarbeiten für die Auslandabteilung Ihrer Ansicht nach soweit fortgeschritten sind, dass Ihnen die ständige Anwesenheit des Herrn Fernau in der Auslandabteilung arbeitsmässig nicht mehr erforderlich erscheint, wird Herr Fernau nunmehr wieder vermehrt für unsere Kommissionsgeschäfte tätig werden und deshalb auch sein früheres Privatkontor in der Verlegerabteilung des Kommissionsgeschäftes wieder als Arbeitsplatz wählen. Diese Regelung erfolgt versuchsweise, unter der Voraussetzung, dass – und zwar grundsätzlich ausgehend von Ihrer Initiative – die Zusammenarbeit zwischen Ihnen und Herrn Fernau auch künftig eine ganz enge und umfassende [104] bleibt. Hierfür muss nicht nur massgebend sein, dass Herr Fernau nach dem Tode unseres lieben Herrn Hans Staackmann im Sinne von Ziffer VII des Konzernprotokolls vom 23. Dezember 1931 nunmehr Vertreter des Leiters der Ausland-Abteilung ist, sondern über die nach diesem Protokoll hinaus festgelegte Zusammenarbeit zwischen dem Leiter einer Abteilung und seinem Stellvertreter muss Klarheit darüber bestehen, dass Herr Fernau von Ihnen nicht nur über ,wichtigere, insbesondere grundsätzliche Vorkommnisse' (vgl. Punkt VII A Ziffer 3 des Konzernprotokolls) unterrichtet wird, sondern laufend über den Geschäftsgang der Auslandabteilung durch Sie Kenntnis erhält und zwar derart, dass er in der Lage ist, in kollegialer Zusammenarbeit mit Ihnen für eine erfolgreiche Weiterentwicklung der Auslandabteilung tätig zu werden. Sollte es Ihnen einmal in irgend einem Falle zweifelhaft sein, ob eine Orientierung und Mitwirkung des Herrn Fernau erforderlich ist, so bitte ich, im Zweifelsfalle stets anzunehmen, dass die Notwendigkeit für Sie vorliegt, Ihren Vertreter zu orientieren und seine Mitwirkung zu erbitten.

Die besorgniserregende Gesamtlage der Auslandabteilung, die eine dauernde kritische Beobachtung aller organisatorischen Einzelfragen sowie möglichst vielseitige geschäftliche Anregungen erfordert, und die besonderen Schwierigkeiten bei allen Exportgeschäften, die in der gründlichen Bearbeitung und vorsichtigen Entscheidung der meisten Geschäftsvorfälle der Auslandabteilung berücksichtigt werden müssen, machen auch künftig eine freudige, enge kollegiale [105] Zusammenarbeit zwischen Ihnen und Herrn Fernau unerlässlich. In unserer Unterredung vom 16. August habe ich Ihnen in grösster Offenheit erneut die Sorgen mitgeteilt, mit denen wir leider schon oft die Auslandabteilung unter Ihrer Leitung kritisch betrachten mussten. Sollte es sich in Zukunft als geschäftlich notwendig erweisen, einen anderen Herrn der Geschäftsleitung erneut vollamtlich in der Auslandabteilung tätig werden zu lassen, so würde der Zustand nicht nochmals eintreten können, wie er vom 27. Februar ds. Js. bis jetzt bestanden hat. Ich darf nicht unerwähnt lassen, dass Sie solchenfalls damit rechnen müssten, dass die alleinige Leitung der Auslandabteilung dann Herrn Fernau oder einem anderen Herrn der Geschäftsleitung übertragen werden müsste.

Ich hoffe gern, dass Sie aus möglichst enger Gemeinschaftsarbeit mit Herrn Fernau und gegebenenfalls den anderen leitenden Herren künftig das gleiche Gefühl von Förderung und Entlastung an Verantwortung gewinnen werden, wie wir Anderen, die von jeher auf eine solche enge kollegiale Zusammenarbeit im Interesse der Sache – frei von übertriebenem persönlichen Ehrgeiz – besonderen Wert gelegt und aus ihr grössten Nutzen für die Firma gezogen haben.

Mit bestem Gruss
Ihr ergebener
gez. Theodor Volckmar-Frentzel"

Da die Unterdrückung der Mitglieder der Koehlerpartei im Jahre 1934 immer drückender empfunden wurde, erfolgte Anfang des Jahres 1935 ein Vorstoss der Koehlerpartei, durch [106] den auf sachliche Weise versucht werden sollte, der Koehlerpartei wieder den ihr auf Grund ihrer Beteiligung zustehenden Einfluss in der Leitung des Konzerns einzuräumen, und der sofort, da man in mir den geistigen Urheber des Vorstosses vermutete, mit einer scharfen Kampfansage gegen meine Person beantwortet wurde. Aber selbst in der entscheidenden

Associé-Besprechung, die am 8. Febr. 1935 stattfand, konnten von der Volckmarpartei bei der Begründung des Antrages auf meine Abberufung als Vorstandsmitglied keine Beispiele von Verstössen oder Vernachlässigungen angeführt werden, sondern Herr H. Volckmar erging sich in allgemein gehaltenen durch nichts beweisbaren Redensarten und Anschuldigungen und lehnte es auch, auf die von meinem Bruder gestellten Fragen, wer von den Associés Beschwerde geführt habe und welche Fälle diese Beschwerde beträfe, ausdrücklich ab, diese Fragen zu beantworten.

Im Laufe der Verhandlungen verlas mein Bruder folgende Erklärung:

„Die Geschäftsführenden Teilhaber der Koehlerpartei erkennen die Berechtigung der Beschwerden über die Tätigkeit von Herrn Konsul v. Hase im Konzern in keiner Weise als berechtigt an und weisen sie als unsachlich zurück. Sie sehen in diesen Beschwerden nichts anderes, als ein weiteres Glied in der langen Kette von Massnahmen und Unterlassungen, um die Koehlerpartei immer mehr aus der Mitarbeit in der Gesamtleitung des Konzerns auszuschalten. Sie erblicken darin einen Verstoss gegen die der Koehlerpartei im Protokoll vom 30.12.1933 gegebenen Zusicherung, die einer willkürlichen Ausübung der gemachten Vorbehalte entgegensteht. Wegen dieser schwerwiegenden Meinungsverschiedenheit [107] über die Berechtigung der Beschwerden über die Tätigkeit des Herrn Konsul v. Hase im Konzern werden wir ein Schiedsgericht berufen, das diese Meinungsverschiedenheit klären soll."

Trotz aller Bemühungen der Koehlerpartei, eine Abberufung zu verhindern, wurde diese von den Gesellschaftern der Volckmarpartei einstimmig beschlossen. Um mir diese nach innen und nach aussen hin einfach nicht tragbare Demütigung zu ersparen, sah sich die Koehlerpartei einstimmig veranlasst, einen internen − allerdings nicht weniger demütigenden Vergleich mit der Volckmarpartei abzuschliessen, auf Grund dessen ich feiwillig im März 1935 meine Abberufung erbat und ich zur Wahrung des äusseren Scheins eine Berufung in den Aufsichtsrat der Koehler & Volckmar A.G. annahm. [108]

15. Fall:
Gottschling, Zwei Jahre hinter Klostermauern

Nachdem ich am 27. Juni 1933 vom Reichsleiter Alfred Rosenberg zu einer längeren Besprechung empfangen worden war, bei der ich [mit] ihm von der Weiterentwicklung meiner Verlage gesprochen hatte, habe ich ihm am 29. September 1933 folgenden Brief geschrieben:

„Anschliessend an meine Ausführungen, die ich Ihnen gelegentlich meines Berliner Besuches und unseres Zusammentreffens in Eisenach anl. der Tagung der Deutschen Bühne vortragen konnte, erlaube ich mir, Ihnen heute einige Herbstneuigkeiten zu übersenden, die sich sämtlich mit dem Kampf gegen den römischen Machtwillen befassen. Es sind dies:

Gräfin Salburg, Die Tochter des Jesuiten,
Joseph v. Lauff, Die Heilige von Niederrhein,
Edmund Kiss, Frühling in Atlantis,
Heinrich Wolf, Geschichte der katholischen Staatsidee.

Das Werk der Gräfin Salburg ist allerdings bereits voriges Jahr erschienen. Joseph v. Lauff's Buch ist jetzt erst nach seinem Tode veröffentlicht worden, doch hat er die Korrekturen noch lesen können. ‚Frühling von Atlantis' spielt zwar ungefähr vor 20.000 Jahren, doch wird man sehr leicht die Parallele zur Gegenwart erkennen.

Diese drei Bücher sind Romane von Autoren, die sehr gern gelesen werden, und ich hoffe, auf diese Art und Weise den Kampf gegen den Ultramontanismus zu fördern. Die ,Geschichte der katholischen Staatsidee' von dem bekannten Verfasser der ,Angewandten Geschichte' ist dagegen ein rein wissenschaftliches Werk, dessen [109] Verbreitung zweifellos im Interesse des deutschen Volkes liegt.

Die Hauptwerke aus der Germanischen Vorgeschichte, die ich noch bringen werde, nämlich Professor Dr. Hermann Wirth ,Ura Linda-Chronik' und Hermann Wille ,Altgermanische Gotteshäuser' von denen ich Ihnen bereits sprach, sind noch in Vorbereitung, doch würde ich vor deren Erscheinung sehr gern einmal Rücksprache mit Ihnen genommen haben. Vielleicht darf ich mich gelegentlich zu einer Besprechung anmelden."

Am 2. Oktober 1934 übersandte mir Pg. Urban, der Stabsleiter des Reichsleiters Alfred Rosenberg das Manuskript des Werkes von Gottschling, Zwei Jahre hinter Klostermauern, der sich an der Dienststelle des Reichsleiters Alfred Rosenberg mit der Bitte gewandt habe, ihm bei den Verhandlungen wegen Uebernahme seines Manuskriptes durch einen Verlag behilflich zu sein. Stabsleiter Urban schrieb wörtlich: *„Ich habe mich der Angelegenheit aus verschiedenen Gründen persönlich angenommen und dabei sofort als den in Frage kommenden Verlag den Ihrigen betrachtet."*

Ich erkannte sofort die Wichtigkeit dieser Anfrage für meinen Verlag und würde es für einen groben Fehler der Verlagsleitung gehalten haben, wenn ich das Werk nicht zum Verlag übernehme. Nach einer Aktennotiz vom 27. Oktober 1934 von mir habe ich mich für den 24.10. bei Stabsleiter Urban angemeldet, der zu dieser Unterredung Herrn Dr. Gottschling gebeten hatte. In meiner Aktennotiz heisst es:

„Urban, den ich von früher her kenne, berichtete nun, dass Alfred Rosenberg das ihm vom Verfasser zugesandte Manuskript ,Zwei Jahre hinter Klostermauern' gelesen und lebhaft gewünscht habe, dass das Buch veröffentlicht würde. Der Eher-Verlag kam dafür nicht in [110] Betracht, weil das Werk sich nicht mit nationalsozialistischen Fragen beschäftige. Sie hätten sofort an mich und den Koehler-Verlag gedacht, und er habe entsprechend im Einverständnis mit Rosenberg an mich geschrieben,

Auf meine Frage, wie sich die NSDAP zu dem Buche stellen würde, erklärte mir Stabsleiter Urban in Gegenwart von Dr. Gottschling,

1.) dass eine Genehmigung durch die Bouhler'sche Stelle in München nicht in Betracht käme, da ja nationalsozialistische Belange nicht behandelt werden,

2.) dass die Angelegenheit aber bereits mit der ,Reichsstelle zur Förderung des Deutschen Schrifttums' besprochen worden sei und diese sich bereiterklärt habe, das Buch vor der Veröffentlichung zu besprechen und besonders zu empfehlen, sodass der Verlag bei seinen ersten Ankündigungen bereits diese amtliche Empfehlung benutzen und sich überhaupt darauf stützen könne,

3.) dass ausserdem die gesamte Presse auf die Bedeutung des Buches und die Einstellung der Reichsstelle zur Förderung des Deutschen Schrifttums hingewiesen werden würde.

Da es dem Verlag natürlich sehr daran liegen muss, gute Beziehungen zum Reichsleiter Rosenberg zu unterhalten und eine Ablehnung des Buches sicher nicht dazu beigetragen hätte, ich auch keinerlei Bedenken gegen die Veröffentlichung hatte, habe ich mich grundsätzlich zur Verlagsübernahme bereiterklärt."

Ich hatte das Werk inzwischen selbst gelesen uns es für gut und für meinen Verlag für geeignet befunden. Nachdem ich auch noch das Urteil der „Reichsstelle zur Förderung des deutschen Schrifttums" erhalten hatte, hatte ich keinerlei Bedenken, Gottschlings Werk zu veröffentlichen. Es wäre doch weiss Gott eine merkwürdige Sache gewesen, wenn ich mich unter den dargelegten Umständen nach irgend einer Richtung hin veranlasst [111] gesehen hätte, die Anregung des Stabsleiters des Beauftragten des Führers für die gesamte geistige und weltanschauliche Erziehung des NSDAP nicht aufzunehmen, sondern anzulehnen. Weder mit meiner persönlichen Weltanschauung hätte ich je eine solche Absage verantworten können noch mit der Pflicht eines der Reichsschrifttumskammer angehörigen Verlegers und Parteigenossen.

Der Verlagsvertrag mit dem Verfasser wurde also abgeschlossen und das Werk erschien, wobei ich mich bei dem Vertrieb in erster Linie auf das Gutachten der Reichsstelle vom 20.11. 1934 stützte, das folgendermassen lautete:

„Der Mönch hat eine eigentümlich Psyche. Das konnte ich in den zwei Jahren meines Klosterlebens reichlich erfahren. Um es lange Zeit oder gar lebenslang unter so gearteten Menschen aushalten zu können, muss jemand entweder schon eine ebensolche von der Norm abweichende psychische Struktur besitzen, oder er muss eine solche im Kloster durch die Umformung erwerben. Ein so Umgeformter ist dann aber für das normale bürgerliche Leben unbrauchbar geworden.

Hier gibt einer, der zwei Jahre lang Mönch gewesen ist, eine durch ihre Sachlichkeit erschütternde Darstellung von Aufbau und Erziehungssystem des Dominikanerordens; der Dominikanerorden ist, wie eine Reihe von anderen Orden, exemt, d.h. er untersteht keinem Bischof, sondern unmittelbar dem Papst selbst. Gottschling begnügt sich als Quelle nicht mit der allgemein gehaltenen offiziellen Literatur über das Ordenswesen, sondern er stützt sich fast ausschliesslich auf eigene im geheimen unmittelbar [112] gemachte Aufzeichnungen, und auf die Einblicke, die er verschiedentlich in die Geheimsatzungen des Ordens tun konnte. Die Sprache ist frei von jeder Sensationshascherei; sie überzeugt durch ihre Verbindung von bescheidener Vornehmheit mit schonungsloser Wahrhaftigkeit.

Das Werk ist eine unersetzliche, aus unendlich vielen Einzelheiten und dem Aussenstehenden niemals erkennbaren Kleinigkeiten aufgebaute Dokumentensammlung für die Tatsache, dass durch die Ordenserziehung systematisch das Selbstbewusstsein und das Ehrgefühl des Menschen zerbrochen wird, um ihn zum willenlosen Werkzeug in der Hand des Ordensgebietigers zu machen.

Es ist fast unnötig, festzustellen, dass dieser Frevel am Menschentum irgendetwas mit dem katholischen Glauben zu tun hat, der in diesem Buch in keiner Weise angetastet wird. Im Gegenteil, jeder aufrechte deutsche Katholik wird diese reinliche Scheidung des katholischen Gedankengutes von solchen Verirrungen gerade im Hinblick auf ein gesundes Verhältnis von Nationalsozialismus und Katholizismus dankbarst begrüssen."

Das Werk von Gottschling ist am 26.2.1935 im Buchhandel erschienen und ist seinen Weg gegangen; es wäre auch weiter im Verlag K. F. Koehler verbreitet worden, wenn nicht besondere Ereignisse eingetreten wären. Ich verweise auf den Punkt 2 einer „Aktennotiz" über eine Besprechung der Herren Dr. Herm. v. Hase, Dr. Starkloff und Volckmar-Frentzel vom 20. Mai 1935:

„Herr Dr. v. Hase berichtet, dass er immer in einer an sich von ihm begrüssten Verbindung mit Herrn Urban stünde, der alle geschäftlichen und verlegerischen Angelegenheiten für Alfred Rosenberg erledigt. Durch Alfred Rosenberg [113] bzw. Herrn Urban veranlasst, hat Dr. v. Hase seinerzeit das Buch ‚Gottschling, Zwei Jahre hinter Klostermauern' in Verlag genommen.

Alfred Rosenberg hat in seiner jetzt weit verschreiteten Broschüre (Auflage 200.000), die den Titel trägt ‚An die Dunkelmänner unserer Zeit' sehr empfehlenswert auf das Buch von Gottschling hingewiesen, sodass der Verlag, insbesondere auch auf Drängen von Gottschling z.Zt. erwägt, einen neuen Prospekt über das Gottschling'sche Werk herauszubringen, in dem gleich anfangs auf die Empfehlung durch Alfred Rosenberg aufmerksam gemacht werden soll.

Weiterhin hat Herr Urban bei Herrn Dr. v. Hase angefragt, ob er bereit sei, zwei Broschüren zu verlegen, von denen die eine heisst: ‚Miller: Die Wissenschaftlichkeit der Gegner Rosenberg' und von denen die andere von einem katholischen Theologen geschrieben ist, der als Hochschullehrer relegiert worden ist und die sich auch scharf gegen den Katholizismus wendet.

Herr Volckmar-Frentzel berichtet Herrn Dr. v. Hase von dem Besuch des Herrn Geheimrat Herder, der zusammen mit seinem Verlagsdirektor, Herrn Franz Bickmann, in den Kantate-Tagen bei uns gewesen ist. Herr Bickmann ist in zwei Besprechungen Herrn Volckmar-Frentzel gegenüber wegen des Buches ‚Gottschling, Zwei Jahre hinter Klostermauern' vorstellig geworden und hat jedes Mal mit einer gewissen Betonung die Frage aufgeworfen, ob wir denn noch nicht Briefe unserer katholischen Kommittenten erhalten hätten, die sich doch sicher darüber beschwert fühlten, dass in einem Konzern-Verlage eine derartig antikatholische Veröffentlichung erfolgt sei. Der Verlag Herder fühlt sich durch das Buch von Gottschling ganz besonders unangenehm [114] berührt, weil dieses Buch sich gegen einen prominenten Autor von Herder, einen Pater B.M. Nissen, wendet, ohne diesen namentlich zu nennen. In der ‚Germania' seien hierüber sehr wesentliche Ausführungen gemacht worden.

Es wird mit Herrn Dr. v. Hase eingehend besprochen und allseitiges Einverständnis darüber erzielt, dass es für jeden Konzern-Verlag unbedingt erforderlich ist, die In-Verlagnahme solcher Verlagswerke zu vermeiden, die so stark in weltanschauliche oder konfessionelle Konflikte eingreifen, dass hierdurch eine Verärgerung von Lieferanten, Kunden und Kommittenten zu befürchten ist. Dies ist insbesondere dann zu befürchten, wenn ein Konzern-Verlag dazu übergeht, effektive Kampfschriften zu verlegen.

Herr Dr. v. Hase wird davon Abstand nehmen, einen neuen Prospekt betr. ‚Gottschling, Zwei Jahre hinter Klostermauern' herauszubringen oder überhaupt noch werbend z.B. mit Börsenblatt-Inseraten etc. für dieses Buch tätig zu werden. Er wird Herrn Urban gegenüber in geeigneter Form die In-Verlagnahme der beiden Broschüren ablehnen. Insbesondere will Herr Dr. v. Hase aber versuchen, eine ganze Verlagsgruppe, die mehr oder weniger kritisch dem Katholizismus gegenüber eingestellt ist, geschlossen an eine Firma Karl Pfeiffer, Landsberg / Warthe zu verkaufen. Hierbei handelt es sich um die gleiche Firma, an die die Koehler-Verlage bereits das letzte Werk von Kiss verkauft haben, nämlich einen Roman, der sich mit dem gleichen Thema wie das Drama ‚Widukind' von Kiss beschäftigte. In diesen Verhandlungen will Herr Dr. v. Hase anstreben, die Firma Pfeiffer zu veranlassen Kittler als Kommissionär aufzugeben und Kommittent von F. Volckmar zu werden. Falls F. Volckmar die [115] Auslieferung der Firma Pfeiffer übernimmt, bestehen sicher keine Bedenken, ihr einen gewissen Kredit zu gewähren, um damit die Uebernahme der Verlagsgruppe aus den Koehler-Verlagen zu erleichtern."

Ich stelle fest,

1.) dass diese Aktennotiz nicht etwa in Gegenwart der drei genannten Herren niedergeschrieben worden ist, sondern dass sie entweder von Herrn Volckmar-Frentzel oder von Herrn Dr. Starkloff verfasst ist,

2.) dass diese Aktennotiz mir zugeschickt worden ist, ohne Aufforderung, sie zu unterschreiben oder sie anzuerkennen,

3.) dass diese Aktennotiz nicht von mir unterschrieben ist, sondern nur die Unterschrift des Herrn Volckmar-Frentzel trägt,

4.) dass sie den tatsächlichen Vorgängen nicht in jeder Hinsicht entspricht, insbesondere ist die Uebereinstimmung, wie sie in der Aktennotiz geschildert wird, tatsächlich nicht erzielt worden,

5.) dass ich vielmehr unter dem schweren Druck gestanden habe, den Herr Volckmar-Frentzel immer und immer wieder auf mich ausgeübt hat,

6.) dass ich insbesondere nach der „gütlichen" Vereinbarungen vom 8. Februar desselben Jahres, der zufolge mein Bruder aus dem Konzern ausgeschieden war, unter dem steten Druck stand, ebenfalls aus dem Konzern ausgeschlossen zu werden,

7.) dass alles weitere, was in Sachen Gottschling geschehen ist, nicht von mir freiwillig ausgeführt worden ist, sondern nur unter dem Druck der Zentrale.

Als Beweis dafür dient u.a. der von mir unterzeichnete Brief von K. F. Koehler G.m.b.H. vom 1. Juli 1935, den ich nicht diktiert habe, obwohl er mein Diktatzeichen trägt. Ein von mir entworfener Brief vom 1. Juli, der Gottschling über die wahren Vorkommnisse aufklären sollte, [116] durfte nicht abgesandt werden. Zu den Briefen an den Präsidenten der Reichsschrifttumskammer liegen die Konzepte vor, aus denen hervorgeht, dass sie nicht von mir verfasst worden sind. Beweis dafür ist auch der Brief, den Stabsleiter Urban am 20. Juni 1935 an Dr. Gottschling auf meinen Besuch bei Urban am 15.6.1935 geschrieben hat; ich habe damals dem Stabsleiter die Wahrheit nicht verschwiegen, sondern offen ausgesprochen, in welcher Zwangslage ich mich damals befunden habe. Der durch Gottschlings Brief vom 28. August 1936 an die Reichsschrifttumskammer bekannt gewordene Teil dieses Briefes lautet:

„Ich muss Ihnen gestehen, dass die Verbindung mit Dr. v. Hase zu einer <u>ausserordentlichen Enttäuschung</u> geführt hat. Dr. v. Hase war vor wenigen Tagen bei mir und erklärte mir, dass er sich in einer Zwangslage befände, eine Anzahl von ihm verlegter Werke, unter anderem Ihr Werk ‚Zwei Jahre hinter Klostermauern' an andere Verlage abzugeben aus dem Grund, weil ganz allgemein die von ihm mit diesen Werken eingeschlagene politische und weltanschauliche Haltung nicht von dem Aufsichtsrat seiner Firma gutgeheissen würde. Er betonte, dass er sich in der Minderheit befände und seinen Willen infolgedessen nicht durchzusetzen in der Lage sei. Ich möchte auf die zutage tretende Schlappheit und die Haltung des Verlages gar nicht weiter eingehen, sondern bin über die nun entstandene Klarheit eigentlich froh."

Ich habe über meine Unterredung vom 15. Juni 1935 mit Stabsleiter Urban nach meiner Rückkehr nach Leipzig am 17. Juni eine Aktennotiz aufgesetzt, die ich mit Erlaubnis vom Stabsamtsleiter Urban jederzeit gern zur Verfügung stelle.

Die Gottschling-Angelegenheit gehört zu den schwersten Erlebnissen meines Lebens und lastet schwer auf mir, weil [117] ich es nicht verwinden kann, das ich mich zu einer Handlungsweise haben zwingen lassen, die ich vor mir selbst nicht verantworten konnte. Man mag mich deshalb verurteilen, aber wer selbst einmal jahrelang unter diesem furchtbaren Druck gestanden hat, den die Volckmarpartei ausgeübt hat, der wird meinem Verhalten Verständnis entgegenbringen. Mich hielt nur die Hoffnung aufrecht, dass doch noch einmal eine Befreiung aus diesem unwürdigen Banden kommen würde und die Pflicht, im Interesse der Koehlerpartei bis zum Letzten auszuharren. [118]

16. Fall:
Gründung der offenen Handelsgesellschaft K. F. Koehler Verlag

Bis vor kurzem bestanden die Koehlerverlage aus der Koehler & Amelang G.b.m.H. und der K. F. Koehler Verlag G.m.b.H.; beide sind wohl Anfang 1936 in die Kommanditgesellschaften Koehler & Amelang und K. F. Koehler Verlag umgewandelt worden. In beide bin ich nicht als persönlich haftender Gesellschafter aufgenommen worden und habe rechtlich gar keine Stellung in beiden Kommanditgesellschaften! Im Juli 1936 wurde aber die Kommanditgesellschaft K. F. Koehler Verlag ziemlich plötzlich in eine offene Handelsgesellschaft umgewandelt; ich musste in den Ferien irgendwo die nötigen Urkunden amtlich beglaubigen lassen, ebenso Herr Karl Voerster. Offene Handelsgesellschafter wurden Herr Theodor Volckmar-Frentzel, Herr Karl Voerster von der Volckmarpartei und ich von der Koehlerpartei.

Warum geschah diese ganz aus dem Rahmen des sonstigen Aufbaues
fallende Handlung?

Weil die Volckmarpartei einen Verlag brauchte, der den Anforderungen der neuen Gesetze genügte, um Zeitschriften verlegen zu können. Er musste also einen offene Handelsgesellschaft oder Kommanditgesellschaft sein und keine juristische Gesellschaft; ausserdem durfte aber dieser Verlag keinen Gesellschafter oder Kommanditisten haben, der selbst nicht arisch ist oder mit einer Nichtarierin verheiratet ist. Letzteres trifft nun für Herrn Hans Volckmar zu und deshalb wurde eine offene Handelsgesellschaft gegründet, an der nur Arier beteiligt waren.

Als ich den mir vorgelegten Gesellschaftervertrag vom 14. Juli 1936 las, war ich aufs höchste erstaunt, einen Vertrag ohne die üblichen Bindungen unterschreiben zu [119] sollen. Ich erkannte sofort den Vorteil, der sich mir dadurch bot, dass ich persönlich haftender Gesellschafter wurde, ohne durch besondere Bestimmungen wie Konzernprotokoll eingeschränkt zu werden und habe deshalb den Vertrag unterzeichnet. Ideal ist dieser Gesellschaftsvertrag nicht, denn er hat allerhand Pferdefüsse; so wird z.B. die Gesellschaft durch die Kündigung eines Gesellschafters aufgelöst, während sie üblicherweise dadurch nicht aufgelöst, sondern im Gegenteil von den anderen Gesellschaftern fortgesetzt wird.

In der offenen Handelsgesellschaft K. F. Koehler Verlag sind tatsächlich die Zeitschrift „Germanien" aus dem bisherigen Koehlerverlag, die Vertriebszeitschriften des Barsortiments, der Koehler & Volckmar A.G. & Co. „Illustrierte Deutsche Bücher-Zeitung" und „Blätter für Bücherfreunde", sowie die Vertriebszeitschrift Lehrmittel „Schulwart, Berichte über neue Lehrmittel" einverleibt worden.

Die Zeitschrift „Germanien" ist eine mit den bisherigen Koehlerverlagen eng verbundene volkstümlich-wissenschaftliche Zeitschrift, die Organ des Deutschen Ahnenerbe E.V. (Vorsitzender des Kuratoriums Heinrich Himmler) ist, während die drei anderen reine Vertriebszeitschriften sind und von den Abteilungen „Barsortiment" und „Lehrmittelabteilung" nicht zu trennen sind, auch von den bisher zuständigen Abteilungen bearbeitet und herausgegeben werden. Dem Geist der amtlichen Anordnungen entspricht diese „Veränderung" sicher nicht!

Besonders möchte ich noch darauf hinweisen, dass diese offene Handelsgesellschaft nach dem grossen Umwandlungsexposé der Volckmarpartei (letzter Fall dieser Denkschrift S. 150) ebenfalls nach [120] dem dort erdachten Schema umgewandelt werden sollte.

Um den Unterschied gegen die anderen Gesellschafter klar erkennen zu lassen, gebe ich den ganzen Wortlaut des Gesellschaftsvertrages der offenen Handelsgesellschaft K. F. Koehler Verlag wieder: [121]

„Gesellschaftsvertrag

Zwischen
1. Herrn Theodor Volckmar-Frentzel
2. Herrn Karl Voerster
3. Herrn Dr. Hermann von Hase   sämtlich in Leipzig

ist folgender Gesellschaftsvertrag abgeschlossen worden:

§ 1.

(1) Die Gesellschafter der Kommanditgesellschaft K. F. Koehler Verlag waren bisher a) die Koehler & Volckmar A.-G., Leipzig, als persönlich haftende Gesellschafterin, b) die Koehler & Volckmar A.-G. & Co., Leipzig als Kommanditistin.

(2) In diese Gesellschaft sind die Vertragsschliessenden zu 1–3 als persönlich haftende und geschäftsführende Gesellschafter eingetreten.

(3) Nach Eintritt dieser Gesellschafter sind die in Absatz (1) und a) und b) genannten Gesellschafter aus der Gesellschaft ausgeschieden.

(4) Für die Gesellschaft, die zufolge der zu Abs. (2) und (3) genannten Massnahmen eine offene Handelsgesellschaft mit den Vertragsschliessenden zu 1–3 als persönlich haftenden und geschäftsführenden Gesellschaftern geworden ist, gelten hinfort [122] die im folgenden wiedergegebenen Bestimmungen des Gesellschaftsvertrages, die an die Stelle des früheren bezw. der früheren Gesellschaftsverträge treten.

§ 2.

(1) Die Firma der Gesellschaft lautet: „K. F. Koehler Verlag".

(2) Der Sitz der Gesellschaft ist Leipzig.

(3) Das Geschäftsjahr ist das Kalenderjahr. Das z.Zt. laufende Geschäftsjahr endet am 31.12.1936.

(4) Der Gegenstand des Unternehmens ist der Betrieb von buchhändlerischen Geschäften aller Art, insbesondere der Verlag von Büchern und Zeitschriften. Die Gesellschaft kann Grundbesitz erwerben und Zweigniederlassungen im In- und Auslande begründen. Die Gesellschaft ist berechtigt, sich an anderen Unternehmungen, gleichgültig in welcher Form, zu beteiligen.

§ 3.

(1) Die Vertragsschliessenden zu 1 – 3 sind zur Geschäftsführung der Gesellschaft und zur Vertretung der Gesellschaft nach aussen je zwei gemeinsam verpflichtet, berechtigt und ermächtigt.

(2) In allen wichtigen das Unternehmen betreffenden Fragen entscheidet die Versammlung der Gesellschafter (§ 4). Zu diesen Fragen gehören insbesondere: a) Die Aufnahme neuer Geschäftszweige oder Verlagswerke, sowie Aufgabe bisher betriebener Geschäftszweige und die Ab- bzw. Aufgabe von einzelnen Verlagswerken, b) der Ankauf oder Verkauf von Grundbesitz, die Errichtung [123] oder Auflösung von Zweigniederlassungen, die Uebernahme oder der Verkauf bezw. die Aufgabe von Beteiligungen, c) die Erteilung oder Entziehung vom Gesamtprokura oder Gesamthandlungsvollmacht, d) die Genehmigung der jährlichen Bilanz und Verlust- und Gewinnrechnung, e) die Abänderung dieses Gesellschaftsvertrages und die Auflösung der Gesellschaft.

§ 4.

(1) In der Gesellschafterversammlung haben die Vertragsschliessenden zu 1–3 als persönlich haftende und geschäftsführende Gesellschafter Sitz und Stimme.

(2) Je volle M 100 Gesellschaftskapital geben eine Stimme. Massgebend für die Feststellung des Gesellschaftskapitals ist der Stand des Gesellschaftskapitalkontos, der sich nach dem letzten genehmigten Jahresabschluss für den Beginn des folgenden Jahresanfangs ergibt.

(3) Die Gesellschafterversammlung kann von jedem persönlich haftenden und geschäftsführenden Gesellschafter jederzeit mit angemessener Frist durch eingeschriebenen Brief, der an die anderen Gesellschafter zu richten ist, einberufen werden. Der Abhaltung einer Gesellschafterversammlung bedarf es nicht, wenn die persönlich haftenden und geschäftsführenden Gesellschafter schriftlich oder telegrafisch oder telefonisch ihre Zustimmung zu einem Antrage, der der Gesellschafterversammlung vorzulegen wäre, gegeben haben.

(4) Soweit nicht das Gesetz eine andere Mehrheit ausdrücklich zwingend vorschreibt, gilt für die Abstimmungen in den Gesellschafterversammlungen [124] einfache Stimmenmehrheit.

§ 5.

(1) Die Einlagen der persönlich haftenden und geschäftsführenden Gesellschafter betragen a) für Herrn Volckmar-Frentzel M 3.750, b) für Herrn Karl Voerster M 3.750, c) für Herrn Dr. Herm. v. Hase M 2.500 = insgesamt M 10.000. Die Einlagen sind im Wege der Verrechnung geleistet und den persönlich haftenden und geschäftsführenden Gesellschaftern auf ihren Gesellschaftskapitalkonten gutgeschrieben worden.

(2) Neben seinem Gesellschaftskapitalkonto hat jeder persönlich haftende und geschäftsführende Gesellschafter ein sogenanntes laufendes Konto bei der Gesellschaft, dessen Saldo jeweils mit 6 % p.a. verzinst wird. Die Zinsen werden den laufenden Konten monatlich postnumerando gutgeschrieben. Kein Gesellschafter darf ohne Genehmigung der Gesellschafterversammlung (§ 4) auf seinem laufenden Konto Kredit bei der Gesellschaft in Anspruch nehmen. Der Bestand auf den laufenden Konten stellt für die Inhaber dieser Konten und für die Gesellschaft tägliches Geld dar, d.h. ein Guthaben kann von dem Inhaber des Kontos mit täglicher Frist abgezogen werden und eine Schuld kann von der Gesellschaft mit täglicher Frist eingezogen werden.

(3) Das Recht auf Entnahmen gemäss § 122, Abs. 1, Halbsatz 1 des HGB ist für alle persönlich haftenden und geschäftsführenden Gesellschafter ausgeschlossen. [125]

§ 6.

(1) Die Aufstellung der jährlichen Bilanz und Verlust- und Gewinnrechnung obliegt den persönlich haftenden und geschäftsführenden Gesellschaftern und bedarf der Genehmigung der Gesellschafterversammlung (§ 4). Die Bilanz soll stets nach vorsichtigen Gesichtspunkten aufgestellt werden.

(2) Der sich aus der jährlichen Bilanz und Verlust- und Gewinnrechnung ergebende Reingewinn wird nach folgenden Bestimmungen verteilt:

a) Es unterliegt der Entscheidung des Gesellschafterversammlung (§ 4), ob die persönlich haftenden und geschäftsführenden Gesellschafter eine Vorausvergütung für ihre Tätigkeit erhalten sollen und wie hoch gegebenenfalls diese Vergütung für den einzelnen Gesellschafter sein soll.

b) Von dem Reingewinn, der nach Abbuchung einer eventuellen Arbeitsentschädigung gemäss a) übrigbleibt, werden die Gesellschaftskapitalkonten in der zu Beginn des Geschäftsjahres, über dessen Bilanz Beschluss gefasst wird, vorhandenen Höhe mit 4,5 % p.a. verzinst. Reicht der Reingewinn zu einer 4,5 %igen Verzinsung der Gesellschaftskapitalkonten nicht aus, so wird der Reingewinn auf die Gesellschafter im Verhältnis ihrer Kapitalkonten verteilt.

c) Der Reingewinn, der nach Abbuchung der Zinsen gemäss b) übrigbleibt, wird auf die persönlich haftenden und geschäftsführenden Gesellschafter nach dem Verhältnis der Kapitalkonten zu Beginn des Geschäftsjahres, über dessen Bilanz Beschluss gefasst wird, verteilt. [126] Die Reingewinnanteile bezw. Arbeitsentschädigungen werden den laufenden Konten der Gesellschafter gutgeschrieben.

(3) Ergibt sich evtl. nach Vergütungen gemäss Abs. (2) Punkt a – in der jährlichen Verlust- und Gewinnrechnung ein Reinverlust, so wird dieser auf die Gesellschafter nach dem Verhältnis von deren Kapitalkonten verteilt und den Kapitalkonten der Gesellschaft belastet.

§ 7.

(1) Dieser Gesellschaftsvertrag wird auf unbestimmte Zeit abgeschlossen und ist mit halbjährlicher Frist auf Kalenderjahresabschluss kündbar. Die Kündigung hat durch eingeschriebenen an die übrigen Gesellschafter zu richtenden Brief zu erfolgen.

(2) Wird über das Vermögen eines Gesellschafters der Konkurs eröffnet oder macht ein Privatgläubiger eines Gesellschafters von dem ihm nach § 135 HGB zustehenden Rechte Gebrauch, so scheidet der Gesellschafter, in dessen Person der Umstand eintritt, aus der Gesellschaft aus und zwar im Falle des Konkurses mit dem Zeitpunkt der Konkurseröffnung (§ 108 KO), im Falle des § 135 HGB mit dem Zeitpunkte, auf den die Kündigung des Privatgläubigers wirksam wird. Tritt in der Person eines Gesellschafters ein Umstand ein, der nach § 135 HGB für die übrigen Gesellschafter das Recht begründet, die Auflösung der Gesellschaft zu verlangen, so ist der Gesellschafter, in dessen Person einer der vorstehend bezeichneten Fälle eintritt, auf Verlangen eines oder der anderen Gesellschafter verpflichtet, aus der Gesellschaft auszuscheiden, während die [127] Gesellschaft von den anderen Gesellschaftern fortgesetzt wird.

(3) Kündigt ein Gesellschafter, so wird die Gesellschaft aufgelöst, es sei denn, dass die verbleibenden Gesellschafter vereinbaren, die Gesellschaft ohne den Kündigungen weiterzuführen.

(4) Der nach Abs. (2) oder gegebenenfalls (3) ausscheidende Gesellschafter hat gegen die Gesellschaft bezw. die verbleibenden Gesellschafter nur folgende Ansprüche: a) Auf Auszahlung des Guthabens auf laufendem Konto nach dem Stande vom Tage des Ausscheidens, b) Auf Auszahlung des Nominalbetrages des Kapitalkontos nach dem Stande vom Tage des Ausscheidens. Der ausscheidende Gesellschafter hat also weder Anspruch auf Aufstellung einer Liquidationsbilanz noch auf Auszahlung eines anteiligen Gewinnes für den am Tage des Ausscheidens etwa abgelaufenen Teil eines Geschäftsjahres, andererseits ist er auch nicht verpflichtet, an einem etwaigen Verlust für einen solchen Teil eines Geschäftsjahres teilzunehmen.

(5) Im Falle der Auflösung der Gesellschaft nach Abs. (3) wird die Gesellschaft liquidiert. Liquidatoren sind die Gesellschafter.

§ 8.

(1) Stirbt ein Gesellschafter, so wird die Gesellschaft nicht aufgelöst, sondern von den überlebenden Gesellschaftern fortgeführt. Die Erben des verstorbenen Gesellschafters haben in diesem Falle nur die in § 7 Abs. (4) genannten [128] Ansprüche.

(2) Die überlebenden Gesellschafter sind verpflichtet, an die Stelle jedes verstorbenen Gesellschafters einen neuen Gesellschafter in die Gesellschaft aufzunehmen. Bei Meinungsverschiedenheiten über die Person des aufzunehmenden Gesellschafters entscheidet die Stimmenmehrheit der überlebenden Gesellschafter.

(3) Der neue Gesellschafter erhält mit seinem Eintritt in die Gesellschaft die gleichen Rechte, die der verstorbene Gesellschafter, an dessen Stelle er tritt, besass. Er ist verpflichtet, das beim Tode vorhandene Guthaben auf Gesellschaftskapitalkonto des verstorbenen Gesellschafters bei der Gesellschaft einzuzahlen.

Leipzig, den 14. Juli 1936

gez. Dr. Hermann v. Hase   gez. Karl Voerster   gez. Theodor Volckmar-Frentzel"

[Darunter die handschriftliche Bemerkung von Hases:] Ich möchte besonders darauf hinweisen, daß diese offene Handelsgesellschaft eine Scheingründung zu leicht erkennbarem Zweck ist; tatsächlich untersteht sie völlig dem Einfluß des nicht zur Schrifttumskammer gehörenden Hans Volckmar, der gegebenenfalls durch seinen Adoptivsohn Volckmar-Frentzel vertreten wird. [129]

17. Fall:
Beteiligung des Koehler-Volckmar-Konzerns
an der Bibliographischen Institut A.-G., Leipzig

Herr Hans Volckmar hat mir einen schriftlich ausgearbeiteten Vorschlag vom 23. August 1936 übergeben, der in einer Gesellschafter-Besprechung des Koehler-Volckmar-Konzerns des längeren erörtert worden ist. Die Gedankengänge des Herrn Volckmar zeigen besonders gut, wie es der Volckmarparei nicht nur um geschäftlichen Gewinn, der auf Kosten anderer erzielt wird, geht, sondern dass es ihr bei einer Beteiligung darauf ankommt, von vornherein unbedingt die absolute Mehrheit, d.h. die alleinige Macht zu bekommen. Dabei wird der Verlag Koehler & Amelang wie ein Stück Ware behandelt, nur als Mittel zum Zweck, ohne danach zu fragen, ob denn ein solcher Zusammenschluss mit einem ganz anders gearteten Verlag auch ideell empfehlenswert ist. Ich habe das Gefühl, dass die Umwandlungsgesetze des Dritten Reiches sicher nicht dazu geschaffen sind, um Pläne, wie sie hier von der Volckmarpartei zur Erörterung innerhalb des Koehler-Volckmar-Konzerns vorgetragen worden sind, verwirklichen zu helfen. Das Exposé des Herrn Hans Volckmar lautet:

Beteiligung von K & V am B.I.

„Unter der Voraussetzung, dass der K & V Konzern anlässlich einer Umwandlung der Aktiengesellschaft Bibliographisches Institut AG. In eine Kommanditgesellschaft Bibliographisches Institut Meyer an letzterer eine mindestens 55–60 %ige Majoritätsbeteiligung erwerben kann, ist er zu folgender Mitwirkung bereit. [130]

I.

Die Mitwirkung erfolgt durch eine aus einigen Mitinhabern des K & V Konzerns zu bildende Personengemeinschaft, sodass das Erfordernis des Umwandlungsgesetzes, dass an der Umwandlung keine juristische Person beteiligt wird, erfüllt wird. Für diese im Falle des Gelingens aller Transaktionen im erforderlichen Moment zu bildende Personengemeinschaft übernimmt zunächst die K & V AG & Co. die Garantie

a) für die rechtzeitige Bildung dieser Personengemeinschaft, sobald dies im Moment der Umwandlung des Bibliographischen Instituts erforderlich wird,

b) für die Erfüllung der für die Personengemeinschaft in nachfolgendem Programm niedergelegten Verpflichtungen.

II.

Den Aktionären des B.I. wird anlässlich der Vorbereitung zur <u>Umwandlung</u> durch Rundschreiben oder Pressebekanntmachung folgendes <u>Angebot</u> gemacht:

A)
Jeder Aktionär kann sich unter Beobachtung der unter b) aus Gründen der Vereinfachung und Vermeidung allzu grosser Zersplitterung gemachten Einschränkungen an der neuen Kommanditgesellschaft beteiligen, und zwar werden grundsätzlich für je M 4.000 nom. Aktien je M 2.000 nom. Kommanditanteil gewährt, aber niedrigere Kommanditbeteiligungen als M 2.000 nicht angenommen. Es muss den Aktionären hierbei klar gemacht werden, dass die Kapitalzusammenlegung erforderlich ist, um die künftige Bilanz der neuen Kommanditgesellschaft „Bibliographisches Institut Meyer" von Anfang an durch eine Bereinigung der in der bisherigen Bilanz der Aktiengesellschaft bestehenden Ueberwertungen auf eine wirtschaftlich so gesunde Basis zu bringen, dass künftig wieder Gewinne verdient und ausgeschüttet werden können.

a) Aktionäre, deren Aktienbesitz sich nicht durch 4.000 teilen lässt, müssen somit durch Zukauf oder Verkauf (nach ihrer Wahl) ihren Aktienbesitz auf den nächsten durch 4.000 teilbaren Betrag von Aktien [131] (im niedrigsten Falle also entweder durch Verkäufe auf 0 oder durch Zukäufe auf 4.000 M nom.) bringen. Besitz jemand also z.B. M 5.000 nom. Aktien, so kann er entweder M 1.000 verkaufen oder M 3.000 zukaufen. Diese Bestimmung hat den Zweck zu erreichen, dass jede künftige Kommanditeinlage durch 2.000 teilbar ist, mindestens aber M 2.000 beträgt.

b) Um zu verhindern, dass diese Zukäufe oder Verkäufe nun wahllos und in spekulativer Weise durch die Börse geschehen, müsste versucht werden, bei der Börse eine Handelssperre für die Zeit dieses Aktienaustausches oder zumindest eine ständige Streichung des Kurses zu erreichen. Es ist anzustreben, dass sich dann alle diese Zukäufe oder Verkäufe durch die Verwaltung des B.I. abspielen und zwar beiderseitig stets zu einem festen Kurse von 65 % der den Aktionären für diese Austausch-Zwecke anzubieten ist.

c) Damit die Verwaltung nun, insoweit sich Verkäufe und Zukäufe nicht miteinander ausgleichen, vielmehr wenn die Zukäufe der Aktionäre deren Verkäufe überwiegen sollten, über ein genügendes Aktien-Material verfügen kann, muss sich aus den Großaktionären ein Konsortium bilden, das im Verhältnis des Aktienbesitzes jedes Einzelnen der Verwaltung die benötigten Aktien, und zwar ebenfalls zu einem Kurs von 65 % zur Verfügung stellt.

B)
Insoweit sich Aktionäre nicht an der Umwandlung ihres Aktienbesitzes gemäss A beteiligen, und nicht Kommanditisten zu werden wünschen, werden sie aufgefordert, ihre Aktien an die Verwaltung des B.I. zu verkaufen, die ihnen diese zu einem Vorzugskurse von 75 % abnimmt. Um diesen Vorzugskurs von 75 % zu erhalten, müssen sie aber nachweisen, dass sie mindestens seit dem 1.1.1936 im unveränderten Besitze dieser Aktien waren. Anderenfalls [132] erhalten sie nur einen Kurs von 65 %.

III.

Angesichts des zu II. geschilderten, durch Presse und Rundschreiben zu propagierenden, für die Aktionäre günstigen Angebots ist zu erhoffen, dass diese sich in einem gewissen Zeitraum in solche spalten, die durch Verkauf ihrer Aktien von einer Mitwirkung auszuscheiden wünschen und solche, die zu einer Mitwirkung bereit sind. Jedenfalls ist anzunehmen, dass sich eine solche freiwillige Spaltung, zu deren Durchführung man ja keine Zwangsmittel besitzt, auf dem Weg einer durch die Verwaltung in Szene gesetzten Organisation eher durchführen lässt, als wenn man die Aktionäre freihandelnd ihrem Schicksal überlässt.

Jedenfalls erscheint es mir nur auf einem solchen, durch die Verwaltung wohl vorbereiteten und mit den nötigen Geldmitteln im Hintergrunde auch durchzuführenden Wege möglich, in einer Generalversammlung der Bibliographisches Institut A.G. die erforderliche Majorität zur Umwandlung von 75 % des vertretenen Aktienkapitals und die zur Umwandlung selbst erforderlichen Majorität von 90 % des gesamten Aktienkapitals überhaupt je zusammenbringen.

IV.

Alle die der Verwaltung des Bl. aus den Transaktionen zu II A a–c) besonders der aus II B verbleibenden Aktien übernimmt später die Personengemeinschaft K & V, und zwar zu einem festen Kurs von 50 %. Dahingegen stellt sie der Verwaltung des B.I. zunächst darlehenweise die Geldmittel zur Verfügung, die sie für die Transaktionen zu II a – c), besonders aber zu II B benötigt. Sobald über die der Verwaltung des B.I. verbliebenen Aktien mit der Personengemeinschaft K & V abgerechnet [133] werden kann (was auch in Teilabrechnungen geschehen kann), wird sich ein grosser Teil dieses Darlehens gegen die Aktien verrechnen. Der Rest von geschätzt mindestens M 125.000 (nämlich laut V.c. die Kursdifferenz von 25 % bzw. 15 % auf M 500.000 Aktien) muss bei späterer Gelegenheit mit verrechnet werden. Wenn dies auf Schwierigkeiten stösst oder es sich um einen grösseren Betrag handelt, kann hierfür auch ein längerfristiger Darlehensvertrag mit Ratentilgungen auf Wunsch vereinbart werden.

Die Verwaltung des B.I. muss aber jedenfalls verpflichtet sein, alle Aktien, die sie aus II A a–c) etwa übrig behält, oder alle Aktien, die sie gemäss II B erwirbt, nur und ausschliesslich der Personengemeinschaft K & V zu verkaufen, auch nicht selbst zurückzubehalten.

V.

Aus dem unter II. und IV. Gesagten ergibt sich Folgendes für das B.I.:

a) Aus einem etwaigen Mehrbedarf von Aktien aus Zukäufen gemäss II a – c) entsteht dem B.I. weder Verlust noch Gewinn, da sich alle Zukäufe, auch solche von dem Konsortium und alle Verkäufe zum gleichen Kurs von 65 % abspielen.

b) An einem etwaigen Bestand von Aktien aus höheren Ankäufen wie Verkäufen gemäss II A a–c) verliert das B.I. 15 %, denn diesen Bestand, der zu 65 % erworben war, kauft gemäss IV. die Personengemeinschaft K & V für 50 %. Im höchsten Falle dürfte hierfür wohl ein Bestand von M 100.000 nom. in Frage kommen, sodass der Verlust keinesfalls mit mehr als M 15.000 vernachlässigt werden kann.

c) An den Beständen von Aktien gemäss II.B. [134] wird das B.I. in der Regel 25 %, in manchen Fällen auch nur 15 % verlieren. Denn das B.I. hat diese Bestände im Regelfalle zu 75 %, im Ausnahmefalle zu 65 % erwerben müssen und muss sie gemäss IV. an die Personengemeinschaft K & V zu 50 % weitergeben. Im höchsten Falle dürfte hierfür wohl ein Bestand von M 500.000 nom. in Frage kommen, sodass dieser Verlust schwerlich mit mehr als M 125.000 veranschlagt werden kann.

VI.

Sobald nach der unter II. und IV. geschilderten Methode sich der gesamte Aktienbesitz des B.I. (oder wenigstens die erforderlichen 90 %) in umwandlungswilligen und auch umwandlungs-

fähigen Händen im Sinne der Umwandlungsgesetze und der Verordnung der Reichspressekammer befinden, erfolgt die Umwandlung (nach erfolgter Beschlussfassung in einer Hauptversammlung und nach Vorliegen der beiden erforderlichen Majoritäten von 75 % und 90 %)
derart, dass jeder Aktionär für je M 4.000 nom. Aktien je M 2.000 nom. Kommanditanteile erhält und zwar nicht nur jeder Stammaktionär, sondern auch jeder Vorzugsaktionär. Das bedeutet die Umwandlung des bisherigen Aktienkapitals von M 2.277.000 in ein Kommanditkapital
von M 1.138.500. Dadurch würde an sich ein zur Bilanzbereinigung verfügbarer Buchgewinn
von M 1.138.500 entstehen, der sich aber um die gemäss V. b) und c) eingetretenen mutmaß-
lichen Kursverluste von M 140.000 auf ca. 1 Millionen ermässigt. Mit diesem Betrage könnte
eine sehr wirkungsvolle Bilanzbereinigung stattfinden.

VII.

Nun ist durch die bisher geschilderten [135] Transaktionen allerdings überhaupt noch nicht erreicht, dass für die Personengemeinschaft K & V die ausbedungenen Besitz- und Majoritätsrechte von 55 % bis 60 % gewährleistet sind, denn die Summe der Aktien, die die Personengemeinschaft K & V gemäss IV zu einem Kurse von 50 % zu kaufen berechtigt ist, ist ganz ungewiss, wird aber zu diesem Zwecke keineswegs ausreichen. Weiterhin liegt in den bisher geschilderten Transaktionen keinerlei produktiv neuer Gedanke, aus dem sich einigermassen
Gewähr dafür ableiten liesse, dass die neue Kommanditgesellschaft hinfort rentabler arbeiten
wird, als die bisherige Aktiengesellschaft. Eine solche Aussicht allein und die Hoffnung auf eine
allmählich steigende Rentabilität kann aber natürlich doch nur für den K & Vo Konzern und
auch für die Aktionäre, die Kommanditisten werden wollen, ein Anreiz sein, eine Beteiligung an
der neuen Kommanditgesellschaft zu erwerben.

Beide Ziele sollen nun dadurch erreicht werden, dass nach erfolgter Umwandlung der K & V
Konzern seinen Verlag Koehler & Amelang an die Kommanditgesellschaft Bibliogr. Inst. Meyer
verkauft und dass der Kaufpreis nicht in Geld, sondern in Gestalt von Kommanditanteilen an
die Personengemeinschaft K & V gewährt wird, die sich ihrerseits wieder hierüber mit dem K & V
Konzern errechnet.

VIII.

Durch die Maßnahme der Einbringung von Koehler & Amelang wird sicher aber immer noch
nicht erreicht, dass die Personengemeinschaft K & V nunmehr 55 % bis 60 % des gesamten
[136] Kapitales der Kom. Ges. Bibl. Inst. Meyer besitzt. Der Ausgleich muss also weiter auf anderen Wegen gesucht werden.

Alle diese Dinge lassen sich im voraus kalkulatorisch erfassen, da das Projekt anfänglich zu viele Unbekannte umschliesst und sich erst allmählich, wenn sich die Aktientransaktionen gemäss
II und IV abwickeln, klar Zahlen herauskristallieren werden. Auch lassen sich z.Zt. noch keinerlei Vergleichswerte für die B.I. Substanz einerseits und für die Koehler & Amelang Substanz
andererseits ziffernmässig angeben.

Ganz roh könnte man rechnen, dass bei einem Kommanditkapital von ca. M 1.140.000 wie
es sich aus der Umwandlung ergibt, zuzüglich einem neu einzuzahlenden Kapital der per-
sönlich Haftenden von ca. 60.000 zuzüglich einer Einbringung von Koehler & Amelang von
M 300.000 sich ein Gesamtkapital von M 1.500.000 ergibt, wovon 55 % Majoritätsanteil
M 825.000 betragen würden.[11] Ausser Koehler & Amelang mit M 300.000 müsste der K & V
Konzern durch die Personengemeinschaft K & V zur Begründung dieser Majorität also noch ca.

---

11   Anmerkung von Theodor Volckmar-Frentzel zum Vertrag: „Das sind natürlich zunächst alles völlig
      aus der Luft gegriffene Zahlen, die H. V. einfach gewählt hat, ohne von näheren Unterlagen, die er in
      Zehmen gar nicht hat, ausgehen zu können."

M 525.000 für den Ankauf von M 1.050.000 Aktien aufbringen. In Punkt V. b) und c) habe ich aber nur mit einer Ankaufsmöglichkeit von höchstens M 600.000 nom. Aktien gerechnet. Es würde also noch eine Ankaufsmöglichkeit für mindestens M 450.000 nom. Aktien fehlen. [137]

Es könnte nun sein, dass ich in Punkt V b) und c) vielleicht doch zu niedrig gerechnet habe und mehr Aktien von der Personengemeinschaft K & V erworben werden könnten. Das ändert an sich an dem von mir entwickelten Plane nichts weiter, als dass der Kursverlust für das B.I. grösser und dementsprechend der zu Bilanzbereinigungszwecken zur Verfügung stehende Buchgewinn geringer wird, andererseits aber auch das Schuldkonto des B.I. an die K & V. AG & Co. grosser wird, was für diese die höhere Festlegung flüssiger Mittel bedeutet. Oder es muss die Möglichkeit gefunden werden, von einem Großaktionär oder von dem in Punkt II c) erwähnten Konsortium der Großaktionäre den noch fehlenden Betrag, dann aber vielleicht nicht zu einem Kurse von 50 %, sondern zu einem solchen von 65 % (welcher Mehrpreis nicht schlimm wäre) zu erwerben. Absolute Garantie für die Erreichung der geforderten Majorität werden wir uns natürlich geben lassen müssen. Denn es muss grundsätzlich daran festgehalten werden, dass jede Mitwirkung unsererseits unbedingt davon abhängig ist, dass uns eine Majorität von mindestens 55 % und absolut maßgeblicher Einfluss in der Zukunft sicher ist.[12]

Vielleicht gibt sich überhaupt nie die Gelegenheit, diesen Plan oder einen Plan in verbesserter Form mit der maßgeblichen B.I.-Verwaltung bezw. den Großaktionären zu besprechen. Der Zweck dieser Niederschrift ist aber auch nicht der, einen Plan zu einem sehr aktiven Vorgehen unsererseits zu entwickeln, sondern überhaupt eine wenigstens schon einigermassen unter uns beratene und [138] durchdachte Sache in der Tasche zu haben für den Fall, dass sich aus Techtelmechteln bei Aktienverkäufen in der Generalversammlung oder bei anderer Gelegenheit Sondierungsmöglichkeiten ergeben.

IX.

Das Schliesslich noch zu erfüllende Erfordernis einer Rentabilität für das in Zukunft einschliesslich Koehler & Amelang mit ca. 1,5 Millionen arbeitende Gesamtkapital erscheint mir weniger schwer erfüllbar. Durch die Schaffung einer solchen Rentabilität erhält der Plan nicht nur seinen Reiz für uns, sondern er gibt uns auch das unser Vorgehen rechtfertigende Bewusstsein, auch den Meyer'schen Nachkommen und Großaktionären zu einer Rentabilität verholfen zu haben trotz aller Vorteile, die wir uns in dem entwickelten Plane ausbedungen haben.

Soweit ich orientiert bin, arbeitet das B.I. schon jetzt mit einem, wenn auch kleinen Betriebsüberschuss, sodass die Frage, ob man wieder mit einer kleinen Dividende von 2–4 % beginnen solle, bisher wohl in erster Linie aus Flüssigkeitsgründen noch abschlägig entschieden worden ist. Bei Koehler & Amelang dürfen wir doch wohl mit einem Reingewinn von mindestens M 100.000 rechnen. Für ein Gesamtkapital von 1,5 Millionen würde also schon das ausreichen, um eine Verzinsung von mindestens 5 % zu gewähren. Das ist für die Dauer natürlich nicht genug. Aber wir haben auch bei der Offizin jahrelang ohne Gewinne, ja mit Verlusten gearbeitet und können rückblickend mit der Erwerbung doch zufrieden sein.

X.

Spätere weitere vorteilhafte Transaktionen [139] wie z.B. eine Fusion mit unseren graphischen Betrieben will ich z.Zt. nicht in ein Kalkül aufnehmen. Wir müssten jedenfalls erst über Jahr und Tag im B.I. festen Fuss gefasst haben und dort genau Bescheid wissen, bevor solche Dinge zur Erwägung gestellt werden könnten. Trotz aller Grundstückserwerbungen im Bereiche unserer Druckerei werden deren Räumlichkeiten doch nie betriebstechnisch wirklich befriedigende

---

12   Anmerkung v. Hases hierzu: „Die Unterstreichung steht im Original!"

werden, es sei denn, wir stecken viel mehr Geld, als zur Durchführung von einer Majoritäts-
erwerbung im B.I. erforderlich ist, in einen Neubau.

Würden wir allerdings jeweils auch diese Fusionen durchführen und natürlich alle Betriebe im
B.I.-Grundstück vereinigen, was m.A.n. dazu doch völlig ausreichend sein dürfte (höchstens
die Buchbinderei könnte, wenn erforderlich, im benachbarten Koehlerhause verbleiben) so
müsste m.A.n. dann die Mühle des B.I. sowohl im Verlag als auch in den graphischen Betrieben
so gut gefüllt sein, dass es doch merkwürdig sein müsste, wenn da angesichts der doch allenthalben sehr soliden Bewertungen keine gute Rentabilität erzielt werden könnte.

Die weitere Angliederung von Konzernbetrieben, über die wir dank unserer Majorität zur gegebenen Zeit allein zu befinden haben würden, kann aber selbstverständlich wiederum nicht
durch Gewährung eines baren Kaufpreises, sondern nur durch Erhöhung des Kommanditkapi-
tales um diesen Kaufpreis erfolgen, was wiederum zur automatischen Folge hätte, dass unsere
Majoritätsbeteiligung von 55 % auch prozentual wesentlich steigen würde. [140] Diese End-
möglichkeit erscheint mir nicht unverlockend.

XI.

Endlich sollte, sofern man überhaupt den von mir entwickelten Plan zu verfolgen wünscht und
Gelegenheit findet, darüber auch mit der B.I. Verwaltung oder auch mir J. R. Hillig sondierend
zu sprechen, auch die Frage aufgeworfen werden, ob es im Falle des B.I. nicht doch klüger
wäre, anlässlich einer Umwandlung die Spaltung in den der Reichskulturkammer unterstehenden buchhändlerischen Betrieb und den dem Reichswirtschaftsministerium unterstehenden
graphischen Betrieb vorzunehmen. Das liesse sich sicher durch Umwandlung in zwei Kommanditgesellschaften erreichen, die miteinander wieder durch Verwaltungs-Identität und durch Be-
sitzer-Identität verbunden sind, welch letztere auch für etwaige Verkäufe in den Kommanditver-
trägen für die persönlich Haftenden und die Kommandisten poolmässig gesichert sein muss.

Angesichts der Sonderschwierigkeiten, die die Zugehörigkeit zur Reichskulturkammer mit sich
bringt, erscheint es mir erwägenswert, ob es klug ist, auch graphische Betriebe ohne Not der
gleichen Situation auszusetzen.

XII.

Es ist klar, dass im Vorstehenden von mir zunächst nur ein gedankliches Programm entwickelt
worden ist, und dass, wenn man an dessen Durchführung gehen will, sich vorher ein zwischen

1. der Bibliogr. Inst. A.-G.

2. dessen Verwaltungsorganen

3. den als „persönlich Haftende" der späteren Kommanditgesellschaft ‚Bibliographisches Institut Meyer' ausersehenen Herren (Dr. Mittelstaedt, Dr. Bücking, Dr. Herm. v. Hase?) [141]

4. dem Konsortium der Großaktionäre des Bibliographischen Instituts bezw. diesen einzeln selbst

5. der Koehler & Volckmar A.-G. & Co.

6. der Koehler & Volckmar A.-G. zu 5.) und 6.) zugleich als Inhaber der Kommanditgesellschaft
(AG & Co.) Koehler & Amelang,

7. den die „Personengemeinschaft K & V" später bildenden Herren abzuschliessender Vertrag
erforderlich macht, indem alle die in diesem gedanklichen Programm angeschnittenen Einzelheiten und sonst sich aus ihnen ergebenden Erfordernissen geregelt werden. Dabei wird zu
überlegen sein, ob man diese ganze Materie in einem Vertrage regelt, oder ob man dies gruppenweise in mehreren tut, da ja mehrere Vertragsschliessende nur von Teilen der Gesamtrege-
lung betroffen werden.

Es dürfte zu weit führen, im jetzigen Stadium schon den Inhalt dieses oder dieser Verträge skiz-zieren zu wollen. Er ergibt sich schon aus dem Gedanklichen Programm. Allerdings bedarf es dann einer scharfen Durchdenkung dieses Programmes, damit in den Verträgen nichts verges-sen wird. Im Besonderen muss natürlich an Folgendes gedacht werden:

a) dass uns unbedingt die Majorität bei der neuen KG. ,Bibliograph. Inst. Meyer' gesichert wird, teils durch Einbringung von Koehler & Amelang, teils durch Aktienerwerb, sei es von den Verwaltungsorganen oder notfalls auch vom Konsortium, sowie deren Umwandlung in Kom-mentanteile.

b) dass in der neuen KG. „Bibliogr. Inst. Meyer" dann auch zu den ,persönlich Haftenden' un-sere Majoritätsrechte klar gestellt werden, etwa in gleicher Weise wie wir dies jetzt im K & V Konzern mit unseren ,persönlich Haftenden' zu tun beabsichtigen. [142]

c) dass der Kaufpreis von Koehler & Amelang schon im voraus richtig zum Werte der B.I. Sub-stanz auf dem Wege genauen bilanzlichen Einblickes abgewogen wird und dass dieser dann ermittelte Wert (den ich vorläufig mit RM 300.000 angenommen habe) dann auch als einzu-bringender Kommanditanteil festgelegt und vereinbart wird,

Zehmen, den 23. VIII. 1936
gez. Hans Volckmar"

Soviel ich weiss, hat Herr Volckmar-Frentzel bereits für etwa 20.000 RM B.I.-Aktien für die Koehler & Volckmar A.G. kaufen lassen, um schon die Hände im Spiel haben zu können. Ich habe den Herren Volckmar und Volckmar-Frentzel mündlich erklärt, dass mir bei diesem Pla-ne nicht ganz geheuer wäre. [143]

18. Fall:
Vorschlag der Konzernleitung (unter Mithilfe der Juristen) des Koehler-Volckmar-Konzerns zur Umwandlung des Koehler-Volckmar-Konzerns in Personalgesellschaften

Wenn ich im Fall 17 (Erwerb des Bibliographischen Instituts, Leipzig) zeigen konnte, wie sehr es der Volckmarpartei daran liegt, neben billigen Gewinnen zur Macht zu kommen, so zeigt dieses Exposé, wie sehr es die Volckmarpartei darauf abzielt, ihre Machtstellung zu verankern, obwohl es doch zweifellos nicht Sinn der Gesetze ist, nur formale Aenderungen vorzunehmen, aber in Wirklichkeit die bisherigen Verhältnisse zu erhalten. Die wichtigsten Bestimmungen der Volckmar'schen Vorschläge mögen nun folgen[13]:

[145] I. Einleitung

Die nachstehenden Ausführungen sind das Ergebnis vielfacher Vorbesprechungen und mehr-facher Vorexposés, die die Konzernleitung die Herren Dr. Starkloff und Dr. Volz in den letzten Monaten beschäftigt haben. Veranlasst wurden diese Erwägungen bezw. Vorschläge durch gesetzgeberische Akte der verschiedensten Art, sei es, dass diese die Gebiete des Gesell-schaftsrechts oder des [146] Steuerrechtes, sei es, dass sie die Gesetzgebung der Reichskultur-kammer betrafen. Insbesondere ist darauf hinzuweisen, dass dieses Exposé auch deshalb mehrfach umgearbeitet werden musste, weil wir gehalten waren, uns dem jeweiligen Stand der Gesetzgebung anzupassen. Das für die nunmehrigen Vorschläge sehr wesentliche Gesetz

---

13   In der Denkschrift wird nun ein Inhaltsverzeichnis auf den Seiten 143–145 angegeben, das jedoch im Folgenden nicht eingehalten wird – daher erfolgt hier eine Auslassung. Ebenfalls gibt es einen Verweis auf weitere Dokumenten-Beilagen (Konzernaufbauschemata, weitere Protokolle und Ver-tragsentwürfe), die sich nicht erhalten haben.

betr. Aenderung des Körperschaftssteuergesetzes ist z.B. erst am 27.8.1936 erlassen worden. Angesichts des ständigen Wandels und Fortschreitens der Dinge kann es deshalb auch durchaus sein, dass das Exposé auch in seiner gegenwärtigen Fassung durch neue Ereignisse in Teilen abermals überholt wird. Diese Befürchtungen dürfen aber nicht eine weitere Verzögerung herbeiführen. Die schwierige Materie muss vielmehr nun an die Associéschaft herangebracht werden.

Alle einschlägigen Gesetze zeigen insofern eine gleichgerichtete Tendenz, als sie darauf hinzielen, die sogen. Kapitalgesellschaften (A.G., G.m.b.H. etc.) nach Möglichkeit zu beseitigen und durch sogen. Personalgesellschaften (offene Handelsgesellschaft, Kommanditgesellschaft) zu ersetzen. Hierbei handelt es sich im wesentlichen um:

1.) Das Gesetz betr. die Umwandlung von Kapitalgesellschaften vom 5. Juli 1934 nebst der hierzu ergangenen Gesetzen und Verordnungen (Umwandlungsgesetz).

2.) Das vorerwähnte Gesetz über die Änderung des Körperschaftssteuergesetzes vom 27.8. 1936 (Körperschaftssteuergesetz).

3.) Die Anordnung des Präsidenten der Reichspressekammer zur Wahrung der Unabhängigkeit des Zeitschriftenverlagswesens vom 30.4.1936 (Pressekammergesetz). [147]

II.

Die Herren Associés, sowie die leitenden Herren des Konzerns werden nun gebeten, sich mit den in diesem Exposé enthaltenen Gedanken überhaupt vertraut zu machen, damit demnächst über alle damit zusammenhängenden Einzelfragen eine sachliche und ergebnisvolle Aussprache stattfinden kann.

Im Hinblick auf die dann etwa zu beschliessenden Umwandlungen bezw. Umgründungen verweisen wir auf einen Erlass des Finanzministeriums vom 9.8.1935, der eine wenn auch unverbindliche Auskunftspflicht der Finanzämter über die steuerlichen Auswirkungen solcher etwa beabsichtigten Transaktionen vorsieht. Hiervon müsste vor der Durchführung irgendwelcher Massnahmen selbstverständlich Gebrauch gemacht werden. Die in diesem Exposé dargestellten steuerlichen Auswirkungen bedürfen also noch der Nachprüfung.

III.

Durch den zu I, 3 erwähnte Anordnung des Präsidenten der Reichspressekammer zur Wahrung der Unabhängigkeit des Zeitschriftenverlagswesens vom 30.4.1936 hat die Reichspressekammer bekanntlich die Betätigung auf dem Gebiete des Zeitschriftenwesens (für den Zeitungsverlag ist eine entsprechende Anordnung schon früher ergangen) u.a. davon abhängig gemacht, dass jeder der R.P.K. eingegliederte Zeitschriftenverlag

a) nicht durch Kapitalgesellschaften oder solche Gesellschaften, an denen Kapitalgesellschaften beteiligt sind und

b) nicht durch Personen, die für sich und ihre Ehegatten nicht die arische [148] Abstammung bis 1800 nachweisen können, betrieben oder geleitet werden darf. Im Augenblick ist noch nicht zu übersehen, ob eine gleiche oder ähnliche Anordnung seitens des Präsidenten der Reichschrifttumskammer zu erwarten steht.

Der Anordnung des Präsidenten der Reichspressekammer haben wir im Konzern bekanntlich durch die Umgründung von K. F. Koehler Verlag zu einer offenen Handelsgesellschaft Rechnung getragen, indem wir gleichzeitig bei dieser Firma unsere Zeitschriftenverlagsinteressen vereinigt haben.

Ueber die praktische Auswirkung der Anordnung des Präsidenten der Reichspressekammer und die Art ihrer Durchführung durch die Reichspressekammer (insbes. über die Handhabung der in der Anordnung enthaltenen Bestimmungen über die Ausnahmebewilligungen) lässt sich z.Zt. für uns noch kein klares Bild gewinnen.

IV.

Die Förste, Lüddecke, Böhnisch & Co. G.m.b.H. sollte in eine aus natürlichen Personen bestehende Personalgesellschaft (z.B. in eine Kommanditgesellschaft mit den Herren Müller und Georg Böhnisch sen.) als persönlich Haftenden und der Koehler & Volckmar A.G. & Co. als Kommanditistin) umgewandelt werden. Später sollte dann der Kommanditanteil der Koehler & Volckmar A.G. & Co. an die neue aus der Umwandlung der Koehler & Volckmar A.G. hervorgehenden Kommanditgesellschaft übertragen werden.

Für die Umwandlung spricht die Ersparnis der Körperschaftssteuer von 25 % für 1936 bezw. 30 % ab 1937 auf alle Gewinne; gegen die Umwandlung ist anzuführen, dass der rechtliche Einfluss des die Majoritätsbesitzenden Konzern bei einer [149] G.m.b.H. grösser ist, als bei einer Kommanditgesellschaft. Andererseits ist aber der wirtschaftliche Einfluss durch Auftragsvergebung pp. so gross, dass der vorstehende rechtliche Gegengrund nicht ausschlaggebend sein dürfte.

V.

K. F. Koehler-Verlag bleibt vorläufig noch offene Handelsgesellschaft, bestehend aus den Herren Theodor Volckmar-Frentzel, Karl Voerster, Dr. v. Hase.

Nachdem die Umgründung des Koehler-Volckmar-Konzerns vorstehendem Programm entsprechend durchgeführt ist, wird in 1937 gelegentlich auch K. F. Koehler Verlag der Kommanditgesellschaft Koehler & Amelang, was die persönlich Haftenden anbelangt, gleichgeschaltet, indem Herr Karl Voerster wieder ausscheidet und die Herren Dr. Walther Jeremias und Dr. Hans Graeser eintreten. Der Gesellschaftsvertrag dieser Offenen Handelsgesellschaft muss dann ebenfalls neu und zwar analog den Anderen lt. Anlagen C und D bearbeitet werden.

VI.

R. Streller bleibt vorläufig noch eine G.m.b.H. & Co. Persönlich haftend ist mit M 7.000 die Großsortiment G.m.b.H. deren gesamtes Gesellschaftskapital von M 20.000 die Koehler & Volckmar A.G. besitzt. Kommanditistin ist und bleibt mit M 8.000 die Koehler & Volckmar A.G. & Co.

Der Betrieb wird für Rechnung der Koehler & Volckmar A.G. & Co. geführt (Bewirtschaftungsantrag). Später wird entschieden, ob auch diese Gesellschaft in eine aus natürlichen Personen bestehende Gesellschaft umgewandelt werden soll. [150]

VII.

Erzeugter Umwandlungsgewinn und ziffernmässiges Resultat in der Dachgesellschaft der Kommanditgesellschaft Volckmar-Koehler'sche Verwaltung (V.K.V.)

A.

a) Anlässlich der in Punkt I beschriebenen Umwandlung der K + V AG in die neue Kommanditgesellschaft „V.K.V." können nun folgende steuerbegünstigte Umwandlungsgewinne erzeugt werden.

1. *Durch Erhöhung der Buchansätze beim Grundbesitz*

In der nachfolgenden Aufstellung des gesamten Grundbesitzes des Konzerns, der infolge der in Punkt V B geschilderten Transaktion in der K & V AG vereinigt ist, sind [in Angaben zu RM, Th. K.] nebeneinandergestellt:

1. der Buchwert per 30.VI.1936
2. der Steuerbilanzwert per 30.VI.1936
3. der Einheitswert per 1.I.1935
4. der Uebernahmewert, der anlässlich der Umwandlung in Vorschlag gebracht wird.

A. *Ursprünglicher Grundbesitz der K & V KG.*

Grundstück	1.	2.	3.	4.
Hospitalstr. 10	440.250	483.250	571.900	570.000
Königstr. 35	318.500	716.700	512.500	710.000
Königstr. 37	234.250	564.550	393.000	560.000
Hospitalstr. 16/22	Bauplatz, abgeschrieben	123.277,50	161.300	100.000
Täubchenweg 19/21	382.750	685.750	913.300	910.000
Querstr. 21/23	128.600	287.100	187.700	285.000
Cellertstr. 12/14	117.925	117.925	95.400	115.000
Mühlstr. 12	171.000	180.200	121.900	180.000
Salomonstr. 1/5	331.500	348.900	271.300	340.000
Stuttgart	1.023.654	1.023.654	1.354.000	1.300.000
Berlin	649.150	649.150	960.000	950.000
Zeititz	283.577,50	338.172,50	210.700	450.000
Rüben (Wald)	9.446,30	9.831,10	9.446,30	9.500
Insgesamt	4.090.602,80	5.528.460,10	5.754.346,30	6.479.500

[151] B. *Ursprüngl. Grundbesitz der F. E. Haag A.-G. per 1.7.1936*

Grundstück	1.	2.	3.	4.
Querstr. 8a	300.000	300.000	191.200	300.000
Salomonstr. 7	293.600	293.600	296.100	360.000
Melle	43.900	43.900	44.400	40.000
Ingesamt	637.500	637.500	531.700	700.000
Gesamtsumme A + B	4.728.102,80	6.165.960,60	6.286.046,30	7.179.500

N.B. Bei der endgültigen Durchführung der Transaktion wird das Grundstück Salomonstr. 7 schon bei der Umwandlung der F. E. Haag A.G. in die K & V AG mit dem Werte von M 360.000 zu übernehmen sein.

2. _Durch Erhöhung der Buchwerte aus Inventar, techn. Anlage etc._ sofern es sich um Aktienbesitz, d.h. Besitz vor dem 31.XII.1934, handelt.

Grundstück	1.	2.	4.
A. ursprünglich K & V AG	8.135	67.711,30	36.737,80
B. ursprünglich FE Haag AG	–	–	–
Insgesamt	8.135	67.711,30	36.737,80

3. _Aus Werterhöhung von Aktien, G.m.b.H.-Anteilen etc. sofern diese Altbesitz,_ d.h. Besitz vor
dem 31.XII.1934, sind.

Grundstück	1.	2.	4.
FLB & Co. G.m.b.H (nom. M 50.000)	30.000	30.000	50.000
Großsortiment G.m.b.H. (nom. M 20.000)	20.000	20.000	20.000
Insgesamt	50.000	50.000	70.000

[152] 4. _Durch Wegfall des gesetzl. Reservefonds der K & V AG entsteht ein buchmässiger Um-_
wandlungsgewinn von M 250.000.

Insgesamt können also folgende _steuerbegünstigte Umwandlungsgewinne_ erzeugt werden,
wobei natürlich die Frage zur Erwägung offen bleibt, wie weit man überhaupt hinsichtlich der
Erzeugung solcher ausserordentlichen Umwandlungsgewinne und in Konsequenz dessen
auch mit einer künstlichen Heraufsetzung der Kapitalkonten der Inhaber gehen will.

	buchmässig	steuerlich
1. aus Grundstücken	2.451.397,20	1.013.539,40
2. aus Inventar	28.602,80	–
3. aus Aktien GmbH-Anteilen etc.	20.000	20.000
4. aus Reservefonds	250.000	–
Insgesamt	2.750.000	1.033.539,40

Dazu käme noch der in V/B bereits ausgewiesene aus der Umwandlung der F. E. Haag A.-G. in
die Koehler & Volckmar A.-G. entstehende Umwandlungsgewinn von M 417.388, 55.

VIII. Zusammenfassung

1.

Nach Durchführung aller geschilderten Transaktionen ergibt sich der aus der Anlage B ersichtliche „Neue Konzernaufbau"[14].

---

14   Unterlagen liegen nicht bei.

Der Konzern besteht sonach zukünftig:

a) wie bisher und unverändert aus den beiden <u>Finanzbassins</u> Albert Koch & Co. und Neff & Koehler,

b) aus der Volckmar'-Koehler'schen Verwaltung (Kommanditgesellschaft), die gewissermassen als die [153] <u>Dachgesellschaft</u> anzusprechen ist. Sie hat vier persönlich Haftende und die beiden Finanzbassins als Kommanditisten.

c) aus einer Anzahl <u>Betriebs-Kommanditgesellschaften</u>, die wiederum nach der Art ihres Betriebes zu einzelnen <u>Gruppen</u> zusammengefasst sind. Jeder dieser Betriebskommanditgesellschaften hat ebenfalls vier persönlich Haftende (die aber in den verschiedenen Gruppen nicht völlig personengleich sind), sowie die V.K.V. Kommanditgesellschaft als Kommanditistin.

d) einigen <u>Nebengesellschaften</u>, die als G.m.b.H.'s oder als G.m.b.H. & Co.'s in die vorgenannten Gesellschaften in Gestalt des Besitzes der G.m.b.H.-Anteile oder der Kommandit-Anteile eingegliedert sind, z.B. FLB & Co., Gross-Sortiment G.m.b.H., R Streller.

2.

Der Nachteil des neuen Konzernaufbaus gegenüber dem bisherigen besteht darin, dass in rechtlicher und tatsächlicher Beziehung nicht allenthalben Identität wie bisher besteht. Denn die vier persönlich Haftenden sind in den verschiedenen Gruppen ja nicht völlig personengleich. Daher sind zukünftig diese Gruppen mehr als bisher selbständige Gebilde, die wahrscheinlich auch selbständig werden bilanzieren müssen. Ob deren Bilanzen, wie bisher, dennoch zu einer steuerlichen Konzernbilanz zusammengefasst werden können, hängt von der Einstellung ab, die die Steuerbeamten oder Buchprüfer dieser neuen Konzernkonstruktion gegenüber einnehmen werden.

IX.

Dass für alle Kommanditgesellschaften je vier Personen als persönlich Haftende vorgeschlagen werden, soll gewissermassen zum Ausdruck bringen, dass durch diese jeweilig vier Herren die [154] vier Familienstämme: Volckmar, Voerster, Staackmann und Koehler repräsentiert werden. Dabei war weiter Wert darauf zu legen, dass die betreffenden Herren möglichst auch in den betreffenden Gruppen, für die sie vorgeschlagen werden, mit tätig sind, Da der Stamm Staackmann ausser Herrn Alfred Staackmann z.Zt. überhaupt keine tätigen Vertreter hat und da sich auch Herr Alfred Staackmann von den Geschäften zurückgezogen hat, glauben wir als Vertreter dieses Stammes in den Betriebs-Gesellschaften ausserhalb der Familienkreises stehende Herren vorschlagen zu sollen, die in den betreffenden Gruppen mit tätig sind und von denen angenommen wird, dass sie das Vertrauen des Stammes Staackmann geniessen. Die gleichen Erwägungen lagen auch bei den Stämmen Voerster und Koehler in den Fällen vor, in denen ebenfalls nicht der Familie angehörige Herren als Vertreter vorgeschlagen wurden. Lediglich der Stamm Volckmar ist in allen buchhändlerischen Betriebsgesellschaften durch Herrn Th. Volckmar-Frentzel vertreten, da das im Hinblick auf seine Konzernleitereigenschaft erforderlich erschien. Dass die jeweilige Kapitaleinlagen der betreffenden Herren in abgerundeten Beträgen ungefähr der Stammbeteiligung selbst gleichen, entspricht dem allenthalben im Konzern durchgeführten Prinzip.

X.

Der nachfolgende Gesellschaftsvertrag kommt zur Anwendung für folgende Kommanditgesellschaften:

1. _Volckmar-Koehlersche Verwaltung_ (Kommanditgesellschaft)
2. _Offizin Haag-Drugulin_
3. _K. F. Koehlers Antiquarium_
4. _Koehler & Amelang_ [155]

also für diejenigen Kommanditgesellschaften, die sich für ihre Geschäfte nur <u>einer</u> Firma bedienen. Bei den einzelnen Gesellschaften bestehen nur folgende Unterschiede:

a) bei den Gesellschaften zu 2. und 4. wird jede Einleitung fortgelassen,
b) für die Vertragsschliessenden zu 1. bis 4. sind in jedem Vertrage die jeweils für die Gesellschaft in Frage kommenden Personen einzusetzen.
c) Bei den Gesellschaften zu 2. und 4. fallen Albert Koch & Co. als Vertragsschliessende zu 5. und Neff & Koehler als solche zu 6. fort. Dagegen wird allenthalben die Volckmar-Koehlersche Verwaltung (Kommanditgesellschaft) Vertragsschliessender zu 5.
d) Für alle Vertragsschliessenden kommen in jeder Gesellschaft in § 1 die vereinbarten Kapitalien zum Einsatz.
e) Der Wortlaut des § 2 passt nur für die Gesellschaften zu 1. und 2. Für die Gesellschaften 3. und 4. ist der Wortlaut des § 2 der Anlage D sinngemäss zu entnehmen.

Kommanditgesellschaftsvertrag

der „Volckmar-Koehler'schen Verwaltung" (Kommanditgesellschaft, V.K.V.)

Zwischen

1. Herrn Hans Volckmar in Leipzig,
2. Herrn Alfred Voerster in Leipzig,
3. Herrn Alfred Staackmann in Leipzig,
4. Herrn Dr. Kurt Koehler in Leipzig,
5. der Kommanditgesellschaft Albert Koch & Co. in Leipzig, [156]
6. der Kommanditgesellschaft Neff & Koehler in Leipzig

ist heute folgender <u>Kommanditgesellschaftsvertrag</u> abgeschlossen worden.

Einleitung

Die Kommanditgesellschaft „Volckmar-Koehler-Verwaltung" ist aus der Umwandlung der Koehler & Volckmar A.-G., die zuvor die Firma F. E. Haag durch Umwandlung aufgenommen hatte, in eine Kommanditgesellschaft entstanden. Persönlich haftende und geschäftsführende Gesellschafter der Kommanditgesellschaft V.K.V. sind die unter 1–4 genannten natürlichen Personen. Kommanditisten sind die Vertragsschliessenden zu 5. und 6.

§ 1.

(1) Das Kapital der Kommanditgesellschaft besteht
a) aus der Einlage des Herrn Volckmar von 6.700 M
b) aus der Einlage des Herrn Alfred Voerster 6.700 M
c) aus der Einlage des Herrn Alfred Staackmann 1.6.00 M
d) aus der Einlage des Herrn Dr. Kurt Koehler 5.000 M
e) aus der Einlage der Kommanditgesellschaft Albert Koch & Co. von 2.550.000 M
f) aus der Einlage der Kommanditgesellschaft Neff & Koehler von 850.000 M
zu e) und f) als Kommanditisten

(2) Sämtliche Kapitaleinlagen sind im Verrechnungswege erfüllt.

(3) Der Sitz der Kommanditgesellschaft ist Leipzig. [157]

§ 2.

(1) Gegenstand des Unternehmens ist der Betrieb oder die Beteiligung an graphischen oder ähnlichen Betrieben aller Art im Inlande und Auslande; er kann jederzeit auch auf alle anderen Arten von Handels- oder Fabrikationsgeschäften im Inlande und Auslande ausgedehnt werden.

(2) Gegenstand des Unternehmens sind ferner Geschäfte aller Art, die mit dem Erwerb, der Veräusserung, der Verwaltung, dem Betrieb, der Verpachtung oder Erpachtung von städtischem, sowie land- und forstwirtschaftlichem Grundbesitz im Inlande und Auslande zusammenhängen.

§ 3.

Das Geschäftsjahr der Kommanditgesellschaft ist das Kalenderjahr. Das erste Geschäftsjahr endet am 31. Dezember 1936.

§ 4.

(1) Zur Führung der Geschäfte und zur Vertretung der Kommanditgesellschaft sind berechtigt, ermächtigt und verpflichtet

a) die Vertragsschliessenden zu 1. bis 4. als persönlich haftende Gesellschafter, soweit sie nicht von der Geschäftsführung und Vertretung ausgeschlossen sind,

b) Generalbevollmächtigte, sofern die Gesellschaftsversammlung solche zur Vertretung der Kommanditgesellschaft ernennt,

c) Prokuristen und Handlungsbevollmächtigte.

(2) Die zu a) und b) genannten Personen dürfen die Kommanditgesellschaft stets nur je zwei gemeinsam oder je einer mit einem Prokuristen oder [158] Handlungsbevollmächtigten vertreten deren Firma zeichnen.

Prokuristen und Handlungsbevollmächtigten werden durch je zwei der persönlich haftenden und geschäftsführenden Gesellschafter auf Grund von Beschlüssen der Gesellschafterversammlung bestellt.

Die Prokuristen dürfen die Kommanditgesellschaft stets nur je zwei gemeinsam oder je einer mit einem persönlich haftenden Gesellschafter oder einem Generalbevollmächtigten oder einem Handlungsbevollmächtigten vertreten und die Firma zeichnen.

Die Handlungsbevollmächtigten dürfen die Kommanditgesellschaft stets nur je einer mit einem persönlich haftenden Gesellschafter oder einem Generalbevollmächtigten oder einem Prokuristen vertreten und die Firma zeichnen. Bei den Handlungsbevollmächtigten bleiben die Befugnisse nach § 54 abs. 2 HGB. ausgeschlossen.

Das in Absatz (2.) und (3.) Gesagte bezieht sich nicht auf von der Vertretung und Geschäftsführung ausgeschlossene persönlich haftende Gesellschafter. Diese sind auch nicht mit einer anderen zeichnungsberechtigten Person gemeinsam berechtigt, die Gesellschaft zu vertreten und die Firma zu zeichnen.

Alle Zeichnungen der Firma, auch diejenigen durch die persönlich haftenden Gesellschafter erfolgen dergestalt, dass die Zeichnungsberechtigten der handschriftlich oder in mechanischer Weise vorangestellten Firma der Kommanditgesellschaft ihren Namen, die Prokuristen oder Handlungsbevollmächtigten mit einem ihre Prokura oder Handlungsvollmacht zum Ausdruck bringenden Zusatz beifügen. [159]

§ 5.

Die persönlich haftenden Gesellschafter und die übrigen gemäss § 4 vertretungsberechtigten Personen dürfen die nachstehend bezeichneten Handlungen nur mit Zustimmung der Gesell-schaftsversammlung vornehmen:

a) die Ernennung und Abberufung von Generalbevollmächtigten (§ 4 Ziff. 1 b, Prokuristen und Handlungsbevollmächtigten (§ 4 Ziff. 3)

b) die Errichtung und Aufhebung von Zweigniederlassungen,

c) die Aufnahme neuer und die Aufgabe bisher betriebener Geschäftszweige, die Uebernah-me von Betrieben und den Verkauf oder die Abgabe von Betrieben, die Beteiligung oder Auf-gabe von Beteiligungen und anderen Unternehmungen,

d) den Ankauf und Verkauf von Grundstücken, die Belastung von Grundstücken der Komman-ditgesellschaft,

e) die Uebernahme von Bürgschaften.

§ 6.

(1) Als Entgelt für die Geschäftsführung und die Aufsicht über die Geschäftsführung erhalten die Gesellschafter insgesamt an jedem Monatsschluss eine über Handlungskosten zu verbu-chende Entschädigung.

(2) Ueber die Höhe und die Verteilung dieser Entschädigung auf die einzelnen Gesellschafter beschliesst die Gesellschaftsversammlung unter Berücksichtigung der zu leistenden Arbeit und übernommenen Verantwortung. Der Beschluss soll in der Regel vor Beginn eines neuen Ge-schäftsjahres für dieses gefasst werden. Er ist aber im Laufe des Geschäftsjahres wandelbar. [160]

§ 7.

(1) Ueber die Verteilung des Jahresgewinnes auf die Gesellschafter beschliesst die Gesell-schafterversammlung. Jahresgewinne dürfen nicht den Kapitalkonten der Gesellschafter zuge-schlagen werden, sind vielmehr den Betreffenden auf Sonderkonto (den sog. laufenden Konten) gutzuschreiben oder auf deren bei einer Bank oder an einer anderweitigen dritten Stel-le geführte Konten zu überweisen.

(2) Die Berechtigung gemäss § 122, Abs. 1, Halbsatz 1 HGB. betr. Entnahmen im Laufe des Geschäftsjahres ist ausgeschlossen.

(3) Ueber die Verteilung eines eventuellen Jahresverlustes beschliesst die Gesellschafterver-sammlung. Sie ist jedoch bei solchen Beschlüssen an die Bestimmung gebunden, dass kein Gesellschafter einen höheren Verlustanteil zu tragen hat, als es dem Verhältnis seines Kapital-kontos zum Gesamtgesellschaftskapital entspricht. Jahresverluste sind, insoweit sie nicht auf neue Rechnung vorgetragen werden, von den Kapitalkonten der Gesellschafter zu kürzen. Sin-ken die Kapitalkonten durch Verluste unter den Stand gemäss § 1 dieses Vertrages, so sind zu-künftige Gewinne nicht gemäss Abs. 1) den laufenden Konten, sondern so lange den Kapital-

konten gutzuschreiben, bis durch Gewinnübertragungen oder durch direkte Kapitaleinzahlungen der Gesellschafter die ursprüngliche Höhe der Kapitalkonten derselben (§ 1) wieder erreicht ist. Etwaige Beschlüsse der Gesellschafter auf eine dauernde Herabsetzung der Gesellschaftskapitalkonten sollen hierdurch jedoch nicht ausgeschlossen werden. [161]

(4) Soweit Gewinne oder Verluste hiernach den derzeitigen Kommanditisten der Gesellschaft bezw. deren Rechtsnachfolgern zugewiesen werden, oder soweit eine dauernde Herabsetzung der Kommanditkapitalkonten erfolgen soll, hat dies <u>grundsätzlich</u> stets im Verhältnis der Kapitalbeteiligungen an der Gesellschaft zu geschehen, so wie diese an dem Anfang des in Frage kommenden Abschlussjahres oder an dem in dem Beschluss genannten massgeblichen Stichtag feststand. Eine Abänderung dieser grundsätzlicheren Bestimmung, sowie ein Beschluss über neue Kapitaleinzahlungen in die Gesellschaft bedarf stets der <u>Einstimmigkeit</u> aller Gesellschafter. Stimmenthaltung gilt hierbei als Zustimmung zum Antrage, über den abgestimmt wird.

§ 8.

(1) Zur Einberufung einer <u>Gesellschafterversammlung</u> sind sowohl die persönlich haftenden Gesellschafter als auch jeder Kommanditist jederzeit berechtigt.

a) Die Einberufung kann schriftlich, telegraphisch oder mündlich (auch telefonisch) erfolgen. Die Einberufung ist nicht an bestimmte Fristen gebunden, jedoch hat der Einberufende Rücksicht darauf zu nehmen, dass die Frist so bemessen ist, dass es den Gesellschaftern möglich ist, selbst zu erscheinen oder sich durch eine mit schriftlicher Vollmacht ausgestattete Persönlichkeit vertreten zu lassen. Gesellschafter, die sich ausserhalb der Grenzen des deutschen Reiches begeben, haben im voraus für eine derartige Bevollmächtigung Sorge zu tragen.

b) Die Vertragsschliessenden zu 5. und 6. haben dafür zu sorgen, dass jederzeit eine zu ihrer [162] Vertretung bevollmächtigte Person am Sitze der Gesellschaft zugegen ist, sodass sie bei eiligen Beschlussfassungen vertreten sein können.

c) Eine unter Beobachtung vorstehender Richtlinien einberufene Gesellschafterversammlung ist in jedem Falle beschlussfähig, gleichgültig, ob sämtliche Gesellschafter anwesend oder vertreten sind oder nicht.

(2) Ausser den der Gesellschafterversammlung zufolge Gesetzes oder zufolge dieses Gesellschaftsvertrages zustehenden Rechten stehen diesen insbesondere der mindestens einmal jährlich durch die persönlich haftenden Gesellschafter einzuberufenden <u>Generalversammlung</u> folgende Rechte zu:

a) die gesamte Aufsicht über die Geschäftsführung der Gesellschaft,

b) die Beschlussfassung über die Bilanz und die Verteilung des Reingewinnes bezw. Verlustes.

(3) Im Innenverhältnis stehen den Kommanditisten insbesondere was die Einsichtnahme von Verträgen, buchhalterischen Unterlagen, Bilanzen, Geschäftsbriefen etc. anbelangt, grundsätzlich die gleichen Rechte wie den persönlich haftenden Gesellschaftern zu.

(4) Bei allen Abstimmungen in den Gesellschafterversammlungen gewähren je M 100 seines jeweils bestehenden Gesellschaftskapitalkontos (vergl. § 1) den betreffenden Gesellschafter je eine Stimme. Zur Gültigkeit aller Beschlüsse ist, soweit nicht das Gesetz eine grössere Mehrheit vorschreibt und mit Ausnahme der in § 7, Abs. (4) angegebenen Fälle, für die Einstimmigkeit vorgeschrieben ist, einfache Stimmenmehrheit erforderlich und ausreichend. [163]

(5) Den Vorsitz in den Gesellschafterversammlungen führt ein von der Gesellschafterversammlung aus dem Kreise der in § 4 Abs. 1 unter a) und b) von Fall zu Fall oder auf einen be-

stimmten Zeitraum ernannter <u>Vorsitzender</u>, in dessen Behinderungsfalle ein in gleicher Weise ernannter <u>stellvertretender Vorsitzender</u>.

Die Gesellschafterversammlung ist jederzeit berechtigt, einen so – auch für einen bestimmten Zeitraum – eingeräumten Vorsitz zu widerrufen, was zu geschehen hat, wenn der betreffende „Kündigender" im Sinne des § 9. ist.

(6) Ueber die Anwesenheit der Gesellschafter und den Gang der Gesellschafterversammlung und über die gefassten Beschlüsse soll von einer durch den Vorsitzenden zu bestimmenden Person Protokoll geführt werden, das tunlichst von allen Anwesenden, jedenfalls aber vom Vorsitzenden, dem Protokollanten und einem Anwesenden zu unterzeichnen ist.

(7) Die Hinzuziehung von Rechtsbeiständen zu den Gesellschafterversammlungen ist jedem Gesellschafter gestattet.

§ 9.

(1) Dieser Kommanditgesellschaftsvertrag wird auf unbestimmte Zeit abgeschlossen. Er kann stets nur unter Einhaltung einer halbjährigen Kündigungsfrist auf den Schluss eines Geschäftsjahres aufgekündigt werden. Der kündigende Gesellschafter hat die Kündigung im eingeschriebenen Briefe an den anderen Gesellschafter zu richten.

(2) Die Kündigung hat die Wirkung, dass der Kündigende am Schlusse des Geschäftsjahres, auf den seine Kündigung gerichtet ist, ausscheidet und dass die verbleibenden Gesellschafter die [164] Gesellschaft ohne den Kündigenden allein oder unter Aufnahme eines anderen Gesellschafters fortsetzen können.

(3) Wünschen die verbleibenden Gesellschafter die Fortsetzung der Gesellschaft (was angenommen wird, wenn dem kündigenden Gesellschafter seitens seiner Mitgesellschafter nichts anderes mitgeteilt wird) so unterbleibt eine Liquidation der Gesellschaft. Der kündigende Gesellschafter hat lediglich Anspruch auf Auszahlung des Jahresgewinnes nach Genehmigung der Bilanz durch die verbleibenden Gesellschafter, sowie auf Auszahlung seines Kapitalguthabens in 5 gleichen Jahresraten, deren erste 6 Monate nach dem Tage fällig wird, auf den die Kündigung gerichtet war. Der jeweilige Kapitalrest ist mit 5 % p.a. zu verzinsen. Der Gesellschaft steht es frei, das Kapitalkonto auch in höheren Raten oder mit kürzeren Fristen oder auf einmal zurückzuzahlen. Im Verlustfalle ist der auf den kündigenden Gesellschafter entfallende Verlustanteil, von der oder den ersten Rückzahlungsraten seines Kapitalguthabens zu kürzen.

(4) Wünscht der eine oder andere verbleibende Gesellschafter die Gesellschaft ohne den kündigenden Gesellschafter nicht fortzusetzen, so hat er dies binnen einem Monat nach Erhalt des Kündigungsbriefes des kündigenden Gesellschafters seinen Mitgesellschaftern schriftlich und eingeschrieben mitzuteilen. Eine solche Mitteilung hat die Wirkung einer von ihm ausgesprochenen Kündigung auf den Schluss des Kalenderjahres und hat auch für ihn die in Absatz (3) geschilderten Konsequenzen zur Folge.

(5) Einigen sich jedoch diejenigen Gesellschafter, denen die Fortsetzung des Gesellschaftsverhältnisses aufgekündigt wurde in dem Sinne, dass sie weder gemeinsam, noch dass einer von ihnen allein die Gesellschaft fortzusetzen wünscht oder wird in einer Gesellschafterversammlung der Antrag auf Auflösung der [165] Gesellschaft mit einer Mehrheit von mindestens 51 % der abgegebenen Stimmen beschlossen, so tritt die Liquidation der Gesellschaft ein. Die Liquidation sind von der Gesellschafterversammlung zu wählen. Die Befriedigung der Gesellschafter, gleichgültig, ob sie gekündigt haben oder nicht, erfolgt dann gleichmässig aus dem Liquidationserlöse, und zwar im Verhältnis, in dem die Kapitalkonten der Gesellschafter bei Eintritt der Liquidation zueinander standen.

(6) Kündigt ein Gläubiger eines Gesellschafters (§ 135 HGB) oder wird über das Vermögen eines Gesellschafters der Konkurs eröffnet, so scheidet der Gesellschafter aus der Gesellschaft aus und hat nur die Ansprüche gemäss Abs. (3).

§ 10.

(1) Durch den Tod eines persönlich haftenden Gesellschafters wird die Gesellschaft nicht aufgelöst, jedoch auch nicht mit seinen Erben, sondern lediglich unter den verbleibenden Gesellschaftern fortgesetzt. Die Erben des verstorbenen persönlich haftenden Gesellschafters haben nur Anspruch auf Barauszahlung des Kapitalguthabens des Verstorbenen. Reingewinn- oder Verlustanteile für am Todestag noch nicht beendete Geschäftsjahre bleiben unberücksichtigt.

(2) Jeder persönlich haftende Gesellschafter und jeder Kommanditist hat das Recht, das Gesellschaftsverhältnis zu einem persönlich haftenden Gesellschafter mit sofortiger Wirkung aufzukündigen, sofern die Gesellschafterversammlung nach den Bestimmungen des § 8 einen entsprechenden Entschluss gefasst und die Wahl eines neuen persönlich haftenden Gesellschafters gemäss § 11 beschlossen hat. Eine solche Kündigung hat zur Folge, dass der persönlich [166] haftende Gesellschafter, dem aufgekündigt worden ist, zu diesem Zeitpunkt aus der Gesellschaft ausscheidet und die Gesellschaft zwischen den verbleibenden persönlich haftenden Gesellschaftern und Kommanditisten und dem neu eintretenden, von der Gesellschaftsversammlung gewählten, persönlich haftenden Gesellschafter fortgesetzt wird. Der ausscheidende persönlich haftende Gesellschafter hat nur Anspruch auf Barauszahlung seines Kapitalguthabens. Reingewinn- oder Verlustanteile für am Ausscheidungstag noch nicht beendete Geschäftsjahre bleiben unberücksichtigt.

(3) In Gesellschafterversammlungen im Falle der Abs. (1) haben die Erben eines persönlich haftenden Gesellschafters, der nach Abs. (1) ausscheidet, kein Recht zur Stimmabgabe. Im Falle des Abs. (2) hat jedoch der persönlich haftende Gesellschafter das Recht, an der Gesellschafterversammlung teilzunehmen und mitzubestimmen.

(4) Besteht im Falle des Abs. (2) grundsätzliche Neigung, der nach § 8 (4) erforderlichen Stimmenmehrheit der Gesellschafterversammlung, das Gesellschaftsverhältnis zu einem persönlich haftenden Gesellschafter aufzukündigen, aber noch kein Einverständnis über den neu zu wählenden persönlich haftenden Gesellschafter oder noch kein Einverständnis über die mit diesem zu treffenden Vereinbarungen, so kann eine Vertagung des Beschlusses beschlossen werden. Auch für diese Beschlussfassung sind die Bestimmungen des § 8 Abs. (4) maßgeblich."

Zu den einzelnen Punkten 1–10 möchte ich folgendes bemerken:

Zu 1) Herr Hans Volckmar hat das gesamte Exposé am 15.10.1936 Herrn Dr. Koehler gegenüber plötzlich zurückgezogen [167] und hat die einzige bei der Koehlerpartei befindliche Abschrift sofort zurückerbeten. Warum? Hat er plötzlich ein schlechtes Gewissen bekommen? Dieses Exposé ist innerhalb des Koehler-Volckmar-Konzerns mit den Juristen beraten und aufgestellt, stellt also keine Privatarbeit des Herrn Volckmar dar, sondern eine Arbeit, die auf Kosten des Koehler-Volckmar-Konzerns entstanden ist. Aus diesem Grunde habe ich mir in der Nacht vom 15. und 16. Oktober eine Abschrift des Exposé hergestellt, weil ich aus der plötzlichen Rückforderung entnehmen konnte, dass das Exposé ganz verschwinden sollte. Das Exposé hatte mir übrigens Herr Volckmar am 12.10.36 ohne jede Einschränkung übergeben.

Zu 4) Ich weise darauf hin, dass Herr Volckmar hier den rechtlichen Einfluss zwar verringert gegen den früheren Zustand erkennt, es genügt ihm aber der wirtschaftliche Einfluss – überall ist die Machtfrage für die Volckmarpartei wichtig.

Zu 5) Wie oben unter Fall 16 ausgeführt ist, fällt die offene Handelsgesellschaft K. F. Koehler Verlag etwas aus dem sonstigen Machtaufbau der Volckmarpartei heraus; so bin ich z.B. nicht kündbar und es gibt kein Schiedsgericht, in dem die Volckmarpartei die Oberhand hat. Aber auch dieser Zustand soll im Laufe des Jahres 1937 abgeändert werden sehr zu meinem Ungunsten, denn Vierersystem und Schiedsgericht soll alles nach dem neuen Schema eingeführt werden.

Zu 7) Hiernach besteht also die Möglichkeit, buchmässige Gewinne in Höhe von 2.750.000; + 417.388,55 M = 3.167.388,55 M, also über 3 Millionen zu machen! Darnach ergibt sich zweifellos [168] die Richtigkeit meiner Behauptung, dass die Volckmarpartei eine rücksichtslose Abschreibungs- und Nichtausschüttungspolitik betrieben hat! Verteilt werden soll dieser Gewinn im Verhältnis von 75 : 25, aber entstanden sind diese Gewinne zum Teil in einer Zeit, als das Verhältnis günstiger für die Koehlerpartei war, sie also bei rechtzeitiger Ausschüttung mehr bekommen hätte! Und wie billig hat die Volckmarpartei zum Teil die Aktien erworben! Aber das Prinzip der Volckmarpartei war eben, erst möglichst wenig auszuschütten, damit ihr später der Löwenanteil zufiele!

Zu 9) Bisher hat es nur zwei Parteien gegeben, nämlich die Volckmarpartei und die Koehlerpartei; jetzt gibt es plötzlich 4 Familienstämme! Aber nur „gewissermassen", nämlich um zu begründen, dass jetzt drei persönlich haftende Gesellschafter von der Volckmarpartei gegenüber nur einem Gesellschafter von der Koehlerpartei eintreten. Aber nicht einmal dieser einzige Koehler-Gesellschafter wird aus der Koehlerpartei genommen, sondern zu Vertretern der Koehlerpartei werden jetzt plötzlich Leute gestempelt, die bisher von diesem Glück noch gar nichts wussten, ebenso wenig wie die Koehlerpartei selbst! Darüber noch näheres weiter unten.

Zu 10) Anlage B, Gesellschaftsvertrag.

a) Die Volckmar-Koehlersche Verwaltung ist eine Kommanditgesellschaft, die aus vier persönlich haftenden Gesellschaftern besteht und 2 Kommanditisten, nämlich den Finanzbassins der Volckmarpartei und der Koehlerpatei. Das ist die einzige Gesellschaft, die so aufgebaut ist; die Finanzbassins sind nur an dieser Volckmar-Koehlerschen Verwaltung als Kommandisten beteiligt, an keine weiteren. Dafür ist aber die Volckmar-Koehlersche Verwaltung Kommanditist [169] bei allen anderen offenen Handelsgesellschaften. Warum? Dadurch wird der unmittelbare Einfluss der Finanzbassins ausgeschaltet; die Koehlerpartei hat in den Gesellschaften gar keinen Einfluss, denn Kommanditist ist ja nicht sie, sondern nur die Volckmar-Koehlersche Verwaltung, in der die Volckmarpartei völlig vorherrscht. Also hat die Koehlerpartei nicht einmal das Recht, die Bücher einzusehen, insbesondere, wenn keiner der Koehlerpartei persönlich haftender Gesellschafter ist, was ja meistens der Fall ist.

b) Warum sind eigentlich vier persönlich haftende Gesellschafter ausersehen? Damit drei davon Volckmarleute sind, die also den Koehlermann stets überstimmen können!

c) § 4 (4) Warum wird denn überhaupt ein persönlich haftender Gesellschafter aufgenommen, wenn geplant ist, ihn von der Geschäftsführung auszuschliessen? Soll da vielleicht auch noch der Koehlermann ausgeschlossen werden?

d) § 6 (1) (2) Die Gehälter werden von den vier Gesellschaftern nach dem Mehrheitsprinzip beschlossen, wobei die zu leistende Arbeit und die übernommene Verantwortung berücksichtigt werden soll. Wie lässt sich das bestimmen? Auf jeden Fall ist an Festsetzung gleicher Gehälter nicht gedacht; und wie steht es mit der Gewissheit, dass Gehälter nicht plötzlich herabgesetzt werden? Welch' eine Fülle von Schwierigkeiten!

e) § 7 (1) Ueber Verteilung des Jahresgewinnes auf die Gesellschafter beschliesst jährlich die Gesellschafterversammlung nach dem Mehrheitsprinzip — das ist doch einfach unmöglich, denn da bestimmt ja die Volckmarpartei in allen Gesellschaften die Verteilung des Gewinnes!! Ueber die Beteiligung [170] des oder der Kommanditisten finde ich überhaupt keine Bestimmung. Vielleicht besteht hier aber ein Missverständnis; nach dem Wortlaut sind die Bestimmungen aber nicht anders aufzufassen.

f) § 7 (2) Lässt sich diese Entnahmebestimmung überhaupt ausschalten? Da die persönlich haftenden Gesellschafter ja nur getarnt sind, spielt dieser Punkt hier schliesslich keine Rolle.

g) Durch die Gesellschafterversammlung scheinen mir die Recht der persönlich haftenden Gesellschafter stark beeinträchtigt zu werden. Warum werden die Vorsitzenden und stellvertretenden Vorsitzenden nur zwei Volckmarleute, warum nur Herr Volckmar und Herr Volckmar-Frentzel? Der eigentliche Leiter der Gesellschaft, also z.B. im Verlag, ist doch der Berufene dazu, aber die ganzen Bestimmungen werden ja nur beschlossen, um das alte Knebelsystem auch entgegen dem Willen des Dritten Reiches zu verankern!

h) § 10 (2) Die unglaublichste Bestimmung in dem ganzen Vorschlage ist aber die Möglichkeit, dass ein Gesellschafter den anderen kündigen kann, wenn die Gesellschafterversammlung (nach dem Mehrheitsprinzip!) einen entsprechenden Entschluss fasst. Das können die drei Volckmarleute jederzeit und dann kann der Koehlermann mit sofortiger Wirkung gekündigt werden!!

i) § 12. Ebenbürtig der Kündigungsbestimmung ist das Schiedsgericht. Bisher stellte bei einer Meinungsverschiedenheit, die zu einem Schiedsgericht führte, jeder Beteiligte einen Schiedsrichter, die sich entweder auf einen Obmann einigten oder durch die Handelskammer einen Obmann bestimmen lassen mussten. [171] Wenn jetzt ein Koehlermann ein Schiedsgericht anruft, darf er einen Schiedsrichter, die drei Volckmarleute jeder einen, also drei stellen. Da der Kommanditist in allen Gesellschaften die Volckmar-Koehler'sche Verwaltung (V.K.V.) ist und zu den Vertragsschliessenden gehört, so wählt auch diese, in der die Volckmarpartei die Mehrheit hat, einen fünften Schiedsrichter, davon also schon vier von der Volckmarpartei gewählt. Diese fünf wählen einen Obmann, wobei natürlich die vier Stimmen der Volckmarpartei entscheiden. Schliesslich sitzen fünf Volckmar'sche Schiedsrichter gegen einen Koehler'schen Schiedsrichter im Schiedsgericht!

Ist das der Geist des dritten Reiches?!

Die Verteilung der persönlich haftenden Gesellschafter auf die verschiedenen Kommanditgesellschafter

NB.! Die unterstrichenen Personen gehören nicht zur Koehlerpartei, können auch nicht „gewissermassen" als ihre Vertreter gelten, sondern sind ohne weiteres aus ganz bestimmten Gründen als Vertreter der Volckmarpartei anzusehen.

I.

Koehler & Volckmar A.G. & Co.   1) Th. Volckmar-Frentzel
A. Müller-Fröbelhaus   2) Karl Voerster
                                     3) Dr. J. Starkloff
                                     4) Curt Fernau

II.

Koch, Neff & Oetinger G.m.b.H. & Co.	1) Th. Volckmar-Frentzel
August Brettinger	2) Karl Voerster
	3) Dr. J. Starkloff
	4) Paul Jünemann [172]

III. Die 8 Kommissionsgeschäfte:

F. Volckmar K.-G.	1) Th. Volckmar-Frentzel
K. F. Koehler K.-G.	2) Karl Voerster
L. Staackmann K.-G.	3) Joh. Cyriacus
E. F. Steinacker K.-G.	4) Felix Gartmann
Herm. Schultze K.-G.	
Carl Cnobloch K.-G.	
Rob. Hoffmann K.-G.	
L. Fernau	

IV.

K. F. Koehlers Antiquarium	1) Th. Volckmar-Frentzel
	2) Dr. W. Jeremias
	3) Dr. Hans Graeser
	4) Karl Koehler

V.

Koehler & Amelang	1) Th. Volckmar-Frentzel
	2) Dr. W. Jeremias
	3) Dr. Hans Graeser
	4) Dr. H. von Hase

VI.

Offizin Haag-Drugulin	1) Alfred Voerster
	2) Hans Volckmar
	3) Alfred Staackmann
	4) Dr. K. Koehler

Als Anlage E. liegt dem Volckmarschen Exposé ein fertiges Protokoll bei, aus dem ich folgenden Punkt mitteilen möchte:

„Trotz der Auflösung der bisher einheitlich in der Rechtsform von A.G. & Co.'s betriebenen [173] Koehler-Volckmar-Konzerns in die im Abschnitt II behandelten verschiedenen neuen Kommanditgesellschaften mit persönlich haftenden Gesellschaftern, die in diesen Kommanditgesellschaften nicht allenthalben personengleich sind, soll doch eine einheitliche Konzernführung gewahrt bleiben. Deshalb bleiben auch die in Abschnitt VI des Konzernprotokolles vom 23. Dezember 1931 niedergelegten Grundsätze allenthalben und insoweit in Kraft, als sie nicht durch spätere Vereinbarungen oder durch die heute protokollierten Beschlüsse aufgehoben sind. Insbesondere soll die in dem erwähnten Konzernprotokoll vom 23. Dez. 1931 in

Abschnitt VI Punkt D Ziffer 3 behandelte sogenannte ‚Zentrale' in unveränderter Form auch in den verschiedenen Kommanditgesellschaften die Geschäftsführung überwachen und nötigenfalls beeinflussen. Die wirtschaftliche Macht hierzu ist und bleibt ihr durch die beiden sogenannten ‚Finanzbassins' des Konzerns, die Kommanditgesellschaften Albert Koch & Co. und Neff & Koehler übertragen, durch deren Beschluss und Vertrauen die die Zentrale bildenden Personen ernannt worden sind und auch in Zukunft ernannt werden. Letzten Endes verkörpern diese beiden ‚Finanzbassins' auch in all den neuen in Abschnitt II behandelten Kommanditgesellschaften direkt oder indirekt die wirtschaftliche Macht, wenn sie auch einen unmittelbaren rechtlichen Einfluss nicht mehr ausüben.

Insbesondere soll nun dieser Einfluss der erwähnten, die Zentrale bildenden Personen in der neuen Kommanditgesellschaften den Komanditgesellschaftsverträgen entsprechend auch dadurch rechtlich unterbaut werden, dass alle Anwenden sich [174] hinsichtlich ihrer Person sowohl als hinsichtlich ihrer Eigenschaft als persönlich haftende Gesellschafter dieser neuen Kommanditgesellschaften oder auch als Vertreter derjenigen Kommanditgesellschaften (Albert Koch & Co. und Neff & Koehler) und V.K.V. (Volckmar-Koehler Verwaltung) die wiederum Kommanditisten dieser neuen Kommanditgesellschaften sind, dazu verpflichten, diese die Zentrale bildenden Personen gemäss § 8 Abs. (5) der neuen Kommanditgesellschaftsverträge zu Vorsitzenden bzw. stellvertretenden Vorsitzenden in den verschiedenen Gesellschafterversammlungen auf so lange zu wählen, als diese Personen die Zentrale bilden.

Zwecks formaler Durchführung dieses Beschlusses treten hierdurch alle Anwesenden zur Abhaltung von Gesellschafterversammlungen der in Abschnitt II erwähnten Kommanditgesellschaften zusammen und zwar inwieweit sie persönlich haftende Gesellschafter dieser Gesellschaften sind, in dieser Eigenschaft, und insoweit sie dies nicht sind, aber zur gesetzlichen Vertretung derjenigen Kommanditgesellschaften berechtigt sind, die Kommanditisten dieser neuen Kommanditgesellschaften sind, in dieser Eigenschaft.

Nachdem somit festgestellt ist, dass sämtliche persönlich haftenden Gesellschafter der in Abschnitt II aufgeführten neuen Kommanditgesellschaften anwesend und dass ebenfalls sämtliche Kommanditisten vertreten, und dass diese sämtlichen Berechtigten mit der sofortigen [175] Abhaltung der Gesellschafterversammlung einverstanden sind, werden diese Gesellschafterversammlungen mit der Tagesordnung 1. Ernennung von Generalbevollmächtigten in den einzelnen neuen Kommanditgesellschaften gemäss Kommanditgesellschaftsvertrag § 4, 2. Wahl der Vorsitzenden und stellvertretenden Vorsitzenden für die Gesellschafterversammlungen der einzelnen neuen Kommanditgesellschaften auf unbegrenzte Zeit, bis Widerruf erfolgt abgehalten.

Zu 1. Es werden in den einzelnen Gesellschafterversammlungen die Herren: [Nun folgende Anmerkung v. Hases:] (dieser Platz ist im Original frei) zu Generalbevollmächtigten und zwar in denjenigen neuen Kommanditgesellschaften gewählt, denen sie nicht bereits als persönlich haftende Gesellschafter angehören.

Zu 2. Es werden in allen neuen Kommanditgesellschaften, denen Herr Volckmar-Frentzel als persönlich haftender Gesellschafter angehört, dieser und in allen neuen Kommanditgesellschaften, denen Herr Hans Volckmar angehört, dieser als Vorsitzender gewählt.

In seiner Eigenschaft als Generalbevollmächtigter wird in allen neuen Kommanditgesellschaften, in denen Herr Theodor Volckmar-Frentzel zum Vorsitzenden gewählt worden ist, Herr Hans Volckmar zum stellvertreten Vorsitzenden gewählt.

In seiner Eigenschaft als Generalbevollmächtiger [176] wird in allen neuen Kommanditgesellschaften, in denen Herr Hans Volckmar gewählt worden ist, Herr Theodor Volckmar-Frentzel zum stellvertretenden Vorsitzenden gewählt.

Nachdem diese Wahlen vollzogen und durch gegenwärtiges Protokoll protokolliert worden sind, werden die verschiedenen Gesellschafter-Versammlungen der neuen Kommanditgesellschaften durch die neu erwählten Vorsitzenden geschlossen.

VII.

1. Aus dem gleichen schon im vorhergehenden Absatz VI behandelten Grundsatze, dass auch in der neuen rechtlichen Gestalt des Koehler-Volckmar-Konzerns die wirtschaftliche Macht so lange als möglich bei den beiden Finanzbassins, den Kommanditgesellschaften Albert Koch & Co. und Neff & Koehler verbleiben soll, sind in den in Abschnitt II behandelten neuen Kommanditgesellschaften Herren persönlich haftende Gesellschafter geworden, die entweder den beiden Kommanditgesellschaften Albert Koch & Co. und Neff & Koehler als Teilhaber angehören oder den durch die Gesellschaften repräsentierten Familien: Voerster, Volckmar, Staackmann oder Koehler angehören oder verwandtschaftlich nahe stehen oder sonst deren besonderes Vertrauen geniessen.

Aus diesen grundsätzlichen Erwägungen heraus sind in jede der im Abschnitt II behandelten neuen Kommanditgesellschaften je <u>vier</u> persönlich haftende Gesellschafter eingetreten, von denen jeweilig

der Vertragsschliessende zu 1. als Repräsentant der Familie Volckmar [177]
der Vertragsschliessende zu 2. als Repräsentant der Familie Voerster
der Vertragsschliessende zu 3. als Repräsentant der Familie Staackmann
der Vertragsschliessende zu 4. als Repräsentant der Familie Koehler

zu gelten hat.

Dem derzeitigen indirekten Beteiligungsverhältnis der genannten vier Familien am Koehler-Volckmar-Konzern wird diese Verteilung nur insofern vollkommen gerecht, als die Familien Volckmar-Voerster-Staackmann einerseits zusammen 75 % Anteil am Konzern besitzen, die Familie Koehler andererseits 25 % Anteil am Konzern besitzen. Innerhalb der Familie Volckmar, Voerster, Staackmann ist das Beteiligungsverhältnis hingegen nicht 1 : 1 : 1. Dessen ungeachtet und weil die Familie Staackmann zur Zeit überdies nicht in der Lage ist, ausser Herrn Alfred Staackmann aus ihrer Verwandtschaft andere als persönlich haftende Gesellschafter geeignete Persönlichkeiten zu stellen, wurden die Herren Dr. Johannes Starkloff, Johannes Cyriacus und Dr. Hans Graeser gebeten, gewissermassen als Vertreter der Familie Staackmann in einigen der im Abschnitt II behandelten neuen Kommanditgesellschaften die persönlich haftenden Teilhaberschaften zu übernehmen. Aus gleichem Grunde konnten auch die Familien Koehler und Voerster nicht für alle im Abschnitt II behandelten neuen Kommanditgesellschaften geeignete Persönlich haftende Gesellschafter aus dem Familienkreis namhaft machen, die auch an der Leitung der betreffenden Gesellschaft selbst beteiligt sind. Deshalb wurden die Herren Felix Gartmann, Curt Fernau und Emil Jünemann gebeten, gewissermaßen als Vertreter der Familie Koehler und Herr Dr. Walther Jeremias gewissermassen als Vertreter der Familie Voerster in einigen der im Abschnitt II behandelten [178] neuen Kommanditgesellschaften die persönlich haftende Teilhaberschaft zu übernehmen. Lediglich die Familie Volckmar ist, da der ihr zugehörende Herr Th. Volckmar-Frentzel als Konzernleiter allen Betriebsgesellschaften zugehören muss, in allen den im Abschnitt II behandelten neuen Kommanditgesellschaften zur Zeit durch Familienangehörige vertreten.

2. Diesem bei der gegenwärtigen Zusammensetzung der persönlich haftenden Gesellschafter der im Abschnitt II behandelten neuen Kommanditgesellschaften gehandhabten Grundsatze entsprechend ist für den Fall des Ausscheidens des einen oder anderen dieser persönlich haftenden Gesellschafter aus einer solchen Kommanditgesellschaft und des dadurch erforderlich

werdenden Neueintrittes einer anderen Persönlichkeit des persönlich haftenden Gesellschafters gemäss § 11 der verschiedenen Kommanditgesellschaftsverträge das Folgende vereinbart worden:

a) Bevor in der neuen Gesellschafterversammlung derjenigen der im Abschnitt II behandelten neuen Kommanditgesellschaften, in der die Ersatzwahl eines neuen persönlich haftenden Gesellschafters erfolgen soll, diese Wahl durchgeführt wird, hat der Vorsitzende (bezw. in seiner Vertretung der stellvertretende Vorsitzende) mit demjenigen Finanzbassin über eine Ersatz-Persönlichkeit Fühlung zu nehmen, dem die Familie angehört, als deren Repräsentant der Ausgeschiedene gilt.

b) Die Finanzbassins sind hinsichtlich der Person, die sie zu persönlich haftenden Gesellschaftern vorzuschlagen wünschen, nicht beschränkt. [179] Es ist besonders nicht erforderlich, dass ein Vorzuschlagender persönlich haftender Gesellschafter oder Kommanditist der vorschlagenden Gesellschaft selbst ist, dagegen ist es erforderlich, dass der Vorzuschlagende mindestens … Jahr alt ist und nach Charakter und fachlicher Ausbildung für die Ausfüllung eines so gearteten Postens geeignet ist. Besitzt ein Vorzuschlagender diese Eigenschaften, so soll seine Wahl in der Gesellschafterversammlung der Kommanditgesellschaft tunlichst einstimmig erfolgen. Wird der Vorgeschlagene jedoch nicht gewählt, so steht dem betr. Finanzbassin, durch der er vorgeschlagen war, das Recht zu, einen anderweitigen Vorschlage zu machen.

c) Macht ein Finanzbassin trotz Aufforderung durch den Vorsitzenden innerhalb einer Frist von 4 Wochen von dem ihm zustehenden Vorschlagsrecht oder wiederholtem Vorschlagsrechte keinen Gebrauch, so kann das andere Finanzbassin an seiner Stelle den Vorschlag machen. Wird der Vorgeschlagene sodann als persönlich haftender Gesellschafter aufgenommen, so gilt er hinfort als von demjenigen Finanzbassin vorgeschlagen (und entsprechend auch als Vertreter derjenigen Familie, deren Vertreter der Ausgeschiedene war), dem ursprünglich das Vorschlagsrecht zustand, und das davon keinen Gebraucht gemacht war.

VIII.

Aus dem bereits in Abschnitt VII protokollierten grundsätzlichen Erwägungen, dass die Besetzung [180] der im Abschnitt II behandelten neuen Kommanditgesellschaften mit persönlich haftenden Gesellschaftern etwa der Beteiligung der beiden Finanzbassins (Albert Koch & Co. und Neff & Koehler) am Gesamtkonzern und in den Finanzbassins der Familienbeteiligung entsprechen soll, wird für den Fall, dass diese Beteiligungs-Verhältnisse sich einmal ändern sollten, das Folgende grundsätzlich vereinbart:

a) Weniger als drei und mehr als fünf natürliche Personen sollen niemals persönlich haftende Gesellschafter einer jedem der im Abschnitt II behandelten Kommanditgesellschaften sein,

b) Es ist stets bei der Auswahl zwischen drei und fünf Personen diejenige Personenzahl zu wählen, die dem Besitzverhältnis der beiden Finanzbassins am besten entspricht. z.B. beträgt das Besitzverhältnis

65 : 35 sind 3 Personen und zwar im Verhältnis 2 : 1
70 : 30 sind 4 Personen und zwar im Verhältnis 3 : 1
75 : 25 sind 4 Personen und zwar im Verhältnis 3 : 1
80 : 20 sind 5 Personen und zwar im Verhältnis 4 : 1
85 : 15 sind 5 Personen und zwar im Verhältnis 4 : 1

zu wählen.

c) Für den Fall einer Aenderung des Besitzverhältnisses der beiden Finanzbassins im vorstehenden Sinne ist dem in den im Abschnitt II behandelten Kommanditgesellschaften durch Zuwahl oder durch Ausscheiden eines oder mehrerer persönlicher haftender Gesellschafter Rechnung zu tragen. Kommen für das Ausscheiden mehrere Personen in Frage, entscheidet die Gesellschafterversammlung [181] darüber, wer auszuscheiden hat. Hinsichtlich der Zuwahl gelten die in Punkt VII protokollierten Vereinbarungen sinngemäss.

IX.

a) Seit Gründung des Koehler-Volckmar-Konzerns bestand und besteht der Grundsatz, dass die Entlohnung der einem der beiden Finanzbassins (Albert Koch & Co. und Neff & Koehler) zugehörigen Herren für ihre im Konzern ausgeübte Tätigkeit nicht durch den Konzern bezw. dessen einzelne Gesellschaften, sondern durch das zuständige Finanzbassin zu erfolgen hat. Der gleiche Grundsatz bestand und besteht auch weiter für diejenigen dieser Herren, die früher eine Tätigkeit ausübten, aber von einer Arbeitsleistung inzwischen befreit wurden.

In diesem Sinne galten und gelten als zugehörig zu den folgenden Herren: 1 bei Albert Koch & Co. Alfred Voerster, Hans Volckmar, Karl Voerster, Theodor Volckmar-Frentzel, Alfred Staackmann, Johannes Cyriacus. 2. bei Neff & Koehler Dr. Kurt Koehler, Dr. Hermann von Hase, Richard Einhorn, Konsul Georg v. Hase, sowie unmündiger Karl Koehler

b) Um die unter a) beschriebenen monatlichen Entlohnungen verrechnen zu können, erhielten die beiden Finanzbassins vom Koehler-Volckmar-Konzern zu Lasten dessen einzelner Abteilungen oder Firmen jede in einer Monatssumme einen sogenannten Konzernleitungsbetrag. [182] Einem jeden Finanzbassin war es vorbehaltlich der Bestimmungen in seinem Gesellschaftsvertrag hierüber unbenommen, wie es diesen Monatsbetrag unter seiner vorgenannten Herren verteilte, auch ob es mehr oder auch weniger als diese Summe verteilte. Es bestand und besteht nur die eine Konzern-Vereinbarung, ‚dass kein Finanzbassin an einen von der Arbeitsleistung befreiten Herrn weniger als 500 M pro Monat zuweisen darf'.

c) Die Höhe der den beiden Finanzbassins vom Koehler-Volckmar-Konzern zu gewährenden Konzernleitungsbeträge bestimmt laut Konzern-Protokoll vom 30. Dezember 1933 Punkt II B (Die Konzernleitungsbeiträge im Konzern. Neuregelung) der Aufsichtsrat der Koehler & Volckmar A.G. Für das Jahr 1936 war auf diese Weise für Albert Koch & Co. ein monatlicher Konzernleitungsbetrag von 10.000 M (120.000 M p.a.) und für Neff & Koehler ein solcher von 3.750 M (45.000 M p.a.) vom Aufsichtsrat festgesetzt worden.

d) Die Wirksamkeit der unter a) geschilderten Konzernvereinbarung, sowie des unter c) geschilderten Aufsichtsratsbeschlusses findet rückwirkend per 30. Juni 1936 dadurch ihr Ende, dass rückwirkend auf diesen Tag die Koehler-Volckmar A.G. und auch alle anderen bisher in der A.G. & Co.-Form betriebenen Konzern-Gesellschaften, deren Komplementär die Koehler-Volckmar A.G. war, in mehrere Kommanditgesellschaften und in einer offenen Handelsgesellschaft (K. F. Koehler Verlag) mit je vier (nicht allenthalben personengleichen) natürlichen [183] Personen als persönlich Haftende umgewandelt bezw. umgegründet worden sind.

Nach § 6 der in diesen neuen Gesellschaften bestehenden Gesellschaftsverträgen erhalten diejenigen Herren, die persönlich haftende Gesellschafter dieser Gesellschaften geworden sind, ihre Arbeitsentschädigung von der Gesellschaft. Die Höhe der Entschädigung für jeden persönlich haftenden Gesellschafter einer Gesellschaft wird von der betreffenden Gesellschafterversammlung im Voraus bestimmt. Die Entschädigung ist monatlich postnumerando zahlbar.

e) Die dem Finanzbassin Neff & Koehler zugehörigen Herren Richard Einhorn und Konsul Georg v. Hase sind in keiner der unter d) erwähnten neuen Gesellschaften persönlich haftende Teilhaber geworden und können daher auch nicht gemäss dem in den Gesellschaftsverträgen dieser Gesellschaften bestehenden § 6 eine Entschädigung beziehen. Beide Herren erhalten *die ihnen vertraglich zustehenden Bezüge auch weiter von ihren Finanzbassins Neff & Koehler. Trotz des Wegfalles der bisherigen Konzernleitungsbeiträge wird dieses hierzu durch die in den folgenden Abschnitten X und XI protokollierten Maßnahmen in den Stand gesetzt.*

X.

Beschluss sämtlicher Gesellschafter

(3 Sätze nicht abgeschrieben) [Originalbemerkung von Hermann v. Hase, Th. K.]

Es werden in den Kommanditgesellschafter-Versammlungen, sowie in der Gesellschafter-Versammlung der offenen Handelsgesellschaft K. F. Koehler Verlag die aus der <u>anliegenden Tabelle</u> ersichtlichen Beschlüsse über die von jeder [184] Gesellschaft zu gewährenden <u>Gesamtentschädigung</u> sowie über deren Verteilung auf die einzelnen persönlich haftenden Teilhaber und die Kommanditisten gefasst. Es wird weiter beschlossen, die Entschädigungen in der aus der anliegenden Tabelle ersichtlichen Höhe nicht nur für das am 31. Dezember 1936 endende erste – vom 1.7. bis 31.12. laufende Geschäftsjahr der betr. Gesellschaften, sondern auch in den kommenden Geschäftsjahren unverändert weiterlaufen zu lassen, bis einmal in einer der Gesellschaften ein abändernder Gesellschafterbeschluss gefasst wird.

Die der Gesellschafterversammlung beiwohnenden persönlich haftenden Gesellschafter, die nicht zu den beiden Finanzbassins im Sinne von Punkt IX 3) Ziffer 1) und 2) gehörten oder gehören, also die Herren Dr. Starkloff, Dr. Graeser, Dr. Jeremias, Felix Gartmann, Paul Jünemann, Curt Fernau, erklären, dass sie mit den beschlossenen Abänderungen einverstanden sind und an den ihnen bisher verpflichteten Gesellschaften keinerlei Ansprüche mehr hinsichtlich einer Arbeitsentschädigung, eines Gehaltes oder einer sonstigen Vergütung für ihre Tätigkeit oder für ihre frühere Tätigkeit stellen. Nach dieser Erklärung werden die Gesellschafterversammlungen geschlossen.

XI. Behandelt die Weitergabe der Bezüge der Gesellschafter an die Finanzbassins."

Wenn man aus dem oben mitgeteilten Gesellschaftsvertrag schon deutlich erkennen konnte, wohin die Absichten der Volckmarpartei gingen, so zeigt das Protokoll ganz unverhüllt ihren Machtwillen. [185]

1.) Trotzdem jetzt an sich unabhängige Gesellschaften gegründet werden, soll das Mittel der Machtdurchsetzung, die „Zentrale" bestehen bleiben!

2.) Sämtliche Beteiligten müssen sich von vornherein verpflichten, die Herren Volckmar und Volckmar-Frentzel zur Verankerung ihrer Macht zu Vorsitzenden und stellvertretenden Vorsitzenden sämtlicher Kommanditgesellschaften zu wählen. Die Willensfreiheit der Gesellschafter, ihrer Unabhängigkeit wird also von vornherein unterbunden!

3.) Diese Verpflichtung genügt aber noch nicht einmal, man schreitet sozusagen noch während des Gründungsaktes der Gesellschaften zur Wahl von Generalbevollmächtigten, Vorsitzenden und stellvertretenden Vorsitzenden und wählt namentlich nur die Herren Hans Volckmar und Theodor Volckmar-Frentzel. Dass unter den zu wählenden Generalbevollmächtigten, deren Namen im Protokoll nicht genannt werden, sich anscheinend nur Herr Volckmar-Frentzel befindet, geht daraus hervor, dass er „in seiner Eigenschaft als Generalbevollmächtigter" in allen neuen Kommanditgesellschaften, in denen Herr Volckmar (zum Vorsitzenden) gewählt worden ist, zum stellvertretenen Vorsitzenden gewählt wird.

4.) In Punkt VII werden statt der Partei Koehler und der Partei Volckmar vier Familienstämme herausgestellt, von denen drei zur Volckmarpartei gehören. Dabei gibt es den Stamm Staackmann praktisch im Konzern nicht mehr, da Herr Alfred Staackmann mit seinem Vermögen ausgeschieden ist und Herr Hans Staackmann verstorben ist, ohne dass [186] einer seiner Nachkommen (er hat nur Töchter hinterlassen) für eine praktische Betätigung in Betracht kommt. Das Hervorholen der vier Familienstämme ist also nur reine Taktik, um wenigstens irgend einen, wenn auch noch so fadenscheinigen Grund für die Ernennung von vier persönlich haftenden Gesellschaftern (wegen der Abstimmung!) vorzubringen. Gegen die Herren Felix Gartmann, Curt Fernau und Paul Jünemann hat die Koehlerpartei an und für sich als zukünftige Gesellschafter persönlich nichts einzuwenden, aber als Vertreter der Koehlerpartei können sie nicht angesprochen werden; das werden die Herren selbst bestätigen.

5.) In Punkt VII, c kann bei Versäumnis der an sich sehr kurzen Frist von 4 Wochen z.B. die Volckmarpartei einen Vertreter wählen, der aber als Vertreter der Koehlerpartei gilt!

6.) Aus IX geht hervor, dass die Gehälter der tatsächlich geschäftsführenden Gesellschafter nicht nach der Zahl der Personen, sondern ungefähr nach der Beteilung der beiden Parteien Koehler & Volckmar gezahlt werden sollen. Die vorgesehenen Summen entsprechen der bisherigen Uebung, wonach die Koehlerpartei schlecht weg kommt, aber es heisst ausdrücklich, dass selbst diese Festsetzung nur so lange läuft, *„bis einmal in einer der Gesellschaften ein abändernder Gesellschafterbeschluss gefasst wird"*.

Schlusswort.

Sämtliche Dokumente, auf die in dieser Niederschrift Bezug genommen wird, stehen im Original zur Verfügung.

Ich möchte dem Leser dieser Niederschrift das Urteil über die geschilderten Vorkommnisse [187] und über den Geist, der daraus hervorgeht, selbst überlassen.

Leipzig, den 27. Oktober 1936

gez. Dr. Hermann von Hase

2. Fragebogen der Dienststelle des Reichsführers SS an die Konzernzentrale von Koehler & Volckmar sowie deren eingehende Beantwortung durch Hans Volckmar und Theodor Volckmar-Frentzel im Dezember 1936

Quelle: Sächs. StAL, Koehler & Volckmar, 14/1, S. 2–131 (Bl. 42–103)

Verzeichnis der Protokollfragen

[Seite 2] *Frage 1:*

Auf Grund welcher Vereinbarung zwischen den beiden Kommanditgesellschaf-
ten Albert Koch & Co. und Neff & Koehler wurde Herr Volckmar-Frentzel mit der
Leitung des Gesamtkonzerns beauftragt? Kann die entsprechende Vereinbarung
in Abschrift vorgelegt werden?

In der Anlage wird das Protokoll über die Besprechung vom 23.12.1931 in Abschrift beigefügt. Aus Punkt VI D 3 Abs. 2 ergibt sich der einstimmige Beschluß der beiden Kommanditgesellschaften Albert Koch & Co. und Neff & Koehler über die Bestätigung des Herrn Hans
Volckmar als Leiter und des Herrn Volckmar-Frentzel als stellvertretender Leiter der „Zentrale".
Der Begriff der „Zentrale", ihre Pflichten und Rechte sind ebenfalls aus dem beiliegenden Protokoll ersichtlich, außerdem enthält dieses Protokoll eine genaue Schilderung, wie die Leitung
des Gesamtbetriebes organisiert ist (Punkt VI).

Herr Volckmar ist seit 1930 herzkrank. Diese Herz- und Gefäßerkrankung wirkt sich bei Herrn
Volckmar besonders deshalb so stark aus, weil das Funktionieren seiner inneren Organe bereits seit einer schweren Leber- und Darm-Operation im Jahre 1899 ungenügend ist. Überar-
beitung im Dienste des Konzerns und auch in buchhändlerischen Ehrenämtern haben den
nicht mehr zu behebenden Zustand herbeigeführt, daß er seit mehreren Jahren nur noch sehr
beschränkt arbeitsfähig ist. Er hat sich daher (vgl. Frage 16) in den letzten Jahren ganz aus seiner früheren buchhändlerischen Tätigkeit, ebenso wie aus allen seinen Ehrenämtern zurückgezogen. Er muß sich seit Jahren darauf beschränken, dem von ihm geschaffenen Konzern
seine Mitarbeit und Erfahrung nur bei der Behandlung besonders wichtiger Vorgänge, die sich
z.B. auf gesellschaftsrechtliche Fragen, schwierigere Meinungsverschiedenheiten zwischen
einzelnen Herren des Konzerns, Probleme der Vermögensverwaltung etc. erstrecken, zur Verfügung stehen.

In seiner Eigenschaft als Vertreter des Herrn Hans Volckmar war Herr Volckmar-Frentzel daher
praktisch schon vor der Beschlußfassung vom 23.12.1931 der Leiter der Zentrale und ist in
dieser Eigenschaft am 23.12.1931 nur ausdrücklich bestätigt worden. Er ist der Betriebsführer
des Gesamtbetriebes und demzufolge auch der Vorsitzende des Vertrauensrates. [3]

Rücksicht auf die besonderen Verdienste des Herrn Volckmar um den Konzern war der Grund,
daß er auch weiter noch als Leiter der Zentrale bezeichnet blieb, der er seit der Gründung des
Konzerns bis zu seiner Erkrankung war. [4]

Frage 2:
Welche geschäftlichen und persönlichen Beziehungen bestehen zwischen Herrn
Hans Volckmar und Herrn Theodor Volckmar-Frentzel?

Geschäftliche Beziehungen: Die Herren Volckmar und Volckmar-Frentzel sind ebenso wie die
mit ihnen verwandten Herren Alfred und Karl Voerster persönlich haftende und geschäftsführende Gesellschafter der Kommanditgesellschaften Albert Koch & Co. und F. Volckmar; sie
bilden in dieser einheitlichen Familienkommanditgesellschaft, die außerdem Angehörige der
Familie Staackmann als Kommanditisten umfaßt, die kurz mit „Volckmar" bezeichnete Fami-
liengruppe. Beide Herren Volckmar und Volckmar-Frentzel sind Mitglieder des Aufsichtsrates der Koehler & Volckmar A.-G., einer der beiden Hauptfirmen des Koehler-Volckmar-
Konzerns, dem außerdem noch die Herren Alfred und Karl Voerster, Dr. Alfred Staackmann,
Dr. Kurt Koehler und Konsul Georg von Hase angehören.

Persönliche Beziehungen: Die Herren Alfred Voerster und Hans Volckmar sind Enkel, die Herren Karl Voerster und Th. Volckmar-Frentzel Urenkel des Gründers der Firma F. Volckmar Leipzig, Friedrich Volckmar. (Der Bedeutung Friedrich Volckmars für den deutschen Buchhandel ist in Fachzeitschriften und Büchern Erwähnung getan, die in der Bibliothek des Börsenvereins greifbar sind.) Der Vater des Herrn Th. Volckmar-Frentzel, Hauptmann Adolf Theodor Frentzel, ist, als sein Sohn noch Kind war, im Jahre 1900 verstorben. Die Familienbeziehungen zwischen Herrn Volckmar und Herrn Volckmar-Frentzel waren, zumal Herr Volckmar kinderlos verheiratet ist, sehr innige geworden, sodaß Herr Volckmar (nicht aber seine Ehefrau) Herrn Volckmar-Frentzel kurz vor dessen Verheiratung im Jahre 1932 an Kindesstatt annahm. [5]

Frage 3:
Besitzt Herr Volckmar-Frentzel einen Anteil an der Kommanditgesellschaft Albert Koch & Co? Falls ja, wie hoch beläuft sich der Anteil?

An der Kommanditgesellschaft Albert Koch & Co. sind die drei Familienstämme Voerster, Volckmar und Staackmann beteiligt, und zwar mit 44,3 %, 44,3 und 11,4 %. Im Familienstamm Volckmar ist wieder Herr Hans Volckmar (bei einer Unterbeteiligung seiner Geschwister) kapitalmässig mit 42 %, gewinn- und verlustmässig mit 39,8 % und in Konsequenz dessen Herr Volckmar-Frentzel mit 2,3 % bzw. 4,5 % beteiligt. Der Anteil von Herrn Th. Volckmar-Frentzel beträgt RM 36.800.

Der stimmenmässige Einfluss bei Albert Koch & Co. verteilt sich laut Gesellschaftsvertrag auf die einzelnen Herren wie folgt:

1. Alfred Voerster	3 Stimmen
2. Hans Volckmar	3 Stimmen
3. Th. Volckmar-Frentzel	2 Stimmen
4. Karl Voerster	2 Stimmen
5. Dr. h.c. Alfred Staackmann als Generalbevollmächtigter der drei als Kommanditistinnen beteiligten Töchter seines verstorbenen Bruders Konsul Hans Staackmann	2 Stimmen
insgesamt	12 Stimmen [6]

Frage 4:
Welches waren die Gründe zum Zusammenschluß bzw. zur Fusionierung der Volckmar- und Koehlergruppe?

Der gemeinsame Wunsch der damaligen Inhaber der beiden Firmen F. Volckmar und K. F. Koehler, ihre durch die Folgen des Weltkrieges geschwächten Betriebe auf dem Wege des Zusammenschlusses einem gedeihlichen Wiederaufbau zuzuführen. Die immer stärker und katastrophaler einsetzenden Auswirkungen der Inflation bestätigten immer mehr die Notwendigkeit des Entschlusses, nicht nur für die Betriebe selbst, sondern auch für den Wiederaufbau des Leipziger Platzes und somit auch in Auswirkung auf den Gesamtbuchhandel. Es darf hierbei als bekannt vorausgesetzt werden, welche Bedeutung der buchhändlerische Verkehr über Leipzig für die gesamte Organisation des deutschsprachigen Buchhandels im In- und Auslande hat.

Die allmähliche Durchführung dieser Fusion erfolgte in den Jahren 1918 bis 1924. [7]

Frage 5:

Warum hat die Koehler-Gruppe an die Volckmar-Gruppe Anteils-Verkäufe getätigt? Wurden die Anteilsverkäufe von der Koehler- oder Volckmar-Gruppe angestrebt?

Frage 6:

Sind die Anteile zum Nominalwert, darüber oder darunter, von der Volckmar-Gruppe erworben worden?

Der Grund für die stets von der Koehler-Gruppe der Volckmar-Gruppe angetragenen Anteilsverkäufe bestand unseres Wissens in allen 4 in der Anlage näher bezeichneten Fällen, in denen solche Transaktionen getätigt wurden, in einem Geldbedarf auf Seiten der Koehler-Gruppe. Dieser Geldbedarf der Koehler-Gruppe hatte verschiedene Ursachen. Zunächst waren schon die Fusionen nicht in dem den wirtschaftlichen Verhältnissen der beiden Gruppen entsprechenden Prozentsatze durchgeführt worden. Diesen Verhältnissen hätte ein Prozentsatz von etwa 66 2/3 : 33 1/3 % entsprochen. Auf ausdrückliches Betreiben der Koehler-Gruppe wurde aber die Fusion auf der Grundlage 60 : 40 vollzogen. Das hatte zur Folge, daß die Koehler-Gruppe am Schlusse der sich über einige Jahre erstreckenden Fusionen kein ausserhalb ihrer Beteiligung an den Koehler-Volckmar-Firmen liegendes wesentliches Vermögen behielt. Ein weiterer Grund war, daß mehrere Mitglieder der Koehler-Gruppe über ihre Verhältnisse lebten, was sich besonders in den Jahren rächte, in denen der Konzern mit Verlusten arbeitete und keine Gewinne ausgeschüttet werden konnten. Endlich war auch ein Grund, daß Mitglieder der Koehler-Gruppe untereinander in Prozessen lagen, die Geld kosteten. Aber auch nach aussen musste seitens der Koehler-Gruppe gegen einen früheren Herausgeber des Verlages ein Prozess geführt werden, der Opfer beanspruchte.

Die Neigung, mehr zu verbrauchen, als verdient und vorhanden ist, war in der Koehler-Gruppe keine erst seit der Fusion bestehende Erscheinung. Aus dem gleichen Grunde war schon einmal <u>vor</u> den Anfängen der Fusion eine Bereinigung der Koehler-Bilanzen erforderlich geworden, die, soweit wir aus späteren Erzählungen wissen, damals durch die Seniorin der Koehler-Gruppe, Frau Bertha Koehler-Schall, erfolgte, die einen sehr grossen Betrag (es handelte sich damals wohl um 1 Million M) zwecks Sanierung zur Verfügung stellte. [8]

Die oben geschilderten Situationen führten zu der ersten Verkaufs-Transaktion im April 1926. Trotz mehrfacher seitens der Volckmar-Gruppe den persönlich haftenden Gesellschaftern der Koehler-Gruppe gegenüber erhobenen Vorstellungen wegen der nicht soliden Finanzführung, waren Neff & Koehler und seine Gesellschafter in grosse Schulden bei der Koehler & Volckmar A.-G. & Co. geraten. Diese betrugen ausweislich der Bilanz vom 31.12.1925 insgesamt ca. RM 225.000.

Dies war geschehen, obwohl schon im Konzernprotokoll vom 11. September 1923 ausdrücklich vereinbart war, daß keine am Konzern beteiligte Person oder Gesellschaft bei diesen Schulden kontrahieren dürfe. Ein weiterer, in den verschiedenen Gesellschaftsverträgen der fusionierten Firmen verankerter, in dem Konzernprotokoll vom 25. September 1925 nochmals festgestellter Grundsatz war, daß der Konzern stets nach solidesten kaufmännischen Grundsätzen geführt werden müsse.

In der Systemzeit wurden leider in vielen Betrieben gerade die umgekehrten Grundsätze befolgt, nicht verdiente Gewinne ausgeschüttet und, wo Geld fehlte, einfach Schulden gemacht. Wie sehr sich ein solches unsolides Wirtschaftssystem aber an der deutschen Volkswirtschaft gerächt hat, ist durch allzuviele Zusammenbrüche beweiskräftig geworden.

Im Jahre 1926 und in den späteren Fällen, in denen die Koehler-Gruppe Gelder benötigte, stand ihr der Weg offen, sich diese Gelder von dritter Seite (z.B. Banken etc.) zu borgen, z.B. gegen Sicherstellung durch ihre Konzernanteile. Sie hätte dann selbstverständlich die Pflicht gehabt, solche Schulden durch entsprechende Einschränkung ihrer Entnahmen und ihres Verbrauches zu verzinsen und zu amortisieren. Angesichts der damaligen Wirtschaftslage des Betriebes und seiner damals mangelnden Rentabilität erschien ihr offenbar dieser Weg zu riskant. Sie zog es daher vor, sich durch Anteilsverkäufe an die Volckmar-Gruppe zu sanieren. Alle derartigen Anträge sind also stets von der Koehler-Gruppe und niemals von [9] der Volckmar-Gruppe ausgegangen. Aus den nachfolgenden Protokollabschriften, die auch über den jeweils zu Grunde gelegten Kurs Auskunft geben, sind alle Einzelheiten ersichtlich. Die Höhe des jeweiligen Kurses wurde im betreffenden Zeitpunkte durch die allgemeine Wirtschaftslage in Deutschland und durch die jeweilige Sonderlage des Konzerns bestimmt.

[10] Anlage zu 5/6:

Es fanden folgende Anteilsverkäufe statt:

A.

Im Jahre 1926 (1. April 1926) wurde das Beteiligungsverhältnis der Firmen Koch & Co. und Neff & Koehler am Koehler-Volckmar-Konzern von 60 : 40 in 66 2/3 : 33 1/3 geändert. Das von allen Beteiligten unterschriebene Protokoll vom 1.IV.1926 sagt dazu Folgendes:

„Der Zweck der nachfolgend geschilderten und beschlossenen und in den Anlagen zu diesem Protokoll rechtlich durchgeführten Transaktionen ist der, den Koehler-Konzern nicht nur von der ihn drückenden nun schon seit über Jahresfrist bestehenden Schuld der Firma Neff & Koehler bei der Koehler & Volckmar AG & Co.[15] zu befreien, so zu befreien, sondern ihm auch diejenigen flüssigen Mittel in Gestalt eines Guthabens bei der Koehler & Volckmar AG & Co. zu beschaffen, die er für seinen zukünftigen Bedarf und seine neu entstehenden Verpflichtungen benötigt. Da solche Mittel weder nach Abschluss des Bilanzjahres 1924 noch des Bilanzjahres 1925 des Koehler-Volckmar-Konzerns dessen beiden Unterkonzernen, dem Koehler-Konzern und dem Volckmar-Konzern, in Gestalt von Gewinnen zugeflossen sind, musste der notwendige Geldbedarf der Unterkonzerne auf anderem Wege beschafft werden. Vorverhandlungen zwischen den Vertretern des Koehler-Konzerns und des Volckmar-Konzerns haben zu folgenden prinzipiellen Entschlüssen geführt, die in diesem Protokoll und seinen Anlagen im Einzelnen und in der rechtlich notwendigen Form durchgeführt wurden.

1.

Die Kapitalknappheit des Koehler-Konzerns ist darauf zurückzuführen, daß dieser sich im Gegensatz zu den anfänglich auf der Basis 33 1/3 : 66 2/3 abgeschlossenen Teilfusionen später mit einem zu hohen, seine eigene Finanzkraft übersteigenden Prozentsatz am Koehler-Volckmar-Konzern beteiligt hat, während die Finanzkraft des Volckmar-Konzerns eine höhere Beteiligung für diesen zugelassen hätte. Daher soll durch die in dem Protokoll und seinen Anlagen festgelegten Transaktionen erreicht werden, daß die Beteiligung der beiden Unter-Konzerne am Koehler-Volckmar-Konzern einschliesslich [11] der Konzern-Verlage K. F. Koehler G.m.b.H. und L. Staackmann Verlag G.m.b.H. nicht jedoch Koehler & Amelang[16] G.m.b.H. sich nicht mehr wie 40 : 60, sondern wie 33 1/3 : 66 2/3 für den Koehler-Konzern bzw. den Volckmar-Konzern verhält.

---

15 [Anmerkung im Original:] Die Schuld von Neff & Koehler und seinen Inhabern beim KV-Konzern betrug vor Durchführung obiger Transaktion laut Bilanz vom 31.XII.1925 ca. RM 225.000.

16 [Anmerkung im Original:] Bemerkung: später anders geregelt.

2.

Die Abänderung des Beteiligungsverhältnisses im Koehler-Volckmar-Konzern auf 33 1/3 : 66 2/3 für die beiden Unterkonzerne hat zur Folge, daß dem Koehler-Konzern hieraus erhebliche flüssige Mittel zufliessen, die er zur Abdeckung der Schulden, sowie für den weiteren Geldbedarf verwenden kann, während der Volckmar-Konzern aus privaten Mitteln entsprechend neue Gelder aufbringen muss.

3.

Die zur Erreichung dieses Zieles notwendigen Transaktionen werden allenthalben auf der Grundlage der Nominal- bzw. Buchwerte durchgeführt, da angesichts der schlechten Gewinnresultate im Koehler-Volckmar-Konzern, die sich aus den Bilanzen der Geschäftsjahre 1924 und 1925 bereits gezeigt haben und leider auch aus dem laufenden Geschäftsjahre 1926 zu erwarten sind, eine Sondervergütung für ein Agio der für einen Anteil an etwaigen in den Bilanzen liegenden Reserven weder gefordert noch gewährt werden kann." [12]

B.

Im April 1932 verkaufte die Firma Neff & Koehler 3 1/3 % Konzernanteile zum Nominalwerte an Albert Koch & Co. Dadurch änderte sich das Beteiligungsverhältnis in 70 : 30. Der Grund für diesen Erwerb ergibt sich aus folgenden Briefauszügen:

Brief 4.4.1932 des Herrn Volckmar an die Herren Dr. Koehler und Dr. v. Hase:

„Ich habe den Inhalt unserer kürzlichen Unterredung meinen engeren Associés von Albert Koch & Co. bekanntgegeben. Ich teile Ihnen nunmehr deren Zustimmung zu folgendem Plane[17] einer Auffüllung der laufenden Guthaben von Neff & Koehler und Albert Koch & Co. bei der Koehler & Volckmar A.-G. & Co. Abt. Fina mit, dessen Durchführung mangels der Möglichkeit, aus dem Jahre 1931 Gewinne im Koehler-Volckmar-Konzern auszuschütten, zunächst bei Neff & Koehler, später aber auch bei Albert Koch & Co. leider notwendig wird."

Brief 14.4.1932 des Herrn Volckmar an die Herren Dr. Koehler und Dr. v. Hase:

„Ich habe den Inhalt der Besprechung, die Sie am 12. April mit den Herren Frentzel, Dr. Starkloff und mir über die in meinem Schreiben vom 4. April enthaltenen Finanzierungsvorschläge hatten, inzwischen meinen engeren Associées von Albert Koch & Co. mitgeteilt. Ich möchte Ihnen nun im Nachstehenden unsere Ansicht zu Ihren verschiedenen Vorschlägen nach einer noch weiteren Flüssigmachung von Neff & Koehler, als sie sich aus den Vorschlägen meines Schreibens vom 4. April ergibt, bekannt geben: (folgt Vorschlag in etwas abgeänderter Form).

Ich kann verstehen, daß unser Vorschlag die Sie bedrückenden Flüssigkeitssorgen z.Zt. nicht völlig von Ihnen nimmt. Zunächst ist der Geldbedarf von Neff & Koehler durch die jetzt zur Verfügung kommenden RM 120.000 nach Ihren eigenen Angaben auf ca. 1 1/2 Jahre gedeckt. Meine Associés und ich sehen nun aber keine Möglichkeit, für einen weiteren Zeitraum darüber hinaus Neff & Koehler schon jetzt unbedingt von der Gefahr des erneuten Unflüssigwerdens zu befreien. Niemand weiss, wie sich die allgemeine Lage noch entwickeln wird und ob überhaupt dem Koehler-Volckmar-Konzern bei weiteren Verlustjahren zugemutet werden kann, im Interesse der Flüssighaltung seiner beiden Inhaberfirmen selbst grosse finanzielle Opfer zu bringen. Wenn aus solchen Erwägungen also Albert Koch & Co. seinerseits an den Konzern nicht mit dem Auftrage, mehr als RM 200.000 nominal Graf Eberhardbau G.m.b.H.– Anteile zu übernehmen, herantreten sollte, sondern im Interesse des Konzerns vielmehr [13]

---

17   [Anmerkung im Original:] Bemerkung: Dieser Plan entspricht im wesentlichen der endgültigen Transaktion.

von seinen eigenen Teilhabern verlangen würde, sich selbst aus privatem Vermögen flüssig zu stellen, so muss es dann auch selbstverständlich sein, daß dann auch für Neff & Koehler keine weitere Flüssigstellung aus Konzernmitteln in Frage kommen kann, somit dann also auch der Antrag gemäss Punkt IV nicht gestellt werden darf.

Hierauf besonders hinzuweisen, hielten meine Associées und ich für unsere Pflicht, damit bei Neff & Koehler der selbstverständliche Wille gestärkt wurde, mit den jetzt flüssig werdenden RM 120.000 so haushälterisch wie nur irgendmöglich umzugehen und sich nicht allzu sehr auf die Hoffnung zu verlassen, vielleicht später einen Antrag gem. Punkt IV stellen zu können. Es muss in diesem Zusammenhange nochmals gesagt werden, daß es nicht Pflicht und Aufgabe des Konzerns ist, für die Flüssigkeit seiner beiden Inhaberfirmen zu sorgen. Der Konzern darf seine in geldlicher Beziehung auch für schwere Wirtschaftszeiten einigermassen gesicherte Stellung nicht dadurch gefährden, daß er von sich aus dem Mangel einer genügenden Flüssighaltung bei den Inhaberfirmen abhilft. Sache der Inhaberfirmen ist es, hierfür selbst zu sorgen, was angesichts der vergangenen guten Gewinnjahre bei entsprechender Sparsamkeit vielleicht auch bei Neff & Koehler möglich gewesen wäre, statt daß das erste Verlustjahr Neff & Koehler bereits schon wieder zu Substanzopfern im Interesse einer Flüssigkeit zwingt.

Die Familien, die durch Neff & Koehler ihren Lebensunterhalt finden, sollten sich immer vergegenwärtigen, daß angesichts der vielen Personen und Familien, die an der Beteiligung von Neff & Koehler am Konzern partizipieren, es nicht möglich ist, daß der Konzern weder in Gewinnjahren aus Gewinn, noch gar in Verlustjahren auf dem Wege der Substanzübernahme stets so viel flüssige Mittel wird abwerfen können, wie der Einzelne zur Aufrechterhaltung seines bisherigen Lebensstandards glaubt beanspruchen zu können.

Ich bitte also um freundlichen schriftlichen Bescheid seitens Ihrer Personen und seitens Ihrer Firma Neff & Koehler, ob Sie mit dem von mir in diesem und dem Schreiben vom 4. ds. Mts. entwickelten Finanzplane einverstanden sind und ob ich die Durchführung der jetzt vorzunehmenden Rechtsakte einleiten soll."

Brief 15.4.1932 des Herrn Dr. v. Hase an Herrn Volckmar:

„Auf Ihren gestrigen Finanz-Brief erlaube ich mir, Ihnen persönlich zu antworten, daß mich Ihre Stellungnahme zu den Koehler'schen Vorschlägen sehr angenehm berührt hat und daß ich Ihnen und Ihren Associés für Ihr Entgegenkommen bestens danke. Da Herr Dr. Koehler z.Zt. in Berlin weilt, kann ich fürs erste nur persönlich Stellung dazu nehmen, doch zweifle ich nicht daran, daß Ihnen Herr Dr. Koehler [14] im gleichen Sinne antworten wird, sodaß dann auch die offizielle Stellungnahme der Firma Neff & Koehler erfolgen kann.

Von mir aus möchte ich noch bemerken, daß ich dafür sorgen werde, daß von Seiten Neff & Koehler nur die Zahlungen an die Gesellschafter geleistet werden, die lt. Handelsgesetzbuch und Gesellschaftsvertrag zu leisten sind, nämlich 5 % vom jeweiligen Kapitalkonto. Wenn es gelingt, die Rente an Frau Bertha Koehler noch herabzusetzen, so würden wir gerade knapp vielleicht noch zwei Jahre, also bis zum 31. März 1934 auskommen, insbesondere, wenn nicht irgendwelche Hypothekenrückzahlungen für das Stephanstrassen-Haus geleistet zu werden brauchen; verpflichtet ist ja die Firma Neff & Koehler keinesfalls dazu. Wenn uns dann die Sorge wegen des Hauses genommen werden würde, kann Neff & Koehler auf jeden Fall bis zum 31.3.1934 auskommen. Es wird dann eben persönliche Sache jedes Gesellschafters sein, dafür zu sorgen, daß er mit den ihm zustehenden Beträgen auskommt, oder sich weitere Zuschüsse selbst beschafft."

C.

Valuta 1.1.1933 erfolgten folgende Konzernanteilsverkäufe:

a) 2 % zum Kurse von 83 1/3 %:

Albert Koch & Co. schrieb am 27.12.1932 wie folgt an Neff & Koehler:

„Auf das Schreiben unseres Herrn Hans Volckmar an Ihre Herren Dr. Koehler und Dr. v. Hase vom 23. Dezember 1932[18] hat auf deren Wunsch am 27. Dez. 1932 vormittags eine Besprechung mit unseren Herren Hans Volckmar und Theodor Volckmar-Frentzel im Beisein von Herrn Dr. Johannes Starkloff stattgefunden. In dieser Besprechung haben sich die genannten Herren namens der von ihnen vertretenen Firmen, also namens Neff & Koehler einerseits und Albert Koch & Co., bezw. A. Voerster & Co. andererseits, über die in dem vorerwähnten Schreiben vom 23. Dez. 1932 behandelten Gedankengänge und insbesondere über die auf Seite 5 und 6 dieses Schreibens enthaltenen Vorschläge wie folgt geeinigt:

1.
Neff & Koehler erklärt sich schon jetzt und im voraus mit einer Zusammenlegung[19] des Kommanditkapitals der Koehler & Volckmar A.-G. & Co. von insgesamt zur Zeit RM 1.200.000 Nominal um bis zu RM 600.000 Nominal einverstanden, sofern nach Vorliegen der Bilanzen des Koehler-Volckmar-Konzerns für 1932 Albert Koch & Co. [15] eine solche Zusammenlegung und die damit zusammenhängenden ausserordentlichen über Gewinn- und Verlustkonto des Jahres 1932 zu verbuchenden Abwertungen im Konzern für erforderlich hält.

2.
Neff & Koehler erklärt sich weiter damit einverstanden, daß Albert Koch & Co., bezw. A. Voerster & Co. 300.000 RM Nominal Gesellschaftsanteile der Graf Eberhardbau G.m.b.H. valuta 1. Januar 1932, an die Koehler & Volckmar A.-G. zu einem Kurse von 114 % (statt des in dem Briefe des Herrn Hans Volckmar vom 4. April 1932 genannten Kurses von 135 %) verkauft. Der Verkauf soll im übrigen in sinngemässer Anwendung der Punkte b, c, d und f des vorerwähnten Schreibens des Herrn Hans Volckmar an Neff & Koehler vom 4. April 1932 erfolgen.

3.
Das Einverständnis von Neff & Koehler zu 1. und 2. erfolgt auf besonderen Wunsch von Albert Koch & Co. An sich erscheint dasselbe, angesichts der im Koehler-Volckmar-Konzern Albert Koch & Co. zustehenden Majoritätsrechte nicht erforderlich. Seitens Albert Koch & Co. wird aber auf eine Übereinstimmung hierüber mit Neff & Koehler Wert gelegt.

4.
Albert Koch & Co. verpflichtet sich, Neff & Koehler 2 % Konzernanteile, valuta 1. Januar 1933, abzukaufen und Neff & Koehler verpflichtet sich zu diesem Verkauf. Unter 2 % Konzern-Anteile sind 48.000 RM Nominal Aktien der Koehler & Volckmar A.-G. und (nach dem derzeitigen Bestand von insgesamt 1.200.000 RM Nominal Kommanditkapitalien) 24.000 RM Nominal Kommanditanteile der Koehler & Volckmar A.-G. & Co. zu verstehen. Der Kaufpreis, den Albert Koch & Co. hierfür durch Gutschrift bei der Finanzabteilung der Koehler & Volckmar A.-G. & Co., valuta 1. Januar 1933, an Neff & Koehler zu vergüten hat, beträgt 60.000 RM. Dieser Kaufpreis mindert sich auch dann nicht, wenn etwa durch die in Punkt 1. behandelte Zusammenlegung 2 % Kommanditanteile, valuta 1. Januar 1933, nicht mehr 24.000 RM Nominal, sondern der Zusammenlegung entsprechend nominal weniger betragen werden.

---

18 [Anmerkung im Original:] Dieses Schreiben enthält u.a. eine ausführliche Begründung der Eventual-Vereinbarung lt. 1.
19 [Anmerkung im Original:] Nicht durchgeführt.

5.
Als Gegenleistung für die in Punkt 4 seitens Albert Koch & Co. an Neff & Koehler gegebene feste Zusicherung befreit Neff & Koehler hierdurch Albert Koch & Co., von der mit dem Schreiben des Herrn Hans Volckmar vom 14. April 1932 übernommenen Verpflichtung, unter gewissen Voraussetzungen einem Ankaufe des Grundstücks der Frau Bertha Koehler-Schall Leipzig, Sternwartenstrasse / Seeburgstrasse, durch die Koehler & Volckmar A.-G. zuzustimmen. Es herrscht somit Einverständnis darüber, daß dieser Ankauf für die Koehler & Volckmar A.-G. nicht in Frage kommt, und daß keinerlei diesbezügliche [16] Verpflichtungen mehr bestehen.

6.
Neff & Koehler hatte an Albert Koch & Co. den Antrag gestellt, ihm Anteile des Koehler-Volckmar-Konzerns abzukaufen, wobei Neff & Koehler den Erlös aus solchem Verkaufe zu einer Sanierung von Frau Lily Koehler bzw. zur Abwendung des Konkurses derselben zu verwenden wünschte. Im Hinblick auf seine eigene finanzielle Lage, die erst durch den in Punkt 4. behandelten Verkauf wieder verbessert werden soll, hat Neff & Koehler diesen Antrag wieder zurückgezogen.

Darüber, ob, wann und zu welchen Bedingungen, Albert Koch & Co. einem evtl. von Neff & Koehler neu zu stellenden solchen Antrage evtl. entsprechen könnte oder wollte, ist keinerlei Beschluß gefaßt und keinerlei Inaussichtnahme besprochen worden. Zunächst soll es also der freien Initiative von Neff & Koehler überlassen bleiben, ob diese Firma überhaupt einen solchen Antrag neu zu erstellen wünscht oder nicht.

Wir bitten um eine Gegenbestätigung der in den vorstehenden Punkten wiedergegebenen Einigung und zeichnen."

Die Antwort von Neff & Koehler lautete wie folgt:

„Ihren Brief vom 27. Dezember haben wir mit bestem Dank erhalten und erklären uns mit allen darin enthaltenen Punkten einverstanden. Mit unseren Grüßen sind wir Ihre sehr ergebene."

Der buchmäßige Verlust, der bei Neff & Koehler infolge des Verkaufs der Anteile unter pari entstand, wurde u.W. bei Neff & Koehler zum größten Teile von Frau Lily Koehler und Herrn Dr. Koehler und nur zum kleinsten Teile von der Gesamtheit der Gesellschafter getragen. Das geschah, weil die genannten beiden Gesellschafter im wesentlichen die Beiträge erhielten, die für Neff & Koehler aus dem Anteilsverkauf flüssig wurden.

b) 3 % zum Kurse von 75 %:

Neff & Koehler schrieb am 24.4.1933 wie folgt an Albert Koch & Co.:

„Gemäß unserer mündlichen Besprechung vom 22. April richten wie hiermit an Sie die Anfrage, ob Sie bereit sein würden, von den uns gehörigen Aktien der Koehler & Volckmar A.-G. und der Kommanditbeteiligung an der Koehler & Volckmar A.-G. & Co. 3 (drei) von der Gesamtbeteiligung, also 108.000 M nominell zu übernehmen, wohl am besten valuta 1. Januar 1933. [17] Es wäre uns natürlich sehr erwünscht, wenn dieser Verkauf möglichst zu pari getätigt werden könnte, doch sehen wir gern Ihren Vorschlägen über die Bemessung des Kaufpreises entgegen. Da der Verkauf unserer Anteile im Interesse von Frau Lily Koehler geschehen soll und diese einen Entscheid noch vor Ende dieses Monats in Händen haben muss, wären wir Ihnen sehr verbunden, wenn wir eine möglichst baldige Antwort erhalten könnten.

In der Hoffnung, daß Sie sich in unserem Sinne entschliessen werden, sind wir mit unseren besten Grüssen."

Albert Koch & Co. antwortete am 3.5.1933:

„Es tut uns sehr leid, daß wir erst heute auf Ihren Brief vom 24. April zurückkommen können. Ihre Anfrage musste aber im Kreise der Volckmar-Associés erst eingehen beraten werden.

Wohl noch nie ist es schwieriger als gerade jetzt gewesen, sich für oder gegen eine Transaktion wie die von Ihnen erbetene zu entscheiden. Die allgemeinen Wirtschaftsverhältnisse sind im Zusammenhang mit der politischen Lage in jeder Beziehung unübersichtlich. Die Geschäftslage des Koehler-Volckmar-Konzerns gibt zu ungewöhnlichen Sorgen Anlass. Sie werden dies schon bei der Durcharbeitung der Ihnen jetzt zugefertigten Bilanzen für das Jahr 1932 festgestellt haben. Diese historischen Betrachtungen sind aber durch die Erscheinungen des Wirtschaftslebens der ersten 4 Monate dieses Jahres schon wieder weit überholt, weil nicht nur die bisherigen Sorgen um besonders notleidende Abteilungen vermehrt, sondern sogar noch neue Sorgen hinzugekommen sind.

So sind z. B. die Exportinteressen des Konzerns, wie Sie wissen, in letzter Zeit noch stärker als schon im Jahre 1932 beeinträchtigt worden. Unsere wichtigsten Abteilungen, die Barsortimente, sind durch die politischen Ereignisse stark in Mitleidenschaft gezogen worden. Z.Zt. lässt sich noch nicht übersehen, in welchem Umfange hierdurch Lagerverluste verursacht wurden. – Ausserordentlich betrüblich hat sich die Lage der Kommissionsgeschäfte in den ersten 4 Monaten dieses Jahres gestaltet. Auch dies steht wohl im Zusammenhang mit den Einwirkungen der Politik, insbes. auf die Absatzverhältnisse einiger grosser Verlegerkommittenten. Wir sind grossen Erschwerungen im Verkehr mit unseren ausländischen Kommittenten, insbes. im Verkehr mit sehr wichtigen Gebieten wie z.B. der Tschechoslowakei, ausgesetzt. Wie gross unsere Sorgen um die Konzernverlage sind, werden Sie in der Zwischenzeit aus den sehr eingehenden Verlags-Bilanzberichten ersehen haben. Es ist doch recht [18] betrüblich, daß unsere bewusst deutsch geführten Verlage nicht wahrnehmbar von der grossen nationalen Welle nach oben getrieben wurden, während doch jetzt die Konkurrenz so vieler anders gerichteter belletristischer Verlage aus politischen und konfessionellen Gründen beeinträchtigt, wenn nicht gar beseitigt worden sind.

Bei solchen Betrachtungen ergab sich, daß in unserem Associéekreis sehr lebhafte Bedenken gegen Ihren Auftrag zur Sprache kamen. Wir betrachten die Zukunft eben doch mit besonderer Sorge, und sind deshalb der Ansicht, daß in so ungewissen Zeiten wie den jetzigen eine solche Angelegenheit besser zurückgestellt werden sollte. Lediglich die Tatsache, daß, wie Sie uns mündlich zum Ausdruck brachten, bei Ihnen der Wunsch besteht, den Verkauf von 3 % Konzernanteilen an uns aus internen Gründen des Koehler-Konzerns gerade jetzt *zur Durchführung zu bringen, hat die Volckmar-Associées bewogen, zu Ihrem Antrag nicht ablehnend Stellung zu nehmen. Bei weitgehender Zurückstellung der vorgeschilderten Bedenken würden wir daher äusserst in der Lage sein, jetzt von Ihnen 3 % Konzernanteile, also nom. 108.000 RM zum Kurse von 75 %, also zum Preise von RM 81.000 valuta 2. Januar 1933 zu übernehmen.*

Für den Fall, daß der Volckmar-Konzern sich entschliessen sollte, im Zusammenhang mit dieser Transaktion Anteile der Graf Eberhardbau G.m.b.H. an den Koehler-Volckmar-Konzern zu verkaufen, würde er, wie wir Ihnen mitteilen können, hierfür nicht den Kurs der letzten Transaktion von 114 % zu Grunde legen, sondern die Parität von 100 %. An das vorstehende Angebot hinsichtlich der von Ihnen an uns zu verkaufenden Konzernanteile möchten wir uns Ihnen gegenüber jedoch nur bis zum 15. Mai dieses Jahres gebunden erachten."

Neff & Koehler antwortete am 11.5.1933:

„Besondere Umstände veranlassen uns, unseren Wunsch, den Termin Ihres Angebotes vom 3. Mai auf den 17. Mai hinauszuschieben, zurückzuziehen; wir erklären uns vielmehr mit Ihrem Angebot vom 3. Mai einverstanden und nehmen dasselbe hiermit an."

Wir nahmen davon Kenntnis, dass Sie, falls Sie sich zu einem Verkauf von Anteilen der Graf Eberhardbau G.m.b.H. an den Koehler-Volckmar-Konzern entschliessen würden, für diese Transaktion die Parität von 100 % zugrundezulegen.

Wir danken Ihnen, daß Sie unserem Antrag vom 24. April gefolgt sind und sind mit unseren besten Empfehlungen." [19]

Dieser Verkauf erfolgte, um der Mitgesellschafterin von Neff & Koehler, Frau Lily Koehler, die Möglichkeit zu geben, mit ihren Privatgläubigern einen außergerichtlichen Vergleich abzuschließen. Der buchmäßige Verlust, der bei Neff & Koehler infolge des Verkaufs der Anteile unter pari entstand, wurde bei Neff & Koehler voll von Frau Lily Koehler getragen. [20]

Frage 7:
Warum ist die Koehler-Gruppe nicht in der sog. Zentrale bezw. Konzernleitung unmittelbar vertreten?

Mangels der erforderlichen Eignung der derzeitigen geschäftsführenden Teilhaber von Neff & Koehler, einen so vielgestaltigen, umfassenden und in wirtschaftlicher Hinsicht für Betrieb und Buchhandel verantwortlichen Wirkungskreis auszufüllen. Hierüber sind die leitenden Herren des Konzerns zur Auskunft bereit. Herr Hans Volckmar war in vergangenen Jahren bis zu seiner Erkrankung ohne weiteres zu solcher Führung bestimmt, weil er der geistige Urheber des Konzerns war. Herr Th. Volckmar-Frentzel ist nach dem Kriege von Herrn Hans Volckmar in den Konzern berufen worden, weil in ihm die Eignung zur Weiterführung des Konzerns erkannt wurde. Die Eignung dieser beiden Herren ist einstimmig von Albert Koch & Co. und Neff & Koehler in dem Protokoll vom 23.XII.1931 festgestellt worden (vgl. hierzu Frage 1). Im Konzern selbst hat bei gesellschaftsrechtlicher Gleichstellung der verschiedenen Inhaber von Anfang an das Führerprinzip bestanden. Im übrigen siehe Anlage.

[21] Anlage zu 7.)

Aus dem Protokoll vom 23.XII.1931 ergibt sich, daß die sog. Zentrale der Repräsentant beider Gruppen ist und daß die Herren Hans Volckmar und Th. Volckmar-Frentzel als Leiter und stellvertretender Leiter der Zentrale am 23.XII.1931 von allen Beteiligten bestätigt worden sind. Ebensowenig wie die Herren Volckmar und Volckmar-Frentzel in ihrer Eigenschaft als Leiter bzw. stellvertretender Leiter der Zentrale Vertreter nur der Volckmargruppe sind, ist Herr Dr. v. Hase in seiner Eigenschaft als Leiter des Verlags Koehler & Amelang Vertreter der Koehlergruppe. Alle leitenden Herren des Koehler-Volckmar-Konzerns, mögen sie der einen oder anderen Gruppe angehören, sind in ihrer geschäftlichen Tätigkeit dem einheitlichen Gesamtunternehmen verantwortlich und fügen sich in die im Protokoll v. 23.12.31 niedergelegten Organisation der Leitung des Unternehmens ein.

Die folgenden Zitate aus Briefen und Aktennotizen aus dem Jahre 1935 geben ein anschauliches Bild darüber, wie auch seitens des Herrn Dr. v. Hase zu dieser Organisationsform Stellung genommen wurde:

Im Januar 1935 hat Neff & Koehler u.a. folgenden Antrag gestellt:

„Solange der Leiter der Zentrale und sein Vertreter nur Repräsentanten entweder der offenen Handelsgesellschaft Albert Koch & Co. oder der offenen Handelsgesellschaft Neff & Koehler sind, soll als zweiter Vertreter des Leiters der Zentrale ein Repräsentant der nicht vertretenen

offenen Handelsgesellschaft in die Zentrale einberufen werden, der über alle Maßnahmen der Zentrale zu unterrichten ist."

Das Protokoll über die Sitzung vom 8.II.1935, das von allen Beteiligten unterzeichnet ist, enthält bei der Behandlung dieses Antrages folgende Niederschrift:

„Gegen diesen Antrag nimmt Herr <u>Hans Volckmar</u> *Stellung und verweist darauf, daß die Zusatzvereinbarung von dem Grundgedanken abgehe, daß zum Leiter der Zentrale und dessen Stellvertreter jeweils nur die geeignetsten Personen aus dem Kreise der Geschäftsleiter gewählt werden sollen. Ferner verweist Herr Volckmar erneut darauf, daß die Konzern-Zentrale kein Kollegium sei, sondern immer nur aus einer Person, nämlich den Leiter oder seinem Stellvertreter bestehe, und daß gar kein Raum dafür vorhanden sei, eine dritte Person zu benennen, der gegenüber die Zentrale eine Informationspflicht habe. Die Zentrale sei nach der ganzen Konstruktion des Protokolls vom 23.12.1931 Vertreter beider Finanzbassins und diesen gegenüber verantwortlich. Herr* <u>Dr. v. Hase</u> *ändert seinen Antrag dahin ab, daß die Worte ‚als zweiter Vertreter des Leiters der Zentrale' gestrichen werden sollen. Trotz dieser Änderung hält Herr* <u>Hans Volckmar</u> *den Antrag für unannehmbar.*

Bei der nun folgenden Abstimmung stimmt Neff & Koehler mit ‚Ja'. Albert Koch & Co. mit ‚Nein'. Damit ist der Antrag abgelehnt.

Herr <u>Hans Volckmar</u> *weist nochmals ausdrücklich daraufhin, daß die Ablehnung des Antrages keinesfalls besage, daß seitens der Zentrale den geschäftsführenden Teilhabern von Neff & Koehler irgendeine Informationsmöglichkeit beschnitten werden solle. Es sei vielmehr klar, daß schon bei der bisherigen Schaltung lt. Protokoll vom 31.12.31 Neff & Koehler jederzeit die Möglichkeit habe, sich* [22] *über alle wichtigen Vorkommnisse im Koehler-Volckmar-Konzern bei der Zentrale zu unterrichten. Jedoch könne die Zentrale nicht über die Bestimmungen des Protokolls vom 23.12.1931 hinaus eine Verpflichtung übernehmen, die beiden Finanzbassins ständig ihrerseits zu orientieren. Die geschäftsführenden Teilhaber von Neff & Koehler seien aber erneut eingeladen, sich intensiv an der Geschäftsleitung des Koehler-Volckmar-Konzerns zu beteiligen und seien gebeten, so oft wie nur irgend möglich Fühlung mit der Zentrale zu suchen und sich dort Informationen geben zu lassen. Im übrigen verweist Herr* <u>Volckmar</u> *auf seine ausführlichen Ausführungen hierüber vor der Mittagspause."*

Die Niederschrift über die zuletzt erwähnten Ausführungen lautet wie folgt:

„Nach Behandlung dieses Punktes der Tagesordnung findet eine <u>allgemeine Aussprache</u>, *insbesondere zwischen den Herren Hans Volckmar und Dr. v. Hase, über die inneren Gründe für den jetzigen Verstoss der Koehler-Partei gegen die Zentrale statt. Als Herr Volckmar darauf hinweist, daß die geschäftsführenden Teilhaber von Neff & Koehler doch jederzeit die Möglichkeit hätten, sich bei der Zentrale oder bei anderen Herren der Geschäftsleitung über z.Zt. schwebende wichtige Fragen zu unterrichten, und daß jederzeit jede gewünschte Auskunft gegeben würde, bemerkt Herr* <u>Dr. v. Hase</u>, *daß die Koehler-Partei sich aus der Gesamtleitung des Konzerns ausgeschaltet und in die zweite Linie gedrängt fühlt. Herr Volckmar erinnert demgegenüber daran, daß doch lediglich durch die räumliche Trennung eine ständige Information des Herrn Dr. v. Hase erschwert und durch die fast ständige Abwesenheit des Herrn Dr. Koehler dessen Information unmöglich sei, daß aber schon aus der Tatsache, daß Herr Konsul v. Hase ständig informiert ist (was dieser auch zugibt) sich ohne weiteres ergebe, daß die Ursache für die Nichtinformation des Herrn Dr. v. Hase lediglich daran liege, daß dieser nicht sich selbst öfter einmal über das, was im Volckmar-Haus vorginge, informiere. Auch Herr Hans Staackmann habe, als er vor Jahren seinen Wirkungskreis vom Volckmar-Haus ins Koehler-Hause verlegt habe, die Gepflogenheit gehabt, sich durch in der Woche mehrmalige abendliche Vorsprache*

im Volckmar-Haus bei Herrn Volckmar, oder Herren Volckmar-Frentzel oder Herrn Dr. Starkloff über interessante Vorgänge zu informieren. Die gleiche Gepflogenheit habe Herr Dr. Jeremias übernommen, als er ins Koehlerhaus versetzt wurde. Auch er – Hans Volckmar – pflege täglich, wenn er nicht ins Geschäft käme, anzurufen, ob etwas Neues oder Wichtiges vorläge, sodaß er, trotz der durch seine Erkrankung bedingten geringen Anwesenheit im Geschäft, doch ziemlich gut informiert bliebe. Würde Herr Dr. v. Hase nach gleicher Gepflogenheit handeln, so würden Beschwerden, wie die heute zur Rede stehenden, ausgeschlossen sein, da ihm selbstverständlich stets alle mündlichen Informationen und die dazu gehörigen Unterlagen zur Verfügung [23] stünden. Es sei ein sehr bedauerlicher, aber vollkommener Irrtum, wenn die Herren von Neff & Koehler unter dem Eindruck stünden, daß ihnen absichtlich Konzernbegebenheiten verschwiegen würden. Die Zentrale müsste es aber aus zeitlichen Gründen ablehnen, die Herren von Neff & Koehler auch in solchen Fällen zu Besprechungen einzuladen, die sie nicht für wichtig genug hierfür erachte, vielmehr sich auch ihrerseits auf das Protokoll vom 23.12.1931 berufen, wo gesagt ist (VI D Ziff. 3a), daß die Zentrale zur Erfüllung ihrer Aufgaben des jederzeit freiwillig gewährten Bestrebens aller Herren im Konzern, ihr die Durchführung ihrer Aufgaben nach Kräften zu erleichtern, bedarf.

Herr Dr. v. Hase erklärt, daß tatsächlich für die Herren von Neff & Koehler das Gefühl, von der Zentrale absichtlich bei Seite geschoben zu werden, der Hauptgrund für ihre Beschwerden sei und daß, wenn die Zentrale hinfort die Verpflichtung zur jedesmaligen Orientierung von Neff & Koehler übernähme, dieser Grund hinfällig würde. Herr Volckmar bedauert, solche Verpflichtung für die Zentrale aus praktischen und technischen Gründen nicht übernehmen und nicht über das hierüber im Protokoll vom 23.12.1931 VI D Ziff. 3 Gesagte hinausgehen zu können, nämlich, daß die Zentrale nur dann eine Associéebesprechung einberufen oder die geschäftsführenden Teilhaber der beiden Finanz-Bassins befragen wird, wenn sie glaubt, Dinge von grösserer Tragweite entscheiden zu müssen. Die Entscheidung darüber, was sie für wichtig zu solchem Vorgehen halte, und was nicht, müsse also bei der Zentrale bleiben. Eine Information auf Anfragen in der vorgeschilderten Art werde hingegen selbstverständlich von der Zentrale stets bereitswilligst gegeben werden. Würde die Zentrale absichtlich oder dolos wichtige Vorgänge den geschäftsführenden Teilhabern eines der beiden Finanz-Bassins verschweigen, so wäre dann durchaus Raum für eine Beschwerde und für ein Schiedsgerichtsverfahren gegeben. Andernfalls seiner Ansicht nach aber nicht.

Leider müsse aber seitens der Volckmar-Partei gegenüber Herrn Dr. v. Hase Klage darüber geführt werden, daß dieser wiederholt die Zentrale nicht rechtzeitig über wichtige Vorfälle unterrichtet und der Zentrale wiederholt Veranlassung zum Einschreiten gegen seine Geschäftsführung gegeben hätte. Als Beweis dafür, daß dem so sei und daß sogar Herr Dr. v. Hase das zugegeben habe, verliest Herr Volckmar-Frentzel einen Brief des Herrn Dr. v. Hase an ihn vom 15.10.1933."

Am 12.II.1935 schrieben die Herren Dr. v. Hase und Dr. Koehler folgenden Brief an die geschäftsführenden Gesellschafter von Albert Koch & Co.

„Unser Schreiben vom 18. Januar entsprang dem Gefühle und der Überzeugung, daß von Ihrer Seite, sei es bewusst, sei es unbewusst, die Neigung bestehe, Neff & Koehler mehr und [24] mehr bei Seite zu schieben und unsere Rechte als Leiter eines der Finanzbassins des Koehler-Volckmar-Konzerns zu beschneiden. Diese Auffassung liess uns sehr trübe in die Zukunft sehen; wir befürchteten, daß ein bedeutender Teilzweck der Fusion nicht nur für die gegenwärtige, sondern insbesondere für die zukünftige Generation der Koehler Partei verloren gegangen sei.

Wir haben nach Beendigung der Associé-Besprechung am 8.2., während der wir aus verschiedenen Gründen unseren Standpunkt nicht revidiert hatten, noch einmal alles geprüft, was von

Ihrer Seite zu unserer Beschwerde gesagt worden ist. Ihre Erklärung über die Natur der Zentrale, Ihre bestimmte Versicherung, daß unsere oben erwähnte Auffassung irrig sei und Ihre Erklärung, daß Sie jederzeit bereit gewesen seien und auch in Zukunft bereit sein werden, uns an der Leitung der Geschäfte teilnehmen zu lassen und uns über alle wichtigen Vorschläge in unserem Konzern zu informieren, haben uns überzeugt, daß wir bei unserer Beschwerde von falschen Voraussetzungen ausgegangen sind. Wir danken Ihnen für diese Mitteilungen und ziehen hiermit unsere Beschwerde und die Ausführungen, die wir zu Punkt a, b und d der Tagesordnung der Associée-Besprechung gemacht haben, zurück, verzichten infolgedessen selbstverständlich auf die beantragten schiedsgerichtlichen Entscheidungen.

Wir hoffen, daß nach der offenen Aussprache der herkömmliche freundschaftliche und vertrauensvolle Verkehr zwischen uns wieder stattfinden wird, und werden dazu, was an uns liegt, insbesondere durch vermehrte persönliche Fühlungnahme mit Ihnen, gern beitragen."

Diesen Brief beantwortete Herr Volckmar am 16.II.1935 wie folgt:

„Ich habe den Auftrag, Ihnen, zugleich auch im Namen meiner Associées, der Herren Alfred und Karl Voerster und Th. Volckmar-Frentzel, Ihren Brief vom 22. ds. zu bestätigen und Ihnen unsere gemeinsame Ansicht zu Ihrem Schreiben wie folgt darzutun:

Zunächst danken wir Ihnen für die Zurücknahme Ihrer Beschwerden gegen Ihre und unsere gemeinsame Konzern-Zentrale, die aus dem Unterzeichneten und in seiner Stellvertretung aus Herrn Theodor Volckmar-Frentzel besteht, und für Ihre Erklärung, daß Sie auf die Durchführung der in Verbindung mit diesen Beschwerden am Freitag, den 8. Februar, beantragten verschiedenen Schiedsgerichtsverfahren verzichten. Trotzdem möchten wir bitten, daß das über diese Sitzung am 8. Febr. aufgenommene Konzernprotokoll auch von Ihnen und Herrn Konsul v. Hase durchgesehen und evtl. so ergänzt wird, daß es den allseitig anerkannten Niederschlag dieser Sitzung darstellt. Über diese wichtige Sitzung muss schon in den Konzernakten ein authentisches schriftliches Protokoll aufbewahrt werden. [25]

Wenn somit über die Sache selbst glücklicherweise wieder freundschaftliches Einverständnis besteht, so könnte Ihr Brief doch leider wieder den Keim zu Meinungsverschiedenheiten in sich tragen, da Sie erneut uns (Albert Koch & Co.) mit der Konzernzentrale (Hans Volckmar, in Vertretung Th. Volckmar-Frentzel) zu identifizieren scheinen. Dazu möchte nochmals, wie bereits mehrfach in der Sitzung vom 8. Februar durch den Unterzeichneten geschehen, klargestellt werden:

1.
Die Konzern-Zentrale ist keine Einrichtung oder Vertretung von Albert Koch & Co., vielmehr eine Einrichtung des Konzerns und gleichzeitig eine Vertretung von Albert Koch & Co. und Neff & Koehler im Konzern.

2.
Die Konzern-Zentrale hat nur dann die beiden Finanz-Bassins von Albert Koch & Co. und Neff & Koehler zu benachrichtigen, oder gar zu Sitzungen und Abstimmungen zusammenzurufen, wenn sie glaubt, daß im Konzern Dinge von besonderer Tragweite entschieden werden müssen. Glaubt sie das subjektiv nicht, und liegt in einem solchen subjektiven Glauben nicht etwa ein absichtlicher oder fahrlässiger Verstoss gegen allgemeine Grundsätze der Geschäftsmoral, kann ihr auch kein Vorwurf daraus gemacht werden, wenn sie nicht benachrichtigt oder nicht zusammenruft.

3.
Da die Konzernzentrale und ihre Vertretung z.Zt. aus zwei geschäftsführenden Teilhabern von Abert Koch & Co. besteht – ein Zustand, der aber keineswegs stets zwangsläufig ist, da praktischerweise Zentrale und Stellvertretung prinzipiell stets aus den für die Konzernleitung geeig-

neten Persönlichkeiten bestehen wird – liegen die Dinge allerdings z.Zt. so, daß infolge dieser Personen-Identität Albert Koch & Co. stets von allem benachrichtigt ist, was bei der Konzernzentrale zusammenfliesst, Neff & Koehler hingegen nicht. Das ist, wie dargetan, aber keineswegs eine absichtliche Hintansetzung von Neff & Koehler, sondern lediglich eine sich aus der Situation von selbst ergebende Tatsache. Übrigens wird auch der Unterzeichnete – infolge der durch seine Erkrankung bedingten mehrfachen Abwesenheit vom Geschäft – keineswegs über alle wichtigen Vorfälle ohne Weiteres informiert, sondern zumeist auch nur, insoweit er selbst die Initiative zu solcher Information, z.B. durch öftere telef. Erkundigungen, ergreift.

4.

Da die Konzernzentrale, wie unter 1. gesagt, aber eine Vertretung von Albert Koch & Co. und Neff & Koehler ist, da von ihren Entscheidungen Albert Koch & Co. 75 % und Neff & Koehler nur 25 % des Risikos trägt, ist für Neff & Koehler aus einer öfteren Nicht-Information schwerlich irgend eine materielle Schädigung zu befürchten. In Fällen, in denen der Zentrale die Tragung der in einer Entscheidung liegenden Verantwortung zu gross ist, wird sie ja beide Finanzbassins von sich aus befragen. [26]

5.

In Fällen, in denen die Zentrale aus eigenem Ermessen eine Informationspflicht nicht für erforderlich hält, die geschäftsführenden Teilhaber des einen oder anderen Finanzbassins aber an den Geschehnissen besonderes Interesse nehmen, hat sich die Zentrale auf Anfrage zur jederzeitigen Information (natürlich im Rahmen der ihr obliegenden Arbeitsfähigkeit) bereiterklärt. Die Anregung zu solcher Information muss aber von den betreffenden Herren von Albert Koch & Co. bezw. Neff & Koehler ausgehen. Das, was Sie auf Seite 2 Ihres Briefes Zeile 7 und 8 schreiben, darf und kann also nicht so ausgelegt werden, daß die Zentrale die Verpflichtung übernimmt, solche Informationen stets ihrerseits anzuregen. Hierfür ist, wie gesagt, nur dann Raum, wenn die Zentrale selbst glaubt, die Verantwortung nicht allein tragen zu können, also nicht schon dann, wenn der Vorgang etwa die anderen Herren auch interessieren könnte.

Würde die Zentrale eine ihrerseits anregende Informations-Verpflichtung übernehmen, so würde sie mit einer solchen Verpflichtung weder arbeitsmässig fertig werden, noch könnte sie sich der Gefahr aussetzen, ständig zur Verantwortung gezogen zu werden, wenn einer der geschäftsführenden Teilhaber meinte, nicht ordungsgemäss informiert worden zu sein.

6.

Aus dem unter 5. Gesagten ergibt sich also klar, daß, wer über die Arbeiten und Entscheidungen der Zentrale informiert zu werden wünscht, seinerseits mit dieser die enge Fühlung aufzunehmen hat und nicht umgekehrt. Es würde dem Unterzeichneten und seinem Stellvertreter, Herrn Th. Volckmar-Frentzel eine Freude sein, wenn von Seiten der geschäftsführenden Teilhaber von Neff & Koehler diese Fühlung mehr als bisher aufgenommen würde. Übrigens dürfte auch in der Vergangenheit nie ein Fall vorgekommen sein, daß auf eine an die Zentrale mündlich, telefonisch oder schriftlich gelangte Anfrage über irgend eine in irgend einer Abteilung des Konzerns geplante oder angeregte Sache keine bereitwillige Auskunft erteilt worden wäre."

Und erhielt darauf von den Herren Dr. Koehler und Dr. v. Hase folgende Bestätigung:

„Wir bestätigen mit verbindlichen Dank den Empfang des Briefes, den Sie – zugleich auch im Namen der Herren Alfred und Karl Voerster und Th. Volckmar-Frentzel – unter dem 16. Februar an uns gerichtet haben, und erlauben uns, Ihnen daraufhin mitzuteilen:

1. Daß wir mit dem Protokoll der Associébesprechung vom 8. ds. M. so, wie es uns zugegangen ist, einverstanden und bereit sind, es zu unterzeichnen. [27]

2. Daß Ihre dankenswert ausführliche nochmalige Darstellung des Wesens und der Aufgaben der Konzernzentrale von uns zur Kenntnis genommen wurde und daß wir ihr vollinhaltlich zustimmen.

3. Daß wir mit der von Ihnen vorgeschlagenen Regelung des Verhältnisses zu Herrn Konsul v. Hase einverstanden sind.

Wir werden die auf Seite 4 Punkt 2 Ihres Briefes vorgesehene Abmachung mit Herrn Konsul v. Hase alsbald treffen. Für Ihr materielles Entgegenkommen danken wir Ihnen bestens.

Indem wir hoffen, daß nunmehr der Zwischenfall vollkommen beigelegt und erledigt ist, begrüssen wir Sie und Ihre anderen Herren als Ihre freundschaftlich ergebenen [...]" [28]

Frage 8:

Worin liegt der Wert des Mitbestimmungsrechts der Koehlerpartei, wenn andererseits infolge des Abstimmungsverhältnisses die Volckmar-Partei den Einfluß der Koehler-Partei durch Majorisierung ausschalten kann?

Z. T. ist diese Frage durch die Briefzitate zu Frage 7 beantwortet. Ferner ist darauf hinzuweisen, daß Neff & Koehler nicht nur Aktionärin der Koehler & Volckmar A.-G., sondern auch Kommanditistin der Koehler & Volckmar A.-G. & Co. ist und in dieser Eigenschaft selbstverständlich die gesetzlich festgelegten Rechte hat. [29]

Frage 9:

Wie setzt sich das Schiedsgericht zusammen? Können die Bestimmungen hierüber in Vorlage gebracht werden?

Siehe beiliegenden Auszug aus dem Protokoll vom 25.9.1925

[30] Auszug aus dem Protokoll über die Chefbesprechung am Freitag, den 25. September 1925, nachm. 3 Uhr, im Konferenzzimmer der Koehler & Volckmar A.-G. & Co., Leipzig, Hospitalstrasse 10

VII. Allgemeine Bestimmungen

C.

Die in § 17 des Fusionsvertrages vom 28. August 1918 enthaltene Vereinbarung eines Schiedsgerichts wird, da deren Wortlaut infolge der seit 1918 erfolgten Weiterentwicklung des Koehler-Volckmar-Konzerns nicht mehr allenhalben auf die derzeitigen Verhältnisse passt, durch folgende Vereinbarung über ein Schiedsgericht ersetzt:

1.

Für alle Rechtsstreitigkeiten und Meinungsverschiedenheiten, die innerhalb des Koehler-Volckmar-Konzerns im weitesten Sinne über die Auslegung bestehender Verträge, protokollarisch festgelegter Beschlüsse, schriftlich oder mündlich getroffener Vereinbarungen, verwirkter Konventionalstrafen oder aus sonst irgendwelchem Grunde entstehen, wird, soweit diese Differenzen zwischen

a) den offenen Handelsgesellschaften, die den Koehler-Konzern einerseits und den Volckmar-Konzern andererseits bilden,

b) einzelnen Teilhabern des einen unter a) genannten Konzernes und solchen des anderen unter a) genannten Konzernes,

c) irgendeiner der zum Koehler-Volckmar-Konzern im weitesten Sinne gehörenden Gesellschaften einerseits und einem der unter a) genannten Konzerne oder einem oder mehreren der unter b) genannten Konzern-Teilhabern oder einer anderen zum Koehler-Volckmar-Konzern gehörenden Gesellschaft andererseits bestehenden, der Rechtsweg ausgeschlossen und die Zuständigkeit eines Schiedsgerichts vereinbart.

2.
Wenn eine der im Falle unter 1. c) erwähnten, zum Koehler-Volckmar-Konzern im weitesten Sinne gehörenden Gesellschaften sich jetzt oder im Zeitpunkt des Streitfalles nicht oder nicht mehr im ausschliesslichen [31] Besitz des Koehler-Konzerns und des Volckmar-Konzerns oder eines der beiden Konzerne befindet und daher durch diese Vereinbarung von den Unterzeichneten nicht zur Anerkennung dieses Schiedsgerichts-Verfahrens ohne weiteres verpflichtet werden kann, so besteht dennoch Einverständnis darüber, daß für den Fall des Entstehens eines unter diese Vereinbarung fallenden Streites sich der Koehler-Konzern und der Volckmar-Konzern bezw. deren Teilhaber in der betreffenden Gesellschaft, gleichgültig in welcher Eigenschaft sie Rechte in derselben besitzen, mit allem Nachdruck und allen ihnen zustehenden Rechten dafür einzusetzen haben, daß die Gesellschaft dem hier vereinbarten Schiedsgerichts-Verfahren auch ihrerseits beitritt.

3.
Das Schiedsgericht setzt sich zusammen

a) aus je einem von jeder der beiden streitenden Parteien zu ernennenden Schiedsrichter,

b) aus einem Obmann. Dieser ist von den durch die beiden Parteien benannten Schiedsrichtern aus der Zahl der beim Landgericht oder Reichsgericht in Leipzig tätigen Anwälte oder Richter zu wählen. Können sich die Schiedsrichter über die Person des Obmannes nicht einigen, so soll die Handelskammer Leipzig um die Ernennung eines Obmannes angegangen werden.

4.
Besteht eine streitende Partei aus mehreren Personen, so haben sie sich über den gemeinsam zu ernennenden Schiedsrichter zu einigen. Hierfür gelten für die Teilhaber einer der zum Koehler-Konzern oder zum Volckmar-Konzern gehörenden offenen Handelsgesellschaften die in den betreffenden Gesellschaftsverträgen etwa bestehenden Vorschriften über Abstimmungen. Besteht eine streitende Partei aus mehreren Gesellschaften, so haben sich diese über den gemeinsam zu ernennenden Schiedsrichter zu einigen.

Kann seitens einer Partei keine Einigung über die Ernennung eines Schiedsrichters erzielt werden, so haben die Beteiligten gemeinsam die Handelskammer Leipzig um die Ernennung ihres Schiedsrichters zu ersuchen. [32]

5.
Erheben gleichzeitig mehrere Personen oder mehrere Gesellschaften oder eine oder mehrere Personen und eine oder mehrere Gesellschaften verschiedenartige Ansprüche gegen eine andere Person oder eine andere Gesellschaft oder gar gegen mehrere Personen oder mehrere Gesellschaften, sodaß sich nicht nur zwei Parteien, sondern mehrere Parteien gegenüberstehen, so sind entsprechend viele schiedsrichterliche Verfahren einzuleiten, die jedoch durch die ernannten Schiedsrichter und Obmänner zu einem Verfahren vereinigt werden dürfen.

6.
Das Schiedsgericht wird im übrigen nach den Bestimmungen in § 1025 und ff. der Z.P.O. gebildet. Es hat in Leipzig zu tagen. Für die Entscheidungen gemäss § 1045 Z.P.O. ist ausschliesslich das Amts- bezw. Landgericht Leipzig zuständig. [33]

Frage 10:
Woraus wird geschlossen, daß Dr. v. Hase vor der Machtübernahme national-
sozialistisch eingestellt war?

Aus seinen eigenen gelegentlichen mündlichen Angaben hierüber. Wie überreichen ferner einen Briefwechsel vom 25. und 26. September 1933 nebst 2 Photokopien und Abzug des endgültigen Artikels und verweisen auf die verschiedenen im Briefe vom 26. September 1933
aufgestellten Behauptungen in diesem Sinne. Wir bitten, diesen Briefwechsel zugleich als Material für die Beurteilung der Haltung einerseits des Herrn Dr. v. Hase, andererseits der Herren
Volckmar und Volckmar-Frentzel heranzuziehen (vgl. hierzu Frage 12).

Zur Photokopie der Korrektur des Artikels ist zu bemerken, daß Herr Volckmar-Frentzel mit der
von ihm handschriftlich eingefügten Einschaltung dem von Herrn Dr. v. Hase in seinem Brief
vom 26.9.1933 geäusserten Wunsche entsprochen hat. [34]

Abschrift

Th. Volckmar-Frentzel, Leipzig 25. September 1933
Herrn Dr. Hermann von Hase, <u>Koehler-Verlage.</u>

Lieber Herr Doktor!

Bei Durchsicht der Fahnenabzüge der Manuskripte für die 1. Weihnachtsnummer der „Illustrierten Deutschen Bücherzeitung" kam mir zufällig der Artikel unseres Angestellten, des Herrn
Lottner, über die Koehler-Verlage in die Hand, der den Titel: „15 Jahre Arbeit im Geiste Adolf
Hitlers" trägt. Gegen die Veröffentlichung dieses Artikels, ebenso aber gegen jede etwaige anderweitige Anwendung derartiger Reklamemethoden erhebe ich hierdurch Einspruch.

Der Artikel des Herrn Lottner ist meiner Überzeugung nach wegen seiner Unbescheidenheit
gefährlich. Herr Lottner stellt die Dinge ja fast so hin, als ob die Verdienste der Koehler-Verlage
den Verdiensten Hitlers gleichzustellen wären. Das erscheint mir außerordentlich unklug. Jeder, der das Genie Hitlers verehrt, muß ja daran Anstoß nehmen, wenn die Koehler-Verlage
die Dinge so darstellen, als ob sie seit 15 Jahren auf literarischem Gebiete schon das Gleiche
getan hätten, wie Hitler auf politischem Gebiete, und zwar mit gleicher Energie und unter Erduldung gleicher Anfeindungen und Verfolgungen. Eine solche Darstellung widerspricht doch
der Wahrheit. Wie Millionen anderer Deutscher sind wir alle, und ebenso in ihrer verlegerischen Tätigkeit die Koehler-Verlage, national gesinnt gewesen und haben in unseren Verlagen diese Gesinnung vertreten, ohne daß uns dadurch, etwa durch Konfiskationen etc.
irgendein Schaden entstanden wäre. Wir dürfen daher auch nicht von „Verfolgungen, Spott,
Höhnen, Drohen, Geifern" etc. reden. Gerade auf geistigem Gebiete wirkt ja jede derartige
agitatorische Übertreibung nur abschreckend.

M.A.n. sind die Behauptungen wahr, die die Koehler-Verlage in ihrem Verlagsprospekt auf-
stellen, indem sie sagen, daß sie 15 Jahre lang für den nationalen Gedanken, für die Aufrechterhaltung deutscher Weltgeltung und Werterhaltung deutscher Kultur gearbeitet haben.
Objektiv unwahr ist aber die Behauptung, daß die Koehler-Verlage 15 Jahre Arbeit im Geiste
Adolf Hitlers geleistet haben. [35]

M.A.n. ist insbesondere, abgesehen von der Überschrift, der Anfang des Artikels „15 Jahre Arbeit" und ebenso der Schlußsatz des Artikels zu beanstanden.

Vom Standpunkt des Konzerns aus gesehen, sind m.A.n. derartige Werbeäußerungen außerordentlich bedenklich. Wir können leicht von solchen Verlagen, die tatsächlich immer im Geiste Hitlers gearbeitet haben, wie z.B. vom Eherverlag, scharf angegriffen werden. Umgekehrt könnten aber auch viele andere Verlage uns angreifen bzw. sehr ungünstig beurteilen, indem sie auf die Unwahrheit der in dem Lottner'schen Aufsatz aufgestellten Behauptungen hinweisen.

Herr Volckmar, mit dem ich über diese Angelegenheit, die ja von weitesttragender grundsätzlicher Bedeutung ist, Fühlung genommen habe, teilt meine im Vorstehenden geäußerte Ansicht in jeder Beziehung. Wie Sie aus der Anlage ersehen wollen, hat Herr Volckmar einen Versuch gemacht, den Lottner'schen Artikel, unter Beibehaltung der Gedanken, durch Korrekturen auf ein erträgliches Maß zu bringen. Mit Rücksicht auf den bevorstehenden Redaktionsschluß der erstem Weihnachtsnummer bitte ich, mir baldigst den Artikel in einer abgeänderten Form vorlegen zu wollen.

Weiterhin bitte ich um Mitteilung, ob wahrheitswidrige Darstellungen, wie sie der Lottner'sche Artikel enthält, noch in irgendwelchen anderen Vertriebsmitteln oder Werbeartikeln der Koehler-Verlage zum Ausdruck gekommen sind. Sollte dies der Fall sein, so bitte ich um Übersendung der entsprechenden Unterlagen.

Für die zukünftige Arbeit der Koehler-Verlage scheint es mir unerläßlich, daß diese sich in solcher propagandistischen Hinsicht die erforderliche Zurückhaltung und Mäßigung auferlegen, die einerseits der Wahrheit entsprechen, andererseits die Interessen des Konzerns nicht gefährden. Sollte hierüber in irgendeinem Falle ein Zweifel bestehen, so bitte ich, die Angelegenheit mir dann zur Entscheidung vorzulegen.

Im übrigen verweise ich in diesem Zusammenhange noch auf das Gesetz über Wirtschaftswerbung vom 12. September 1933 bzw. die Begründung zu diesem Gesetz, die im Börsenblatt vom 16.9.1933 abgedruckt wurde.

Mit bestem Gruß
Ihr sehr ergebener [36]

Abschrift

Dr. Hermann von Hase, Leipzig C1, 26. September 1933
Herrn Theodor Volckmar-Frentzel, <u>Volckmar-Haus.</u>

Lieber Herr Volckmar-Frentzel!

Aus Ihrem Brief vom 25. September ersehe ich, daß Sie gegen die vorgelegte Form des Aufsatzes „15 Jahre Arbeit im Geiste Adolf Hitlers" Einspruch erheben. Gegen den Abdruck der Fassung, die Herr Volckmar diesem Aufsatz gegeben hat, habe ich nichts einzuwenden und sende Ihnen deshalb den korrigierten Aufsatz zurück in der Annahme, daß sich dadurch Ihr Wunsch nach einer abgeänderten Form erledigt.

Der Artikel hat in der abgedruckten Fassung meine Billigung gefunden. Der Titel entsprach einem Vorschlage von mir. Ich bin erstaunt über Ihr schroffes Urteil, insbesondere darüber, daß die Behauptung, daß die Koehler-Verlage 15 Jahre Arbeit <u>im Geiste Hitlers</u> geleistet hätten, objektiv unwahr sei. Ich bin der Meinung, daß dieser Satz stimmt; wenn Sie anderer Meinung sind, so ist das Ansichtssache, aber von einer objektiven Unwahrheit kann doch in diesem Falle nicht gesprochen werden. Der Verlag ist von Anfang an für das Gleiche eingetreten, was

Hitler fordert: Bekenntnis zum Deutschtum, Wahrung deutscher Tradition, Hochhaltung der Erinnerung an unsere Leistungen im Weltkrieg und damit Erziehung zur Wehrhaftigkeit, Eintreten für deutsche Kultur in allerlei Gestalt usw. usw. In diesem Sinne war die Tätigkeit der Verlage Aufbauarbeit im Geiste Adolf Hitlers, auch wenn sie nicht parteimäßig gebunden war. Wer *„für den nationalen Gedanken, für die Wiederaufrichtung deutscher Weltgeltung und Werterhaltung deutscher Kultur"* gearbeitet hat, der hat doch im Geiste Adolf Hitlers gearbeitet. Deshalb bedaure ich, daß Sie durch Ihre Stellungnahme und Streichung der von mir gewählten Überschrift den Koehler-Verlagen absprechen, im Geiste Adolf Hitlers gearbeitet zu haben; daß ich es von Anfang an tat, ohne den Geist Hitlers zu kennen, ist mein besonderer Stolz. Spott und Hohn und andere Liebenswürdigkeiten haben wir allerdings reichlich dafür geerntet, so in vielen hämischen Besprechungen unserer Verlagswerke. [37]

In diesem Zusammenhang übersende ich Ihnen ein Exemplar des kürzlich erschienenen Werkes von Müffling „Wegbereiter und Vorkämpfer für das neue Deutschland" und möchte Sie auf Seite 24 und Seite 26 hinweisen. Wollen Sie so freundlich sein, das Heft im Chefumlauf zirkulieren zu lassen. Ebenfalls in diesem Zusammenhange übersende ich Ihnen einen Brief der Deutschen Buchhändlerlehranstalt vom 22. September, den ich mir baldigst zurückerbitte; das Thema des Vortrages des Herrn Schroeder lautete: Planmäßige Aufbauarbeit im Verlag. Ein Rückblick auf 15 Jahre K. F. Koehler und Koehler & Amelang.

Ich halte es für notwendig, daß in dem Augenblick, wo jetzt alle Verlage plötzlich national zu sein vorgeben, darauf hingewiesen wird, daß die Koehler-Verlage, ähnlich wie etwa der Stahlhelm, seit langem im Geiste Adolf Hitlers gewirkt haben. Wahrheitswidrige Darstellungen verbreiten die Koehler-Verlage wissentlich und grundsätzlich niemals, und ich bin deshalb auch nicht in der Lage, Ihnen in dieser Richtung gewünschte Unterlagen zu unterbreiten. Ich werde jedoch gern Aufsätze, die rückblickend auf die Verdienste der Koehler-Verlage hinweisen, Ihnen als Manuskript vorlegen. Zwei solcher Artikel „14 Jahre wider den Strom" und „Das neue Deutschland" Oktober-Heft 1933 S. 414 und „Die Verlagstätigkeit der vaterländischen Verlage seit 1918" im Jahrbuch Friedrich der Große S. 88 erhielten wir soeben; ich erbitte beide zurück.

Ich möchte es Ihnen überlassen, ob Sie sich nicht doch mit dem ersten Titel befreunden könnten, der doch zweifellos auch im Interesse des Konzerns liegt, weil durch ihn festgelegt wird, daß zum Konzern gehörige Firmen schon von Anfang an im Geiste Hitlers gearbeitet haben. Sollten Sie sich für meinen Titelvorschlag entschließen, so würde ich empfehlen, der Volckmar'schen Fassung, die ja zweifellos trotz ihrer größeren Zurückhaltung ebenso wirksam ist wie die erste Fassung, noch folgenden Satz anzuschließen: „Die Koehler-Verlage haben durch ihr Bekenntnis zum Deutschtum, durch Wahrung deutscher Tradition, durch Hochhaltung der Erinnerung an die Leistungen im Weltkrieg und damit Erziehung zur Wehrhaftigkeit, durch Eintreten für deutsche Kultur in allerlei Gestalt, wenn auch nicht parteimäßig gebunden, schon sofort nach der Revolution im Geiste Adolf Hitlers gearbeitet, etwa wie Franz Seldte, unabhängig von Hitler, in seinem Geiste tätig gewesen ist." [38]

Durch diesen Satz wird auch der Sinn der Überschrift nochmals deutlich geklärt, sodaß keinerlei Missverständnisse entstehen können.

Mit den besten Grüßen
Ihr sehr ergebener

gez. Dr. Hermann von Hase [39]

Anlagen

Koehler & Volckmar A.-G. & Co., Leipzig
Th. Volckmar-Frentzel, Leipzig C1, den 23.Sept. 1933
Herrn Hans Volckmar, <u>Rittergut Zehmen</u>

Lieber Onkel Hans!

In der ersten Nummer unserer illustrierten Weihnachtszeitung wollen die Koehler-Verlage den im Fahnenabzug beigefügten Artikel bringen. – Es ist sicher objektiv unwahr, dass die Koehler-Verlage 15 Jahre Arbeit im Geiste Adolf Hitlers geleistet haben. Wahr ist, dass sie 15 Jahre lang für den nationalen Gedanken, für die Wiederaufrichtung deutscher Weltgeltung und Werterhaltung deutscher Kultur gearbeitet haben, wie dies die Koehler-Verlage ganz richtig in ihrem gleichfalls beigefügten Prospekt sagen.

Der Anfang des Artikels „15 Jahre Arbeit" ist meiner persönlichen Überzeugung nach zu weitgehend; ebenso der Schlusssatz des Artikels, der mit den Worten: „Kein Höhnen und Drohen" beginnt.

Wenn die Koehler-Verlage Propaganda dieser Art machen, könnte es passieren, dass wir von Verlagen, die immer tatsächlich im Geiste Adolf Hitlers gearbeitet haben, wie z.B. vom Eher-Verlag, gewissen Angriffen ausgesetzt sein könnten. Umgekehrt könnten aber auch irgend welche Verleger bezw. Verleger-Kommittenten, die im anderen Lager stehen, uns angreifen, indem sie auf die Unwahrheit der aufgestellten Behauptungen hinweisen.

Es ist mir klar, dass Herr Dr. v. Hase auf diese Art von Propaganda, mit der er vielleicht sich selbst immer mehr als bisher verkappten, tatsächlich aber einstellungsmässig alten Nationalsozialisten darstellen will, sehr grossen Wert legen wird. Würde ich also die Sorgen, die ich hinsichtlich solcher Veröffentlichungen habe, ihm gegenüber zur Sprache bringen, so wird er in aller Voraussicht nach behaupten, dass ja gerade solche Darstellungen für den Verlag jetzt und in Zukunft von der allergrössten Bedeutung sind. Ich verkenne auch nicht, dass dies für die Verlage propagandistisch geschickt[20] sein mag.

Es wäre mir aber doch sehr lieb, Deine Ansicht zu hören, ob wir zu solchen Dingen schweigen wollen, oder ob es uns ganz grundsätzlich notwendig erscheint, zu veranlassen, dass sich die Koehler-Verlage in solcher Hinsicht, schon mit Rücksicht auf den Gesamt-Konzern, mässigen.
[40]
Viele herzliche Grüße
Dein Th. V.-Fr.

[Darunter handschriftliche Antwort von Hans Volckmar:]

Selbstverständlich darf der Artikel <u>so</u> nicht erscheinen. Wer ist denn dieser Herr <u>Lottner</u>, der das Maul so voll nimmt? Der Artikel ist aber nicht nur aus den von Dir erkannten Gründen sondern besonders auch wegen seiner Unbescheidenheit, um nicht zu sagen Arroganz recht gefährlich. Herr Lottner tut ja fast so, als ob die Verdienste unserer Verlage denen Hitlers gleichzusetzen wären. Wie unklug außerdem! Denn jeder, der das Genie Hitlers verehrt, muß sich doch abgestoßen fühlen, wenn unsere Verlage so tun, als ob sie vor 15 Jahren auf literarischem Gebiete schon das Gleiche getan hätte, wie Hitler auf politischem und gar mit gleicher Energie und unter Erduldung gleicher Anfeindungen und Verfolgungen. Das ist doch alles bewußt unwahr. Wir sind, wie Millionen anderer Deutscher stets anständige, national gesinnte Men-

---

20   Handschriftliche Randbemerkung von Hans Volckmar: „in solcher Form nicht!"

schen gewesen und haben in den Verlagen diese Gesinnung vertreten <u>ohne</u> daß uns dadurch etwa durch Komplikationen etc. irgendein Schaden entstanden wäre. Also dürfen wir auch nicht von „Verfolgungen, Spott, Höhnen, Drohen, Geifern etc. reden". Ganz abgesehen davon, daß auf <u>geistigem</u> Gebiete jede agitatorische Übertreibung nur abschreckend wirkte.

Herzliche Grüße H. Volckmar

23.IX.33

P.S. Ich habe versucht unter Beibehaltung der Gedanken die Ausdrucksweise durch Korrekturen auf ein erträgliches Maß zu bringen. Wenn Herr Lottner nicht mitmachen will, mag ein anderer den Artikel schreiben.

Man möchte sich alle Reklamen der Koehler-Verlage vorlegen lassen, um Unglück zu vermeiden. Oder hat im vorliegenden Falle Dr. v. H. <u>selbst</u> das Einsehen gehabt den Text als nicht ganz einwandfrei vorzulegen. Wenn nicht solltest Du in Deiner Reprimande gleich wieder auf die kürzliche Korrespondenz Bezug nehmen.

Warum wird denn die Bücherzeitung beim B.I. und nicht bei der <u>Offizin</u> [Haag-Drugulin, Th. K.] gedruckt? Wohl wegen der mangelnden Relations- oder Tiefdruck-Maschinen? H.V. [41]

Faksimile des Artikels „15 Jahre Arbeit im Geiste Adolf Hitlers"
mit Korrekturen Hans Volckmars, siehe unten und Folgeseiten

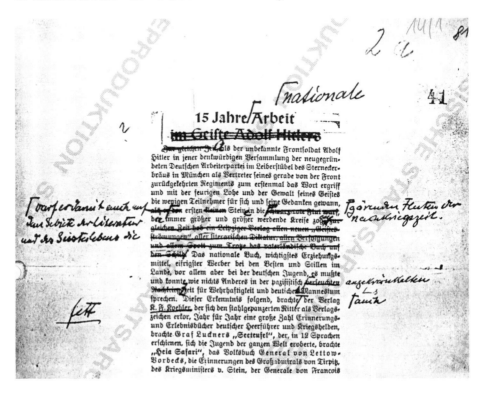

und von der Goltz, brachte die Erlebnisschilderungen des Stahlhelmführers Franz Seldte, dessen ersten beiden Bücher jetzt in einer Volksausgabe unter dem Titel „Fronterlebnis" erscheinen, brachte die Bücher von Georg Grabenhorst und Erwin Zindler, das „Kriegstagebuch eines Richtkanoniers", brachte die vielen Marine- und Fliegerbücher. Fast 2 Millionen Bände, die von den Taten deutscher Männer im Kampf ums Vaterland berichten, verließen in diesen 15 Jahren das Verlagshaus K. F. Koehler, warben für den Wiederaufbau und Wehrhaftmachung unseres Volkes. ~~kämpften in einer Front mit Adolf Hitler und seinen Getreuen.~~

Fast ebensoviel Bände, berichtend von deutschem Leben und Wesen in ferner und naher Vergangenheit, berichtend von echten deutschen Frauen, vom Leben und Kämpfen deutscher Erfinder, Gelehrter und Künstler, brachte die Schwesterfirma Koehler & Amelang. Der deutschen Vorgeschichtsforschung ebnete sie den Weg durch Veröffentlichung der Werke Herman Wirths, Gorslebens u. a., wurde ~~einer~~ der ~~unentwegten~~ Vorkämpfer für arteigene, volksdeutsche Kultur.

Um jedem Deutschen, selbst dem ärmsten, die Beschaffung ihres vaterländischen Gedankengutes zu ermöglichen —, um weiteste Kreise zu erfassen, haben die Koehler-Verlage die 20 volkstümlichsten ihrer Verlagswerke in der billigen „Koehler-Reihe" in (zum größten Teil reich illustrierten) Ganzleinenbänden für nur RM. 2.85 zusammengefaßt. Da finden Sie Georg von Hases Buch über Skagerrak, von Deutschlands großem Gegner, Marschall Joffre, als das beste Kriegsbuch der Welt bezeichnet, da finden Sie Scapa Flow, Admiral Reuters packenden Bericht über die Versenkung der deutschen Hochseeflotte, Bücher über die Heldenfahrt des Grafen Spee und seiner Kreuzer, über 40000 km Zeppelin-Kriegsfahrten, das Buch des jüngsten Kriegsfreiwilligen Richard Arndt: Mit fünfzehn Jahren an die Front. Da finden Sie aber auch hochaktuelle politische Abhandlungen wie die große Abrechnung mit Versailles: Deutschland freigesprochen! von Kurt Jagow oder von Erich Czech-Jochberg: Die Politiker der Republik, das wie kein anderes Werk zeigt, wie ~~man von~~ Ebert bis Schleicher regierte, bis Deutschland erwachte. 15 Jahre lang haben die Koehler-Verlage bewußt Dienst am Deutschtum geleistet, haben sich standhaft zu ihrem schon 1921 ausgegebenen Wahlspruch gehalten: „Bücher von K. F. Koehler und Koehler & Amelang atmen echt deutschen Geist und künden von deutscher Kraft." ~~Kein Höhnen und Drohen, kein Geifern der roten oder Verlagen der gleich nationalen Presse hat vermocht sie einzuschüchtern, und keine leichte Profitgier sie veranlaßt, auch nur einen Schritt vom vorgezeichneten Wege abzugehen. Sie können wie lange ein anderes wirtschaftliches Unternehmen~~ das Verdienst ~~für sich~~ in Anspruch nehmen, Wesentliches für das Wiederaufstieg Deutschlands geleistet, das Neue Reich mit vorbereitet zu haben.

H. Loitner.

Koehler & Volckmar A.-G. & Co.

Bücherzeitung, Heft 1

1. Korrektur am 20. 9. 1933
Bibliographisches Institut AG., Leipzig

7

15 Jahre nationale Arbeit

Als der unbekannte Frontsoldat Adolf Hitler in jener denkwürdigen Versammlung der neugegründeten Deutschen Arbeiterpartei im Leiberstübel des Sterneckerbräus in München als Vertreter seines gerade von der Front zurückgekehrten Regiments zum erstenmal das Wort ergriff und mit der feurigen Lohe und der Gewalt seines Geistes die wenigen Teilnehmer für sich und seine Gedanken gewann, warf er damit auch auf dem Gebiete der Literatur und des Geisteslebens die ersten Steine in die gärenden Fluten der Nachkriegszeit, die immer größer und größer werdende Kreise zogen. Das nationale Buch, wichtigstes Erziehungsmittel, eifrigster Werber bei den Besten und Stillen im Lande, vor allem aber bei der deutschen Jugend, es mußte und konnte wie nichts Anderes in der pazifistisch angekränkelten Zeit für Wehrhaftigkeit und deutsches Mannestum sprechen. Dieser Erkenntnis folgend, brachte auch der Verlag **K. F. Koehler**, der sich den stahlgepanzerten Ritter als Verlagszeichen erkor, Jahr für Jahr eine große Zahl Erinnerungs= und Erlebnisbücher deutscher Heerführer und Kriegshelden, brachte Graf Luckners „**Seeteufel**", der, in 12 Sprachen erschienen, sich die Jugend der ganzen Welt eroberte, brachte „**Heia Safari**", das Volksbuch **General von Lettow=Vorbecks**, die Erinnerungen des Großadmirals von Tirpitz, des Kriegsministers v. Stein, der Generale von François und von der Goltz, brachte die Erlebnisschilderungen des Stahlhelmführers Franz Seldte, dessen erste beide Bücher jetzt in einer Volksausgabe unter dem Titel „**Fronterlebnis**" erscheinen, brachte die Bücher von Georg Grabenhorst und Erwin Zindler, das „**Kriegstagebuch eines Richt=kanoniers**", brachte die vielen Marine= und Fliegerbücher. Fast 2 Millionen Bände, die von den Taten deutscher Männer im Kampf ums Vaterland berichten, verließen in diesen 15 Jahren das Verlagshaus K. F. Koehler und warben für den Wiederaufbau und die Wehrbarmachung unseres Volkes.

Fast ebensoviel Bände, berichtend von deutschem Leben und Wesen in ferner und naher Vergangenheit, berichtend von echten deutschen Frauen, vom Leben und Kämpfen deutscher Erfinder, Gelehrter und Künstler, brachte die Schwesterfirma **Koehler & Amelang**. Der deutschen Vorgeschichtsforschung ebnete sie den Weg durch Veröffentlichung der Werke Herman Wirths, Gorslebens u. a. und wurde so einer der Vorkämpfer für arteigene, volksdeutsche Kultur.

Um jedem Deutschen, selbst dem ärmsten, die Beschaffung ihres vaterländischen Gedanken=gutes zu ermöglichen —, um weiteste Kreise zu erfassen, haben die Koehler=Verlage die 20 volkstümlichsten ihrer Verlagswerke in der billigen „**Koehler-Reihe**" in (zum größten Teil reich illustrierten) Ganzleinenbänden für nur RM. 2.85 zusammengefaßt. Da finden Sie Georg von Hases Buch über **Skagerrak**, von Deutschlands großem Gegner, Marschall Joffre, als **das beste Kriegsbuch der Welt** bezeichnet, da finden Sie **Scapa Flow**, Admiral Reuters packenden Bericht über die Versenkung der deutschen Hoch=seeflotte, Bücher über die Heldenfahrt des **Grafen Spee** und seiner Kreuzer, über **40000 km Zeppelin=Kriegsfahrten**, das Buch des jüngsten Kriegsfreiwilligen **Richard Arndt: Mit fünfzehn Jahren an die Front**. Da finden Sie aber auch hochaktuelle politische Abhandlungen wie die große Abrechnung mit Versailles: **Deutschland frei=gesprochen!** von Kurt Jagow oder von Erich Czech=Jochberg: **Die Politiker der Republik**, das wie kein anderes Werk zeigt, wie in der Zeit vor Deutschlands Erwachen regiert wurde. 15 Jahre lang haben die Koehler=Verlage bewußt Dienst am Deutschtum geleistet, haben sich standhaft an ihrem schon 1921 ausgegebenen Wahlspruch gehalten: „**Bücher von K. F. Koehler und Koehler & Amelang atmen echt deutschen Geist und künden von deutscher Kraft.**" Sie dürfen so auch für sich das Verdienst mit in Anspruch nehmen, zu ihrem bescheidenen Teile am Wiederaufstieg Deutschlands mitgearbeitet und das Neue Reich mit vorbereitet zu haben. Die Koehler=Verlage haben durch ihr Bekenntnis zum Deutschtum, durch Wahrung deutscher Tradition, durch Pflege der Erinnerung an die Leistungen im Weltkrieg und damit Erziehung zur Wehrhaftigkeit, durch ihr Eintreten für deutsche Kultur in allerlei Gestalt, wenn auch nicht parteimäßig gebunden, schon sofort nach der Revolution im Geiste Adolf Hitlers gearbeitet, etwa wie Franz Seldte, unabhängig von Hitler, in seinem Geiste tätig gewesen ist.

[43] *Frage 11:*
Ist Herr Hans Volckmar oder Herr Volckmar-Frentzel Mitglied der Partei? Falls ja, wann ist ihr Eintritt erfolgt, falls nein, warum sind sie nicht Mitglied geworden? Waren dafür weltanschauliche Gründe maßgebend? Haben die Genannten vor der Machtübernahme irgend einer Partei angehört, gegebenenfalls welcher Partei? Falls sie keiner Partei angehört haben, mit welcher Partei oder Parteien haben sie sympathisiert und aus welchem Grunde?

Beide Herren sind <u>nicht</u> Mitglieder der NSDAP. Für Herrn Hans Volckmar begründet sich diese Tatsache schon aus seiner Beantwortung der Frage 13.

Herr Theodor Volckmar-Frentzel, der 1924/25 ein Jahr in Ostasien gewesen war, und dann nach seiner Rückkehr nach Leipzig in Zusammenhang mit Sanierungsarbeiten in den verschiedensten Abteilungen des Konzerns so überlastet war, daß er sich nicht mehr wie in den ersten Jahren nach dem Kriege im politischen Kampfe (s. unten) betätigen konnte, trat nach der Machtübernahme nicht in die Partei ein, weil ihm aus rein seelischem Empfinden schon die Möglichkeit, in den Verdacht konjunktureller Mitläuferschaft zu geraten, zuwider ist. Weltanschauliche Gründe waren für diese Entscheidung nicht maßgeblich.

Herr Hans Volckmar hat vor der Machtübernahme keiner Partei angehört. Herr Volckmar-Frentzel war unmittelbar nach seiner Rückkehr aus dem Felde der Deutschnationalen Volkspartei beigetreten. Mit dieser Partei sympathisierte auch Herr Hans Volckmar.

Herr Theodor Volckmar-Frentzel hat den Weltkrieg vom ersten bis zum letzten Tage, in den letzten Kriegsjahren zumeist als Führer einer Schwadron des S. Karabiner-Regiments mitgemacht. Er ist Inhaber des E.K. I. und II. Klasse etc. Er hat sich dann unmittelbar nach dem Weltkriege der Abwehr gegen den Bolschewismus zur Verfügung gestellt. Er gehörte einer Gruppe von etwa 10–15 ehemaligen Leipziger Frontoffizieren an, die aus kleinsten Anfängen das Zeitfreiwilligen-Regiment Leipzig aufgebaut haben. In diesem hat Herr Volckmar-Frentzel ohne Unterbrechung [44] die Stellung des Batl. Adjudanten des Batl. D. innegehabt und in dieser Eigenschaft in Leipzig an der Bekämpfung aller inneren Unruhen teilgenommen.

Herr Theodor Volckmar-Frentzel ist seit 1935 Leutnant der Reserve des Reiter-Regiments 10 Torgau, bei dem er bereits zwei Übungen abgeleistet hat.

Herr Hans Volckmar war bis zum Jahre 1900 Leutnant der Reserve des Husarenregiments 19. Infolge einer sehr schweren Leber- und Darmoperation, der er sich 1899 unterziehen musste, war er weder kriegs- noch garnisondienstverwendungsfähig geschrieben und musste seinen Abschied nehmen. Bei Kriegsausbruch stellter er sich wieder zur Verfügung, wurde aber nach erneuter Untersuchung in gleicher Weise bezeichnet. [45]

Frage 12:
Bekennen sich Herr Hans Volckmar und Herr Volckmar Frentzel rückhaltlos zum heutigen nationalsozialistischen Staat? Falls ja, wodurch kann dies belegt werden?

Herr Theodor Volckmar-Frentzel gibt diese Erklärung ab und verweist auf seine Beantwortung der Frage 11 sowie auf seine dem Wohle des Betriebes und des Gesamtbuchhandels dienende Wirtschaftsführung, wofür die leitenden Herren des Betriebes (vgl. Frage 18) und die gesamte Gefolgschaft Zeugnis ablegen können. Im übrigen wird noch auf die beiliegende Zusammenstellung seiner Ansprachen an die Gefolgschaft etc. verwiesen.

Herr Volckmar gibt diese Erklärung ab, im Hinblick auf die Beantwortung der Frage 13, jedoch unter dem pflichtgemässen Hinweis, daß er damit in keiner Weise gegen das seiner Frau gegebene Treuegelöbnis feige zu verstossen wünscht, mit der er in 28jähriger sehr glücklicher Ehe verbunden ist.

Herr Hans Volckmar hat infolge seiner gesundheitlichen Behinderung keine Möglichkeit mehr, sich in irgendeinem öffentlichen Sinne zu betätigen. Er und seine Frau können daher ihre Gesinnung für den jetzigen Staat und ihr Bekenntnis zu ihm nur dadurch praktisch bestätigen, daß sie im Sinne der jeweils ergangenen Verordnungen und Erleichterungen ihrem Vermögen entsprechend mitwirken. An dem wichtigsten Problem der Arbeitslosenbekämpfung und der Ernährungsschlacht haben sie sich z.B. in der Weise beteiligt, daß Frau Volckmar ihrem städtischen Grundstück, Herr Volckmar auf seinem Gute seit 1935 für über RM 200.000 Arbeiten vergeben und die Mittel hierfür durch Verkauf von Wertpapieren und Flüssigmachung anderer Anlagen beschafft haben. Es handelt sich hier um aussergewöhnliche Arbeiten und nicht um laufende Reparaturen an den Gebäuden oder um mit dem regulären landwirtschaftlichen Betrieb zusammenhängende Anschaffungen. Diese sind in dem genannten Betrage nicht enthalten.

Ferner kann vielleicht auch folgende Tatsache für die politische Einstellung des Herrn Hans Volckmar gewertet werden. Im Jahre 1924 stand der Konzern noch unter der alleinigen Oberleitung des Herrn Hans Volckmar. Damals handelte es [46] sich darum, die buchhändlerische Kommission des Franz Eher Verlages in München durch die Konzern-Firma Robert Hoffmann zu übernehmen und beim Börsenverein der deutschen Buchhändler wegen der erforderlichen Anerkennung des Verlages zu wirken. Die Durchführung dieser Dinge und die Aufrechterhaltung der weiteren Verbindung zum Franz Eher Verlag oblag dem Vorstandsmitglied Herrn Felix Gartmann, da dieser alle Verlegerkommittenten des Konzerns zu betreuen hatte und auch heute noch hat. Herr Volckmar hat damals selbstverständlich alles, was Herr Gartmann in dieser Hinsicht unternommen hat, gebilligt. Diese 1924 eingeleitete Verbindung als Kommissionär des Franz Eher Verlages in Leipzig und später auch in Stuttgart, und weiter als grosse Vertriebsstelle desselben in unseren Barsortimenten in Leipzig und Stuttgart, ist allenthalben in unserem Konzern stets mit grösster Sorgfalt gepflegt worden.

Der Bruder von Frau Martina Volckmar, Herr Dr. Max Meyer, interessiert sich neben seiner beruflichen Tätigkeit sehr für Geschichte und Politik. Seine Zugehörigkeit zu dem in Frage 11 bereits erwähnten Zeitfreiwilligenregiment Leipzig sowie die Stellung, die er schon im Jahre 1924 dem Faschismus gegenüber eingenommen hat, beweisen seine politische Haltung. Herr Dr. Meyer hatte schon damals die Nachteile des Parlamentarismus und die Leistungen des Faschismus erkannt. Um für den faschistischen Gedanken zu werben, hatte er gemeinsam mit seinem Bekannten, Herrn Dr. Fred Willis, der damals Vertreter deutscher Zeitungen in Rom war, und jetzt Dezernent für italienische Angelegenheiten im Propagandaministerium ist, die Reden Mussolinis übersetzt und herausgegeben. Durch Vermittlung des Herrn Hans Volckmar wurde das Buch dann im Koehler-Verlag verlegt. Das Buch steht auch heute noch in dem von der Reichsschrifttumskammer durchgesehenen Barsortimentskatalog 1936/37.

Die Herren Hans Volckmar und Th. Volckmar-Frentzel verweisen im übrigen noch auf die zur Frage 10 überreichten Anlagen, aus denen sich zufällig auch ein schriftlicher und im Stil sehr ursprünglicher Beweis für ihre politische Einstellung ergibt. Weiter verweisen sie auf ihre Ausführungen zu Frage 11, aus denen das Gleiche ersichtlich ist. [47]

Frage 13:
Sind die Genannten in der Lage, für sich und ihre Ehefrauen ihren arischen Nach-
weis im Sinne der Bestimmungen der NSDAP zu erbringen? Falls ja, bitte ich um
Vorlage derselben.

Hans Volckmar ja, siehe Anlage.

Hinsichtlich der väterlichen und mütterlichen Vorfahren ist der arische Nachweis bis vor 1800
urkundlich belegt. Darüber hinaus lassen sich die väterlichen Vorfahren (Volckmar) bis 1675,
die mütterlichen (Vogel) bis 1582 verfolgen.

Martina Volckmar geb. Meyer.

Der arische Nachweis ist nur für die mütterlichen Vorfahren (Gerischer) bis vor 1800 urkundlich belegt. Darüber hinaus lassen sich diese Vorfahren bis 1590 verfolgen. Die nichtarischen
väterlichen Vorfahren lassen sich bis etwa 1750 in Mitteldeutschland nachweisen.

Theodor Volckmar-Frentzel und seine Ehefrau: ja, siehe Anlage.

Herr Hans Volckmar war stets und ist bereit, aus der vorerwähnten Tatsache den aus Gründen
seines Bekenntnisses zum nationalsozialistischen Staat (vgl. Frage 12) etwa von ihm verlangten Konsequenzen hinsichtlich seines Ausscheidens aus seinen Stellungen in den Koehler-Volckmar-Firmen zu entsprechen (Vorsitz im Aufsichtsrat der Koehler & Volckmar A.-G.,
solange diese überhaupt noch besteht – hinsichtlich der Zentrale vgl. Frage 1.). Dabei muß allerdings von der Voraussetzung ausgegangen werden, daß dies nicht etwa besagen soll, daß
an der Persönlichkeit des Herrn Hans Volckmar oder an seinem Bestreben, nach bestem Wissen und Gewissen dem Staate und dem Volksganzen zu dienen, gezweifelt werden kann.

Zu dieser Frage wird Herr Rechtsanwalt Dr. Tempel überdies einen allen inneren Zusammenhänge darlegenden Briefwechsel überreichen. [48]

Ahnennachweise des Hans Volckmar

I.

1. Name: Volckmar
Vornamen: Otto Friedrich Hans
Familienstand (led., verh., verwitw., geschied.): verh.
Kinder und deren Alter: keine leiblichen; Adoptivsohn Th. Volckmar-Frentzel
Wohnort und Wohnung: Leipzig, Robert Schumannstr. 9 bzw. Zehmen b. Leipzig
Geburtstag: 24. Juni 1873
Geburtsort: Leipzig
Religionsbekenntnis: ev. Luth.
Religionsbekenntnis der Kinder: Adoptivsohn: reformiert

2. Eltern:
Name des Vaters: Volckmar
Vornamen: Otto Friedrich
Stand und Beruf: Buchhändler und Landwirt
Wohnort und Wohnung: Leipzig und Zehmen
Geburtsort, -tag, -monat und -jahr: Leipzig 26.VIII.1835
Sterbeort, -tag, -monat und -jahr: Leipzig 25.XII.1887

Konfession (auch frühere Konfession): ref.
Verheiratet: in Leipzig
Verheiratet: am 25.IX.1858

Geburtsname der Mutter: Vogel
Vornamen: Alwine Antonie
Geburtsort, -tag, -monat und -jahr: Leipzig 7.VI.1837
Sterbeort, -tag, -monat und -jahr: Zehmen b./ Leipzig 22.VI.1929
Konfession (auch frühere Konfession): ev-luth.

3. Großeltern:
Name des Großvaters (väterlicherseits): Volckmar
Vornamen: Ludolf Franz Friedrich
Stand und Beruf: Buchhändler
Wohnort: Leipzig
Geburtsort, -tag, -monat und -jahr: Soest/Westf. 7.VII.1799
Sterbeort, -tag, -monat und -jahr: Leipzig 7.III.1876
Konfession (auch frühere Konfession): ref.

Geburtsname der Großmutter (väterlicherseits): Gersch
Vornamen: Henriette Pauline
Geburtsort, -tag, -monat und -jahr: Leipzig 26.XII.1809
Sterbeort, -tag, -monat und -jahr: Leipzig 30.I.1886
Konfession (auch frühere Konfession): ref.

Name des Großvaters (mütterlicherseits): Vogel
Vornamen: August Anton
Stand und Beruf: Buchhändler
Wohnort: Leipzig
Geburtsort, -tag, -monat und -jahr: Naumburg a/S. 4.XI.1807
Sterbeort, -tag, -monat und -jahr: Leipzig 12.V.1882
Konfession (auch frühere Konfession): ev. luth.

Geburtsname der Großmutter (mütterlicherseits): Mittler
Vornamen: Alwine Auguste Antonie
Geburtsort, -tag, -monat und -jahr: Leipzig 29.IX.1808
Sterbeort, -tag, -monat und -jahr: Leipzig 9.V.1889
Konfession (auch frühere Konfession): ev. luth.

4. Urgroßeltern:
Name des Vaters des Großvaters (väterlicherseits): Volckmar
Vornamen: Johann Theodor Friedrich
Stand und Beruf: Goldschmied
Wohnort: Soest/Westf.
Geburtsort, -tag, -monat und -jahr: Soest/Wesf. 7.VIII.1762
Sterbeort, -tag, -monat und -jahr: Soest/Westf. 17.VII.1792
Konfession (auch frühere Konfession): ev. luth. od. reformiert

Geburtsname der Mutter des Großvaters (väterlicherseits): Brockhaus
Vornamen: Johanna Justina
Geburtsort, -tag, -monat und -jahr: Meyrich 1.II.1763
Sterbeort, -tag, -monat und -jahr: Soest 17.IX.1847
Konfession (auch frühere Konfession): ev. luth. [49]

Name des Vaters des Großvaters (mütterlicherseits): Vogel
Vornamen: August Traugott
Stand und Beruf: Kaufmann
Wohnort: Naumburg
Geburtsort, -tag, -monat und -jahr: Naumburg 24.III.1771
Sterbeort, -tag, -monat und -jahr: Naumburg 3.V.1831
Konfession (auch frühere Konfession): ev. luth.

Geburtsname der Mutter des Großvaters (mütterlicherseits): Wappler
Vornamen: Juliane Henriette
Geburtsort, -tag, -monat und -jahr: Börenwalde 24.VI.1780
Sterbeort, -tag, -monat und -jahr: nicht zu ermitteln
Konfession (auch frühere Konfession): ev. luth.

Name des Vaters der Großmutter (mütterlicherseits): Mittler
Vornamen: Johann Georg
Stand und Beruf: Buchhändler
Wohnort: Leipzig
Geburtsort, -tag, -monat und -jahr: Halle 4.I.1777
Sterbeort, -tag, -monat und -jahr: Leipzig 11.VII.1855
Konfession (auch frühere Konfession): ev. luth.

Geburtsname der Mutter der Großmutter (väterlicherseits): Hertzsch
Vornamen: Anna Christina Henriette
Geburtsort, -tag, -monat und -jahr: Beerendorf b/Delitzsch 19.I.1787
Sterbeort, -tag, -monat und -jahr: Leipzig 1.X.1850
Konfession (auch frühere Konfession): ev. luth. od. reformiert

Name des Vaters der Großmutter (väterlicherseits): Gersch
Vornamen: Johann Gottlob
Stand und Beruf: Bürger und Juwelier
Wohnort: Leipzig
Geburtsort, -tag, -monat und -jahr: Leipzig 15.III.1777
Sterbeort, -tag, -monat und -jahr: Leipzig 12.XI.1813
Konfession (auch frühere Konfession): ev. luth. od. reformiert

Geburtsname der Mutter der Großeltern (mütterlicherseits): Wilhelmi
Vornamen: Christiane Auguste
Geburtsort, -tag, -monat und -jahr: Halle 31.XII.1779
Sterbeort, -tag, -monat und -jahr: Leipzig 26.X.1869
Konfession (auch frühere Konfession): ev. luth.

II.

1. Ehegattin:
Name: Meyer
Vornamen: Martina
Wohnort und Wohnung: Leipzig Rob. Schumannstr. 9 bezw. Zehmen b/Leipzig
Geburtsort, -tag, -monat und -jahr: Leipzig 27.VII.1883
Konfession (auch frühere Konfession): ev. luth.

2. Eltern:
Name des Vaters: Meyer
Vornamen: Friedrich Ferdinand <u>Paul</u>
Stand und Beruf: Bankier
Wohnort und Wohnung: Leipzig
Geburtsort, -tag, -monat und -jahr: Leipzig 4.10.1854
Sterbeort, -tag, -monat und -jahr: Leipzig 18.3.1931
Konfession (auch frühere Konfession): ev.-luth.
Verheiratet: in Connewitz bei Leipzig
Verheiratet: am 11.10.1882

Geburtsname der Mutter: Gerischer
Vornamen: Adele <u>Elisabeth</u>
Geburtsort, -tag, -monat und -jahr: Leipzig 14.6.1863
Sterbeort, -tag, -monat und -jahr: Homburg v.d.H. 14.6.1928
Konfession (auch frühere Konfession): ev. luth.

3. Großeltern:
Name des Großvaters (väterlicherseits): Meyer
Vornamen: Max
Stand und Beruf: Bankier
Wohnort: Leipzig
Geburtsort, -tag, -monat und -jahr: Leipzig 12.4.1819
Sterbeort, -tag, -monat und -jahr: Leipzig 30.3.1901
Konfession (auch frühere Konfession): Dissident

Geburtsname der Großmutter (väterlicherseits): Philipp
Vornamen: Julie
Geburtsort, -tag, -monat und -jahr: Dessau 13.11.1820
Sterbeort, -tag, -monat und -jahr: Connewitz b/Leipzig 14.8.1896
Konfession (auch frühere Konfession): Dissident [50]

Name des Großvaters (mütterlicherseits): Gerischer
Vornamen: <u>Paul</u> Leopold
Stand und Beruf: Kaufmann
Wohnort: Leipzig
Geburtsort, -tag, -monat und -jahr: Leipzig 29.6.1837
Sterbeort, -tag, -monat und -jahr: Leipzig 7.3.1892
Konfession (auch frühere Konfession): ev. luth.

Geburtsname der Großmutter (mütterlicherseits): Schilling
Vornamen: Ida Henriette <u>Jenny</u>
Geburtsort, -tag, -monat und -jahr: Leipzig 2.9.1841
Sterbeort, -tag, -monat und -jahr: Leipzig 26.3.1922
Konfession (auch frühere Konfession): ev. luth.

4. Urgroßeltern:
Name des Vaters des Großvaters (väterlicherseits): Meyer
Vornamen: Alexis
Stand und Beruf: Bankier
Wohnort: Berlin
Geburtsort, -tag, -monat und -jahr: Dessau Jan. 1787

Sterbeort, -tag, -monat und -jahr: Berlin 2.10.1869
Konfession (auch frühere Konfession): mos.

Geburtsname der Mutter des Großvaters (väterlicherseits): Simon
Vornamen: Friederike
Geburtsort, -tag, -monat und -jahr: Dessau 18.6.1796
Sterbeort, -tag, -monat und -jahr: Berlin 10.9.1866
Konfession (auch frühere Konfession): mos.

Name des Vaters des Großvaters (mütterlicherseits): Gerischer
Vornamen: Leopold
Stand und Beruf: Kaufmann
Wohnort: Leipzig
Geburtsort, -tag, -monat und -jahr: Schönheide i. E. 9.1.1794
Sterbeort, -tag, -monat und -jahr: Leipzig 30.4.1861
Konfession (auch frühere Konfession): ev. luth.

Geburtsname der Mutter des Großvaters (mütterlicherseits): Millies
Vornamen: Johanne Louise
Geburtsort, -tag, -monat und -jahr: Leipzig 7.1.1815
Sterbeort, -tag, -monat und -jahr: Nizza (Frankreich) 31.3.1878
Konfession (auch frühere Konfession): ev. luth.

Name des Vaters der Großmutter (väterlicherseits): Philipp
Vornamen: Mendel
Stand und Beruf: Kaufmann
Wohnort: Dessau
Geburtsort, -tag, -monat und -jahr: Dessau 1782
Sterbeort, -tag, -monat und -jahr: Dessau 24.4.1827
Konfession (auch frühere Konfession): mos.

Geburtsname der Mutter der Großmutter (väterlicherseits): Meyer
Vornamen: Pauline
Geburtsort, -tag, -monat und -jahr: Dessau 1795
Sterbeort, -tag, -monat und -jahr: Leipzig 20.2.1832
Konfession (auch frühere Konfession): mos.

Name des Vaters der Großmutter (mütterlicherseits): Schilling
Vornamen: Johann
Stand und Beruf: Kaufmann
Wohnort: Leipzig
Geburtsort, -tag, -monat und -jahr: Bayreuth 2.5.1806
Sterbeort, -tag, -monat und -jahr: Leipzig 1.3.1869
Konfession (auch frühere Konfession): ev. luth.

Geburtsname der Mutter der Großmutter (mütterlicherseits): Plaetzer
Vornamen: Adele Laura Constanze
Geburtsort, -tag, -monat und -jahr: Leipzig 16.6.1817
Sterbeort, -tag, -monat und -jahr: Leipzig 9.4.1866
Konfession (auch frühere Konfession): ev. luth. [52]

Ahnennachweis des Theodor Volckmar-Frentzel

I.

1. Name: Volckmar-Frentzel
Vornamen: Theodor
Familienstand (led., verh., verwitw., geschied.): verh.
Kinder und deren Alter: Klaus geb. 1933, Peter geb. 1933, Friedrich geb. 1934
Wohnort und Wohnung: Leipzig, Bismarckstr. 8, I
Geburtstag: 23.II.1892
Geburtsort: Döbeln (Sa.)
Religionsbekenntnis: ev. ref.   (bei Wechsel das frühere Bekenntnis):
Religionsbekenntnis der Kinder: ev. ref.

2. Eltern:
Name des Vaters: Frentzel
Vornamen: Adolf Theodor
Stand und Beruf: Kgl. S. Hauptmann
Wohnort und Wohnung: verstorben Döbeln (Sa.)
Geburtsort, -tag, -monat und -jahr: Rittergut Berna (Schles.) 1.12.1856
Sterbeort, -tag, -monat und -jahr: Gaschwitz b. Leipzig 12.2.1900
Konfession (auch frühere Konfession): ev.-luth.
Verheiratet: in Leipzig
Verheiratet: am 24.9.1889

Geburtsname der Mutter: Welter
Vornamen: Johanna Helene
Geburtsort, -tag, -monat und -jahr: Leipzig 8.5.1866
Sterbeort, -tag, -monat und -jahr:
Konfession (auch frühere Konfession): ev. ref.

3. Großeltern:
Name des Großvaters (väterlicherseits): Frentzel
Vornamen: Friedrich Ehregott
Stand und Beruf: Landwirt
Wohnort: verst. zuletzt Niederlössnitz b/Dresden
Geburtsort, -tag, -monat und -jahr: Ulbersdorf (S. Schweiz) 20.10.1811
Sterbeort, -tag, -monat und -jahr: Niederlössnitz b. Dresden 13.12.1887
Konfession (auch frühere Konfession): ev.-luth.

Geburtsname der Großmutter (väterlicherseits): Meyer
Vornamen: Henriette Emilie
Geburtsort, -tag, -monat und -jahr: Lössnitz (Erzg.) 9.9.1819
Sterbeort, -tag, -monat und -jahr: Niederlössnitz b/Dresden 11.8.1899
Konfession (auch frühere Konfession): ev. luth.

Name des Großvaters (mütterlicherseits): Welter
Vornamen: Jacob Theodor
Stand und Beruf: Kaufmann
Wohnort: verst. Leipzig
Geburtsort, -tag, -monat und -jahr: Aachen 11.9.1830
Sterbeort, -tag, -monat und -jahr: Leipzig 29.10.1893
Konfession (auch frühere Konfession): ev.-ref.

Geburtsname der Großmutter (mütterlicherseits): Volckmar
Vornamen: Pauline Louise
Geburtsort, -tag, -monat und -jahr: Leipzig 27.11.1838
Sterbeort, -tag, -monat und -jahr: Leipzig 25.2.1907
Konfession (auch frühere Konfession): ev.-ref.

4. Urgroßeltern:
Name des Vaters des Großvaters (väterlicherseits): Frentzel
Vornamen: Johann Gottfried
Stand und Beruf: Rittergutsbesitzer
Wohnort: Rittergut Cavertin b/Oschatz
Geburtsort, -tag, -monat und -jahr: Ulbersdorf (S. Schweiz) 26.9.1787
Sterbeort, -tag, -monat und -jahr: Cavertitz 23.4.1876
Konfession (auch frühere Konfession): ev.-luth.

Geburtsname der Mutter des Großvaters (väterlicherseits): Leuner
Vornamen: Christiane Caroline
Geburtsort, -tag, -monat und -jahr: Mittelndorf (S. Schweiz) 28.9.1783
Sterbeort, -tag, -monat und -jahr: Cavertitz 23.11.1834
Konfession (auch frühere Konfession): ev.-luth. [53]

Name des Vaters des Großvaters (mütterlicherseits): Welter
Vornamen: Jacob Theodor
Stand und Beruf: Kaufmann
Wohnort: Aachen
Geburtsort, -tag, -monat und -jahr: Aachen 8.9.1787
Sterbeort, -tag, -monat und -jahr: Aachen 4.11.1836
Konfession (auch frühere Konfession): ev.-ref.

Geburtsname der Mutter des Großvaters (mütterlicherseits): Sommer
Vornamen: Johanna Carolina
Geburtsort, -tag, -monat und -jahr: Düren 21.3.1795
Sterbeort, -tag, -monat und -jahr: Aachen 21.11.1875
Konfession (auch frühere Konfession): ev.-ref.

Name des Vaters der Großmutter (mütterlicherseits): Volckmar
Vornamen: Franz Ludwig Friedrich
Stand und Beruf: Buchhändler
Wohnort: Leipzig
Geburtsort, -tag, -monat und -jahr: Soest 7.7.1799
Sterbeort, -tag, -monat und -jahr: Leipzig 7.3.1876
Konfession (auch frühere Konfession): ev.-luth.

Geburtsname der Mutter der Großmutter (väterlicherseits): Günther
Vornamen: Johanna Wilhelmine
Geburtsort, -tag, -monat und -jahr: Lössnitz/Erzgeb. 16.2.1783
Sterbeort, -tag, -monat und -jahr: Schönau b/Chemnitz 8.6.1848
Konfession (auch frühere Konfession): ev.-luth.

Name des Vaters der Großmutter (väterlicherseits): Meyer
Vornamen: Christian Friedrich
Stand und Beruf: Rittergutsbesitzer
Wohnort: Rittergut Schönau b/Chemnitz
Geburtsort, -tag, -monat und -jahr: Lössnitz (Erzgeb.) 14.4.1780

Sterbeort, -tag, -monat und -jahr: Schönau b/Chemnitz 1859
Konfession (auch frühere Konfession): ev.-luth.

Geburtsname der Mutter der Großeltern (mütterlicherseits): Gersch
Vornamen: Pauline Henriette
Geburtsort, -tag, -monat und -jahr: Leipzig 26.12.1809
Sterbeort, -tag, -monat und -jahr: Leipzig 30.1.1886
Konfession (auch frühere Konfession): ev.-luth.

II.

1. Ehegattin:
Name: Schrenk
Vornamen: Elisabeth Henriette Margarethe Charlotte
Wohnort und Wohnung: Leipzig, Bismarckstr. 8 I
Geburtsort, -tag, -monat und -jahr: Benneckenstein/Harz 5.10.1902
Konfession (auch frühere Konfession): ev.-ref.

2. Eltern:
Name des Vaters: Schrenk
Vornamen: Friedrich Franz
Stand und Beruf: Konrektor
Wohnort und Wohnung: Benneckenstein
Geburtsort, -tag, -monat und -jahr: Erfurt 14.11.1872
Sterbeort, -tag, -monat und -jahr:
Konfession (auch frühere Konfession): ev.-luth.
Verheiratet: in Benneckenstein
Verheiratet: am 28.9.1901

Geburtsname der Mutter: Hecht
Vornamen: Margarethe
Geburtsort, -tag, -monat und -jahr: Benneckenstein 9.9.1877
Sterbeort, -tag, -monat und -jahr:
Konfession (auch frühere Konfession): ev.-luth.

3. Großeltern:
Name des Großvaters (väterlicherseits): Schrenk
Vornamen: Johann Christian Ernst
Stand und Beruf: Gymnasial-Lehrer
Wohnort: Erfurt
Geburtsort, -tag, -monat und -jahr: Erfurt 22.2.1838
Sterbeort, -tag, -monat und -jahr: Erfurt 19.7.1906
Konfession (auch frühere Konfession): ev. luth.

Geburtsname der Großmutter (väterlicherseits): Haage
Vornamen: Fridderike Henriette Elisabeth
Geburtsort, -tag, -monat und -jahr: Erfurt 19.9.1844
Sterbeort, -tag, -monat und -jahr: Beneckenstein 15.6.1916
Konfession (auch frühere Konfession): ev. luth. [54]

Name des Großvaters (mütterlicherseits): Hecht
Vornamen: Hugo Sebastian
Stand und Beruf: Gastwirt
Wohnort: Benneckenstein
Geburtsort, -tag, -monat und -jahr: Benneckenstein 16.11.1851
Sterbeort, -tag, -monat und -jahr: Benneckenstein 31.8.1914
Konfession (auch frühere Konfession): ev.-luth.

Geburtsname der Großmutter (mütterlicherseits): Vogel
Vornamen: Auguste Henriette
Geburtsort, -tag, -monat und -jahr: Benneckenstein 31.12.1852
Sterbeort, -tag, -monat und -jahr: Benneckenstein 29.12.1931
Konfession (auch frühere Konfession): ev. luth.

4. Urgroßeltern:
Name des Vaters des Großvaters (väterlicherseits): Schrenk
Vornamen: Johann Karl
Stand und Beruf: Schneidermeister
Wohnort: Erfurt
Geburtsort, -tag, -monat und -jahr: Erfurt
Sterbeort, -tag, -monat und -jahr: Erfurt
Konfession (auch frühere Konfession): ev. luth.

Geburtsname der Mutter des Großvaters (väterlicherseits): Nöther
Vornamen: Marie Sophie
Geburtsort, -tag, -monat und -jahr: Erfurt 1805
Sterbeort, -tag, -monat und -jahr: Erfurt 1876
Konfession (auch frühere Konfession):

Name des Vaters des Großvaters (mütterlicherseits): Hecht
Vornamen: Karl Wilhelm
Stand und Beruf: Holzhändler und Gastwirt
Wohnort: Benneckenstein
Geburtsort, -tag, -monat und -jahr: Benneckenstein 8.6.1821
Sterbeort, -tag, -monat und -jahr: Benneckenstein 5.12.1869
Konfession (auch frühere Konfession): ev. luth.

Geburtsname der Mutter des Großvaters (mütterlicherseits): Nebelung
Vornamen: Albine
Geburtsort, -tag, -monat und -jahr: Ellrich (Harz) 26.9.1816
Sterbeort, -tag, -monat und -jahr: Benneckenstein 27.3.1883
Konfession (auch frühere Konfession): ev. luth.

Name des Vaters der Großmutter (väterlicherseits): Haage
Vornamen: Franz Anton
Stand und Beruf: Gärtnereibesitzer
Wohnort: Erfurt
Geburtsort, -tag, -monat und -jahr: Erfurt 15.7.1814
Sterbeort, -tag, -monat und -jahr: Erfurt 15.3.1889
Konfession (auch frühere Konfession): ev. luth.

Geburtsname der Mutter der Großmutter (väterlicherseits): Gleithmann
Vornamen: Christine Magdalene
Geburtsort, -tag, -monat und -jahr: Erfurt 4.7.1813

Sterbeort, -tag, -monat und -jahr: Erfurt 5.3.1887
Konfession (auch frühere Konfession): ev. luth.

Name des Vaters der Großmutter (mütterlicherseits): Vogel
Vornamen: Heinrich Friedrich Wilhelm
Stand und Beruf: Kaufmann
Wohnort: Benneckenstein
Geburtsort, -tag, -monat und -jahr: Benneckenstein 23.3.1819
Sterbeort, -tag, -monat und -jahr: Berlin 10.8.1880
Konfession (auch frühere Konfession): ev. luth.

Geburtsname der Mutter der Großmutter (mütterlicherseits): Ziesenhenne
Vornamen: Karoline Wilhelmine
Geburtsort, -tag, -monat und -jahr: Benneckenstein 1.6.1819
Sterbeort, -tag, -monat und -jahr: Leipzig 3.3.1860
Konfession (auch frühere Konfession): ev. luth. [56]

Frage 14:
Sind heute noch nichtarische Angestellte in den zum Konzern gehörigen Firmen beschäftigt? Falls ja, wieviele und wer?

Frage 15:
Wieviel nichtarische Angestellte waren bis zur Machtübernahme beschäftigt?

1.

Unter den buchhändlerischen Angestellten befinden sich u.W. keine Nichtarier. Die buchhändlerischen Angestellten sind sämtlich Mitglieder der Fachschaft Angestellte der RSK, die keine Nicht-Arier aufnimmt.

Was die nicht-buchhändlerischen Angestellten betrifft, so besteht keine Statistik darüber, wer nicht-arisch ist. Uns ist bekannt, daß zwei Juden bei einer Gesamtgefolgschaft von ca. 1.500 Köpfen beschäftigt werden:

a) Ernst Steinhardt seit 1. Juli 1929 als Hilfskraft in der Auslieferung im Kommissionsgeschäft. Seitens der RSK (Rechtsabteilung) erging in dieser Sache mit Schreiben vom 23.X.1935 an Herrn Steinhardt Akt.-Zeichen Z.7197 folgende Entscheidung: *„Rein büromäßige und technische Arbeit fällt nicht in den Zuständigkeitsbereich der Reichsschrifttumskammer. Das Berufsverbot erstreckt sich nur auf die kammerpflichtige Tätigkeit."*

b) Paul Bernhold seit 18. November 1921 als Buchhalter in der Barsortiments-Buchhaltung. Die Fälle Steinhardt und Bernhold sind seinerzeit im Vertrauensrat besprochen worden. In Ansehung der langjährigen Betriebszugehörigkeit von Bernhold und in Ansehung der Tatsache, daß seine rein buchhalterische Tätigkeit nicht kammerpflichtig ist, wurde damals beschlossen, zunächst die weitere Entwicklung der Ariergesetzgebung abzuwarten. Die später ergangene, zu a) erwähnte Entscheidung der Reichsschrifttumskammer in Sachen Steinhardt regelte sinngemäß den Fall Bernhold.

2.

Da Angestellte wegen nicht-arischer Abstammung <u>nach</u> der Machtübernahme nicht entlassen worden sind, sind solche unseres Wissens mit Ausnahme der vorerwähnten beiden Fälle auch <u>vor</u> der Machtübernahme bei uns nicht tätig gewesen. [57]

3.

In diesem Zusammenhange möchten wir pflichtgemäß einen Sonderfall erwähnen, der einen Mitarbeiter in unserer juristischen Abteilung, Herrn Dr. Joachim Volz, betrifft.

Wie aus unserer Stellungnahme zu Frage 30 Ziffer 5 hervorgeht, war am 4. Juli 1933 unser Gesellschafter, Herr Konsul Hans Staackmann, gestorben, der ursprünglich der Leiter unserer Auslandabteilung und später der Leiter unserer Lehrmittelabteilung gewesen war. Sein Ableben zwang uns, die Betreuung seiner zufolge der Krisis im Lehrmittelgeschäft besonders wichtigen und im Hinblick auf die verzweigten Exportgeschäfte dieser Abteilung schwierigen Aufgaben im September 1933 in die Hände unseres damaligen II. Syndikus, des Herrn Dr. Walther Jeremias, Mitglied der RSK Nr. 16 051, zu legen.

Die Zentrale hatte sich pflichtgemäß mit der Frage der Neubesetzung der Stelle des II. Syndikus zu beschäftigen. Herr Volckmar-Frentzel nahm zunächst aussichtsreich erscheinende Verhandlungen mit dem damaligen Assessor und jetzigen Regierungsrat im Reichsversicherungsamt, Herrn Dr. Demiani, auf. Herr Dr. Demiani entschied sich dann dafür, im Staatsdienst zu bleiben. Zuvor hatten wir uns bei einem uns befreundeten Leipziger Industriellen nach Herrn Dr. Demiani erkundigt. Ersterer machte uns nach Scheitern der Verhandlungen mit Herrn Dr. Demiani auf Herrn Dr. Joachim Volz aufmerksam.

Herr Dr. Joachim Volz teilte uns sofort mit, daß er seine Zukunft nicht im Staatsdienst finden könne, weil seine Mutter nichtarischer Abstammung sei. Herr Dr. Joachim Volz wies für sich daraufhin, daß er in den Jahren 1928 – 1930 über die wirtschaftlichen und kulturellen Schädigungen durch die Grenzziehung des Versailler Vertrages im Osten gearbeitet habe. Mit Rücksicht auf diese in politischer Hinsicht anzuerkennende Tätigkeit habe ihm der damalige sächsische Justizminister und jetzige Präsident des Volksgerichtshofes, Herr Dr. Thierack, im Juli 1933 gestattet, seinen Vorbereitungsdienst zu beenden und das Assessor-Examen abzulegen, obwohl er zuvor bereits aus dem Vorbereitungsdienst entlassen worden war.

Unter Berücksichtigung dieser gesamten Umstände stellten wir Herrn Dr. Joachim Volz per 1.I.1934 als Hilfssyndikus, [58] und zwar zunächst auf 3 Monate zur Probe, ein.

Sollte etwa eine Beanstandung dieses Vorganges durch Herrn Dr. Hermann von Hase erfolgt sein, so müssen wir hierdurch ausdrücklich feststellen, daß Herr Dr. v. Hase uns gegenüber niemals in dieser Sache vorstellig geworden ist. Vielmehr haben wir in aller Ausführlichkeit über diese besonderen, in der Person des Herrn Dr. Joachim Volz liegenden Verhältnisse den zu einer Sitzung versammelten Mitinhabern und leitenden Herren berichtet, ohne daß der anwesende Herr Dr. Hermann von Hase irgendwelche Bedenken gegen den Beschluß, Herrn Dr. Volz für die juristische Abteilung einzustellen, äußerte. An dieser Sitzung hat auch unser damaliges Aufsichtsratsmitglied, Herr Carl Wagner (i. Fa. H. Wagner & E. Debes Leipzig) teilgenommen, dem als Geographie-Verleger Herr Prof. Dr. Volz bekannt war und der deshalb glaubte, uns dessen Sohn besonders empfehlen zu können. Als Zeugen benennen wir die Herren Dr. Kurt Koehler und Carl Wagner.

Herr Dr. Joachim Volz ist nicht Mitglied der Reichsschrifttumskammer. Seine Mitgliedschaft ist auch nicht erforderlich, da er keine kammerpflichtige Tätigkeit ausübt. [59]

Frage 16:
Sind Herr Hans Volckmar und Herr Theodor Volckmar-Frentzel Mitglieder der
Reichsschrifttumskammer? Falls nein, warum nicht?

Herr Hans Volckmar <u>nein</u>, weil er sich seit seiner Erkrankung (vgl. hierzu Frage 30 zu 2.) nicht mehr buchhändlerisch betätigt. Anlässlich seines Ausscheidens aus dem Bund reichsdeutscher Buchhändler wurde ihm durch die Geschäftsstelle im Einverständnis des Vorstehers durch Schreiben vom 29.VIII.1935 mitgeteilt, daß er weiter als „Mitglied ohne Firma" des Börsenvereins der Deutschen Buchhändler geführt werde. Für seine Verdienste um den Buchhandel ist ihm zu Kantate 1933 von der Hauptversammlung des Börsenvereins der Deutschen Buchhändler die nur selten verliehene Auszeichnung des Goldenen Ehrenzeichens des Buchhandels zugesprochen worden. Bericht hierüber anbei.

Hierzu sei übrigens noch bemerkt, daß auch die Herren Dr. Alfred Staackmann, Dr. Kurt Koehler und Georg von Hase, die dem Aufsichtsrate der Koehler & Volckmar A.-G. angehören und genau so wie Herr Volckmar im Betriebe selbst nicht mehr tätig sind, ebenfalls nicht Mitglieder des Reichsschrifttumskammer sind. Es entzieht sich unserer Kenntnis, ob etwa Herr Georg von Hase in seiner Eigenschaft als Schriftsteller Mitglied geworden oder geblieben ist.

Herr Theodor Volckmar-Frentzel: <u>Ja.</u> [60]

<u>Anlage zu Frage 16</u>

Auszug aus dem stenographischen Bericht über die Verhandlungen der Hauptversammlung des Börsenvereins der Deutschen Buchhändler zu Leipzig am Sonntag Kantate, den 14. Mai 1933, 9 Uhr, im Deutschen Buchhändlerhaus zu Leipzig (Börsenblatt f. d. Dtsch. Buchhandel Nr. 140, 20.6.1933)
Vorsitzender, Erster Vorsteher des Börsenvereins Dr. Friedrich Oldenbourg (München):
Punkt 11 der Tagesordnung:
Antrag des Gesamtvorstandes auf Ehrung zweier verdienter Mitglieder

Am Ende einer Kantateversammlung – ich habe dies schon verschiedentlich ausführen dürfen – ist es für den Ersten Vorsteher des Börsenvereins immer eine grosse Freude, wenn er alten Kämpen des Buchhandels den Ausdruck des Gesamtbuchhandels übermitteln darf, der uns satzungsgemäss in die Lage versetzt, diese unsere Treuesten zu ehren, und so darf ich heute wieder zwei aus unseren Reihen besonders auszeichnen. In Wirklichkeit ist es ja so, daß sich diese selbst ausgezeichnet haben (Zustimmung) und das, was jetzt hier geschieht, nur der Ausdruck dafür ist, daß der Gesamtbuchhandel die Arbeit, die sie geleistet haben, mit Dank und grösster Hochachtung schätzt.

Ich möchte zunächst bekannt geben, daß der Ehrenausschuss und der Vorstand beschlossen haben, das Goldene Ehrenzeichen zu verleihen Herrn Hans Volckmar (Lebhaftes Bravo). Er ist heute nicht unter uns, weil sein Gesundheitszustand dies leider nicht zulässt. Ich darf sagen, daß ich ihn besonders vermisse; denn obwohl er an Jahren älter ist als ich, gibt es wohl kaum einen Menschen, der mit solchem Eifer und mit solch stürmischer Kraft immer am Neuen gearbeitet hat wie er, und was er für eine Kraft war, das zeigt sich am besten dadurch, daß er abgesehen von den vielen Ehrenämtern, die er im Buchhandel bekleidet hat, in einer Zeit die Finanzen des Börsenvereins geführt hat, die wohl die schwierigste war, die man sich vorstellen kann; er war unser Erster Schatzmeister von 1917 bis 1923! Er hat also den Börsenverein während der schwersten Zeiten in dieser Hinsicht betreut: zuerst zwei Kriegsjahre hindurch und dann während des ganzen Elends der Inflation, und er hat seine Aufgabe in einer Weise erfüllt, die es uns möglich gemacht hat, im Börsenverein so zu arbeiten, wie Sie es auch heute noch sehen. Bei nicht richtiger Führung der einschlägigen Geschäfte hätte es sich leicht ereignen können, daß der Börsenverein an den wirtschaftlichen Schwierigkeiten zugrundegegangen wäre. Sein Verdienst ist es, daß er klug und vorausschauend alles getan hat, was in seinen Kräften stand, um uns über diese Zeiten finanziell hinwegzuführen. (Lebhaftes Bravo!)

Meine Damen und Herren, ich glaube, Sie sind mit mir einig, wenn ich Ihnen vorschlage, daß wir ihm, indem ich hier verkünde, daß ihm das Goldene Ehrenzeichen verliehen ist, einen herzlichen Buchhändlergruss schicken, und daß Sie mich beauftragen, sobald mir das irgendwie möglich ist, ihm persönlich die Buchhändlerhand zu drücken (Lange anhaltendes lebhaftes Bravo und Händeklatschen). [61]

Frage 17:
a) Worauf beruhen die Schwierigkeiten, die nach den Angaben zwischen Herrn Dr. v. Hase und Herrn Dr. Koehler bestanden?

b) Bestehen zwischen der Volckmar-Gruppe bezw. zwischen Herrn Hans Volckmar und Herrn Theodor Volckmar-Frentzel einerseits und Herrn Dr. Koehler andererseits Differenzen oder haben solche bestanden? Falls ja, um welche Differenzen handelt es sich?

Zu a)

Die Schwierigkeiten, die zwischen Herrn Dr. Koehler und Herrn Dr. v. Hase zu verschiedenen Zeiten bestanden haben, beruhen nach diesseitigem Eindruck auf der absoluten Verschiedenheit der Charaktere und haben unserer Ansicht nach dieselbe Ursache, die vor langen Jahren zu der damaligen Entfremdung zwischen Herrn Dr. v. Hase und seinem Vater und Herrn Geheimrat Dr. Volkmann geführt haben, die zu seinem Ausscheiden bei Breitkopf & Härtel Veranlassung gab. Die gleichen Charaktereigenschaften sind es schliesslich, die auch zu dem gegenwärtigen Konflikt mit Herrn Dr. v. Hase geführt haben, denn die von Herrn Dr. v. Hase als Ablenkungsversuch von seinem Treuebruch behaupteten angeblichen weltanschaulichen Gegensätze bestehen nicht und über sachliche Meinungsverschiedenheiten müssen sich korrekt denkende und kollegial handelnde Menschen stets verständigen können.

Eine aus dem Charakter des Herrn Dr. v. Hase, d.h. aus seinem überbetrieben Geltungsbedürfnis und aus seinem mangelnden Verständnis für kollegiale Zusammenarbeit herzuleitende Differenz mit Herrn Dr. Koehler war z.B. die über die Verlagsleitung seinerzeit entstandene. Herr Dr. v. Hase verfolgte mit der ihm eigenen Energie und Rücksichtslosigkeit das Ziel, in den Koehler-Verlagen, die Herr Dr. Kurt Koehler ursprünglich allein leitete, bei dessen allmählicher Verdrängung nach innen und aussen die Haupt- und allein entscheidende Rolle zu spielen. Herr Dr. Koehler wollte sich hingegen als Namensträger und als geistiger Schöpfer des politischen Memoirenverlages K. F. Koehler nicht in die zweite Linie drängen lassen.

Ohne diese unsere Stellungnahme zu kennen, hat uns Herr Dr. Kurt Koehler, der Herrn Dr. v. Hase am 19.11.1936 berichtet [62] hat, daß wir ihn hierzu befragt haben, folgenden Entwurf einer Beantwortung am 19.11.36 übergeben:

„Zu 17a):

Die Schwierigkeiten, die zwischen Herrn Dr. v. Hase und zwischen Herrn Dr. Koehler bestanden, beruhen u.E. auf der völligen Verschiedenheit der beiden Charaktere, die bei der Behandlung jeder Frage zutage tritt. Zu schweren Verstimmungen kam es, als Herr Dr. v. Hase, der nach Beendigung des Krieges zunächst andere Abteilungen leitete, versuchte, die Leitung des Verlages, die Herrn Dr. Koehler zustand, zunächst teilweise und sodann ganz in die Hand zu bekommen. Herr Dr. Koehler, der seiner Natur nach derartigen Kämpfen abhold ist, wich vor diesem Angriff schrittweise zurück. Eine Angelegenheit der ihm unterstehenden Lehrmittelabteilung rief ihn 1924 für längere Zeit nach der Türkei. Während seiner Abwesenheit richtete Herr Dr. v. Hase schwere Angriffe gegen Herrn Dr. Koehler, über deren Natur und Erledigung die beiliegenden Dokumente Aufschluß geben. Es darf angenommen werden, daß dieses Vorkommnis, das Herrn Dr. Koehler natürlich bekannt wurde, die Entfremdung zwischen beiden Herren nachhaltig förderte. Herr Dr. Koehler zog sich in der Folge ganz von der gemeinsamen Arbeit mit Herrn Dr. v. Hase zurück und lehnte, als 1931 eine Anregung des Herrn Volckmar-Frentzel an ihn erging, sich wieder im Verlage zu betätigen, dies ab mit dem Hinweise, daß er sich kein ersprießliches Zusammenarbeiten mit Herrn Dr. v. Hase denken könne."

Zu b):

Persönliche Differenzen zwischen den Genannten haben nie bestanden, wohl aber sachliche Differenzen, die aber sämtlich geklärt und erledigt sind, sodaß diesseits nicht der Eindruck besteht, daß zwischen den Genannten und Herrn Dr. Koehler irgendeine Spannung vorhanden ist.

Ohne diese unsere Stellungnahme zu kennen, hat uns Herr Dr. Kurt Koehler, der Herrn Dr. v. Hase am 19.11.36 berichtet hat, daß wir ihn hierzu befragt haben, folgenden Entwurf einer Beantwortung am 19.11.36 übergeben:

„Zu 17 b):

Zwischen der Volckmargruppe bzw. Herrn Hans Volckmar und Herrn Theodor Volckmar-Frentzel einerseits und Herrn Dr. Koehler andererseits bestehen keine Differenzen. In der Zeit vor dem 31. Dezember 1931, als Herr Dr. Koehler aktiv an der Führung der Geschäfte teilnahm, hat es höchstens vorübergehende sachliche Meinungsverschiedenheiten [63] gegeben, wie sie bei jeder gemeinsamen Arbeit vorfallen. Eine sehr persönliche Differenz fiel im Jahre 1931 vor, als die Herren Volckmar, Volckmar-Frentzel und Konsul Staackmann (inzwischen verstorben) die Berechtigung eines Teils der von Herrn Dr. Koehler während längerer Auslandsreisen zwecks Erlangung größerer Auslandsaufträge gemachten Aufwendungen bestritten. Herr. Dr. Koehler hatte damals bereits die Absicht geäußert, sich von der Leitung der Geschäfte zurückzuziehen, und die Differenz wurde im beiderseitigen Einvernehmen erledigt. Folgen hat sie unsere Wissens nicht gehabt."

[64] Zu 17a)

Abschrift eines Briefes der Herren Hans Volckmar, Alfred Voerster und Dr. Hermann von Hase an Frau Bertha Koehler, Gaschwitz, vom 13. Okt. 1924.

Sehr geehrte, gnädige Frau!

Anläßlich Ihres Besuches vom 11. Oktober sprachen Sie den Herren Alfred Voerster und Hans Volckmar gegenüber den Wunsch aus, über folgende Angelegenheit Klarheit zu schaffen:

In einem Brief, den Frau Dr. v. Hase an Sie im Sommer nach Konstantinopel geschrieben hat und in dem sie sich mit den zwischen ihrem Gemahl und Ihrem Sohne leider bestehenden Differenzen beschäftigte, ist die Behauptung aufgestellt, daß seitens der Volckmar-Partei Herrn Dr. v. Hase gegenüber einmal (wohl im Herbst 1923) hinter dem Rücken von Dr. Koehler die Absicht ausgesprochen worden sei, Herrn Dr. Koehler von der Mitleitung des Koehler-

Volckmar-Konzerns auszuschließen. Diese Absicht sei nur dadurch vereitelt worden, daß Herr Dr. v. Hase der Volckmar-Partei zum Ausdruck gebracht habe, daß er sich mit Herrn Dr. Koehler solidarisch fühle und für den Fall der Durchführung dieser Absicht auch seinerseits die weitere Mitarbeit im Koehler-Volckmar-Konzern ablehnen werde. Frau Dr. v. Hase hat Ihnen gegenüber weiter noch ausgeführt, daß ihr Gemahl über dieses Ansinnen der Volckmar-Partei außerordentlich aufgebracht gewesen wäre und ihr gegenüber geäußert habe, daß, wenn man so mit ihm verfahren wäre, wie die Volckmar-Partei es mit Dr. Koehler beabsichtige, er sich eine Kugel durch den Kopf schießen würde. Frau Dr. v. Hase hat weiter aus dieser Begebenheit die Folgerung gezogen, daß anläßlich der selben ihr Gemahl mit großer Treue und Anhänglichkeit für Dr. Koehler eingetreten sei, und daß es Herrn Dr. v. Hase jetzt umsomehr schmerze, daß anläßlich der Verlagsfusion Dr. Koehler die Interessen des Herrn Dr. v. Hase nicht in dem von diesem erwarteten Umfange gewahrt, vielmehr ihm gleiche Anhänglichkeit und Treue nicht vergolten habe. Auf diese seelische Enttäuschung sei in erster Linie der Zusammenbruch der Nerven ihres Gemahls zurückzuführen gewesen. Die in diesem Briefe enthaltene Beschuldigung der Volckmar-Partei einer unfairen gegen Dr. Koehler gerichteten Handlung habe Frau Bertha Koehler sehr beunruhigt. Sie habe trotzdem ihren Sohn in Konstantinopel keine Mitteilung gemacht, um nicht auch diesen zu beunruhigen. Ihre eigene Beunruhigung habe aber kürzlich dadurch eine unbedingte Aufklärung heischende Steigerung [65] erfahren, weil Herr Dr. v. Hase selbst sich hinter die Briefe seiner Gemahlin gestellt habe, also nunmehr die Möglichkeit, daß Frau v. Hase die Begebenheit mißverständlich geschildert habe, geschwunden sei.

Zur Klarstellung dieser von den Herren Voerster und Volckmar namens der Volckmar-Partei bestrittenen Begebenheit hat heute eine Besprechung zwischen den Herren Alfred Voerster, Hans Volckmar und Dr. v. Hase stattgefunden, die das nachfolgende Ergebnis gezeitigt hat:

1.

Die Unterzeichneten erklären gemeinsam, daß niemals seitens der Volckmar-Partei an Dr. v. Hase das Ansinnen gestellt worden ist, hinter dem Rücken von Dr. Koehler Schritte zu unternehmen, um diesen von der Mitleitung im Koehler-Volckmar-Konzern auszuschließen, und daß somit ein solches Ansinnen auch nicht von Dr. v. Hase dadurch abgewendet werden konnte, daß er seine eigene Mitarbeit sonst versagen würde.

2.

Die Unterzeichneten erklären weiter, daß die rechtliche Konstruktion des Koehler-Volckmar-Konzerns allenthalben trotz der größeren Kapitalbeteiligung des Volckmar-Konzerns für diesen und den Koehler-Konzern ein gleiches Stimmrecht vorsieht. Der Volckmar-Konzern wäre also gar nicht in der Lage gewesen – selbst wenn er es jemals gewollt hätte, was nicht der Fall ist – einen Teilhaber des Koehler-Konzerns gegen den Willen dieses Konzerns von der Mitleitung des Koehler-Volckmar-Konzerns auszuschließen.

3.

Der Fall, auf den Frau Dr. v. Hase in ihrem Briefe anspielt, betrifft die Meinungsverschiedenheiten, die zwischen den Teilhabern des Volckmar-Konzerns und Herrn Dr. Koehler hinsichtlich der Leitung der Lehrmittelabteilung, insbesondere hinsichtlich des Falles Martini im September 1922 eingetreten waren. Die eingangs gegebene Darstellung dieses Falles ist irrig. Frau Dr. v. Hase hat die tatsächlichen Begebenheiten im Laufe der Zeit vermengt und nur die Stimmung wiedergegeben, die ihr damals von ihrem Manne übermittelt worden ist.

Tatsächlich haben im Sommer 1922 mehrmals über die Leitung der Dr. Koehler unterstehenden Lehrmittelabteilung Auseinandersetzungen stattgefunden, weil die Volckmar-Partei und Herr Dr. v. Hase das Gefühl hatten, daß die Geschäftsführung von Martini nicht die richtige sei und dem Konzern große Verluste zufüge. Dr. Koehler hingegen hielt auf Martini noch zu einer Zeit große Stücke, als die Volckmar-Partei, allerdings ohne schon Beweise zu besitzen, von dessen [66] Unzuverlässigkeit überzeugt war. In einer dieser Besprechungen wurden Herrn Dr. Koehler in dieser Richtung Vorwürfe gemacht und obgleich Dr. v. Hase die Berechtigung dieser Vorwürfe nicht verkannte, trat er doch für seinen engeren Associé ein und verteidigte ihn. Dr. v. Hase sagt, daß ihm Dr. Koehler ausdrücklich nach der Sitzung hierfür gedankt habe. Da die Volckmar-Partei die Überzeugung gewann, Dr. Koehler nicht eher zu einer Wandlung in der Lehrmittelabteilung, insbesondere zu einer Entlassung Martinis bestimmen zu können, bevor diesem nicht Verfehlungen nachgewiesen waren, beschloß diese, nunmehr selbständig vorzugehen und Martini durch Detektive überwachen zu lassen. Dies geschah durch die beiden Rechtsbeistände des Konzerns Dr. Starkloff und Dr. Meyer, die selbständig handelten und auch die Herren des Volckmar-Konzerns erst nach erfolgter Überführung Martinis von ihren Maßnahmen unterrichteten. Unverzüglich wurden sodann auch die Herren des Koehler-Konzerns benachrichtigt und die Überführung und Entlassung Martinis im Einverständnis mit Dr. Koehler Ende September 1922 durchgeführt.

Richtig ist in diesem Briefe von Frau Dr. v. Hase somit das Stimmungsbild, daß ihr Mann damals gegen seine eigene innere Überzeugung für seinen Associé Dr. Koehler eingetreten war. Irrig ist, daß diese Auseinandersetzungen hinter dem Rücken von Dr. Koehler stattgefunden hätten. Richtig ist wiederum stimmungsmäßig, daß damals die Volckmar-Partei und Dr. v. Hase mit der Leitung der Lehrmittelabteilung durch Dr. Koehler und insbesondere mit seinem zähen Festhalten an der Person Martinis vor dessen Überführung nicht einverstanden waren und daß daher die Frage erörtert wurde, Herrn Dr. Koehler die Niederlegung der Leitung der Lehrmittelabteilung nahezulegen. Zu einem solchen Antrage ist es aber nie gekommen. Nach der Entlassung Martinis ist die Lehrmittelabteilung durchaus im Einvernehmen mit Dr. Koehler unter andere Ressortchefs gestellt, sodaß diese Mißstimmung längst beseitigt ist und Dr. Koehler die Leitung der Abteilung im vollen Einverständnis aller Associés weiterführt.

4.
Gegenstand weiterer vorübergehender Mißstimmungen zwischen der Volckmar-Partei und der Koehler-Partei ist sonst stets nur der Umstand gewesen, daß die Koehler-Partei ihre Gesamtarbeitskraft nicht dem gemeinsamen Konzern zur Verfügung stellen konnte, sondern einen Teil für den [67] Aufbau ihres Verlages verwenden mußte. Die dadurch von Zeit zu Zeit immer wieder entstehenden Interessenkonflikte, die aber ebenfalls stets in aller Offenheit und nie hinter dem Rücken von Dr. Koehler besprochen wurden, haben dann endlich ihre Lösung durch die Verlagsfusion und die Parallelschaltung aller Interessen des Konzerns gefunden.

5.
Schon vor und nach der Verlagsfusion haben wiederholt gelegentliche Besprechungen einzelner Associés stattgefunden, die die Frage, wie künftig die einzelnen Ressorts im Koehler-Volckmar-Konzern durch die einzelnen Associés besetzt werden sollen, betrafen. Das sind aber stets nur unverbindliche, freundschaftliche im Interesse des Gesamtkonzerns erfolgte Besprechungen gewesen, die stets nur in der Absicht erfolgten, diese wichtige Frage nach Rückkehr von Dr. Koehler im geschäftlich zweckmäßigsten Sinne zu lösen. Hinsichtlich der Besetzung der Verlage ist ja bereits ein freundschaftliches Einvernehmen grundsätzlich erzielt worden.

Wir hoffen, Ihnen, gnädige Frau, somit diejenige Aufklärung gegeben zu haben, die notwendig ist, damit Sie erkennen, daß das Verhältnis der Teilhaber des Volckmar-Konzerns zu Ihrem Sohn niemals durch Handlungen der eingangs geschilderten Art getrübt worden ist, oder daß je gar seitens der Volckmar-Partei die Absicht bestanden hat, Ihrem Sohne hinter seinem Rücken seinen Wirkungskreis im gemeinsamen Konzern zu entziehen.

In vorzüglicher Hochachtung
Ihre ergebenen

gez. Hans Volckmar   gez. Alfred Voerster   gez. Dr. Hermann von Hase. [68]

Frage 18:
Besteht zwischen der Konzernleitung und den Geschäfts- bzw. Betriebsführern der dem Konzern angehörigen Firmen völlige Einigkeit?

Unserer Überzeugung nach nicht nur dies, sondern zumeist direkt freundschaftliche Beziehungen, wie sie aus gemeinsamer und kollegialer Zusammenarbeit an einem Werke entstehen. Wenn Wert darauf gelegt wird, die Herren selbst zu befragen, so geben wir nachstehend die für den Konzern wichtigsten, nicht zu den Inhaberfamilien gehörigen Personen an:

Johannes Cyriacus, Leipzig, Kaiser-Wilhelm-Str. 4 III
Felix Gartmann, Leipzig, Kaiser-Wilhelm-Str. 60
Dr. jur. Johannes Starkloff, Leipzig S 3, Brandvorwerkstr. 76
Curt Fernau, Leipzig S 3, Kronprinzstraße 64
Dr. jur. Walter Jeremias, Leipzig S 3, Kantstaße 5
Dr. Hans Graeser, Mölkau bei Leipzig, Hermann-Sander-Str. 15
Ernst Kellner, Wiederitzsch b. Leipzig, Dietrich Eckart-Straße 27
Walter Voswinkel, Leipzig, Schwägrichenstr. 19
Paul Jünemann, Stuttgart, Zimmermannstraße 13 II. [69]

Frage 19:
Bekennen sich alle Betriebsführer des Konzern rückhaltslos zum heutigen nationalsozialistischen Staat? Falls ja, können entsprechende Erklärungen von den beteiligten Herrn vorgelegt werden?

Unseres Wissens ja.
In Ansehung der z. Zt. gegen uns schwebenden Untersuchung bitter wir, daß solche Erklärungen, falls erwünscht gegebenenfalls in Zusammenhang mit der Befragung zu 18) behördlicherseits beigezogen werden. [70]

Frage 20:
Welches sind die kulturellen Bestrebungen der Mitinhaber der Koehler-Volckmar-Firmen, die in den Koehler-Verlagen verwirklicht werden sollen?

Diese Frage ist offenbar durch unsere Ausführungen auf Seite 6 unserer von Herrn Dr. Tempel überreichten Aktennotiz vom 11.XI.1936 veranlaßt. Sie läßt erkennen, daß dortseits wahrscheinlich durch Auftreten und Berichterstattung des Herrn Dr. v. Hase der irrige Eindruck besteht, nur Herr Dr. v. Hase personifiziere, und zwar in einem politischen oder weltanschaulichen Gegensatz zu den übrigen Mitinhabern der Koehler-Volckmar-Firmen, den zu diesen gehörigen Verlag.

Die kulturellen Bestrebungen, denen der Verlag unter der Leitung von Herrn Dr. v. Hase dient, sind mit denen der übrigen Mitinhaber der Koehler-Volckmar-Firmen identisch, und nur Vorgänge, wie z. B. die zu Frage 21 behandelten, die erwiesener- und anerkanntermaßen zu einer Enttäuschung oder zu großen Schwierigkeiten etc. geführt haben, hätten sich nach Ansicht der Zentrale bei einem vorsichtigen oder verantwortungsbewußt kritischen Vorgehen der Verlagsleitung vermeiden lassen. Hieraus entstandene, sachliche Meinungsverschiedenheiten zwischen Zentrale und Verlagsleitung hätten aber niemals zu der nicht überbrückbaren Kluft geführt, die jetzt durch die Untreue-Handlungen des Herrn Dr. v. Hase entstanden ist.

Ohne diese unsere Stellungsnahme zu kennen, hat uns Herr Dr. Kurt Koehler, der Herrn Dr. v. Hase am 19.11.36 berichtet hat, daß wir ihn hierzu befragt haben, folgenden Entwurf einer Beantwortung am 19.11.36 übergeben:

„Zu 20):

Die Richtung des Koehler-Verlages als eines ausgesprochen nationalen Verlages wurde von Herrn Dr. Koehler 1918 festgelegt und ist, als der Verlag 1924 dem Koehler-Volckmar-Konzern angegliedert wurde, unverändert beibehalten worden. 1926 erklärte sich der Verlag, der schon vor dem 1. November 1923 persönliche Beziehungen zum Führer aufgenommen hatte, bereit, das Buch ‚Mein Kampf' zu verlegen. Nach die beiden Verlage K. F. Koehler und Koehler & Amelang eingerichtet worden waren, erschienen im Koehler-Verlage vorwiegend wissenschaftliche und politische Bücher, während sich Koehler & Amelang [71] der guten Unterhaltungsliteratur widmete. Alle Mit-Inhaber der Koehler-Volckmar-Firmen waren und sind sich einig, daß die nationale Aufgabe, die der Verlag bzw. die Verlage von jeher vertreten haben, weiterhin erfüllt werde. Daß dies seit dem Umbruch auf dem Boden des nationalsozialistischen Staates geschieht, zeigen am besten die Veröffentlichungen der Verlage, über die ein Verzeichnis beiliegt.

Es sei hier bemerkt, daß die Gesamtheit der Mitinhaber, von denen jeder seine eigene Arbeit zu leisten hat, naturgemäß nur die allgemeine Richtung des Verlages bestimmen kann, während der Verlagsleiter die Ausführung des Programmes selbständig leitet. Nur in Einzelfällen, wenn es sich bei einer Veröffentlichung um Gesamtinteressen des Konzerns handelt, ist eine Fühlungnahme mit seinen Mitgesellschaften erforderlich."

Wir fügen des weiteren eine in grundsätzlicher Hinsicht uns wichtig erscheinende Aktennotiz des Herrn Volckmar-Frentzel vom 17. Mai 1933 bei. Aus 2.) und 3.) dieser Aktennotiz ergibt sich der übereinstimmende Wille von Zentrale und Verlagsleitung, den Verlag in nationalsozialistischer Richtung zu entwickeln, dabei aber auf qualitativ hochstehende Werke zu sehen.

Wie sehr die Zentrale, sofern ihr dies im Rahmen ihres Arbeitsgebietes möglich ist, in solchem Sinne mitzuwirken bemüht ist, geht z.B. aus dem anliegenden Brief des Herrn Volckmar-Frentzel an Dr. v. Hase vom 9.4.1936 hervor, der Anlaß dafür war, daß der Herr Reichs- jugendführer Baldur von Schirach auf dem Wege von Verhandlungen die dann naturgemäß Herr Dr. v. Hase als Verlagsleiter zu führen hatte, Autor unserer Verlage geworden ist. [72]

Anlage zu Frage 20

Aktennotiz

1.

Am Nachmittag des 16. Mai hatte ich eine Aussprache mit Herrn Dr. Hermann von Hase. Herr Dr. v. Hase hat für die Koehler-Verlage unlängst eine kleine Zeitschrift „Hochwart" gekauft, die bisher in Eisenach in einem Verlag Rudolf Schneider erschienen war, und die über höchstens ca. 300 feste Abonennten verfügt. Der Ankauf dieser Zeitschrift hat die Koehler-Verlage insgesamt RM 1.800 gekostet. Zu dieser an sich unbedeutenden Transaktion hat sich Herr Dr. v. Hase entschlossen, weil er sich für die Zukunft viel von der Person des Hauptschriftleiters dieser Zeitschrift, eines Herrn Karl August Walther, verspricht, den er in geistiger Hinsicht als den Nachfolger von Friedrich Lienhard bezeichnet. Herr Walther gehört seit längerer Zeit der N.S.D.A.P. an und ist jetzt Reichsorganisationsleiter der Deutschen Bühne in Berlin geworden. Er arbeitet eng zusammen mit einem Herrn Stang, der im Kampfbund für deutsche Kultur in Berlin die Abteilung Theater leitet.

a) Herr Dr. v. Hase plant, seinen alten Gedanken wieder aufzunehmen d.h. die Zeitschrift „Hochwart" zum Zentralorgan des Kampfbundes für deutsche Kultur zu machen. Zu diesem Zwecke soll sie wahrscheinlich den Untertitel „Monatsschrift für deutsche Kultur und religiöse Erneuerung" erhalten.

b) Herr Dr. v. Hase hat weiterhin den Gedanken, durch seine Verbindung mit Herrn Walther zu versuchen, eine weitere Zeitschrift für deutsches Theaterwesen zu begründen, sofern er sich mit den zuständigen Stellen in Berlin verständigen kann, daß ihm die Abnahme einer Mindestauflage von 500.000 Exemplaren garantiert wird. Im Zusammenhang hiermit schwebt Herrn Dr. v. Hase der Gedanke vor, den Koehler-Verlagen eine Abteilung Bühnenvertrieb für nationale Bühnenstücke anzugliedern, um auch auf diesem Wege Verbindung mit möglichst vielen nationalen Autoren zu erhalten. Sollte dies alles gelingen, so ist von Herrn Dr. v. Hase ein Herr Graff als Leiter des Bühnenvertriebes vorgesehen.

c) Herr Karl August Walther steht offenbar in engen persönlichen Beziehungen zu dem Minister Goebbels. Herr Dr. v. Hase ist durch [73] Vermittlung von Herrn Walther für Donnerstag, den 18. Mai, nachmittags zu dem Minister Goebbels zum Tee eingeladen und beabsichtigt, mit dem Minister derartige kulturelle Projekte zu besprechen.

2.

Ich habe Herrn Dr. v. Hase zum Ausdruck gebracht, daß zweifellos im Konzern keine Bedenken bestehen, wenn er, wie dies auch seiner inneren Einstellung entspricht, bestrebt ist, im qualitativ besten Sinne Verlagsobjekte nationalsozialistischer Richtung herauszubringen. Es bestand zwischen Herrn Dr. v. Hase und mir volle Übereinstimmung, daß es ausgeschlossen ist, das literarische Niveau der Koehler-Verlage durch das Einschwenken in diese Richtung irgendwie zu senken. Im Gegenteil hat Herr Dr. v. Hase die Absicht, hierdurch in qualitativer Hinsicht höchstens eine Verbesserung des Verlagsniveaus herbeizuführen.

3.

Meine Unterredung mit Herrn Dr. v. Hase, der mir nach Rückkehr von Berlin erneut berichten wird, hat mir gezeigt, daß es wahrscheinlich jetzt in den kommenden Monaten der vorwärtsschreitenden Umstellungen doch erforderlich sein wird, alle 8–14 Tage einmal Associé-Konferenzen zusammenzurufen, damit auch innerhalb unseres Kreises eine gleichmässige Beurteilung der Gesamtsituation gewährleistet bleibt, der auch der einzelne von uns in Übereinstimmung mit seinen Associés nach aussen hin zu vertreten hätte.

Herr Dr. v. Hase plant übrigens, im Laufe der nächsten Woche für vier Tage in Berlin zu sein, lediglich zu dem Zwecke, dort weitere personelle Kontakte mit den wichtigsten Männern des neuen Regimes herzustellen.

Leipzig, den 17. Mai 1933 [74]

Anlage zu 20.

Leipzig, am 9.4.1936
Herrn Dr. Hermann von Hase, <u>Koehler-Haus</u>.

Lieber Herr Doktor!

Heute Nachmittag besuchte mich Herr Andermann vom Verlag Zeitgeschichte, der ja seit etwa einem Jahr dauernd persönliche Fühlungnahme mit mir hält. Neben einer größeren geschäftlichen Transaktion, die er mir, weil er Geld braucht, im Hinblick auf die Barsortimente vorschlug, trug er mir Folgendes vor:

Herr Andermann ist daran interessiert, das Buch von Baldur von Schirach: „Die Hitler-Jugend, Idee und Gestalt" im Einvernehmen mit Baldur v. Schirach auf einen anderen Verlag übergehen zu lassen. Das Buch kostet in Leinen RM 4,50, kart. RM 3,50 ord. Wie Sie aus dem beliegenden Absatzzahlen sehen, ist die Leinen-Ausgabe besonders gangbar.

Andermann behauptet, diese Transaktion sofort mit einem anderen großen Verlag machen zu können. Seine freundschaftliche Einstellung zu mir veranlasse ihn aber, uns dieses Geschäft vorerst anzutragen, damit ich ihm später nicht einmal den Vorwurf machen könne, weshalb er bei derartigen Dingen uns unberücksichtigt ließe. Vorhanden sind an Beständen: Leinen 574, Pappband 2.857, roh 25.280 Exemplare. 2.000 Exemplare von der Pappbandausgabe will Andermann nicht mit verkaufen, weil er diese in seinen Braunen Buchring zum Verkauf an dessen Mitglieder nehmen will. Letzten Endes handelt es sich um 25.000 Exemplare roh. Die Absatzzahlen, die Andermann mir angab, sind die nachstehenden:

IV.	Quartal	1934	15.312	4.258	19.570
I.	Quartal	1935	10.368	631	10.999
II.	Quartal	1935	5.088	770	5.858
III.[21]	Quartal	1935	567	57	624
IV.	Quartal	1935	2.793	207	3.000
IV.	Quartal	1936	2.706	151	2.857

Andermann behauptet, der Verlagsvertrag mit Baldur v. Schirach sei [75] höchst einfach. Der Vertrag steht selbstverständlich vor endgültigem Abschluß zur Verfügung. Baldur v. Schirach erhält 70 Pfg. Honorar vom Verlag. Der Verlag ist aber verpflichtet, jeweils 10.000 Exemplare vorauszuhonorieren. Übernimmt man das Werk aus dem Verlag Zeitgeschichte, so hätte man sofort längstens bis Ende dieses Monats RM 7.000 Voraushonorar an Baldur v. Schirach zu zahlen. Andermann will die Bestände einschließlich des Verlagsrechts zu seinen Herstellungskosten verkaufen. Er verlangt pro rohes Exemplar 37,2 Pfg. Sollten noch Exemplare in Pappband übergehen, so würden hierzu etwa 18,3 Pfg. für den Pappband kommen, für den Leineneinband etwa 38 Pfg. Insgesamt ist also bei der Leinenausgabe von einem Gestehungspreise einschließlich Honorar von etwa RM 1,50 auszugehen. Die Umsätze, die die Barsortimente Leipzig und Stuttgart mit diesem Buch erzielt haben und wohl jetzt auch noch erzielen, sind nach Angabe von Herrn Andermann sehr beträchtliche. Herr Busch könnte Ihnen darüber über Ostern genaues Zahlenmaterial liefern. Ich hatte heute Abend keine Möglichkeit mehr, mit Herrn Busch darüber zu sprechen.

Herr Andermann ist der Ansicht, daß das Buch nach Ausverkauf der jetzt noch vorliegenden Auflage von ca. 25.000 Exemplaren erledigt ist, weil sich zu vieles auch im organisatorischen Aufbau der Hitler-Jugend verändert habe bzw. in den nächsten Wochen noch verändern werde. Immerhin liegt in der Angelegenheit wohl die Chance, vor Übernahme des Objekts vom Verlag Zeitgeschichte mit dem Autor zu einer Verständigung über eine neue abgeänderte Auflage zu kommen. Ich weiß nicht, ob dies zutrifft und reizvoll wäre.

Ich habe mich zunächst lediglich für dieses Angebot bedankt und Herrn Andermann gesagt, daß ich es Ihnen unterbreiten würde, da es sich um eine rein verlegerische Frage handelt. Ich habe ihm zugesagt, daß er bis Sonnabend nach Ostern, also bis zum 18. April, Bescheid bekommen soll.

Ich möchte Sie nun bitten, sich alles Für und Wider in dieser Sache über Ostern durch den Kopf gehen zu lassen, damit wir Donnerstag, den 16. April über diese Angelegenheit miteinander sprechen können. Da ich ziemlich abgekämpft bin und außerdem die letzten Tage sehr erkäl-

---

21   Deutschlandlager, Parteitag, Ferien usw.

tet war, fahre ich von Gründonnerstag bis voraussichtlich Mittwoch, den 15. April, mit meiner Frau nach Dresden bzw. den Weißen Hirsch, komme aber spätestens Mittwoch Abend wieder. Sollte im [76] Geschäft etwas besonders Wichtiges vorliegen, könnte ich selbstverständlich schon am Dienstag nach Ostern wieder in Leipzig sein. Meine Dresdner Adresse weiß ich noch nicht. Ich werde aber morgen, wenn ich in Dresden untergekommen bin, mit dem Geschäft telefonieren, sodaß Sie, wenn Sie mich zwischenzeitlich noch schriftlich erreichen wollen, in den Nachmittagsstunden des morgigen Gründonnerstag meine Adresse von meiner Sekretärin erfragen können.

Viele herzliche Grüße und Heil Hitler!
Ihr
[Theodor Volckmar-Frentzel] [77]

Frage 21:
Haben die von Dr. v. Hase zu politischen Stellen des Staates oder der Partei bzw. zu nationalsozialistischen Autoren im Verfolg seiner verlegerischen Tätigkeit angeknüpften Beziehungen stets völlige Billigung gefunden? Falls nein, warum nicht?

a) In weltanschaulicher Hinsicht: Ja (vgl. Anlage zur Beantwortung der Frage 20, grundlegende Aktennotiz vom 17.5.1933)

b) In sachlicher Hinsicht verschiedentlich: Nein.

Die Begründung zu b) geben wir wie folgt:

1.
Wir mußten beanstanden, daß Herr Dr. v. Hase im Sommer 1933 beabsichtigte, mit dem Reichsverband Deutsche Bühne e.V. im Kampfbund für Deutsche Kultur einen Verlagsvertrag betreffend die Herausgabe einer Zeitschrift „Die Deutsche Bühne" abzuschließen, der in mehrfacher Hinsicht in seinen wichtigsten Stellen die erforderliche rechtliche Klarheit vermissen ließ.

Das Aktenmaterial steht zur Verfügung.
Zeuge: Herr Dr. Walther Jeremias, Herr Dr. Starkloff.

Abschrift eines Briefes des Herrn Dr. v. Hase an Herrn Volckmar-Frentzel vom 15.10.1933 als Anlage I anbei.

2.
Im Dezember 1933 haben wir im Einvernehmen und unter Mitwirkung von Herrn Dr. v. Hase einen Vertrag fristlos lösen müssen, den Herr Dr. v. Hase in Sachen „Hochwart" mit einem Herrn Karl August Walther, früher Eisenach, später Berlin, abgeschlossen hatte. Herr Karl August Walther – Reichsorganisationsleiter des Reichsverbandes Deutsche Bühne e.V. – wurde von Herrn Dr. Stang, dem Reichsleiter des Reichsverbandes Deutsche Bühne e.V. fristlos entlassen. Gleichzeitig hatte diese Reichsleitung die Ablehnung des Aufnahmegesuchs des Herrn Walther in die NSDAP beantragt. Wir vertraten den Standpunkt, daß es für unseren Verlag aus politischen Gründen untragbar sei, bei dieser Sachlage einen Schriftleitervertrag mit Herrn Karl August Walther hinsichtlich einer Zeitschrift auszuhalten, die lt. Genehmigung den Untertitel: Monatsschrift für nationalsozialistische Lebensauffassung tragen sollte.

In dem Prozeß des Herrn Walther gegen den Verlag erhielten wir in beiden Instanzen obsiegende Urteile. Das Urteil [78] der ersten Instanz fügen wir bei (Anlage II). Die Berufung des Herrn Walther ist aus formellen Gründen verworfen worden. Zeugen: Herr Dr. Walther Jeremias, Herr Dr. Starkloff. Gegebenenfalls bitten wir, Herrn Dr. Stang zur Person des Herrn Karl August Walther zu vernehmen.

Bei nochmaliger Durchsicht der Prozeßakten macht uns übrigens Herr Dr. Jeremias auf einen Schriftsatz aufmerksam, den wir im Auszug als Anlage III beifügen. Der von dem Anwalt des Herrn Walther eingereichte Schriftsatz umfaßt 20 Seiten. Er hat Herrn Dr. v. Hase vorgelegen, was sich aus dessen handschriftlichen Bemerkungen ergibt, die dem Sachbearbeiter, Herrn Dr. Walther Jeremias, zum Entwurf der Erwiderung dienen sollten. Das Original kann vorgelegt werden.

Neben der auf Anlage III wiedergegebenen Stelle des Schriftsatzes befinden sich keine Anmerkungen des Herrn Dr. v. Hase, die seinen etwaigen Widerspruch zu der fraglichen Behauptung bekundet hätten. Da Herr Walther im Verlaufe des Prozesses manche den Tatsachen nicht entsprechende Behauptung aufgestellt hatte, wurde die Behauptung damals von uns nicht ernst genommen, auch hielten wir es nicht für möglich, daß Herr Dr. v. Hase derartige Äußerungen getan haben sollte. Heute müssen wir allerdings annehmen, daß Herr Dr. v. Hase im Falle Walther nach dritter Seite die Angelegenheit, an der er stets mitgewirkt hat, der Wahrheit zuwider dargestellt hat.

3.
Mit Herrn Dr. Hase wurde am 20.5.1935 die Angelegenheit Gottschling „Zwei Jahre hinter Klostermauern" besprochen und in Übereinstimmung mit ihm beschlossen, das Buch in einen anderen Verlag überzuleiten (vgl. zu Fragen 28 und 34). Es stand nicht im Einklang mit den Richtlinien lt. Aktennotiz vom 17.V.1933 (vgl. Anlage zu Frage 20), daß Herr Dr. v. Hase ausgesprochene Kampfschriften verlegte. Der Vorgang ähnelte einer Angelegenheit betreffend Kiss, Wittekind, die Herr Dr. v. Hase selbst lt. beiliegender Aktennotiz (Anlage IV) vom 18. Februar 1935 behandelt hatte.

In dieser Aktennotiz sagte Herr Dr. v. Hase auch sehr zutreffend – und ohne angebliche weltanschauliche Gegensätze zu [79] konstruieren –: „Auch hätte der Verlag einschließlich seiner Schwesterfirmen Rücksicht auf seine Beziehungen zum gesamten Buchhandel zu nehmen."

Hierzu vgl. übrigens Absatz 2 des Briefes des Herrn Dr. v. Hase an Herrn Volckmar-Frentzel vom 9.10.1936 auf S. 12 unseres von Herrn RA Dr. Tempel überreichten Aktenauszuges betreffend die Angelegenheit Dr. v. Hase – Gottschling vom 20. Oktober 1936, in dem Herr Dr. v. Hase wörtlich wie folgt schreibt:

„Aus meiner Aktennotiz vom 15.6.1935 ergibt sich, daß ich Urban den Parallelfall ‚Kiss' vorgetragen habe, bei dem Rosenberg selbst und der Berliner Eher-Verlag einen Rückzieher machen mußten. Diese Sache können wir sehr zu unseren Gunsten in einer mündlichen Besprechung mit der RSK verwenden, und so am besten den Vorwurf entkräften, als ob die politische und weltanschauliche Haltung der Leitung des Koehler-Volckmar-Konzerns an der Abgabe des Gottschling'schen Buches schuld sei." [80]

Abschrift. Anlage 1.

Leipzig, den 15. Oktober 1933

Lieber Herr Volckmar-Frentzel!

Sie werden gewiß gemerkt haben, daß meine Erholungsreise Anfang Oktober im Zusammenhang mit dem Fall „Deutsche Bühne" gestanden hat. Ich habe mich inzwischen immer wieder mit dieser Sache beschäftigt. Im Falle „Deutsche Bühne" habe ich noch aus innerster Überzeugung im Widerspruch zu Ihrer Auffassung gestanden. Je mehr ich mich aber mit den Bestimmungen des Protokolls befaßt habe, umso klarer wurde es mir, daß ich zweifellos bei den beiden anderen Zeitschriften „Germanien" und „Hochwart" die Bestimmungen des Protokolls nicht beachtet habe, denn ich habe sowohl den Vertrag über Germanien (vor über einem Jahr), wie auch den Vertrag über den Hochwart abgeschlossen, ohne sie der juristischen Abteilung oder Ihnen vorzulegen, wenn auch öfters von diesen Unternehmungen gesprochen worden ist.

Ich bitte meine Handlungsweise daraus verstehen zu wollen, daß ich bei der Aufbauarbeit im Verlag eine gesteigerte Willenskraft habe aufwenden müssen, die ein starkes Selbständigkeitsgefühl voraussetzt und naturgemäß immer weiter steigert. In der freudigen Begeisterung, ohne die eine solche gewissermaßen produktive Tätigkeit nicht möglich ist, vergaß ich stets wieder, daß ich mich zur Einhaltung gewisser Verpflichtungen verpflichtet hatte, an die ich früher nicht gebunden war. Ich tat das aber immer nur im Gedanken an die Erfüllung der Aufgabe, die ich mit der Leitung der Koehler-Verlage übernommen hatte.

In den zehn Tagen der Erholung habe ich eingesehen, daß mir eine Aufgabe zweifellos leichter werden würde, wenn ich mich mehr als bisher bei meiner Tätigkeit der Mitarbeit der beiden Stellen (juristische Abteilung, Zentrale) bedienen würde. Diese Einsicht hat wohl bei mir infolge meiner oben dargelegten Einstellung etwas länger gedauert und ich bedaure, daß ich dadurch Ihnen und mir selbst Schwierigkeiten bereitet habe. Ich werde nunmehr aus eigenem Willen und innerer Überzeugung, woran es tatsächlich bisher bei mir gemangelt hat, den im Koehler-Volckmar-Konzern maßgebenden Richtlinien gemäß tätig sein.

Mit deutschem Gruß!
Ihr sehr ergebener
(gez.) Dr. Hermann von Hase. [81]

Abschrift

221.0.313.34

IM NAMEN DES DEUTSCHEN VOLKES!

Verkündet am 7. Februar 1935.
gez. Piesnack, Justizsekr.
als Urkundsbeamter der Geschäftsstelle.

In dem Rechtsstreit des Schriftstellers Karl August W a l t h e r,
in Berlin-Lichterfelde West, Elisabethstraße 41, Kläger
Prozeßbevollmächtigter: Rechtsanwalt Dr. Ernst Grühl
in Berlin W 15, Kurfürstendamm 40–41,

gegen

die Verlagsbuchhandlung K o e h l e r & A m e l a n g G.m.b.H. in Leipzig,
Täubchenweg 19, vertreten durch ihren Geschäftsführer Dr. Hermann von Hase, Beklagte,
Prozeßbevollmächtigte: Rechtsanwälte Dr. Gustav Schwartz und H. Dietrich Wendlandt in Berlin W 9, Bellevuestr. 8, wegen einer Forderung aus einem Verlagsvertrag (Streitwert RM 3.000) hat die 21. Zivilkammer des Landgerichts Berlin auf die mündliche Verhandlung vom 15. Januar 1935 unter Mitwirkung des Landgerichtsdirektors Rudloff, des Amtsgerichtsrats Dr. Engelsing und des Gerichtsassessors Dr. Blochwitz für Recht erkannt:

Die Klage wird abgewiesen.
Die Kosten des Rechtsstreits trägt der Kläger. [82]

Tatbestand

Der Kläger gibt den „Hochwart" heraus, eine „Monatsschrift für nationalsozialistische Lebensauffassung". Durch Vertrag vom 27. April 1933 Hülle Bl. 109 hatte die Beklagte den Verlag
übernommen. Dabei hatte man vereinbart, daß die Beklagte erst vom Oktober 1933 ab als
Verlegerin in Erscheinung treten sollte, da sie die Zeitschrift in neuer Aufmachung herausbrin-
gen wollte, die Sommermonate aber für die Werbung nicht günstig waren.

Mit Schreiben vom 16. Oktober 1933 (Bl. 17 d. A.) kündigte die Beklagte das Vertrauensver-
hältnis mit sofortiger Wirkung. Als Grund führte sie folgendes an: Der Kläger war im Mai 1933
vom Reichsverband „Deutsche Bühne e.V." als Reichsorganisationsleiter angestellt worden.
Leiter der „Deutschen Bühne" war Dr. Walter Stang, der jetzige Reichsleiter der N.S. Kulturge-
meinde. Er und der Kläger gerieten in Streitigkeiten, die nach einer vorübergehenden Aussöh-
nung dazu führten, daß der Kläger Anfang Oktober 1933 fristlos wegen „schwerwiegender
Verfehlungen" seines Postens enthoben wurde; außerdem beantragte Dr. Stang bei der
NSDAP, das Aufnahmegesuch des Klägers abzulehnen. Die Beklagte glaubte, unter diesen
Umständen nicht weiter mit dem Kläger zusammenarbeiten zu können; sie habe ohnehin nur
mit solchen Autoren verkehrt, die in jeder Beziehung einwandfrei wären; ganz besondere Anforderungen müßten aber an den Herausgeber des „Hochwart" gestellt werden, da er sich
nach seinem Untertitel für das nationalsozialistische Ideengut einsetze; er könne nicht von einer Person herausgegeben werden, die sich bei der Partei und der maßgeblichen Kulturorga-
nisation so mißliebig gemacht habe wie der Kläger. – Ferner fühlte sich die Beklagte dadurch
verletzt, daß ihr der Kläger seine fristlose Entlassung bei der „Deutschen Bühne" verschwiegen
oder wenigstens nicht umgehend mitgeteilt hatte. Sie empfand es als eine Blamage, daß sie
sich noch im Oktober 1933 für den „Hochwart" und seinen Herausgeber eingesetzt hatte, obwohl letzterer schon von Dr. Stang entlassen war. Sie sah in dem Verhalten des Klägers einen
so groben Vertrauensbruch, daß sie die Fortsetzung des Vertrages für unzumutbar hielt.

Der Kläger erkennt die Kündigung nicht an. Er behauptet, daß er zu Unrecht von der „Deutschen Bühne" entlassen worden sei. Er habe sich nämlich in einem Streit zwischen Dr. Stang
und dem [83] Reichsminister Dr. Goebbels auf eine Seite des letzteren gestellt und sich somit
angesichts des herrschenden Führerprinzips vollkommen richtig verhalten. Dr. Stang habe
später auch seine Beschuldigungen zurückgenommen. Abgesehen davon, sei das Verhältnis
zwischen ihm und Dr. Stang auf den Verlagsvertrag mit der Beklagten ohne Einfluß gewesen;
als der Vertrag geschlossen wurde, habe er noch keinerlei Beziehungen zur „Deutschen Bühne" gehabt; die „Deutsche Bühne" sei eine rein private Vereinigung der Theaterbesucher gewesen, der Streit mit Dr. Stang habe also nicht die geringste politische Bedeutung gehabt;
außerdem sei seine Entlassung nirgends bekannt geworden. Sein Ansehen als Schriftsteller
und Vorkämpfer des Nationalsozialismus habe in keiner Weise gelitten, er sei in die Partei aufgenommen, arbeite mit Dr. Goebbels zusammen und bekleide verschiedene Ehrenämter. Die
Beklagte habe ihm nur deshalb gekündigt, weil sie sich davon geschäftliche Vorteile versprochen habe.

Der Kläger beansprucht hiernach das vereinbarte Monatsgehalt auch für die Zeit nach der
Kündigung. Ferner verlangt er Schadensersatz dafür, daß die Zeitschrift infolge der Kündigung eine Zeitlang nicht erscheinen konnte. Er macht einen Teilbetrag geltend und hat beantragt,

> die Beklagte zur Zahlung von RM 3.000 nebst 5 % Verzugszinsen von je RM 350
> monatlich vom 1. Dezember 1933 bis zum 1. Juli 1934 und von RM 200
> seit dem 1. August 1934 zu verurteilen.

Die Beklagte hat beantragt, die Klage abzuweisen. Sie hält die Kündigung aus den angegebenen Gründen aufrecht und meint, daß die Fortsetzung des Vertrages auch deshalb für sie unmöglich gewesen sei, weil sie durch den Verlag der Verbandszeitschrift in engen geschäft-

lichen Beziehungen zur „Deutschen Bühne" und ihren Leitern gestanden habe und sich daher ebenfalls vom Kläger habe zurückziehen müssen. – Im übrigen ist sie den Einwendungen des Klägers gegen die Gültigkeit der Kündigung in rechtlicher und tatsächlicher Hinsicht entgegengetreten.

Wegen des sonstigen Vorbringens der Parteien wird auf den Inhalt ihrer Schriftsätze verwiesen. [84]

Entscheidungsgründe:

Die Klage ist unbegründet. Sie stützt sich auf den Vertrag vom 27. April 1933. Dieser ist aber durch die Kündigung des Beklagten mit sofortiger Wirkung aufgelöst worden.

I.

Es ist in der Rechtssprechung des Reichsgerichts allgemein anerkannt, daß Rechtsverhältnisse von längerer Dauer, die ein persönliches Zusammenarbeiten der Beteiligten und daher ein gutes Einvernehmen zwischen ihnen erfordern, in entsprechender Anwendung der §§ 626, 723 BGB und der §§ 70, 77, 92 und 133 BGB ohne Einhaltung einer Kündigungsfrist einseitig aufgehoben werden können, wenn ein wichtiger Grund vorliegt. (RGRKomm. Anm. 2 zu § 611 BGB und RG Bd. 112 S. 188). Auch der Vertrag vom 27. April 1933 sah ein längeres auf gegenseitiges Vertrauen beruhendes Zusammenarbeiten der Parteien vor. Er konnte daher ebenfalls beim Vorliegen eines wichtigen Grundes mit sofortiger Wirkung gekündigt werden. Das leugnet auch der Kläger nicht. Er bestreitet nur, daß die Beklagte einen wichtigen Grund zu sofortiger Kündigung gehabt habe. Das ist jedoch unzutreffend.

II.

Der erste Grund bestand darin, daß die „Deutsche Bühne" den Kläger wegen „schwerwiegender Verfehlungen" entlassen und bei der NSDAP beantragt hatte, sein Aufnahmegesuch abzulehnen. Dadurch was es der Beklagten unmöglich geworden, weiter mit ihm zusammenzuarbeiten. Sie hatte es sich nach ihrer unbestrittenen Darstellung zur besonderen Aufgabe gemacht, das nationale und völkische Schrifttum zu pflegen und hatte sich deshalb von jeher nur mit solchen Autoren verbunden, die ihrer ganzen Persönlichkeit nach geeignet erschienen, an der Verwirklichung dieses Zieles mitzuarbeiten. Diese Eignung war anfänglich wohl im hohen Maße beim Kläger vorhanden, mußte ihm aber abgesprochen werden, nachdem er zu derartig strengen und entehrlichen Maßnahmen Anlaß gegeben hatte; zum mindesten mußte die Beklagte die größten Bedenken haben, ob sich die Fortsetzung des Vertrages noch rechtfertigen ließ. Wäre der Kläger schon im [85] April 1933 in dieser Weise belastet gewesen, hätte die Beklagte es aller Vorsicht nach abgelehnt, sich mit ihm zu verbinden.

Infolgedessen mußte sie nach Treu und Glauben berechtigt sein, den Vertrag mit sofortiger Wirkung wieder aufzuheben.

Was der Kläger zur Begründung seiner gegenteiligen Ansicht vorträgt, vermag nicht zu überzeugen.

Es kommt zunächst nicht darauf an, ob Dr. Stang überhaupt einen triftigen Grund hatte, ihn fristlos zu entlassen. Man muß sich in die Lage versetzen, in der sich die Beklagte damals befand; denn es steht die Frage zur Entscheidung, ob der Beklagten nach Treu und Glauben die Fortsetzung des Vertragsverhältnisses zugemutet werden konnte und diese Frage läßt sich allein vom Standpunkt des damaligen Beschauers aus richtig beantworten. Die Beklagte sah sich damals der Entscheidung des Dr. Stang gegenüber, wonach der Kläger wegen „schwerwiegender Verfehlungen" fristlos entlassen und seine Aufnahme in die Partei zu versagen sei. Sie hatte weder das Recht, noch die Möglichkeit, die Richtigkeit dieser Entscheidung nachzuprüfen. Das einzige, was sie tun konnte, war, daß sie sich mit Dr. Stang in Verbindung setzt, um sich die Richtigkeit der erhaltenen Nachricht bestätigen zu lassen und nach den Gründen für die plötzliche Entlassung des Klägers zu forschen. Das hat sie auch sofort getan. Dabei wurde ihr die eidesstattliche Versicherung des Intendanten Ebers vom 30. September 1933 Bl. 55-57 d. A. vorgelegt, in der der Kläger aufs schwerste belastet wurde. Danach war für sie kein Zweifel mehr möglich. Sie mußte vielmehr, nachdem auch in der Besprechung mit dem Kläger am 16. Oktober 1933 keine Zwischenlösung gefunden werden konnte, die einzig mögliche Folgerung ziehen und sich ebenfalls vom Kläger lossagen.

Noch weniger wird die Wirksamkeit der Kündigung dadurch berührt, daß sich die Verhältnisse inzwischen wieder zu Gunsten des Klägers entwickelt haben, daß Intendant Ebers seine belastende eidesstattliche Erklärung widerrufen, Dr. Stang seine feindliche Haltung aufgegeben hat, der Kläger in die Partei aufgenommen wurde und eine Reihe von Ehrenämtern bekleidet; denn es kommt nicht darauf an, welche Stellung der Kläger jetzt in der kulturpolitischen Kampffront bekleidet, sondern wie sich die Verhältnisse vom Standpunkt des damaligen Beschauers aus darstellten. War die Kündigung damals [86] gültig, so ist sie durch die inzwischen eingetretene Änderung der Verhältnisse nicht wieder unwirksam geworden.

Der Kläger bemüht sich auch vergeblich, die Maßnahmen des Dr. Stang als Ausfluß einer bedeutungslosen, privaten Meinungsverschiedenheit hinzustellen. Gewiß war die „Deutsche Bühne" ihrer rechtlichen Organisation nach nur ein privatrechtlicher Verein. Das hatte aber mit ihrer politischen und kulturellen Bedeutung nichts zu tun. Vielmehr bewiesen die Namen ihrer Begründer, unter denen sich beispielsweise der Stellvertreter des Führers, der Preußische Ministerpräsident Hermann Göring, Reichsminister Dr. Goebbels und Reichsleiter Alfred Rosenberg befanden, welche Bedeutung ihr in Wahrheit zukam. Die Beklagte konnte also an einer fristlosen Entlassung, die vom Reichsleiter der „Deutschen Bühne" ausgesprochen war, nicht achtlos vorübergehen. – Auf der anderen Seite war auch der Posten, den der Kläger bei der „Deutschen Bühne" bekleidet hatte, nicht so gering, daß sein Verlust nichts weiter auf sich hatte. Der Kläger war vielmehr Reichsorganisationsleiter gewesen, hatte also unmittelbar unter Dr. Stang gestanden und war nächst ihm die einflußreichste Persönlichkeit in der „Deutschen Bühne".

Die Bedeutung dieses Postens brachte es ferner mit sich, daß die fristlose Entlassung des Klägers nicht so unbekannt bleiben konnte, wie der Kläger es heute hinzustellen versucht. Zum mindesten mußte die Beklagte damit rechnen, daß sich die Entlassung in weiteren Kreisen herumsprechen würde. Sie mußte berücksichtigen, daß der Kläger fast ein halbes Jahr lang den Posten des Reichsorganisationsleiter der „Deutschen Bühne" bekleidet hatte, daß er durch die Tätigkeit selbstverständlich weiteren Kreisen bekannt geworden war, und daß diese Kreise ebenso sicher auch von seiner plötzlichen Entlassung erfahren würden. Sie mußte sich also danach in ihren Entschlüssen richten. – Im übrigen widerspricht sich der Kläger in diesem Punkte selbst; denn er betont an anderer Stelle – wenn auch in anderem Zusammenhang –, wie bekannt er allenthalben als Präsidialmitglied des Reichsverbandes der Deutschen Schriftsteller gewesen sei, als ehemaliger Herausgeber des „Türmer" und jetziger Herausgeber des „Hochwart", und welchen ausgezeichneten Klang sein Name in der deutschen Literatur [87] besitze.

Schließlich ist es auch unerheblich, daß der Kläger zu der Zeit, als er den „Hochwart"-Vertrag mit der Beklagten einging, noch keine Beziehung zur „Deutschen Bühne" hatte, daß also seine Beziehungen zur „Deutschen Bühne" damals nicht zur Grundlage des Vertrages gemacht worden waren. Es kommt nicht auf das Verhältnis zwischen dem Kläger und der „Deutschen Bühne" als solches an, sondern darauf, daß die fristlose Entlassung des Klägers aus der Leitung der „Deutschen Bühne" geeignet war, sein Ansehen zu untergraben. Die Beklagte konnte also einen Kündigungsgrund aus seinem Verhältnis zur „Deutschen Bühne" entnehmen, obwohl es beim Abschluß des Vertrages noch nicht bestanden hatte.

Nach alledem war die Beklagte berechtigt, den Vertrag mit sofortiger Wirkung zu kündigen. Diese Auffassung rechtfertigt sich umso mehr, als der „Hochwart" auf Grund seiner Tradition und seines anspruchsvollen Untertitels „Monatsschrift für nationalsozialistische Lebensauffassung" unter ihren Verlagswerken eine ganz besondere Stellung einnehmen sollte; denn dann musste sie an seinen Herausgeber und dessen Stellung zur Partei und Kulturfront besonders strenge Anforderungen stellen.

Daneben muß noch berücksichtigt werden, daß die Beklagte ihrerseits zur „Deutschen Bühne" in nahen geschäftlichen Beziehungen stand. Sie hatte den Verlag der Verbandszeitschrift inne und war dadurch naturgemäß mit den leitenden Persönlichkeiten der „Deutschen Bühne" in engere Berührung gekommen. Es war also, wie sie mit Recht hervorhebt, für sie ein Ding der Unmöglichkeit, auf der einen Seite ein Werk zu verlegen, dessen Herausgeber der Kläger war, und auf der anderen Seite mit der „Deutschen Bühne" zusammenzuarbeiten, deren Leiter den Kläger wegen „schwerwiegender Verfehlungen" entlassen hatte. Daß sie sich in diesem Konflikt auf die Seite der „Deutschen Bühne" stellte, kann ihr nach dem, wie damals der Schein gegen die Kläger sprach, nicht verargt werden.

III.
Der zweite Kündigungsgrund, den die Beklagte geltend macht, greift ebenfalls durch.

Der Kläger war nach Treu und Glauben verpflichtet, ihr seine Entlassung bei der „Deutschen Bühne" sofort mitzuteilen, da [88] sie für den Fortbestand des Vertrages vom 27. April 1933 von wesentlicher Bedeutung sein konnte. Er behauptet zwar, daß er die Maßnahmen des Dr. Stang als belanglos betrachtet habe. Aber der Umstand, daß er Dr. Decker von der Reichsleitung der NSDAP um seine Ansicht befragt hat, beweist, daß er seiner Sache keineswegs sicher war. Hinzu kommt, daß schon vorher Meinungsverschiedenheiten zwischen ihm und Dr. Stang bestanden hatten, und daß diese Streitigkeiten unter Hinzuziehung des Geschäftsführers der Beklagten beigelegt worden waren. Der Kläger hatte also umso mehr Anlaß, die Beklagte von der neuesten Wendung der Dinge unverzüglich zu benachrichtigen. Daß Dr. v. Hase damals gerade verreist gewesen sein soll, war keine Entschuldigung; eine briefliche Benachrichtigung wäre auf jeden Fall möglich gewesen. Jedenfalls konnte der Kläger die weitere Entwicklung der Dinge damals noch nicht übersehen. Auf der anderen Seite wusste er aber, welche Erwartungen die Beklagte an das Neuerscheinen des „Hochwart" knüpfte, und er unterstützte ihre Hoffnungen noch durch seine Briefe vom 4. und 5. Oktober 1933, obwohl er damals schon die fristlose Entlassung des Dr. Stang in Händen hatte. So ließ er es geschehen, daß die Beklagte den „Hochwart" in großer Aufmachung ankündigte und herausgab. Die Beklagte fühlt sich mit Recht durch diese Handlungsweise verletzt und hat daher den Vertrag auch aus diesem Grunde zu Recht gekündigt.

IV.
Hiernach war die Klage schon auf Grund des unstreitigen Sachverhalts ohne weitere Beweiserhebung abzuweisen. Die Kosten des Rechtsstreits fallen nach § 91 ZPO dem Kläger zu Last.

gez. Rudloff   Dr. Engelsing   Dr. Blochwitz

Ausgefertigt: Berlin, den 21. März 1935
gez. Scheil Justizangestellter als Urkundsbeamter der Geschäftsstelle des Landgerichts. [89]

Auszug aus einem Schriftsatz des Anwaltes des Herrn Karl Aug. Walther, Herrn Rechtsanwalt Dr. Martin Wenger, Berlin, im Prozess Karl August Walther gegen Koehler & Amelang vom 3.10.1935.

„[...] Dr. Everling hat dem Mitinhaber der Beklagten, Dr. v. Hase, dabei erklärt, daß es geradezu beschämend sei, den Träger eines solchen Namens, nämlich des Nachkommens des Jenaer Professors von Hase, mit seiner Unterschrift unter einer solchen jeder Billigkeit hohnsprechenden Briefes – gemeint ist der Kündigungsbrief an den Kläger – zu wissen.

Beweis: Zeugnis Dr. Everling, Dr. Decker, Dr. v. Hase.

Dies wiegt umso schwerer, als Dr. v. Hase gegen seine Überzeugung, nur den Forderungen und dem Druck der Konzernleitung folgend, den Kläger ‚fallen liess' und sich gegen ihn stellte.

Beweis: Dr. v. Hase, Dr. Moka, Dr. Everling, Dr. Decker.

Hierfür liegen auch urkundliche Zeugnisse vor, von denen der Kläger wegen ihres vertraulichen Charakters nur dann Gebrauch machen würde, wenn der Sachverhalt bestritten werden sollte. Der Mitinhaber der Beklagten, der Geschäftsführer Dr. v. Hase, hat tatsächlich niemals an eine ‚schwerwiegende Verfehlung' des Klägers geglaubt. Vielmehr hat er sich in einer missverstandenen Anwendung des Führerprinzips hinter die Konzernleitung gestellt, der von allem Anfang an das Hochwart-Geschäft unbequem war, da es das spätere Kommissionsgeschäft mit dem Türmer störte [...]" [90]

Anlage IV.
Akten-Notiz
Kiss, Wittekind.

Zufolge meines Telegrammes „Eintreffe zur wichtigen Besprechung" war sich Kiss bereits klar geworden, daß ich gekommen sei um über die Veröffentlichung des Romanes mit ihm zu sprechen. Auch er stand bereits auf dem Standpunkt, daß eine Nichtveröffentlichung des Romanes zur Zeit durchaus zu erwägen sei und war über meine Anregung durchaus nicht überrascht, sondern hatte sich bereits mit einem Ausweg beschäftigt, nämlich dem Verlag Ludendorff den Verlag anzubieten. Ich machte ihm klar, daß der Verlag Koehler bei seinen besonderen Beziehungen zur „Reichsstelle zur Förderung des deutschen Schrifttums" und den anderen Rosenberg nahestehenden Stellen weit weniger unabhängig sei, sich vielmehr nach der Stimmung dieser Stellen richten müßte. Auch hätte der Verlag einschließlich seiner Schwesterfirmen Rücksicht auf seine Beziehungen zum gesamten Buchhandel zu nehmen. Auch Kiss glaubte, aus verschiedenen Anzeichen ersehen zu müssen, daß man zwar in Bezug auf die Fortsetzung der Hagener Aufführungen in Berlin festbleiben würde, daß man aber mit Rücksicht auf den von der katholischen Kirche herbeigeführten Skandal bei der zweiten Aufführung und den darauf folgenden Pressefeldzug hinsichtlich der weiteren Verbreitung des Stückes, wenn auch äußerlich nicht erkennbar, einen Rückzieher zu machen im Begriff sei.

So war es, allerdings hauptsächlich dank der sehr entgegenkommenden Einstellung von Kiss nicht schwer, zu der Vereinbarung zu kommen, daß fürs erste der Roman nicht im Koehlerverlag erscheint. Kiss will sich sofort mit dem Verlag Ludendorff, zu dem er persönliche Beziehungen hat, in Verbindung setzen und sehen, daß dieser Verlag das Werk entweder sofort, gegenbenenfalls später, herausbringt. Da die „Reichsstelle zur Förderung des deutschen Schrifttums" bereits den Roman zur Prüfung in den Händen hat, vereinbarten wir, daß wir unter der Hand, am besten wieder persönlich durch Herrn Schroeder, dort anfragen sollten, wie sich diese Stelle zu einem etwaigen Erscheinen des Romanes im Ludendorff-Verlag stellen würde.

Ich sagte Herrn Kiss noch zu, daß der Verlag, falls Ludendorff zugreifen würde, durch entgegenkommende Zahlungsbedingungen [91] den Übergang erleichtern würde.

Wir verblieben also ausdrücklich dabei, daß der Verlag Koehler jetzt nicht verpflichtet sein soll, den Roman erscheinen zu lassen. Sobald Kiss von Ludendorff Nachricht erhalten hat, wird er uns Mitteilung machen.

Wir besprachen auch die Möglichkeit, daß das Textbuch zum Schauspiel an den Bühnenvertrieb Eher überginge; wir haben also die Möglichkeit, auch diese Frage mit den Berliner Herren zu besprechen. Daß der Verlag das Schauspiel nicht angezeigt hat, hat Kiss, ohne sich dagegen zu stellen, zur Kenntnis genommen.

Unsere Verhandlungen waren vom Geist der gegenseitigen Freundschaft und gegenseitigen Verständnisses getragen und verliefen sehr harmonisch. Interessant war, daß auch Kiss durch den Skandal völlig überrascht worden ist, auch die Herren vom Hagener Theater haben an eine solche Auswirkung nicht im entferntesten gedacht, wie ja auch tatsächlich die Uraufführung ohne jede Störung verlaufen ist und auch gegen die Radiosendung im Deutschland-Sender längere Zeit vor der Uraufführung nichts eingewendet worden ist. Übrigens hat sich der Eher-Verlag um das Stück beworben, ohne daß Kiss es angeboten hatte; der Verlag (Bühnenvertrieb) ist wohl durch den Reichsdramaturgen Schlösser darauf aufmerksam gemacht worden, wie auch durch diesen wohl die Radiosendung veranlaßt worden ist, um die sich Kiss auch nicht beworben hat.

Wir werden also abwarten, wie Kiss' Verhandlungen mit Ludendorff ausgehen.

Leipzig, den 18. Februar 1935
gez. Dr. v. Hase. [92]

Frage 22:
Hat die Konzernleitung selbst oder ihre Abteilungsleiter Stiftungen für das Winterhilfswerk des deutschen Volkes, die Adolf Hitler-Spende der deutschen Wirtschaft und für sonstige Einrichtungen des nationalsozialistischen Staates oder der Partei vorgenommen? Wie hoch waren die Stiftungen im einzelnen in den Jahren 1933, 1934, 1935, 1936?

a) Spenden für das Winterhilfswerk:

1933/34   5.000
1934/35   5.000
1935/36   5.000

Für 1936/37 werden von den Inhabern und den steuerpflichtigen Kapitalgesellschaften die aus den Einkommen- bezw. Körperschaftssteuern nach den Richtlinien errechneten Beträge zentral abgeführt.

Wir verweisen auf den beiliegenden auf Anregung der Zentrale von Herrn Dr. Starkloff veranlassten Schemabrief vom 15.X.1936 an die Inhaber, sowie den ebenfalls anliegenden Brief an Herrn Dr. v. Hase vom 23.X.1936.

b) Adolf Hitlerspende der deutschen Wirtschaft:

1933   7.000
1934   4.200
1935   4.500

Da 1936 die Erhebung durch die Fachverbände und nicht mehr wie früher durch die Berufsgenossenschaften erfolgt, und da die Bekanntmachung der Berechnungssätze erst kürzlich ergangen ist, könnte über die Höhe der Spende 1936, die aber wie in den Vorjahren zumindest den Richtlinien folgend gewährt werden wird, noch kein Beschluss gefasst werden.

c) Gelegentliche Spenden im Gesamtbetrage vom etwa RM 5.000 erfolgten in den Berichtsjahren an div. Stellen der Partei oder ihrer Gliederungen. [93]

Koehler & Volckmar A.-G. & Co.
Juristische Abteilung
Dr. ST. / Le.

Leipzig C. 1., den 15. Oktober 1936.

Herrn . . .

In den letzten Jahren haben wir im Koehler-Volckmar-Konzern die Winterhilfsbeiträge für die Inhaber in einer Gesamtsumme von der Firma aus abgeführt, und zwar wurden gezahlt:

für das Winterhilfswerk 1933/34 im Februar 1934   RM 5.000
für das Winterhilfswerk 1934/35 im November 1934   RM 5.000
für das Winterhilfswerk 1935/36 im Oktober 1935   RM 5.000.

Diese Winterhilfsbeiträge waren und sind bei der Feststellung des steuerpflichtigen Einkommens nicht abzugsfähig.

Es wird in diesem Jahre beabsichtigt, nur von denjenigen Firmen des Konzerns, die Kapitalgesellschaften sind, Winterhilfsbeiträge nach den Richtlinien des Reichsbeauftragten für das Winterhilfswerk abzuführen. Im übrigen aber soll es den Inhabern überlassen bleiben, ihre Winterhilfsbeiträge persönlich zu bewirken.

Der Einfachheit halber sind wir bereit, von der juristischen Abteilung, die ja die Steuerangelegenheiten auch für Sie bearbeitet, die Winterhilfsbeiträge nach den beiliegenden Richtlinien zu errechnen und an die zuständigen Stellen abzuführen. Wir würden dann die Monatstürplaketten in Empfang nehmen und den einzelnen Personen zustellen.

Nach Ziffer 2 b) der Richtlinien stellt sich der Winterhilfsbeitrag für Sie auf

RM . . . .

monatlich, nämlich 1 % des für das Jahr 1935 veranlagten Einkommensteuerbetrages (RM . . .). Wenn wir bis zum 20. ds. Mts. keine gegenteilige Anweisung von Ihnen erhalten, nehmen wir an, daß Sie mit diesem vereinfachten Verfahren einverstanden sind. Wir werden dann den vorstehenden Betrag jeweils monatlich an die zuständige Stelle abführen und Ihnen die Monatstürplaketten zustellen.

Heil Hitler!

Koehler & Volckmar A.-G. & Co.
Juristische Abteilung
gez. Dr. Starkloff [94]

Die Monats-Türplakette gilt als Ausweis dafür, daß die Inhaber der Plakette für den betr. Monat ein seiner wirtschaftlichen Lage entsprechendes Opfer für das Winterhilfswerk des deutschen Volkes gebracht hat; sie ist an jeder Wohnungstür sichtbar anzubringen.

Anspruch auf Aushändigung der Plaketten haben:

1.

a) Lohn- und Gehaltsempfänger, die während der 6monatigen Dauer des WHW 1936/37 (1. Okt. 1936 bis 31. März 1937) ein Opfer von 10 % ihrer Lohnsteuer an das WHW entrichten:

b) Lohn- und Gehaltsempfänger, die wegen ihres geringen Einkommens zur Einkommens-steuer nicht herangezogen werden, gegen ein Opfer von monatlich 25 Pfg.:

c) Festbesoldete, die neben ihrer Lohnsteuerleistung noch zur Einkommenssteuer veranlagt werden, wenn sie neben ihrer monatlichen Spende in Höhe von 10 % ihrer Lohnsteuer ein monatliches Opfer in Höhe von 1 % ihres für das Jahr 1935 veranlagten Einkommensteuerbetrages an das WHW entrichten, soweit die Steuerschuld nicht durch Lohnabzug getilgt ist. Diese 1 % werden also lediglich von der Einkommenssteuerrestschuld errechnet, die durch Vorauszahlung und die Abschlußzahlung getilgt worden ist.

2.

a) Gewerbetreibende und Angehörige der freien Berufe, sowie sonstige Einkommensbezieher, die zur Einkommenssteuer veranlagt werden, soweit sie monatlich ein Opfer in Höhe von 1 % des für das Jahre 1935 veranlagten Einkommensteuerbetrages an das WHW entrichten;

b) Inhaber von offenen Handelsgesellschaften und Kommanditgesellschaften, wenn sie monatlich 1 % des für das Jahr 1935 veranlagten Einkommensteuerbetrages an das WHW entrichten;

c) Gewerbetreibende und Angehörige der freien Berufe, sowie sonstige Einkommensbezieher, die nicht zur Einkommensteuer veranlagt werden, wenn sie einen Mindestbetrag von monatlich RM 1 während der Dauer des WHW opfern.

3.

Kapitalgesellschaften (namentlich Aktiengesellschaften und Gesellschaften m.b.H.), wenn sie während der Dauer des WHW (1. Okt. 1936 bis 31. März 1937) ein Opfer von monatlich 1 % der 1935 gezahlten Körperschaftssteuer leisten. Wenn im Geschäftsjahr 1935 ein entsprechendes Einkommen nicht erzielt wurde, erhalten sie die Plaketten, wenn sie für die Dauer des WHW insgesamt 1 % des steuerlich festgesetzten Vermögens opfern. Falls weder vom Vermögen, noch vom Einkommen eine Versteuerung erfolgt, erwerben sie die Plakette, wenn sie mindestens monatlich RM 1 dem WHW zur Verfügung stellen.

4.

Während der Dauer des WHW wird eine Ermäßigung der Mitgliederbeiträge für die NSV vorgenommen. [95]

Anlage zu Frage 22
Abschrift

23.10.1936
Juristische Abteilung
Herrn Dr. Hermann v. Hase, Koehler-Haus.

Sehr geehrter Herr Doktor!

Aus Ihrem Briefe vom 21. ds. Mts. entnehmen wir, daß die juristische Abteilung für Sie keine Winterhilfsbeiträge abführen soll, da Sie die Abführung selbst bewirken wollen.

Zu Ihrer Anfrage betr. die Winterhilfsbeiträge der Kapitalgesellschaften im Konzern teilen wir Ihnen folgendes mit:

Wir haben im Konzern die folgenden Kapitalgesellschaften, die auf Grund der Richtlinien entweder 15 % der in der Zeit vom 1.10.1936 – 31.3.1937 fällig werdenden Körperschaftssteuervorauszahlungen oder, wenn keine Körperschaftssteuervorauszahlungen fällig werden, 1 % des Reinvermögens nach dem letzten Bilanzstichtag als WHW Beiträge zu leisten haben:

a) Koehler & Volckmar A.-G. Körperschaftssteuervorauszahlungen
   1.10.36 – 31.3.37: RM 29.460, hiervon 15 %   4.419
b) F. E. Haag A.-G. Körperschaftssteuervorauszahlungen
   1.10.36 – 31.3.37: RM 5.666, hiervon 15 %   850
c) Groß-Sortiment G.m.b.H. Reinvermögen per 31.12.1935
   RM 20.000, hiervon 1 %   20
d) Föste, Lüddecke, Böhnisch & Co. G.m.b.H., Reinvermögen
   per 31.12.1935: RM 75.000, hiervon 1 %   75

Gesamt: 5.264

Mit Rücksicht auf die Abhängigkeit der WHW-Beiträge von den Körperschaftssteuervorauszahlungen beabsichtigen wir, die Beiträge jeweils am gleichen Termin, an dem auch die Vorauszahlungen fällig werden, also am 10.12.1936 und 10.3.1937, zu überweisen.

Heil Hitler!

Koehler & Volckmar A.-G. & Co.
Juristische Abteilung [96]

Frage 23:
Standen die vorbezeichneten Stiftungen im Verhältnis zur Kapitalkraft im Gesamtkonzern?

Wir haben freiwillige Stiftungen der vorbezeichneten Art stets im Zusammenhang mit unseren sozialen Gesamt-Leistungen betrachtet, ausgehend von dem Gedanken, daß jede soziale Betätigung dem Aufbauwerk des Führers letzten Endes in gleicher Weise dient. Ohne hier auf irgendwelche Einzelfälle sozialer Betätigung eingehen zu wollen, möchten wir lediglich Folgendes erwähnen:

1.

Wir haben in den Jahren 1933–1935 für freiwillige Pensionen an ehemalige Gefolgschaftsmitglieder und Witwen von Gefolgschaftsmitgliedern, sowie für ehemalige Wohlfahrtsunterstützungen an Gefolgschaftsmitglieder, die sich in akuter Not (z.B. durch Krankheit, Operation etc.) befanden, folgende Beiträge gezahlt:

	Pensionen	Unterstützungen
1933	49.788,00	2.602,25
1934	51.950,00	7.653,00
1935	53.190,33	8.118,95.

Derartige Leistungen werden selbstverständlich fortlaufend gewährt.

2.

Die Inhaber der Firma Albert Koch & Co. haben im Jahre 1934 anlässlich der Liquidation der F. Volckmar'schen Hilfskasse auf ihre Beteiligung am Liquidationserlös in Höhe von über RM 100.000 zu Gunsten der übrigen Mitglieder dieser Hilfskasse verzichtet. Hierzu wird auf die Anlagen verwiesen.

3.

Beeindruckt durch die diesjährigen Kundgebungen des Führers z.B. anlässlich der Eröffnung des Winterhilfswerkes veranlassten wir nach entsprechender Vorbereitung auf Veranlassung der Zentrale:

a) die beiliegende Bekanntmachung für unsere Gefolgschaft,

b) gleichzeitig zu a) die beiliegende Bekanntmachung betr. eine Weihnachtsgabe für unsere Gefolgschaft, die schätzungsweise [97] für Leipzig und Stuttgart eine Ausschüttung in Höhe von ca. RM 70 bis 80.000 ergeben wird. Es erschien uns richtig, beide Maßnahmen in dieser Form in Zusammenhang zu bringen.

Über größere Stiftungen wurde, wie sich z.B. aus dem Protokoll vom 8. Februar 1935 ergibt, Einverständnis zwischen den geschäftsführenden Gesellschaftern der beiden Gruppen herbeigeführt, zu 3.) für Neff & Koehler mit Herrn Dr. Kurt Koehler. [98]

Anlage zu Frage 23
Betr. Winterhilfswerk.

Der Führer hat auch in diesem Jahre zum Winterhilfswerk aufgerufen. Durch freiwillige Spenden können wieder die Mittel beschafft werden, die notwendig sind, um die dringendste Not zu lindern. In Opferwilligkeit und tatkräftiger Hilfe sollen alle dazu beitragen, denjenigen unserer Volksgenossen zu helfen, die noch nicht wieder Arbeit gefunden haben oder sonst unverschuldet in Not geraten sind.

Wir fordern unsere Gefolgschaftsmitglieder auf, sich, soweit es in ihren Kräften steht, an diesem großen Werke zu beteiligen. Im Anschluß an den Aufruf des Reichsbeauftragten für das Winterhilfswerk haben wir unserer Gehaltsabteilung und der Verwaltung unserer sog. Privatkasse Anweisung gegeben, mit Wirkung ab 1. Oktober den vorgesehenen Lohn- und Gehaltsabzug von 10 % der Lohnsteuer bei all den Lohn- und Gehaltsempfängern vorzunehmen,

a) die nicht von der Lohnsteuer und damit von der Winterhilfsspende befreit sind,

b) die bis Montag, den 19. Oktober bei der Gehaltsabteilung nicht vorstellig werden und ersuchen, von dem Abzug für das Winterhilfswerk abzusehen.

Ebenso bitten wir diejenigen Lohn- und Gehaltsempfänger, die keine Lohnsteuer zu entrichten haben, die WHW-Plakette aber beziehen zu wollen, bis Montag, den 19. Oktober der Gehaltsabteilung hiervon Mitteilung zu machen. Es werden dann monatlich RM 0,25 für die Plakette abzogen werden.

Geschäftsleitung und Vertrauensrat der Koehler-Volckmar-Firmen.

Leipzig, den 16. Oktober 1936. [99]

Anlage zu Frage 23
Bekanntmachung

Wir freuen uns, Ihnen hierdurch bekanntgeben zu können, daß jedes ständig bei uns tätige Mitglied unserer Gefolgschaft in diesem Jahre als äußeres Zeichen der Dankbarkeit für treue Mitarbeit eine Weihnachtsgabe erhalten wird. Da im Dezember vielfach die Bezahlung von Überstunden erfolgt, werden wir veranlassen, daß die Auszahlung für Angestellte mit dem November-Gehalt, für gewerbliche Arbeiter (Markthelfer etc.) mit der Lohnzahlung am 27. November 1936 erfolgen wird.

Die Festsetzung der Einzelbeträge erfolgte nach sozialen Gesichtspunkten, nämlich einerseits nach dem Familienstand, andererseits nach der Dauer der Betriebszugehörigkeit. Schwerkriegsbeschädigte erhalten einen 20 %igen Zuschlag auf die aus der nachstehenden Tabelle im Einzelnen ersichtlichen Sätze:

Betriebszugehörigkeit	bis 5 Jahre	5–15 Jahre	15–25 Jahre	über 25 Jahre
Ledige	40, –	45, –	50, –	60, –
Verheiratete ohne Kind	50, –	55, –	60, –	70, –
Verheiratete mit 1 Kind	60, –	65, –	70, –	80, –
Verheiratete mit 2 Kindern	75, –	90, –	110, –	125, –
Verh. mit 3 und mehr Kindern	100, –	125, –	150, –	200, –

Lehrlinge und jugendliche Gefolgschaftsmitglieder werden je RM 25 erhalten. Es ist anzunehmen, daß auch in diesem Jahre solche Weihnachtsgeschenke für Gefolgschaftsmitglieder mit einem Jahreseinkommen bis zu RM 3.960 lohnsteuerfrei erfolgen können. Wir weisen ausdrücklich daraufhin, daß wir unseren Gefolgschaftsmitgliedern diese Zuwendung lediglich für dieses Jahr zusagen.

Wir hoffen, mit dieser Zuwendung unseren Gefolgschaftsmitgliedern die vielfachen Anforderungen, die die Winterzeit an sie stellt, zu erleichtern.

Leipzig, 15.10.1936
Die Geschäftsleitung der Koehler-Volckmar-Firmen. [100]

Anlage zu 23.

DAF – Betriebsgemeinschaft der Koehler & Volckmar A.-G. & Co.
Betriebszellen-Obmann
29.11.1936

An den Herrn Betriebsführer der Koehler & Volckmar A.-G. & Co., Leipzig.

Sehr geehrter Herr Volckmar-Frentzel!

Die in diesen Tagen erfolgte Auszahlung der Weihnachtsgabe seitens der Betriebsführung hat unter den Gefolgschaftsmitgliedern allgemein Freude und Dankbarkeit ausgelöst.

Den Wünschen vieler meiner Arbeitskameraden entsprechend, halte ich es für meine selbstverständliche Pflicht, Ihnen und der gesamten Betriebsführung den Dank Ihrer gesamten Gefolgschaft auszusprechen. Dies tue ich umso lieber, da weder Vertrauensrat noch Betriebszelle die Anregung zu dieser erstmaligen besonderen Zuwendung gegeben hat, sondern die Initiative allein von Ihnen ausging.

Die materielle Auswirkung dieser Weihnachtsgabe bedeutet für den Aufbauplan des Führers eine tatkräftige Unterstützung, denn ich bin überzeugt, daß jede ausgezahlte Mark schnellstens umgesetzt wird und mithilft, Arbeit für Andere zu schaffen.

Andererseits trägt diese Tat in Verbindung mit vielen anderen schönen Einrichtungen (Lautsprecheranlage, 1. Mai-Kameradschaftsabend, Kantatefeier, Weimarfahrt usw.) viel dazu bei, die früher in Kampfstellung gegenüber stehenden Fronten der Arbeitnehmer und Arbeitgeber zu einer wirklichen Kampffront der Volksgemeinschaft zusammenzuschweißen.

Dies festzustellen freue ich mich ganz besonders.

Heil Hitler!
gez. Rudolf Volkrodt. [101]

Zu 23.
Betr. F. Volckmar'sche Hilfskasse.

Die F. Volckmar'sche Hilfskasse ist in den Jahren von ihrer Gründung an aus Beiträgen der Mitglieder und der Geschäftsinhaber gespeist worden. In den Jahren 1891 bis 1912 ist <u>von den Inhabern</u> ein Betrag von M 245.551,16 an ordentlichen Beiträgen gezahlt worden, <u>von den Mitgliedern</u> ein Betrag von M 110.215,57. Im Jahre 1913 setzte die staatliche Angestelltenversicherung ein. Wahrscheinlich mit Rücksicht hierauf wurden in diesem Jahre keine Inhaberbeiträge gezahlt. Außerdem sanken die Mitgliederbeiträge von M 6.634,64 im Jahre 1912 auf M 1.043,78 im Jahre 1913.

Ab 1914 setzten dann die Kriegslasten ein. In den Kriegsjahren wurden M 172.957,45 Kriegsunterstützungen von der Hilfskasse gezahlt. Zu diesen Lasten haben die Inhaber M 58.244,86 beigetragen.

Soweit sich heute noch feststellen lässt, sind der Hilfskasse noch folgende Sonderspenden zugeführt worden:

im Jahre 1899 M 20.000
im Jahre 1910 M 30.000.

Ob diese Aufstellung vollständig ist, läßt sich nicht mit Bestimmtheit sagen. Da nach dem Kriege infolge der Geldentwertung ungewöhnliche Verhältnisse eintraten, dürfte es keinen Sinn haben, diese Jahre jetzt noch zu irgendwelchen Vergleichszwecken heranzuziehen. Als Ergebnis wird davon auszugehen sein, daß in den Jahren 1891–1912 eingezahlt wurden:

von den Inhabern   245.551,16 M
                     20.000,00 M
                     <u>30.000,00 M</u>

                    295.551,16 M

von dem Mitgliedern 110.215,57 M.

Da von den Mitgliedern laufend höhere Beträge an Unterstützungen herausgenommen wurden, als sie selbst einzahlten, kann davon ausgegangen werden, daß sich das vor Kriegsausbruch am 31.V.1914 vorhandene Vermögen der Kasse von rund M 460.000 im wesentlichen aus den Spenden und Beiträgen der Inhaber und deren Verzinsung zusammengesetzt hat. [102]

Die Inhaber haben es bei der Liquidation im Jahre 1934 als ein nobile officium erachtet, auf jede Beteiligung am Erlös zu verzichten, obwohl nach den Grundsätzen des Auswertungsrechtes eine Verteilung des Vermögens im Verhältnis der eingezahlten Beiträge rechtens gewesen wäre. Hierdruch, d.h. durch Verteilung des Vermögens von ca. RM 120.000 wurde es ermöglicht, den Mitgliedern bei der Liquidation nicht nur die von ihnen geleisteten Beiträge voll aufzuwerten, sondern darüber hinaus Sonderleistungen zu gewähren. Diese Stiftung erfolgte nur von den Inhabern von Albert Koch & Co. [103]

Koehler & Volckmar A.-G. & Co. / Leipzig
Juristische Abteilung
Leipzig C 1, im Mai 1934

An die Mitglieder und Witwen ehemaliger Mitglieder der F. Volckmar'schen Hilfskasse

Herrn
Frau

I.

Die F. Volckmarsche Hilfskasse ist im Jahr 1899, also zu einer Zeit begründet worden, als die staatliche Sozialversicherung sich noch in den ersten Anfängen befand und daher eine besondere Fürsorge für das Wohl der Mitarbeiter der Firma F. Volckmar erwünscht erschien. Inzwischen ist in der langen Zeit des Bestehens der Hilfskasse die Sozialversicherung in allen ihren Zweigen mehr und mehr ausgebaut worden, so daß jetzt in fast allen Fällen von Krankheit oder Invalidität der Angestellten- und Arbeitermitgliedern eine Hilfe gesichert ist. Eine Weiterführung der Hilfskasse ist daher heute nicht mehr notwendig. Hinzu kommt, daß durch die Inflation das Kapital der Kasse stark zusammengeschmolzen ist. Schon seit Beendigung der Inflation sind keine Beiträge mehr erhoben und keine Renten usw. mehr gezahlt worden. Eine Neubelebung der Hilfskasse würde zur Folge haben, daß die Mitglieder zu erheblichen Beiträgen herangezogen werden müßten. Das aber erscheint bei der bereits vorhandenen Belastung jedes einzelnen mit Abgaben und Beiträgen als untragbar. Deshalb haben sich die Inhaber der Firma F. Volckmar dazu entschlossen, die Auflösung der F. Volckmarschen Hilfskasse vorzuschlagen und haben mit der Vorbereitung der Auflösung die Juristische Abteilung beauftragt.

Der Entschluß, die Kasse aufzulösen, sowie die nachstehend im einzelnen geschilderte Verteilung des noch vorhandenen Vermögens an die Mitglieder ist von den ehemaligen Vorstandsmitgliedern der Kasse und den beteiligten Prokuristen und Handlungsbevollmächtigten gebilligt worden.

Das Vermögen der F. Volckmarschen Hilfskasse ist entstanden teils aus Stiftungen der Inhaber-Mitglieder, teils aus Beiträgen der Angestellten- und Arbeitermitglieder. Wenn man für die Verteilung des Vermögens die Grundsätze der Aufwertungsgesetzgebung anwenden würde, so würde das vorhandene Vermögen nicht nur an die Angestellten- und Arbeitermitglieder, sondern auch an die Inhaber-Mitglieder im Verhältnis der Leistungen beider Gruppen zurückfließen müssen. Die Mitinhaber des Volckmar-Konzerns haben jedoch auf die Rückzahlung der von ihnen geleisteten Beiträge verzichtet und wünschen, daß das gesamte jetzige Vermögen der F. Volckmarschen Hilfskasse, gleichgültig aus welchen Quellen es stammt, im Rahmen der unter III. entwickelten Grundsätze den Angestellten- und Arbeitermitgliedern der F. Volckmarschen Hilfskasse bzw. der gesamten Gefolgschaft des Koehler-Volckmar-Konzerns zufließen soll.

II.

Die im Rahmen der Liquidation vorzunehmende Verwertung der einzelnen Vermögensgegenstände der Kasse würde eine erhebliche Zeit für sich in Anspruch nehmen. Eine endgültige Auflösung wäre daher voraussichtlich erst nach Jahren möglich. Um nun die Entwicklung der Auflösung zu beschleunigen und um die Auszahlung [104] an die einzelnen Mitglieder möglichst rasch vornehmen zu können, soll das Vermögen der F. Volckmarschen Hilfskasse rückwirkend auf den 1. Januar 1934 im ganzen zum Nennwert an die Koehler & Volckmar A.-G. & Co. verkauft werden und aus dem Kaufpreis die Auszahlung an die einzelnen Mitglieder vorgenommen werden. Das von der Hilfskasse mitverwaltete Vermögen der Stechert-Stiftung soll gleichfalls an die Koehler & Volckmar A.-G. & Co. mit verkauft werden mit der Auflage, dieses Vermögen für die Zwecke der Stechert-Stiftung zu verwalten.

III.

Das nach Durchführung des zu II geschilderten Verlaufs aus der Forderung an die Koehler & Volckmar A.-G. & Co. bestehende Vermögen der Kasse soll im einzelnen nach folgenden Grundsätzen verteilt werden:

1.

Der Hilfskasse gehören noch insgesamt 134 Personen einschließlich der Witwen ehemaliger Mitglieder an. Von diesen haben 87 Personen mehr Beiträge geleistet als ihnen an Unterstützungen und Rückzahlungen von der Hilfkasse ausbezahlt worden sind, während bei 47 Personen die Leistungen der Kasse die eingezahlten Beiträge übersteigen.

Denjenigen 87 Personen, die mehr Beiträge gezahlt als sie an Unterstützungen herausgezogen haben, werden die entsprechenden Mehrbeträge zu 100 % aufgewertet, und sie erhalten diese Beträge demnach voll ausgezahlt.

2.

Von dem Restbetrag soll ein weiterer Teil allen 134 Interessenten zufließen. Die Verteilung auf die einzelnen erfolgt nach einem Schlüssel, der aufbaut auf der Zahl der Beitragsjahre und dem bestehenden Saldo jedes einzelnen. Nach diesem Schlüssel erhalten:

a) Die unter I. genannten 87 Personen je Beitragsjahr 20 RM.

b) Von den Personen, denen insgesamt mehr an Unterstützung gezahlt worden ist, als sie Beiträge geleistet haben, erhalten diejenigen, welchen bis zu 500 RM mehr an Unterstützung ausgezahlt wurde, je Beitragsjahr 25 RM,

c) die, welchen 501–1.000 RM Unterstützungen mehr ausgezahlt wurden, je Beitragsjahr 20 RM,

d) die, welchen 1.001–1.500 RM Unterstützungen mehr ausgezahlt wurden, je Beitragsjahr 15 RM,

e) die, welchen über 1.500 RM mehr Unterstützungen ausgezahlt wurden, je Beitragsjahr 10 RM.

3.

Sowohl die eingezahlten Beiträge als auch die ausgezahlten Unterstützungen sind, soweit dies notwendig war, nach Aufwertungsgrundsätzen in Goldmark umgerechnet worden.

Wenn der Satz pro Beitragsjahr für die Personen, die bis 500 RM mehr Unterstützungen erhalten haben als sie Beiträge geleistet haben, höher festgesetzt ist als für die Personen, bei denen die Beiträge die erhaltenen Unterstützungen übersteigen, so soll hierin ein Ausgleich für die außergewöhnliche Maßnahme erblickt werden, daß Guthaben nicht zu 25 % sondern voll aufgewertet werden.

4.

Nach diesen Ausschüttungen verbleibt ein Rest von 20.986,31 RM. Dieser Betrag wird der Koehler & Volckmar A.-G. & Co. zur Verfügung gestellt und wird in erster Linie dazu verwandt werden, Härten, die sich bei der Verteilung ergeben, auszugleichen. Weiterhin sollen aus diesem Betrage die Kosten der Auflösung bestritten werden. Der dann verbleibende Rest wird später dem Wohlfahrtsfond der Koehler & Volckmar A.-G. & Co. zugeführt, damit er der Gesamtheit der Gefolgschaft des Konzerns zugute kommt.

5.

Die den Mitgliedern gemäß dem Vorstehenden zufließenden Beträge werden kurz nach der Hauptversammlung in bar ausgezahlt werden. [104]

IV.

Der bei der Vermögensverteilung gemäß III. auf Sie entfallende Betrag errechnet sich wie folgt:

Eingezahlte Beiträge   ....
Erhaltene Unterstützungen und Rückzahlungen   ....

Minus Saldo   ....
Guthaben   ....
Für .... Beitragsjahre pro Jahr .... RM ....

Sie erhalten somit insgesamt   RM ....

V.

Die technische und juristische Durchführung der vorstehend skizzierten Auflösung der F. Volck-marschen Hilfskasse geht nunmehr folgendermaßen vor sich:

1.

Zunächst bitten wir Sie, binnen 8 Tagen das beiliegende Dublikat dieses Schreibens mit der Er-klärung Ihres Einverständnisses (siehe VII.) an die Juristische Abteilung zu senden.

2.

Nach Eingang der Erklärungen wird eine *Hauptversammlung* der F. Volckmarschen Hilfskasse stattfinden. Diese Hauptversammlung wird satzungsgemäß durch eine einmalige Bekanntga-be des Ortes und des Beginns sowie der Tagesordnung im Börsenblatt für den Deutschen Buchhandel einberufen werden. Wir machen gleichzeitig darauf aufmerksam, daß gemäß §§ 6 und 9 der Satzung

a) die Leipziger Mitglieder zum Erscheinen verpflichtet sind,

b) die Witwen ehemaliger Mitglieder nicht Kassenmitglieder sind.

Die Stuttgarter Mitglieder sind zur Teilnahme nicht verpflichtet. Sie werden jedoch gebeten, ihre Stimmen auf Leipziger Mitglieder zu übertragen (s. VII).

3.

Der Hauptversammlung werden folgende Anträge zur Beschlußfassung vorgelegt werden:

a) Die Genossenschaft unter dem Namen „F. Volckmar'sche Hilfskasse" wird aufgelöst.

b) Die Liquidierung des Vermögens erfolgt nach den Grundsätzen, die in II. bis IV. dieses Schreibens entwickelt sind.

c) Zu Liquidatoren werden bestellt: Als Vertreter der Inhaber die Herren Karl Voerster und Dr. Johannes Starkloff, als Besitzer die Herren Hugo Lincke und Otto Mügge. Die Genossenschaft i. L. wird vertreten durch je einen Inhabervertreter und einen Besitzer.

d) Alle Ansprüche von Mitgliedern, von Witwen oder Waisen ehemaliger Mitglieder, die etwa gegenüber der F. Volckmarschen Hilfskasse bestehen, erlöschen, sofern die Auflösung in der gebilligten Form durchgeführt wird, so daß außer diesem Liquidationserlös keine Ansprüche gegenüber der F. Volckmarschen Hilfskasse mehr geltend gemacht werden können. Dieser Beschluß trifft auch etwa satzungsmäßig entstandene Ansprüche.

VI.

Wir bitten nunmehr, die nachstehend unter VII. formulierte Erklärung binnen 8 Tagen an die Juristische Abteilung einzusenden und bemerken, daß sowohl die Juristische Abteilung als

auch die ehemaligen Vorstandsmitglieder der Kasse und die beteiligten Prokuristen und Handlungsbevollmächtigten zu jeder Auskunft gern zur Verfügung stehen. Diejenigen Mitglieder,
die Ansprüche an den Härtefonds (III. Ziff. 4) stellen wollen, werden gebeten, diese Anträge
nach der Hauptversammlung an die Geschäftsleitung der Koehler & Volckmar A.-G. & Co. zu
richten.

Koehler & Volckmar A.-G. & Co.
Juristische Abteilung

VII.

An die F. Volckmar'sche Hilfskasse z. Hd. der Koehler & Volckmar A.-G. & Co., jur. Abt.

Ich erkläre hierdurch nach Kenntnisnahme des vorstehenden Rundschreibens und nach reifli-
cher Überlegung, daß ich mit der Auflösung der F. Volckmarschen Hilfskasse und der vorgeschlagenen Verteilung des Vermögens einverstanden bin. Ich erkläre ferner, daß ich gegen
Zahlung des oben unter IV. genannten Betrages auf alle etwaigen Ansprüche, die mir gegenüber der F. Volckmarschen Hilfskasse zustehen oder in Zukunft erwachsen können, für mich
und meine Rechtsnachfolger verzichte.

Nur für Leipziger Mitglieder: Ich bin bereit, in der Hauptversammlung den unter V. genannten
Anträgen zuzustimmen.

Nur für Stuttgarter Mitglieder: Ich bevollmächtige Herrn Karl Koehler und Herrn Rudolf Pü-
schel, in der Hauptversammlung der F. Volckmarschen Hilfskasse für mich den unter V. dieses
Schreibens genannten Anträgen zuzustimmen.

....

Ort und Tag   Unterschrift [105]

Frage 24:
*Sind die vom Koehler-Verlag an Gottschling gerichteten Briefe von Dr. Hase ver-
fasst, also dessen geistiges Eigentum, oder stammen dieselben von der Konzernleitung?*

Frage 25:
*Dieselbe Frage gilt für die Briefe an die Reichsschrifttumskammer im Falle Gott-
schling.*

Frage 26:
*Kann der gesamte Schriftwechsel mit Gottschling einschl. etwaiger Aktenvermer-
ke und Aktennotizen zur Verfügung gestellt werden?*

Die Akten betr. den Fall Gottschling befinden sich bei der Leitung des Verlages. Von uns aus
besteht kein Anlass, diese nicht in ihrer Gesamtheit zur Verfügung zu stellen. Wir bitten, sie gegebenenfalls bei Herrn Dr. Hase anzufordern. Briefe an Herrn Dr. Gottschling sind teils von
Herrn Dr. v. Hase, teils von Herrn Dr. Jeremias, teils von der Konzernleitung, teils von der juristischen Abteilung entworfen worden, teils aus gemeinsamen Beratungen hervorgegangen.

Die Briefe an die Reichsschrifttumskammer vom 18.8. und 13.10.1936 sind von der Konzernleitung entworfen worden.

Mit alleiniger Ausnahme des Briefes an die RSK vom 13.10.1936 haben alle in der vorgeschilderten Weise aus verschiedenen Entwürfen oder aus gemeinsamer Beratung entstandenen Briefe in der Angelegenheit Gottschling nicht nur die Zustimmung des Herrn Dr. v. Hase gefunden, sondern sind unserer Erinnerung nach auch stets von ihm gezeichnet worden. [107]

Frage 27:
Warum hat die Konzernleitung den Koehlerverlag nicht veranlasst, auf das Schreiben des Herrn Gottschling an die Reichsschrifttumskammer vom 28.8. 1936 zu antworten?

Weil die RSK den Brief des Verlages vom 18.8.1936 noch nicht beantwortet hatte, und diese Antwort erst abzuwerten war, ehe man erneut zu dem Fall Gottschling Stellung nehmen konnte.

Tatsächlich ist nun die RSK überhaupt nicht wieder auf diesen Schriftwechsel zurückgekommen[22], sondern hat ohne Bezugnahme darauf das allgemein gehaltene Schreiben vom 3.10. 1936 gesandt. Wie aus unserer Rückfrage vom 13.10. hervorgeht, glauben wir, daß dieses Schreiben nur im Zusammenhang mit dem Falle Gottschling stehen konnte. Infolgedessen führte erst der RSK vom 3.10. zu einer erneuten Betrachtung des Falles Gottschling und damit auch des Briefes Dr. Gottschling vom 28.8.1936, insbesondere auch der Briefstelle Urban zusammen mit der Dr. v. Hase'schen Aktennotiz vom 17. Juni 1935. Nun erst, und im Zuge der daran anschliessenden Erörterungen mit Dr. v. Hase wurde nach und nach klar, daß die Darstellung in dem Brief Urban an Dr. Gottschling über das Vorbringen Dr. v. Hase's nicht, wie man zuerst im Glauben an die Ehrlichkeit Dr. v. Hase's und an die Richtigkeit seines Berichtes in der Aktennotiz angenommen hatte, auf einer missverständlichen Auslegung seiner Worte durch Stabsamtsleiter Urban beruhte, sondern vollauf den Tatsachen entsprach. Hatte man doch begreiflicherweise gar nicht die Möglichkeit in Betracht gezogen, daß ein Mitgesellschafter es fertigbringen könnte, erst zu einem Beschluß Ja und Amen zu sagen, und den Bericht hierüber an eine Dienststelle zu übernehmen, dann dieser Dienststelle gegenüber zu versuchen, sich selbst reinzuwaschen und die Anderen zu diffamieren, und schliesslich noch den Anderen diese Tat zu verschweigen und in ihnen durch die Wiedergabe seiner Berichterstattung in einer Aktennotiz den Glauben an sein ordnungsgemässes und anständiges Verhalten aufrechtzuerhalten, also eine Unwahrheit mit der anderen zu decken. Es ist nur natürlich, daß man nicht sofort und ganz positiv auf den Gedanken kam, eine solche Hinterhältigkeit [107] eines langjährigen Mitgesellschafters als vorliegend zu betrachten und ihr nachzugehen. So kommt es, daß auch Dr. v. Hase nicht nach Eintreffen der Gottschling'schen Briefabschrift vom 28.8. wegen des Zitates des Urban'schen Briefes zur Rede gestellt wurde, sondern erst später, als die Sache nach Eingehen des Briefes der RSK vom 3.X. nochmals genau angesehen wurde.

Rückschauend wird uns nun allerdings klar, daß es bei Herrn Dr. v. Hase offenbar System gewesen ist, Dinge an Dritte der Wahrheit zuwider zu berichten, um sich dabei als „gut" und die Zentrale als „schlecht" hinzustellen. Denn aus dem zu Frage 21 Ziff. 2 über den Fall Walther Gesagten geht deutlich hervor, daß der Fall Gottschling nicht der erste, sondern zumindest ein zweiter Akt der Untreue war. [108]

---

22   [Anmerkung im Original:] Eine Antwort vom 1.XII. traf soeben ein.

Frage 28:
Es wird behauptet, daß die Konzernleitung durch Zeugen unter Beweis stellen kann, daß Dr. v. Hase an dem Beschluss vom 20.5.35 in Sachen Gottschling aus freier Entschliessung mitgewirkt hat. Ich bitte, den oder die Zeugen zu veranlassen, eine entsprechende Erklärung abzugeben, wobei ich anheim stelle, dies in Form einer eidesstattlichen Versicherung zu tun. Die Feststellung im „Aktenauszug betr. die Angelegenheit Dr. v. Hase – Gottschling" zu II,4) steht im Widerspruch zu der Behauptung auf dem unbezeichneten Aktenstück vom 11.11.36 I a). Wie verhält sich das?

Frage 34:
Zum Aktenauszug betreffend die Angelegenheit Dr. v. Hase – Gottschling: Ist über die am 20.5.35 erfolgte Besprechung ein Protokoll aufgesetzt, und falls ja, von allen Teilen unterzeichnet worden? Kann in diesem Falle das Protokoll in Urschrift oder Abschrift vorgelegt werden?

Anbei wird die Aktennotiz des Herrn Volckmar-Frentzel über die Besprechung der Herren Dr. Hermann v. Hase, Dr. Starkloff und Volckmar-Frentzel vom 20. Mai 1935 mit einer eidesstattlichen Versicherung des Herrn Dr. Starkloff überreicht. Die Aktennotiz ist nach der Besprechung von Herrn Volckmar-Frentzel diktiert und Herrn Dr. v. Hase im Durchschlag übersandt worden.

Hinsichtlich des zu Frage 28 erwähnten Widerspruchs wird auf den Briefwechsel zwischen Herrn SS-Hauptsturmführer Galke und Herrn Dr. Tempel vom 19.–24. und 31.XI. verwiesen.

[109]

Abschrift
Aktennotiz über eine Besprechung der Herren Dr. Hermann von Hase, Dr. Starkloff und Volckmar-Frentzel vom 20. Mai 1935

1.
Herr Dr. v. Hase berichtet über seine letzte Unterredung mit der Gräfin Juliane Gatterburg wegen der „Memoiren der Kronprinzessin Stephanie". Er fragt, ob nunmehr bei uns Bedenken dagegen bestehen würden, daß er nunmehr zunächst versucht, Abdrucksrechte betr. diese Memoiren zu verkaufen. Die Gräfin Gatterburg habe ihm mitgeteilt, daß nach ihren Informationen die Firma Westermann Braunschweig evtl. interessiert wäre, die Memoiren auszugsweise in Westermanns Monatsheften zu veröffentlichen und daß sich dieses Geschäft vielleicht auf der Basis einer Vergütung von RM 2.000 abwickeln lassen würde. Herr Volckmar-Frentzel vereinbart mit Herrn Dr. v. Hase, daß dieser zunächst nochmals im Einvernehmen mit Herrn Dr. Jeremias einen Brief an den Grafen Gatterburg schreiben soll, mit dem er anfragt, weshalb die Kronprinzessin Stephanie bisher nicht zu dem prinzipiellen Brief des Verlages Stellung genommen habe, der an den Grafen Gatterburg gerichtet gewesen war und von dem Graf Gatterburg eine Abschrift der Kronprinzessin übersandt hätte. Gleichzeitig soll in dem neuen Brief an den Grafen Gatterburg zum Ausdruck kommen, der Verlag beabsichtige nunmehr, wie auch bereits mit der Gräfin Gatterburg besprochen, die Rechte zu verwerten und Graf Gatterburg möchte sich erneut an die Kronprinzessin wenden, damit dieser gegebenenfalls Gelegenheit gegeben werde, nochmals, und zwar unverzüglich, Stellung zu nehmen.

2.

Herr Dr. v. Hase berichtet, daß er immer in einer an sich von ihm begrüssten Verbindung mit Herrn Urban stünde, der alle geschäftlichen und verlegerischen Angelegenheiten für Alfred Rosenberg erledigt. Durch Alfred Rosenberg bezw. Herrn Urban veranlasst, hat Dr. v. Hase seinerzeit das Buch: „Gottschling, Zwei Jahre hinter Klostermauern" in Verlag genommen. Alfred Rosenberg hat in seiner jetzt weit verbreiteten Broschüre (Auflage 200.000), die den Titel trägt: „An die Dunkelmänner unserer Zeit" sehr empfehlend auf das Buch von Gottschling hingewiesen, sodaß der Verlag, inbesondere auch auf Drängen von Gottschling, z.Zt. erwägt, einen neuen Prospekt [110] über das Gottschling'sche Werk herauszubringen, in dem gleich anfangs auf die Empfehlung durch Alfred Rosenberg aufmerksam gemacht werden soll.

Weiterhin hat Herr Urban bei Herrn Dr. v. Hase angefragt, ob er bereit sei, zwei Broschüren zu verlegen, von denen die eine heisst: Miller ‚Die Wissenschaftlichkeit der Gegner Rosenberg', und von denen die andere von einem katholischen Theologen geschrieben ist, der als Hochschullehrer relegiert worden ist und die sich auch scharf gegen den Katholizismus wendet.

Herr Volckmar-Frentzel berichtet Herrn Dr. v. Hase von dem Besuch des Herrn Geheimrat Herder, der zusammen mit seinem Verlagsdirektor, Herrn Franz Bickmann, in den Kantate-Tagen bei uns gewesen ist. Herr Bickmann ist in zwei Besprechungen Herrn Volckmar-Frentzel gegenüber wegen des Buches Gottschling, Zwei Jahre hinter Klosermauern, vorstellig geworden und hat jedes Mal mit einer gewissen Betonung die Frage aufgeworfen, ob wir denn noch nicht Briefe unserer katholischen Kommittenten erhalten hätten, die sich doch sicher darüber beschwert fühlten, daß in einem Konzern-Verlage eine derartig antikatholische Veröffentlichung erfolgt sei. Der Verlag Herder fühlt sich durch das Buch von Gottschling ganz besonders unangenehm berührt, weil dieses Buch sich gegen einen prominenten Autor von Herder, einem Pater B. M. Nissen, wendet, ohne diesen namentlich zu nennen. In der „Germania" seien hierüber sehr wesentliche Ausführungen gemacht worden.

Es wird mit Herrn Dr. v. Hase eingehend besprochen, und allseitiges Einverständnis darüber erzielt, daß es für jeden Konzern-Verlag unbedingt erforderlich ist, die In-Verlag-Nahme solcher Verlagswerke zu vermeiden, die so stark in weltanschauliche oder konfessionelle Konflikte eingreifen, daß hierdurch eine Verärgerung von Lieferanten, Kunden und Kommittenten zu befürchten ist. Dies ist insbesondere dann zu befürchten, wenn ein Konzern-Verlag dazu übergeht, effektive Kampfschriften zu verlegen.

Herr. Dr. v. Hase wird davon Abstand nehmen, einen neuen Prospekt betr. „Gottschling, Zwei Jahre hinter Klostermauern" herauszubringen oder überhaupt noch werbend z.B. mit Börsenblatt-Inseraten etc. für dieses Buch tätig zu werden. Er wird Herrn Urban gegenüber in geeigneter Form die In-Verlag-Nahme der beiden Broschüren [111] ablehnen. Insbesondere will Herr Dr. v. Hase aber versuchen, eine ganze Verlagsgruppe, die mehr oder weniger kritisch dem Katholizismus gegenüber eingestellt ist, geschlossen, an eine Firma Karl Pfeiffer, Landsberg/Warthe, zu verkaufen. Hierbei handelt es sich um die gleiche Firma, an die die Koehler-Verlage bereits das letzte Werk von Kiss verkauft haben, nämlich einen Roman, der sich mit dem gleichen Thema wie das Drama „Widukind" von Kiss beschäftigte. In diesen Verhandlungen will Herr Dr. v. Hase anstreben, die Firma Pfeiffer zu veranlassen, Kittler als Kommissionär aufzugeben und Kommittent von F. Volckmar zu werden. Falls F. Volckmar die Auslieferung der Firma Pfeiffer übernimmt, bestehen sicher keiner Bedenken, ihr einen gewissen Kredit zu gewähren, um damit auch die Übernahme der Verlagsgruppe aus den Koehler-Verlagen zu erleichtern.

3.

Herr Volckmar-Frentzel berichtet Herrn Dr. v. Hase, daß er sich anlässlich der Kantate-Tagung längere Zeit mit Herrn Dr. Beck von der Union unterhalten hat. Herr Dr. Beck hat wieder sehr über den Geschäftsgang bei der Union geklagt. Herr Volckmar-Frentzel hat Gelegenheit genommen, Herrn Dr. Beck anschliessend an eine frühere Korrespondenz mit Herrn Dr. Beck mitzuteilen, daß das „Deutschland-Jahrbuch" im Jahre 1935 nicht mehr erscheinen wird. Hierüber war Herr Dr. Beck sehr erfreut.

4.
Herr Volckmar-Frentzel berichtet Herrn Dr. v. Hase, daß er sich mit der Absicht trage, in der Nacht vom Mittwoch zum Donnerstag nach Königsberg-Ostpreussen zu fahren, um dort mit dem Sturmverlag wegen Ankaufs des seit über einem Jahr von der Sturm-Verlag G.m.b.H. betriebenen Grossogeschäftes und evtl. auch wegen Ankaufs des Buchverlages der Sturm-Verlag G.m.b.H. zu verhandeln. Herr Volckmar-Frentzel führt aus, daß er sehr bestrebt sei, die Firma Streller, deren Geschäftsgang sich in den ersten 4 Monaten dieses Jahres recht befriedigend angelassen habe, weiter auszubauen, und daß es ihm gegebenenfalls wünschenswert erscheint, für Streller einen Filialbetrieb in Ostpreussen zu eröffnen. Es besteht die Gefahr, daß anderenfalls die Firma Gräfe & Unzer versuchen wird, das Grossogeschäft der Sturm-Verlag G.m.b.H. zu kaufen. Letzteres wäre für den Konzern sehr nachteilig, weil wir ohnehin in Ostpreußen seit [112] vielen Jahren infolge der weiten Entfernung sehr an Boden verloren haben, insbesondere seit der Zeit, in der Herr Konsul Paetzsch von Gräfe & Unzer sehr zahlreiche Firmen veranlasste, geschlossen zum Grosso- und Kommissionshaus überzugehen. Ausserdem besteht eine akute Gefahr, daß der Eher-Verlag sicher immer stärker grossierend betätigt, wie dies leider schon in München und Berlin in stets zunehmenden Maße der Fall ist. Das Grossogeschäft der Sturm-Verlag G.m.b.H. ist z.Zt. noch klein mit einem Jahresumsatz von im letzten Jahre ca. RM 130.000. Vielleicht besteht die Möglichkeit, auch gleichzeitig noch die Firma Barsortiment Karl Hübner, Königsberg aufzukaufen, die im letzten Weihnachtsgeschäft ausserordentlich geschleudert hat.

Herr Dr. v. Hase begrüsst diesen Gedanken und erklärt weiterhin, daß er gegebenenfalls sehr daran interessiert sei, daß auch gleichzeitig der Buch-Verlag der Sturm-Verlag G.m.b.H. gekauft wird, weil er sich schon immer gewünscht habe, Heimat-Literatur zu verlegen.

5.
Herr Volckmar-Frentzel erwähnt weiterhin, daß das Grossogeschäft Robert Bachmann, Berlin, in Konkurs gegangen ist und daß er jetzt an den Konkursverwalter unter der Firma R. Streller geschrieben habe, um zu sondieren, ob etwa in dieser Firma eine Zelle liegen könnte, um die Berliner Grosso-Interessen von R. Streller weiter zu entwickeln.

6.
Herr Volckmar-Frentzel berichtet Herrn Dr. v. Hase über die Schwierigkeiten, die Herr Oelrich gehabt hat, nach seinem Ausscheiden aus der Offizin wieder einen für ihn geeigneten Wirkungskreis zu finden. Er schildert vertraulich, daß Herr Oelrich vergeblich versucht hat, eine geeignete Position bei der Stalling A.-G. Oldenburg zu finden und daß Herr Oelrich jetzt auf eine Stuttgarter Angelegenheit, die die Stuttgarter Vereinsbuchdruckerei A.-G. betrifft, zurückgegriffen habe, die er bereits einmal im Sommer 1934 Herrn Oelrich nahegebracht habe. Es hat sich herausgestellt, daß ein geeigneter Wirkungskreis mit einer möglichst langjährigen vertraglichen Sicherheit offenbar nur dann für Herrn Oelrich beschaffbar ist, wenn er gleichzeitig in der Lage ist, sich in einem bestimmten [113] Umfange kapitalistisch an einem solchen Unternehmen zu beteiligen. Diese Möglichkeit lag jetzt für Herrn Oelrich bei der Stuttgarter Vereinsbuchdruckerei A.-G. Stuttgart vor.

Herr Volckmar-Frentzel schildert nun eingehend, daß es seiner Ansicht nach auch für den Konzern wünschenswert sei, Herrn Oelrich bei der Durchführung solcher Pläne behilflich zu sein. Deshalb sei Herr Volckmar-Frentzel auf den Gedanken gekommen, daß der Konzern ein Aktienpaket von nom. RM 53.000 Aktien der Stuttgarter Vereinsbuchdruckerei A.-G. für ca. 30.000 durch Herrn Oelrich als Treuhänder auf dessen Namen kaufen lassen sollte. Mit Herrn Oelrich würden dann vom Konzern aus folgende Vereinbarungen zu treffen sein:

a) Der Konzern räumt Herrn Oelrich, solange er in der Stuttgarter Vereinsbuchdruckerei tätig ist, das Recht ein, dieses Aktienpaket jederzeit gegen Barzahlung des Anschaffungspreises zuzüglich Kauf- und Verkaufkosten vom Konzern zu erwerben.

b) Gleichgültig ob Herr Oelrich in der Stuttgarter Vereinsbuchdruckerei A.-G. noch tätig ist oder nicht, ist der Konzern jederzeit berechtigt, von Herrn Oelrich zu verlangen, daß er diese Aktien zu dem Anschaffungspreis vom Konzern kauft.

c) Sollte Herr Oelrich in der Stuttgarter Vereinsbuchdruckerei A.-G. aus irgendwelchen Gründen nicht mehr tätig sein, ist der Konzern berechtigt, diese Aktien freihändig zu verkaufen.

d) Solange Herr Oelrich in der Stuttgarter Vereinsbuchdruckerei A.-G. tätig ist, soll er jeweils beauftragt werden, das mit diesen Aktien verbundene Stimmrecht in den Generalversammlungen dieser Gesellschaft auszuüben bzw. ausüben zu lassen.

Ergänzend erwähnt Herr Volckmar-Frentzel noch, daß Herr Oelrich beabsichtige, von der ihm widerruflich zugesagten Pension jährlich einen Teilbetrag von RM 3.000 einem Sonderkonto gutschreiben zu lassen, um auf diesem Sonderkonto allmählich ein Guthaben anzusammeln, das ihm den Erwerb der vorerwähnten Aktien ermöglicht.

Herr Dr. v. Hase erklärt sich mit der vorgeschilderten Regelung einverstanden.
20. Mai 1935
(gez) Volckmar-Frentzel

Eidesstattliche Versicherung

Ich versichere hierdurch an Eidesstatt, daß meiner Erinnerung nach die Besprechung vom 20. Mai 1935 so stattgefunden hat, wie es sich aus vorstehender, von Herrn Volckmar-Frentzel am Tage der Unterredung diktierten Aktennotiz ergibt. Insbesondere erinnere ich mich, daß in der Besprechung vom 20. Mai 1935 allseitiges Einverständnis über die Weiterbehandlung des Falles Gottschling erzielt wurde.

Leipzig, den 3. Dezember 1936

[Unterschrift:] Dr. Johannes Starkloff [114]

Frage 29:
Die Konzernleitung behauptet, daß eine weitere Zusammenarbeit mit Dr. v. Hase unzumutbar und untragbar sei unter der Voraussetzung, daß das Schiedsgericht nach eingehender Prüfung und Zeugenvernehmung objektiv festgestellt hat, daß das Verhalten Dr. v. Hases nicht richtig war. In welcher Art und Weise stellt die Konzernleitung sich die Auflösung des Vertragsverhältnisses mit Dr. Hase vor?

Die Rechtsbeziehungen des Konzerns zu Dr. v. Hase bestehen darin, daß er Vorstandsmitglied der Koehler & Volckmar A.-G. ist und in dieser Eigenschaft die Führung der Koehler-Verlage übertragen erhalten hat. Stellt das Schiedsgericht fest, daß in dem Verhalten des Herrn Dr. v. Hase ein wichtiger Grund zur Abberufung liegt, und soll dann hiervon Gebrauch gemacht werden, so regelt sich die Frage des Ausscheidens des Herrn Dr. v. Hase nach den gesetzlichen Bestimmungen.

Ob und inwieweit eine solche Abberufung auf die Stellung des Herrn Dr. v. Hase als erfolgsberechtigten Teilhaber bei der Kommanditgesellschaft Neff & Koehler Rückwirkung hat, ist ausschliesslich Sache der Entscheidung der Gesellschafter dieser Firma.

Auf die Stellung des Konzerns zu Neff & Koehler hat solcher Vorgang hinsichtlich der Beteiligung von Neff & Koehler keinerlei Rückwirkung. [115]

Frage 30:
Sind seit der Fusionierung leitende Herren aus ihrer Stellung ausgeschieden? Falls ja, wer und warum?

1. Herr Alfred Voerster   )
2. Herr Hans Volckmar   )   zufolge eigenen Antrags und Vereinbarung
3. Herr Dr. Kurt Koehler   )   vom 23.XII.1931 (siehe Anlage zu Frage 1)
4. Herr Richard Einhorn   )
5. Herr Konsul Hans Staackmann   zufolge Ablebens am 4.7.1933
6. Herr Dr. Alfred Staackmann   zufolge Vereinbarung v. 3.9.1934
7. Herr Emil Oelrich   zufolge Vereinbarung v. 28.9.1934
   (Schwager des Herrn Volckmar-Frentzel und angeheirateter Neffe
   bzw. Vetter der Herren Hans Volckmar, Alfred und Karl Voerster)
8. Herr Konsul Georg v. Hase   zufolge Vereinbarung vom Februar 1935
                                    (vgl. Briefe zu Frage 7)

Zu 3.:
Ohne unsere eigene Stellungnahme zu kennen, hat uns Herr Dr. Koehler, der Herrn Dr. v. Hase am 19.11.36 berichtet hat, daß wir ihn hierzu befragt haben, folgenden Entwurf einer Beantwortung übergeben:

„Zu 30.
Herr Dr. Koehler schied am 31.XII.1931 aus der aktiven Geschäftsführung aus. Er hatte sich schon vor dem Kriege, sodann aber seit 1924 in immer zunehmenderem Maße den Geschäften auf dem Balkan und im vorderen Orient gewidmet und war fast jedes Jahr monatelang in diesen Ländern, als infolge des Aufhörens der Reparationslieferungen und infolge der beginnenden Wirtschaftskrise diese Tätigkeit aufhören mußte, beschloß Herr Dr. Koehler – zumal da sich im Konzern ein ihm zusagender Wirkungskreis nicht fand (s. Frage 17a) – seine Verbindungen in den genannten Ländern im deutschen kulturpolitischen Interesse auf eigene Faust auszunutzen und sich zu diesem Zwecke von geschäftlichen Verpflichtungen zu befreien. Herr Dr. Koehler ist seit dieser Zeit stellvertreter Vorsitzender des Aufsichtsrates. Wir bitten, gegebenenfalls Herrn Dr. Koehler selbst zu befragen." [116]

Im Anschluß an diese Stellungnahme des Herrn Dr. Kurt Koehler möchten wir auf die Äußerung desselben zur Frage 17 a hinweisen, in der er die Anregung des Herrn Volckmar-Frentzel erwähnt, daß sich Herr Dr. Koehler wieder in den Koehler-Verlagen betätigen möchte. Wir haben es immer bedauert, daß die Koehler-Volckmar-Firmen auf die Mitarbeit einer infolge seiner hohen Bildung für den Verlegerberuf, bei kaufmännischer Unterstützung geeigneten Persönlichkeit wie Herrn Dr. Kurt Koehler verzichten musste, und zwar nur, weil jede engere berufliche Zusammenarbeit mit Herrn Dr. v. Hase für Herrn Dr. Koehler nach vielfach fehlgeschlagenen Versuchen weder tragbar noch zumutbar war. Ohne Zweifel wäre eine Mitarbeit des Herrn Dr. Koehler geeignet gewesen, dem Verlag insbesondere in ideeller Hinsicht (vgl. Frage 33) zu nützen.

Zu 6.:

Herr Dr. Alfred Staackmann hat uns gegenüber zu dieser Frage wie folgt Stellung genommen:

„Herr Alfred Staackmann schied am 31.12.1933 aus der Leitung des L. Staackmann Verlages und am 3.9.1934 als Gesellschafter der Kommanditgesellschaft Albert Koch & Co. aus. Ausschlaggebend für die Niederlegung der Geschäftsführung im Verlag waren zwischen ihm und der Konzernleitung vorangegangene Verhandlungen, die so starke Divergenzen hinsichtlich der Beurteilung der damaligen Lage und der zukünftigen Chancen des Staackmann-Verlages erkennen ließen, daß Herr Alfred Staackmann vor die Entscheidung gestellt werden mußte, ob er lieber die Geschäftsführung im Verlag niederlegen oder ob er lieber den Verlag allein übernehmen wolle. Herr Staackmann wählte zunächst den ersteren Weg, weil ihm die Finanzierung des letzteren, ihm an sich lieberen, im damaligen Zeitpunkt zu schwierig erschien. Die Möglichkeit hierzu erschloß sich ihm aber im Laufe des Sommers, und so entstand der unterm 3.9.1934 getätigte Kaufvertrag, nach dem der Verlag in den Besitz des Herrn Alfred Staackmann überging, während Herr Staackmann gleichzeitig als Gesellschafter bei Albert Koch & Co. unter Beibehaltung seines Postens als Aufsichtsratsmitglied der Koehler & Volckmar A.-G. ausschied.“

Zu 8.:

Hinsichtlich des Herrn Konsul Georg von Hase verweisen wir auf die nachstehende Beurteilung derjenigen leitenden Herren der Koehler-Volckmar-Firmen, die ihn neben den Herren der Zentrale und der juristischen Abteilung in ständiger Zusammenarbeit hinsichtlich [117] seiner Arbeitsweise kennen lernten:

Gründe für das Ausscheiden des Herrn Georg von Hase

Herr Georg von Hase ist früher Marineoffizier gewesen und hat selbst wiederholt zum Ausdruck gebracht, daß ihm eine kaufmännische Tätigkeit nicht liegt und ihm keine Freude macht. Er hat aber auch keine Neigung gehabt, sich gründlich in die Einzelheiten seiner Abteilung, zuletzt der Ausland-Abteilung, einzuarbeiten und ist im Vergleich mit anderen leitenden Herren dem Geschäft oft fern geblieben und lange auf Urlaub gewesen. Die Folgen waren, daß die Leitung der Ausland-Abteilung unsicher war, besonders wenn kalkulatorische Probleme zu lösen waren, und daß wiederholt Eingriffe der Konzernleitung notwendig waren. Dabei neigte Herr v. Hase dazu, auch wichtige Entscheidungen selbständig zu treffen und nicht, wie dies sonst im Konzern üblich ist, mit anderen leitenden Herren und der Konzernleitung zu beraten. Als ihm in der Person des Herrn Fernau ein Fachmann zur Seite gestellt wurde, erschwerte er diesem eine zweckdienliche Mitarbeit. Auch in der Behandlung seiner Mitarbeiter hatte Herr v. Hase keine glückliche Hand. Die Ausland-Abteilung war unter seiner Leitung die einzige Abteilung, in der es ständig Reibungen und Schwierigkeiten gab, die ein Eingreifen anderer Herren notwendig machten. Die Gefolgschaft hat in solchen Fällen mehrfach zum Ausdruck gebracht, daß sie die Sachkenntnis des Abteilungsleiters in Zweifel ziehen müsse. Seit dem Ausscheiden des Herrn v. Hase herrscht in der Ausland-Abteilung Ruhe und Ordnung.

Leipzig, im November 1936

gez. Gartmann
gez. Fernau [118]

Frage 31:

Wer ist dafür verantwortlich, daß die von der Reichsschifttumskammer und der Geheimen Staatspolizei beanstandeten Bücher im Barsortimentskatalog 1935/36 aufgenommen wurden? Wer ist der Sachbearbeiter für den Katalog? Handelt es sich hier um ein Versehen oder um Absicht des Sachbearbeiters? Ist der Katalog von dem in letzter Instanz verantwortlichen Herren vor Drucklegung auf unzulässige Bücher hin geprüft worden?

1.

In allgemeiner und organisatorischer Hinsicht Herr Volckmar-Frentzel. Von diesem sind vor allem zwei grundlegend wichtige Maßnahmen veranlaßt worden:

a) Bereits Anfang 1933 die Anordnung betreffend Anlage und kontinuierliche Fortführung einer Kartothek, in der Herr Prokurist Busch festgehalten hat, was hinsichtlich beschlagnahmten, verbotenen oder unerwünschten Schrittums amtlich bekannt gegeben wurde, oder ihm aus irgendwelchen Veröffentlichungen etc. bekannt wurde. Diese Kartothek, die zur Einsichtnahme zur Verfügung steht, wurde zu einem der wichtigen Hilfsmittel für die Gestaltung der Barsortiments-Lagerkataloge seit 1933, und zwar sowohl in Hinblick auf Neuaufnahmen, wie auf sog. Streichartikel.

b) Das in Abschrift beigefügte Rundschreiben vom 10. August 1935. Die Sammlung der Verleger-Antworten steht auf Wunsch zur Einsichtnahme zur Verfügung.

2.

Für den Einzelfall der Leiter der Einkaufsabteilung des Barsortiments, Herr Prokurist Busch.

3.

Von irgendwelcher, etwa gar aus weltanschaulichen Gründen herzuleitenden Absichtlichkeit der zu 1. und 2. Genannten kann selbstverständlich nicht die Rede sein. Die Schwierigkeiten waren damals, bei Redaktion und Drucklegung der Kataloge, ohne eine den Einzelfall regelnde amtliche Liste, von Sonderheit auch in Ansehung ausländischer Publikationen, nicht in jeder Beziehung zu meistern. Bei Drucklegung des Barsortiments-Lagerkataloges 1935/36, im September und Oktober 1935, waren die im Katalog verzeichneten und im März 1936 von der Reichsschifttumskammer bzw. Geheimen Staatspolizei beanstandeten Bücher sämtlich auch noch [119] bei den zuständigen Verlegern im Handel. Von einem Verbot dieser Bücher war damals nichts bekannt. Da man sich nun bei einer Sichtung von 100.000 Titeln in erster Linie auf mechanische Hilfsmittel wie die über die Verbote geführte Kartei und die Verlegerrundschreiben stützen muß, ist es erklärlich, daß auch eine Anzahl von Titeln, die zwar noch nicht verboten waren, aber doch ihres Inhaltes bzw. der Person des Autors wegen nicht hineingehört hätten, von der Streichung versehentlich nicht erfaßt wurden. Erst nachdem der Katalog ausgedruckt war, sind einige der im März von der Reichsschifttumskammer bzw. Geheimen Staatspolizei beanstandeten Bücher verboten worden, was zur Folge hatte, daß sofort bei Bekanntgabe der Verbote etwaige Vorräte aus dem BS-Lager entfernt und in keinem Falle mehr ausgeliefert wurden. Die Gestapo konnte Vorräte derartiger Bücher im Barsortimentslager auch nicht feststellen, mit Ausnahme vom 1 Exemplar Sassmann, Kulturgeschichte Oesterreichs, das als Remittende von einem Sortimenter zurückgekommen war. Ferner sind Exemplare einer Jugendschrift aus einem verschlossenen Raum, in dem sie zum Schutze vor Auslieferung aufbewahrt wurden, beschlagnahmt worden. Alle übrigen von der Gestapo sichergestellten Bücher waren auch am Tage der Sicherstellung noch nirgends als verboten angekündigt.

4.

Selbstverständlich ist der Katalog vor Drucklegung insbesondere im Zusammenhang mit den zu 1. a) und b) getroffenen Schutzmaßnahmen immer wieder von dem hierfür zuständigen Prokuristen, Herrn Busch, geprüft worden. Dies konnte nicht sachkundiger als durch Herrn Prokurist Busch geschehen, denn er allein verfügt zufolge seiner täglichen Arbeit in dieser Materie über eine umfassende Kenntnis der gesamten wissenschaftlichen und belletristischen Literatur, soweit dies bei der Betreuung von fast hunderttausend Büchern, die im Barsortiment geführt werden, überhaupt im Rahmen der geistigen und physischen Leistungsfähigkeit eines Menschen als verantwortlicher Spitze möglich ist.

5.

Wenn somit ausreichende Vorsichtsmaßnahmen getroffen waren, ist es ganz abwegig, anzunehmen, daß weltanschauliche Gründe oder Böswilligkeit zu den Fehlern geführt haben, die im Barsortimentskatalog 1935/36 noch vorhanden waren. Vielmehr handelt es [120] sich hier um Mängel, die einfach der technischen Unmöglichkeit, ein Werk solchen Umfanges fehlerlos zu bewältigen, zuzuschreiben sind, handelte es sich doch bei den beanstandeten Werken um solche, die nicht etwa neu in den Barsortimentskatalog 1935/36 aufgenommen worden waren, sondern um solche, die noch darin standen und von der Säuberung noch nicht erfaßt waren.

Diese Säuberung kann aber nur eine allmähliche und nie ganz fehlerfreie sein. Die Reichsschrifttumskammer hat es übernommen, den diesjährigen neuen Barsortimentskatalog vollständig durchzusehen und hat alle Titel gestrichen, die unerwünscht waren, einschließlich derjenigen, die zwar noch verkauft, aber nicht propagiert werden dürfen. Dabei sind die Werke von Thomas Mann und Dietrich von Hildebrand nicht erfaßt worden. Sofort nach Bekanntwerden der Ausbürgerung dieser Autoren wurde von der Geschäftsleitung festgestellt, daß sie noch im Barsortimentskatalog verzeichnet waren, die Auslieferungssperre angeordnet und Verbindung mit der Reichsschrifttumskammer aufgenommen. Dieser Fall beweist, daß auch die der Reichsschrifttumskammer zur Verfügung stehenden Hilfsmittel, die doch weitaus bessere sind, als die, über die ein Privater verfügt, nicht ausreichen, um Fehler zu verhüten, ohne daß man deshalb dieser amtlichen Stelle einen Vorwurf zu machen hätte.

6.

Im übrigen wird auf die Vorgänge verwiesen, die Herren SS-Hauptsturmführer Galke mit Brief vom 26.3.1936 und Herrn Reg.-Rat Dr. Klein mit Brief vom 22.4.1936 übersandt worden sind. [121]

Koehler & Volckmar A.-G. & Co.
Abteilung Kataloge und Vertriebsmittel.
Leipzig C. 1., den 10. August 1935.

Wichtige Mitteilung!
An unsere Herren Geschäftsfreunde vom Verlag!

Sehr geehrte Herren!

Die Redaktion unserer zahlreichen Vertriebsmittel, insbesondere die Redaktion unseres Barsortiments-Lagerkataloges 1935/36, der jetzt in wenigen Wochen erscheinen wird, benötigen erneut Ihre freundliche Mitarbeit. Bitte teilen Sie uns umgehend und erschöpfend mit:

ob etwa unsere Barsortimente Leipzig und Stuttgart nach Ihren Unterlagen noch Artikel geschätzten Verlages führen, die Sie aus irgendwelchen (z.B. inhaltlichen oder in der Person des
Autor, eine Mitarbeiters etc. liegenden) Gründen in Ihren eigenen Vertriebsmitteln nicht mehr
nennen bzw. künftig nicht mehr nennen werden oder etwas selbst nicht mehr oder nicht mehr
innerhalb des Reichsgebietes ausliefern lassen.

Wir bitten Sie um genaue Angabe aller in dieser Hinsicht in Betracht kommenden Titel. Insoweit es Ihnen möglich ist, wären wir Ihnen für eine kurze Angabe der Gründe, die Ihre diesbezügliche Entscheidung veranlaßt haben, sehr dankbar. Selbstverständlich werden wir derartige Mitteilungen vertraulich behandeln.

Sie werden verstehen, daß wir uns auch in dieser Hinsicht auf eine offene vertrauensvolle Zu-
sammenarbeit mit Ihnen verlassen müssen, da ja unsere Abteilung Einkauf, ebenso wie unsere
Abteilung Vertriebsmittel mangels eingehender Kenntnis des Inhaltes, der Autoren, Mitarbeiter
etc. stets auf Ihre Informationen angewiesen sind. Selbstverständlich legen wir entscheidenden
Wert darauf, uns, insoweit wir Ihre Artikel führen, auch in propagandistischer Hinsicht stets in
Übereinstimmung mit den entsprechenden Maßnahmen Ihres Verlages zu befinden.

Wir danken Ihnen im voraus verbindlichst für Ihr verständnisvolle Mitarbeit und begrüßen Sie als
Ihre Ihnen sehr ergebene
Koehler & Volckmar A.-G. & Co. [122]

Frage 32:
*Steht es allen leitenden Herren frei, Ehrenämter, die ihnen von der Partei bzw.,
ihrer Gliederungen oder ihrer beauftragten Stellen und ihren Fachverbänden angetragen werden, aus eigenem Entschluss zu übernehmen?*

Es besteht im Koehler-Volckmar-Konzern die folgende Vereinbarung vom 25. September
1925:

„Die vorstehend genannten Personen verpflichten sich weiter, keine Ehrenämter zu übernehmen, die ihre Arbeitskraft in nennenswerter Weise dem Koehler-Volckmar-Konzern entziehen,
es sei denn, daß in einer Besprechung der Aufsichtsrats- und Vorstandsmitglieder der Koehler
& Volckmar A.-G. hierzu ausdrücklich Genehmigung erteilt worden ist. Für diejenigen Ehrenämter, die die genannten Personen zur Zeit bekleiden, gilt diese Genehmigung als erteilt."

Eine sinngemässe Vereinbarung bestand nach Mitteilung des Herrn Dr. Koehler bereits in dem
seinerzeit von Herrn Dr. v. Hase verfassten Koehler'schen Gesellschaftsvertrage aus dem Jahre 1918.

Zufolge obiger Vereinbarung hat stets Verständigung durch Umlauf oder Aussprache und eine
Genehmigung stattgefunden, falls auf irgend einer Seite der Wunsch zur Übernahme eines
Ehrenamtes bestand.

Die Übernahme buchhändlerischer Ehrenämter ist nur in zwei Fällen, die Herrn Dr. v. Hase
und Herrn Prokuristen Schröder betrafen, und zwar aus den im Folgenden angegebenen
Gründen, abgelehnt worden.

Soweit es sich um politische Ehrenämter oder um eine militärische Betätigung handelte, ist seit
der Machtübernahme jede solche Betätigung als derart selbstverständlich betrachtet worden,
daß hierüber nicht einmal Umläufe oder Aussprache stattfanden, vielmehr Jeder nach eigenem Gutdünken handelte.

Gründe für die vorerwähnten Ablehnungen buchhändlerischer Ehrenämter:

Dr. v. Hase

Es handelte sich darum, daß Herrn Dr. v. Hase vom Fachschaftsleiter Verlag im Bund reichsdeutscher Buchhändler, Herrn Karl Baur, München, im Dezember 1934 die Leitung der Fachgruppe schöngeistiger Verleger und einige Monate später der Eintritt in den Ehrenrat des
Bundes angetragen wurde. [123]

Der Leitung einer verlegerischen Fachgruppe stand das Bedenken entgegen, daß jede dem
Koehler-Volckmar-Konzern zugehörende Persönlichkeit, mag sie dort auch vorwiegend oder
ausschliesslich verlegerisch tätig sein, vom Buchhandel doch in erster Linie als Zwischenbuchhändler betrachtet wird, weil unsere zwischenbuchhändlerischen Betriebe unseren verlegerischen Betrieb um ein Vielfaches überragen. Würde nun eine Persönlichkeit des Konzerns ein
rein verlegerisches Ehrenamt übernehmen, so kann das leicht zu zweierlei Arten von Konflikten
führen. Erstens, indem ein von einer solchen Persönlichkeit von amtswegen nicht seinem Sinne
nach behandelter Verleger, dies dem Umstande zuschiebt, daß seine Belange nicht von einem
reinen Verleger bearbeitet wurden. Zweitens, daß in der Konzern-Persönlichkeit selbst Konflikte entstehen, wenn sie von amtswegen einen Akt zu bearbeiten und entscheiden hat, in dem
sich verlegerische und zwischenbuchhändlerische Interessen gegenüberstehen. Herr Karl
Baur hat diese Gründe durchaus eingesehen und, da an reinen Verleger-Persönlichkeiten ja
kein Mangel ist, das Amt anderweitig besetzt.

Für den Herrn Dr. v. Hase einige Monate später angetragene Eintritt in den Ehrenrat waren
diese Bedenken von geringer Bedeutung, da in einem solchen Amte ja nicht Fachfragen, sondern Ehrenfragen zur Entscheidung gelangen. Herr Dr. v. Hase konnte daher dieses Amt aufnehmen und hat sich auf Anraten der Zentrale nur vorbehalten, es wieder niederlegen zu
dürfen, falls etwa von verlegerischer Seite daran Anstoss genommen werden sollte, daß dieses
Amt von einer Persönlichkeit die nicht nur Verleger ist, ausgefüllt wird. Weiter hat Herr Dr. v.
Hase sich vorbehalten, sich dann für befangen zu erklären, falls einer der am Ehrenverfahren
Beteiligten etwa in einem besonders nahen Verhältnis zu einer der Koehler-Volckmar-Firmen
steht.

Prokurist Schroeder

Es handelt sich darum, daß Herr Prokurist Schroeder in den Beirat des Landesreferates Sachsen der Reichsstelle für deutsches Schrifttum eintreten sollte. Da auch hier hauptsächlich [124]
die literarische oder verlegerische Betätigung betreffende Belange zu behandeln sind, waren
für die Ablehnung die gleichen oben angeführten Gründe massgeblich, und zwar in verstärk-
tem Maße, weil wir damals der Ansicht waren, daß diese Stelle nicht immer eine glückliche
Hand gezeigt hatte. So hatte sie gerade kurz vorher im Börsenblatt vom 10. Oktober 1933 einen scharfen Angriff gegen eine Reihe von Schriftstellern wegen Mitarbeit an Emigran-
ten-Zeitschriften gerichtet, und am 14.10.1933, noch dazu in einer u.A.n. ganz unnötigen
Form, einen völligen Widerruf dieses Angriffs veröffentlicht. Nachdem der Leiter der Reichsstelle Herr Hans Hagemayer zunächst über diese Ablehnung aufgebracht war, ist die Sache in
einer mündlichen Aussprache hierüber mit Herrn Theodor Volckmar-Frentzel beigelegt worden und so ist es bei der Ablehnung geblieben.

Ehrenämter, bei denen keine in der Verschiedenart der Sparten des Buchhandels liegende
Konfliktmöglichkeiten zu befürchten sind, insbesondere also solche im Zwischenbuchhandel,
werden von verschiedenen leitenden Herren des Konzerns betreut. [125]

Frage 33:

Haben die Verlage K. F. Koehler und Koehler & Amelang unter der Leitung Dr. v. Hase's nach Ansicht der Konzernleitung wirtschaftliche und ideelle Werte geschaffen?

Herr Dr. Kurt Koehler, der Herrn Dr. v. Hase am 19.11.1936 berichtet hat, daß wir ihn hierzu befragt haben, hat uns folgenden Entwurf einer Beantwortung am 19.11.1936 übergeben, dem wir uns anschliessen:

„zu 33
Die wirtschaftlichen Ergebnisse der Koehler-Verlage waren nicht immer befriedigend, woraus aber Herrn Dr. v. Hase nicht notwendigerweise ein Vorwurf zu machen ist, denn die Zeiten waren für jedes Geschäft schwer. Daß Herr Dr. v. Hase ein geschickter Verleger und Propagandist ist, und im Laufe der Jahre die finanziellen Erträgnisse der Verlage in erfreulicher Weise steigern konnte, wird allseitig anerkannt. Die ideellen Werte einer Verlegertätigkeit in kurzen Worten abzuschätzen, ist schwer. Daß Herr v. Hase auch solche geschaffen hat, ist sicher. Unsere subjektive Ansicht geht allerdings dahin, daß Herr Dr. v. Hase in den Jahren seiner Tätigkeit nicht immer gleich hohe Ansprüche an den ideellen Wert seiner Verlagswerke gestellt hat, und daß er bei stets gleichbleibenden Wollen darin noch mehr hätte tun können."

Hinsichtlich der von Herrn Dr. Kurt Koehler erwähnten nicht immer gleich hohen Ansprüche halten wir es zum besseren Verständnis für erforderlich, z.B. darauf hinzuweisen, daß sich innerhalb des gleichen Verlages schlecht vertragen Adolf Bartels im Gegensatz zu Eduard Engel, Will Decker im Gegensatz zu Czech-Jochberg. [126]

Frage 35:

Zum unbezeichneten Aktenstück vom 11.11.36 II, c): Kann das Exposé, in dem die Anwendungsmöglichkeiten des Gesetzes über die Umwandlung von Kapitalgesellschaften auf die Koehler-Volckmar-Firmen untersucht werden, ungekürzt in Vorlage gebracht werden? Falls nicht, aus welchen Gründen nicht? Welches waren die „weltanschaulichen" Gründe, die Dr. v. Hase gegen dieses Exposé geäußert haben soll?

Selbstverständlich anbei.

Diesem Exposé-Entwurf lag, den Tendenzen der Gesetzgebung folgend, der Gedanke zu Grunde, den Koehler-Volckmar-Konzern aus dem System von A.-G.'s und A.-G. & Co.'s in das System von aus natürlichen Personen oder Personengemeinschaften bestehenden Kommanditgesellschaften umzuwandeln bzw. umzugründen. Dabei sollten, weder was die kapitalistische Beteiligung der Konzern-Inhaber noch was deren stimmenmäßigen Einfluß anbelangt, irgendwelche Veränderungen vorgenommen werden. Denn würde man einen so schon nicht leichten und einfachen Umwandlungs- bzw. Umgründungsakt aus der Ebene eines gleichgearteten Interesses Aller an diesem Akte herausnehmen und auf eine Ebene stellen, auf der die Beteiligten bei solcher Gelegenheit ihre bisherigen wirtschaftlichen Verhältnisse zueinander zu verschieben trachten, so würde solches Werk von vornherein mit so vielen Streitmöglichkeiten und mit der Sache selbst nicht zusammenhängenden Sonderproblemen belastet werden, daß eine erfolgreiche Durchführung nicht zu erwarten wäre.

Nun ist die Eigenart unseres bisherigen Konzernaufbaues die, daß alle mit den Begriffen: Kapital, Gewinne und Verluste, Abstimmung etc. zusammenhängenden Entscheidungen nur bei den beiden Kommanditgesellschaften: Albert Koch & Co. und Neff & Koehler als je zwei geschlossenen Gruppen liegen.

Die einzelnen an diesen beiden Familienvermögens-Verwaltungsfirmen beteiligten Personen der Familien: Volckmar, Voerster, Staackmann einerseits und Koehler, von Hase andererseits, haben also im Konzern selbst nur insofern einen direkten Einfluß, als dies durch ihre Stellungen als Vorstandsmitglieder, Aufsichtsratsmitglieder, Geschäftsführer, Generalbevollmächtigte [127] etc. bedingt ist. Die letzte und höchste entscheidende Instanz bleiben immer diese beiden Kommanditgesellschaften, und durch diese können die einzelnen natürlichen Personen ihren Einfluß nur indirekt und nur gruppenweise geschlossen ausüben. Bekanntlich verfügt hierbei die Gruppe „Albert Koch & Co." über 75 % und die Gruppe „Neff & Koehler" über 25 % Konzernbeteiligung.

Das geschilderte System läßt sich bei Kapitalgesellschaften und auch bei Kommanditgesellschaften durchführen, bei denen der persönlich Haftende eine unpersönliche und daher auch vom Leben einer Person unabhängige Kapitalgesellschaft, nämlich eine Aktiengesellschaft oder eine Gesellschaft mit beschränkter Haftung ist und die Kommanditisten der Spitzenfirma durch Gesellschaftsverträge geregelte Personengemeinschaften, nämlich die beiden Kommanditgesellschaften, sind.

Das geschilderte System ließe sich auch auf Personalgesellschaften übertragen, deren persönlich haftende Gesellschafter die beiden Familienvermögens-Verwaltungsfirmen Albert Koch & Co. und Neff & Koehler würden. Eine solche Lösung ist aber gesetzlich nicht zulässig, denn Personalgesellschaften dürfen nicht persönlich haftende Gesellschafter einer dritten Personalgesellschaft werden; das müssen stets physische Einzelpersonen sein.

Im Exposé-Entwurf war nun der Versuch unternommen, das Problem auf dem Wege der Errichtung von Kommanditgesellschaften mit einzelnen physischen Personen als persönlich Haftenden und den beiden Familienvermögens-Verwaltungsfirmen (oder einer Spitzengesellschaft derselben) als Kommanditisten zu lösen. Dabei waren die neuen Verträge so gestaltet, daß an den bisherigen Rechten der beiden Familienvermögens-Verwaltungsfirmen möglichst wenig gerührt wurde, um die rechtlich schon sehr schwierigen Umwandlungs- bzw. Umgründungsakte nicht mit anderweitigen Differenzmöglichkeiten zu belasten. Dies bedingte, daß den nun persönlich haftenden Herren keine wesentlich größeren Rechte eingeräumt werden konnten, als sie [128] sie bisher besaßen, insbesondere daß ihnen gegenüber der bisherige Zustand eines jederzeitigen Kündigungs- und Abberufungsrechtes aufrecht erhalten bleibt.

Es war klar, daß eine Lösung aller dieser sehr schwierigen Rechtsfragen sicher nicht auf den ersten Versuch gelingen konnte. Daher bestand für eine Weiterbehandlung des Exposé-Entwurfes folgende Absicht:

1.)
Zunächst wollte die Zentrale und juristische Abteilung durch Vorlage des Entwurfes bei den Herren Alfred und Karl Voerster, Dr. Staackmann, Dr. Koehler und Dr. v. Hase als den Hauptbeteiligten bzw. deren Vertretern außer den Herren Volckmar und Volckmar-Frentzel, die den Entwurf durch Mitarbeit kannten, sich nur darüber orientieren, ob diese Herren überhaupt grundsätzlich mit einer Umwandlung und Umgründung des Konzernes einverstanden seien. Weiter sollten die Herren mit den einschlägigen gesetzlichen und steuerlichen Bestimmungen und den hieraus entstehenden Erwägungen bekannt gemacht werden.

2.)
Sodann sollte der Exposé-Entwurf verschiedenen Anwälten vorgelegt werden, insbesondere solchen, die öfter schon in schwierigen gesellschaftsrechtlichen oder steuerlichen Fragen vom Konzern zu Rate gezogen worden sind, um den Entwurf in rechtlicher Beziehung durchzuarbeiten und in seiner ganzen Auswirkung zu begutachten.

3.)
Erst nachdem ein durch Zusammenarbeit mit den erwähnten Juristen als gut und vollständig einwandfrei befundener Entwurf vorläge, sollte dieser dann abermals an die unter 1.) erwähnten Herren zur nochmaligen Durchsicht gegeben und sodann erst den übrigen leitenden Herren des Konzerns zur Kenntnisnahme vorgelegt werden.

4.)
Nachdem sodann auch sämtliche anderen an der Führung des Konzerns maßgeblich beteiligten Herren von dem Umwandlungs- und Umgründungsplan Kenntnis genommen haben, wäre dann erst der ganze Kreis zur Durchberatung im Einzelnen [129] zusammengetreten.

5.)
Erst nachdem die erforderlichen Verträge, Notariatsakte, Bilanzaufstellungen, Protokolle etc. allseitige Billigung gefunden hätten und im Wortlaute festlagen, wäre dann der Schlußakt der Beschlußfassung der Vorlage durch die zuständigen Konzernorgane und die Durchführung durch diese und die einzelnen Personen erfolgt.

Zu 1.)
Die Herren Alfred und Karl Voerster haben nach eingehender Durchsprache mit den Herren Hans Volckmar und Th. Volckmar-Frentzel nur mündlich ihre grundsätzliche Zustimmung erteilt. Herr Dr. Alfred Staackmann konnte sich leider nicht längere Zeit mit dem Entwurfe beschäftigen, da er eine mehrwöchentliche Schiffsreise antrat. Er hat vor seiner Abreise seiner grundsätzlichen Zustimmung in einem Briefe vom 5.X.1936 an Herrn Volckmar wie folgt Ausdruck verliehen:

„Lieber Herr Volckmar, dank der mir gestern freundlichst erteilten Erläuterungen ist es mir möglich gewesen, das umfangreiche Exposé trotz drängender Zeit mit Verständnis und Gewinn durchzustudieren. Ich bewundere die weitschauenden Gedanken und die bis ins Kleinste gehenden Vorschläge. Möchte die bevorstehende Umwandlung des Konzerns diesem bzw. den derzeitigen Inhabern Gewinn und reiche Vorteile bringen. Mit freundschaftlichen Grüßen"

Herr Dr. Koehler hat seine Stellungnahme in einer Aktennotiz ausgesprochen, die er Herrn Dr. v. Hase mit Brief vom 31.X.36 aus Belgrad übersandte und nach seiner Rückkehr nach Leipzig auch Herrn Volckmar-Frentzel übergeben hat. Diese lautet:

„Aktennotiz über zwei Besprechungen mit den Herren Volckmar und Volckmar-Frentzel vom 12. und 15.X.1936.

Bei der Rückgabe des Volckmar'schen Exposé sprachen wir zunächst über die Gründe, warum die Firma Streller zunächst ihre alte juristische Form behalten sollte und dann machte ich verschiedene Punkte namhaft, die m.A.n. der Nachprüfung und ev. Änderung bedürfen. Wichtig war [130] zunächst die Schiedsgerichtsklausel. Nach dem Wortlaute des Exposés wäre die Volckmarpartei in jedem Falle bei einem eventuellen Schiedsgericht in der Majorität gewesen, was dem Sinne eines unparteilichen Schiedsgerichts widersprach. Herr Volckmar erwiderte, daß er sich der Wirkung seines Vorschlags nicht bewußt gewesen sei und daß er diesem Paragraphen umarbeiten werde. – Ich regte dann an, daß die in dem Plane für die einzelnen Kommanditgesellschaften vorgesehenen Vertreter der Familienstämme nur mit Zustimmung dieser Stämme abberufen werden und gegebenenfalls bei Abstimmungen nur nach Instruktionen der Stämme abstimmen könnten. Herr Volckmar meinte, Abstimmungen würden ja kaum vorkommen, und er habe Bedenken dagegen, leitende Personen schwer oder gar nicht abberufbar zu machen. Das könnte die Firma sehr belasten. Schließlich wies ich daraufhin, daß die Verkäufe von Aktien und Kommanditanteilen, die vor einigen Jahren seitens der Koehlerpartei an die Volckmarpartei erfolgt seien, zu Kursen vorgenommen worden seien, die den wirklichen

Werten, nicht entsprächen. Herr Volckmar war über die Einzelheiten jener Transaktion nicht mehr ganz im Bilde und versprach, die Sache nachzuprüfen.

Am 15.X. sollte eine Besprechung zwischen den Herren Volckmar, Volckmar-Frentzel, Dr. v. Hase und mir über das Volckmar'sche Exposé stattfinden. Nach der am 14. mit Herrn Dr. v. Hase und mir gehabten Beratung erschien ich allein und teilte den beiden Herren mit, daß Herr Dr. v. Hase das Exposé zwar gelesen, aber in seiner Tragweite noch nicht allenthalben durchdacht habe. Eine Besprechung sei deshalb zunächst noch nicht angebracht. Ferner sagte ich, Herr Dr. v. Hase habe bei der Lektüre des Exposés den Eindruck gehabt, daß einige Bestimmungen des Gesellschaftsvertrages den heutigen Anschauungen von sozialer und volksgemeinschaftlicher Haltung nicht entsprächen. Herr Volckmar nahm dies mit Erstaunen zur Kenntnis. Er erwiderte, daß es sich dessen nicht bewußt sei und daß er durchaus nicht die Absicht habe, derartige Vorwürfe auf sich sitzen zu lassen. Da sie nun aus dem Kreise der Gesellschafter erhoben würden, ziehe er sein Exposé zurück. Es sei nunmehr gegenstandslos geworden, und er bitte, es ihm zurückzugeben. Da Herr Dr. v. Hase am nächsten Tage nach Berlin reisen wollte, bat Herr V. mich, mir das Exposé von ihm geben zu lassen und es ihm (Herrn V.) am folgenden Tage – ich beabsichtigte, am Abend des folgenden Tages nach Belgrad zu fahren – zurückzugeben."

Die Aktennotiz enthielt am Schluß noch eine kurze Notiz darüber, daß auch über die Möglichkeit einer Abtrennung des Koehler & Amelang-Verlages gesprochen worden sei. Bei dem jetzigen Stand der Dinge kommt ein solcher Gedanke nicht in Frage. [131]

Zu dieser Aktennotiz ist zu bemerken, daß Herr Dr. Koehler den Herren Hans Volckmar und Th. Volckmar-Frentzel gegenüber die Ablehnung des Entwurfes seitens des Herrn Dr. v. Hase ganz allgemein als „aus weltanschaulichen Gründen" erolgt bezeichnet hatte.

Zu 2.
Die Vorlage bei den verschiedenen Rechtsanwälten ist inzwischen erfolgt und hat ergeben, daß der Exposé-Entwurf in der vorliegenden Form nicht durchgeführt werden kann, weil insbesondere hinsichtlich der neuen Kommanditgesellschaftsverträge auf einzelne Kommentare und auf Reichsgerichtsentscheidungen sich stützende Bedenken bestehen. Zwar sind die befragten Juristen hierüber nicht der gleichen Ansicht. Aber es genügt, daß, wenn selbst nur einer positive Bedenken äussert, zweifellos ein Entwurf nicht spruchreif ist. Es müsste nun eigentlich schon im Hinblick auf den Ablauf des Umwandlungsgesetzes für Kapitalgesellschaften am 31. Dezember 1936 in dieser Sache weiter gearbeitet werden. Pflichtgemäss muss auf die grossen Nachteile, die angesichts des bevorstehenden Fristablaufs des Umwandlungsgesetzes für den Konzern entstehen können, hingewiesen werden. Obwohl auf Seiten der Zentrale und auch auf Seiten der anderen befragten Herren die beste Absicht besteht, den Konzern im Sinne des in den Gesetzen verlautbarten Willens der Reichsregierung umzustellen, ist infolge des Vorgehens des Herrn Dr. v. Hase beim Reichsführer SS z.Zt. die Möglichkeit dazu verbaut.

[Handschriftliche Notiz darunter.]
zu 2.) Durch die IV.te Durchführungsverordnung zum Umwandlungsgesetz vom 2. Dezember 1936 verschiebt sich die oben erwähnte Frist vom 31.XII.1936 auf den 30.VI.1937.

VI.
BIOGRAFIEN DER HAUPTAKTEURE

Georg v. Hase

Fregattenkapitän, Verlagsbuchhändler und finnischer Konsul
geb. 15.12.1878 in Leipzig, gest. 13.1.1971 in Jena

Georg v. Hase wuchs in einer Leipziger Verlegerfamilie auf, die den traditionsreichen Musikverlag Breitkopf & Härtel leitete.[1] Vom siebenten Lebensjahr an besuchte er die erste höhere Bürgerschule, anschließend das Nikolai-Gymnasium in Leipzig. Nach erfolgreichem Abschluss brach er allerdings, wie er später schrieb, „mit der seit der Reformationszeit in der Familie zur Tradition gewordenen Gewohnheit, die Universität zu besuchen", und bewarb sich als Seekadett bei der Kaiserlichen Marine. Mit dem Reifezeugnis für die Unterprima wurde er nach Bestehen der Aufnahmeprüfung am 6. April 1897 in Kiel eingestellt.

Das erste Jahr verbrachte v. Hase an Bord des Seekadettenschulschiffs „Stein". Die Fregatte kreuzte in der Ost- und Nordsee und im Nordatlantik, segelte aber auch über die Kanarischen und Kapverdeschen Inseln nach Westindien und kam Ostern 1898 wieder in die Heimat zurück. Man kann mit Recht sagen, dass v. Hase ein Weltreisender war, der auf den zahlreichen Landgängen interessante Orte kennen lernte. In Westindien beteiligte sich das Schulschiff sogar an einer kriegerischen Aktion im Hafen von Port au Prince auf Haiti.[2]

Bald wurde er zum Fähnrich, dann zum Leutnant befördert. Es folgten zahlreiche Seeeinsätze auf verschiedenen Schiffen. Die Erinnerungen an seine Seereisen im Zeitraum 1897 bis 1907 schrieb er in einem maschinenschriftlichen Manuskript unter dem Titel „Seewind" nieder.[3]

---

1   Er wurde als zweiter Sohn und drittes Kind von Oscar und Johanna v. Hase (geb. Zarncke) geboren. Hase: Hauschronik, S. 41–43.
2   Ebenda, S. 43 f.
3   Das Manuskript befindet sich heute im Haseschen Familienarchiv. Vgl. ebenda, S. 47.

Im Jahre 1909 lernte v. Hase auf einem Hausball Eleanor Heygster, die Tochter eines Hamburger Kaufmanns, kennen. Die Hochzeit fand am 1. Juni 1909 in Hamburg statt. Der Ehe entstammten vier Kinder: Karl (geb. 1910), Hans Jürgen (geb. 1911), Ursula (geb. 1913) und Barbara (geb. 1917).

Alle vier Jahre des Ersten Weltkrieges musste v. Hase „auf grauen stählernen Schiffen" durchstehen. Für seine Kriegseinsätze erhielt er das Eiserne Kreuz Erster und Zweiter Klasse. Wiederum schrieb er seine Erlebnisse auf und veröffentlichte sie diesmal in dem Buch „Die zwei weißen Völker"[4]. Als im Herbst 1918 die revolutionären Erhebungen in Deutschland einsetzten, beschloss er, für immer Abschied von der Seefahrt zu nehmen.

Durch Vermittlung des Vaters wurde Georg v. Hase buchhändlerischer Volontär in der Leipziger Firma K. F. Koehler, in der sein Bruder Hermann bereits seit 1915 tätig war. Er zog zusammen mit seinen vier Kindern im Februar 1919 nach Leipzig in eine geräumige Erdgeschosswohnung mit hübschem Garten in Leipzig-Gohlis, Fritzsche-straße 5. Seine Ehefrau kam nicht nach Leipzig. Vermutlich hatte sie ihn bereits vorher verlassen. Auf seinen Antrag hin wurde die Ehe 1920 geschieden. Nun galt es, „die Zähne zusammenbeißen und Neues anfangen. Die buchhändlerische Lehrzeit wäre für mich nun bereits Vierzigjährigen eine harte Nuß geworden, wenn ich mich nicht sofort mit Eifer in die neuartige Welt des Leipziger Buchhandels gestürzt hätte und wenn man mir nicht an allen Stellen bereitwillig die Kenntnisse vermittelt hätte, die ich für meinen neuen Beruf brauchte."[5]

Georg v. Hase lernte im Kommissionsgeschäft sowie im Verlag K. F. Koehler des Konzerns Koehler & Volckmar, im väterlichen Unternehmen Breitkopf & Härtel und in der Akademischen Buchhandlung Rassmann in Jena. Am 1. Februar 1920 wurde er als Mitinhaber der Firmen Hermann Schultze und E. F. Steinacker aufgenommen und zum Prokuristen der Firma K. F. Koehler ernannt.

Zum beruflichen Neuanfang gesellte sich bald ein privater. In Leipzig traf er sich häufig mit der erst dreiundzwanzigjährigen Johanna Steche. Sie war die Tochter von Albert Steche, dem Mitinhaber der chemischen Fabrik Heine & Co. in Leipzig. Beide heirateten am 6. Juli 1920 im Klubhaus „Harmonie". Das schöne Stechesche Haus in der Moschelesstraße wurde nun der neue familiäre Mittelpunkt. Aus der Ehe gingen zwei Kinder, Karin (geb. 1921) und Oskar (geb. 1923), hervor.

Als der Vater Oscar v. Hase 1921 starb, hinterließ er seinem Sohn ein Berghaus in Jena mit großem Garten. Nach dem Ausscheiden aus dem Konzern Koehler & Volckmar im Jahre 1935 sollte dies sein ständiger Wohnsitz werden. Auf Vorschlag des finnischen Konsuls in Dresden Karl von Frenckell wurde Georg v. Hase im März 1921 zum finnischen Vizekonsul ernannt. Dieses Amt, das wenig später in ein Konsulat für Leipzig und Thüringen umgewandelt wurde, versah er mit großem Eifer. Auch das städtische Vereinsleben reizte ihn. Er wurde Vorsitzender des Flottenvereins Leipzig sowie Gründungspräsident des Leipziger Rotary-Klubs. Die letztere Position soll ihm „viel Anregung und gute Freunde" eingebracht haben.[6]

---

4   Vgl. Hase: Völker.
5   Hase: Hauschronik, S. 49 f.
6   Ebenda, S. 51.

Ein Arbeitssaal der physikalischen Werkstätten der Lehrmittelabteilung von Koehler & Volckmar

Bis zum Frühjahr 1923 leitete v. Hase das Koehlersche Kommissionsgeschäft. Mit der Fusion der Kommissionsgeschäfte von Koehler und Volckmar wurde er, nun Vorstandsmitglied der Aktiengesellschaft, mit neuen Aufgaben betraut. 1924 organisierte er eine große Ausstellung der Lehrmittelabteilung von Koehler & Volckmar auf Kuba. Allerdings war dieses Projekt nicht von Erfolg gekrönt. Insofern nutzte v. Hase bald seinen Aufenthalt in Mittelamerika für ausgedehnte Bildungsreisen auf dem Kontinent.

1935 wurde er von der Konzernleitung ausgeschlossen. Die Mitgesellschafter, vor allem die Konzernzentrale, warfen ihm mangelhaftes Management vor und betonten, es habe in den von ihm geführten Bereichen „ständig Reibungen und Schwierigkeiten gegeben, die ein Eingreifen anderer Herren notwendig machten".[7] V. Hase verließ in diesem Jahr Leipzig und zog auf seinen Jenaer Landsitz. Für ihn begann ein neuer Lebensabschnitt, in dem er sich hauptsächlich schriftstellerisch betätigte. Eine Abhandlung über den „Sieg der deutschen Hochseeflotte am 31. Mai 1916"[8] hatte er bereits 1934 abgeschlossen. Es folgte noch ein in Englisch verfasstes Buch „Der Luxusdampfer als Kaperschiff" sowie 1940 „Die Kriegsmarine erobert Norwegens Fjorde. Erlebnisberichte von Mitkämpfern". Nebenbei betrieb er intensive familiengeschichtliche Forschungen.

Nach einer dreijährigen Tätigkeit als Referent für literarische und buchhändlerische Angelegenheiten am Oberkommando der Kriegsmarine in Berlin wurde Georg v. Hase Anfang 1944 aufgrund einer neuen Bestimmung über die Altersgrenze von Offizieren aus dem aktiven Wehrdienst entlassen.[9] Da sein Vetter Paul v. Hase als

---

7   Fragebogen der Dienststelle RFSS, Bl. 117, siehe V.2., Ausgewählte Dokumente.
8   Vgl. Hase: Hochseeflotte.
9   Vgl. Hase: Hauschronik, S. 52 f.

Wehrmachtskommandant von Berlin am Attentat auf Hitler beteiligt gewesen war[10], verlangte der Jenaer Kreisleiter der NSDAP aufgrund von „Sippenhaftung", dass sich v. Hase trotz seiner 66 Lebensjahre sofort zum Einsatz an die Front zu melden hätte. Zuvor hatte der Jenaer Kreisleiter bereits die Denkmalsbüste des ehrwürdigen Groß-vaters am Fürstengraben entfernen und den von-Hase-Weg umbenennen lassen. Tatsächlich wurde v. Hase erneut „zur Bewährung" in den Wehrdienst einberufen. Er kam als stellvertretender Hafenkommandant nach Rotterdam. Bereits nach einem Vierteljahr erhielt er seine Abberufung und erlebte das Kriegsende in Jena.

1947 übernahm er die Leitung des Jenaer Kulturbundes, musste aber aufgrund früherer Buchveröffentlichungen dieses Amt niederlegen.[11] Im hohen Alter ordnete Georg v. Hase die Bestände des Familienarchivs und gab eine „Hauschronik" her-aus. Er starb am 13. Januar 1971 in Jena.[12]

Zeitgenössische Zitate zur Person:

Felix Gartmann und Curt Fernau (1936):

„Herr Georg von Hase ist früher Marineoffizier gewesen und hat selbst wiederholt zum Aus-druck gebracht, daß ihm eine kaufmännische Tätigkeit nicht liegt und ihm keine Freude macht. Er hat aber auch keine Neigung gehabt, sich gründlich in die Einzelheiten seiner Abteilung, zu-letzt der Ausland-Abteilung, einzuarbeiten und ist im Vergleich mit anderen leitenden Herren dem Geschäft oft fern geblieben und lange auf Urlaub gewesen. Die Folgen waren, daß die Leitung der Ausland-Abteilung unsicher war, besonders wenn kalkulatorische Probleme zu lö-sen waren, und daß wiederholt Eingriffe der Konzernleitung notwendig waren. Dabei neigte Herr v. Hase dazu, auch wichtige Entscheidungen selbständig zu treffen und nicht, wie dies sonst im Konzern üblich ist, mit anderen leitenden Herren und der Konzernleitung zu beraten. Als ihm in der Person des Herrn Fernau ein Fachmann zur Seite gestellt wurde, erschwerte er diesem eine zweckdienliche Mitarbeit. Auch in der Behandlung seiner Mitarbeiter hatte Herr v. Hase keine glückliche Hand. Die Ausland-Abteilung war unter seiner Leitung die einzige Abtei-lung, in der es ständig Reibungen und Schwierigkeiten gab, die ein Eingreifen anderer Herren notwendig machten. Die Gefolgschaft hat in solchen Fällen mehrfach zum Ausdruck gebracht, daß sie die Sachkenntnis des Abteilungsleiters in Zweifel ziehen müsse. Seit dem Ausscheiden des Herrn v. Hase herrscht in der Ausland-Abteilung Ruhe und Ordnung."[13]

---

10 Biografische Notiz zu Paul v. Hase: „Bereits 1938 hatte sich Oberst Paul v. Hase als Komman-deur des Infanterieregiments 50 in Landsberg a. d. Warthe dem Berliner Wehrkreisbefehls-haber Generaloberst Erwin von Witzleben, der im Rahmen der ‚Septemberverschwörung' die gesamten Vorbereitungen des militärischen Einsatzes zu treffen hatte, zur Verfügung gestellt. Im Sturz Hitlers sah er die einzige Möglichkeit, den drohenden Krieg zu verhindern. Von 1940–1944 war er Stadt-Kommandant von Berlin. Am Tag des Attentats damit an heraus-ragender Stelle in Berlin, versuchte Hase, die entsprechenden Anordnungen für das Gelingen von ‚Walküre' bis zum Schluß durchzusetzen. Er wurde am 21.7. verhaftet, zum Tode verurteilt und am 8.8.1944 hingerichtet." Achmann / Bühl: 20. Juli 1944, S. 52.

11 Noch einmal strengte Georg v. Hase 1958 eine Klage beim Landgericht Stuttgart an, um seine Rentenansprüche gegenüber Koch, Neff & Oetinger (Stuttgart) geltend zu machen. Aufgrund seiner Verstrickung in den Fall Hase gegen Volckmar wurde ihm dieser Anspruch jedoch ab-erkannt. Vgl. Das Verhalten von Georg v. Hase und die Verwirkung seiner Pensionsansprüche, S. 14, in: Archiv KNOe Stuttgart.

12 Vgl. Hase: Hauschronik, S. 54.

13 Vgl. Fragebogen der Dienststelle RFSS, Bl. 117, siehe V.2., Ausgewählte Dokumente.

Georg v. Hase an Kurt Koehler (1936):

„Allzusehr leide ich unter der unfreiwilligen Beendigung meiner Tätigkeit im Konzern, verbunden mit dem von mir als unnötig und grausam empfundenen absoluten Konkurrenzverbot für irgendwelche buchhändlerische Tätigkeit. [...] Glaubst Du, wie Du mich kennst, daß ich, wenn ich diesen Streit mit der Zentrale gehabt hätte, wenn ich also an Hermanns Stelle gewesen wäre, diese Aktion in Berlin überhaupt eingeleitet hätte? Ich habe noch nie etwas Persönliches gegen Volckmars unternommen, auch nicht, als mir nach meiner und auch Deiner Meinung, die Du mir in Deinem freundschaftlichen Briefe vom 30. März 1935 aussprachst, durch meinen erzwungenen Austritt bitter Unrecht geschehen war; und ich werde auch nie meine Treueverpflichtungen gegen meinen Associés verletzen. Die große Tragik meines beruflichen Lebens liegt daran, daß ich niemals zu den geschäftsführenden Mitgesellschaftern von Neff & Koehler gehört habe, daß man mir aber immer wieder fälschlicherweise einen entscheidenden Einfluß auf die Maßnahmen der Koehler-Partei zugeschrieben hat! So ist es doch auch jetzt wieder der Fall. Ich hätte schon manches Unheil verhüten können, wenn ich dieselbe Macht gehabt hätte wie Hermann.

Jetzt hat nun, wie Du richtigerweise schreibst, ein ‚mörderischer Kampf' eingesetzt, – dem ich wie vom Mond aus zusehe, dessen Folgen mich aber infolge meiner Machtlosigkeit und andererseits infolge des mir fälschlicherweise zugeschriebenen Einflusses auf Hermanns Aktion schwerlich werde entziehen können."[14]

Georg v. Hase (1960):

„Bis zum Frühjahr 1923 leitete ich das K. F. Koehlersche Kommissionsgeschäft. Zu diesem Zeitpunkt fusionierten die Koehlerschen und die Volckmarschen Kommissionsgeschäfte, sehr zu meinem Schmerz. Denn obwohl ich nun Vorstandsmitglied der Koehler & Volckmarschen Aktiengesellschaft wurde, war es um meine wirklich selbständige und erfreuliche buchhändlerische Tätigkeit geschehen. Es lag in der Natur der Volckmar-Leute, die kapitalkräftiger und sehr machthungrig waren, auf eigener Verantwortung beruhende freudige Arbeit sowohl von mir als auch von meinem Bruder Hermann und Dr. Kurt Koehler zu unterdrücken. Trotzdem habe ich auch in den folgenden 12 Jahren meiner Tätigkeit als Vorstandmitglied manche erfreuliche Tätigkeit ausüben können."[15]

14   Brief Georg v. Hase an Kurt Koehler vom 12.12.1936, S. 5–6, in: Sächs. StAL, Koehler & Volckmar, 120.
15   Hase: Hauschronik, S. 51.

Hermann v. Hase

Dr. jur., Verlagsbuchhändler
geb. 13.10.1880 in Leipzig, gest. 22.04.1945 in Kleinmachnow bei Berlin

Hermann v. Hase, der jüngere Bruder von Georg, trat nach dem Besuch des Leipziger Nikolaigymnasiums Ostern 1900 als Lehrling in die Buch- und Musikalienhandlung von Bernhard Hartmann in Elberfeld ein, entschloss sich aber schon im Herbst desselben Jahres für das Studium der Rechtswissenschaft, zunächst in Jena, sodann bis zum 1. Staatsexamen wieder in Leipzig. 1904 promovierte er zum Doktor der Jurisprudenz mit einer Dissertation zum Erbrecht.[16] Während dieser Zeit hatte er sich mit Elisabeth von Schwarze, der Tochter des Reichsgerichtsrates Hans von Schwarze, verlobt. Die Hochzeit fand am 30. Mai 1905 in Leipzig statt. 1906 und 1910 wurden ihm seine Töchter Elisabeth und Ingeborg geboren.[17]

Im Jahre 1904 trat er als Gehilfe bei Breitkopf & Härtel ein, wo er sogleich die Leitung des Buchverlags zu übernehmen hatte. Insbesondere standen ihm, nachdem sein um vier Jahre älterer Bruder Viktor im Jahre 1905 nach langjähriger Krankheit in Ägypten verstorben war und sich der ebenfalls ältere Bruder Georg für den Beruf des Marineoffiziers entschieden hatte, nunmehr der Weg zur Nachfolge im väterlichen Geschäft offen. Am 1. Januar 1906 erhielt er Prokura, am 1. Januar 1910 wurde er als Gesellschafter ohne Kapitalbeteiligung aufgenommen. Im „Jahrbuch der Millionäre Sachsens" fand man ihn bereits 1912 mit einem Schätzvermögen von 2,9 Mio. Mark und einem Jahreseinkommen von ca. 190.000 M.[18]

Während seiner Tätigkeit in Leitungspositionen von Breitkopf & Härtel verbesserte er die „Volksausgabe Breitkopf & Härtel", die er mit Rücksicht auf den internationalen Handel in „Edition Breitkopf" umbenannte. Bei der Verpflichtung neuer zugkräftiger zeitgenössischer Musikautoren glückte ihm der große Wurf, die Werke des finnischen Tonsetzers Jean Sibelius von dessen finnischen Verlegern käuflich zu erwerben und damit dem Musikverlag einen besonders wertvollen Bestand an Nutzungsrechten zu sichern. Mit Max Reger war er persönlich befreundet, der allerdings damals schon „in festen [verlegerischen, Th. K.] Händen" war.[19]

Den Filialen des Hauses in Berlin, Brüssel, London und New York galten seine Fürsorge. Besonders in London und New York hatte er längere Zeit gearbeitet und die Gelegenheit zu einer größeren Reise durch die Vereinigten Staaten wahrgenommen. Als 1913 die Niederlassung in New York in einen neuerbauten Wolkenkratzer verlegt wurde, erreichte er, dass das Gebäude den Namen „Bear Building" (Bärenhaus) erhielt. Im September 1914 kam es allerdings zu einem offenen Zerwürfnis zwischen Vater und Sohn. Im Oktober desselben Jahres schied Hermann v. Hase aus der Firma aus. Für ihn war es ein herber Rückschlag.

---

16   Vgl. Hase: Erbschaft.
17   Ebenda, S. 58.
18   Vgl. Martin: Jahrbuch der Millionäre Sachsens, S. 28.
19   Hase: Hauschronik, S. 59.

Bei Ausbruch des Ersten Weltkrieges meldete sich Hermann v.
Hase als Kriegsfreiwilliger, wurde
jedoch ausgemustert. Er stellte
sich Anfang Oktober 1914 dem
Roten Kreuz zur Verfügung und leitete eine Verpflegungsstation auf
dem Hauptbahnhof in Charleroi
in Belgien. Mit der Verkleinerung
dieser Station wurde er „entbehr-
lich", so dass er Ende November
bereits wieder in Leipzig war.

Nun trat eine Wende in seinem
Leben ein. Der Leiter des Hauses
Koehler, Wolfgang Koehler, war
1914 als Reserveoffizier bei Châ-
lons gefallen. Von der Familie
Koehler aufgefordert, ob er als
Ersatz für diesen der Firma beitre-
ten wolle, stimmte Hermann sofort
zu. Am 1. Januar 1915 wurde er
als Gesellschafter ohne Kapitalbeteiligung aufgenommen. Er be-
gann damit, sich in Leipzig und   Hermann v. Hase
Stuttgart in dem weitverzweigten
Betrieb einzuarbeiten. Erneut zum
Wehrdienst eingezogen, war er als Reserveoffizier bei Grabenkämpfen nahe Reims
und Aubérive beteiligt. Für Aufklärungsarbeit erhielt er das Eiserne Kreuz Zweiter
Klasse. Über diese Zeit führte er Kriegstagebuch.

Wieder in Leipzig ließ sich Hermann v. Hase von seiner Frau scheiden und fand
ein neues Glück. Er schrieb: „Else Koehler, die Witwe meines unvergeßlichen Freundes Wolfgang, der am 7. September 1914 in der Marneschlacht den Heldentod gefunden hat und dessen Nachfolger ich im Geschäft geworden bin, sie wurde am
9. November 1918, als der schwärzeste Tag für unser geliebtes Vaterland anbrach,
meine Braut, am Weihnachtsfest desselben Jahres meine geliebte Frau."[20] Else v.
Hase brachte vier Kinder mit in die Ehe, Hans, Gertrud, Karl und Konrad. Am
27. Oktober 1920 wurde ihm ein Sohn Rüdiger und am 26. Februar 1922 eine
Tochter Brigitte geboren. Die Familie bewohnte die geräumige 2. Etage des Koehler-
hauses in der Sternwartenstraße 79 und verbrachte den Sommer auf dem Landsitz in
Gaschwitz bei Leipzig mit seinem weitläufigen Garten am Rande der Harth.[21]

Seit 1918 war er im fusionierten Koehler-Volckmar-Konzern im Vorstand tätig.
Sein Aufgabenbereich lag schwerpunktmäßig in der Leitung des neugegründeten

---

20   Ebenda, S. 60. Die Vermählungsanzeige Hermann v. Hases und Else geb. Brugmann liegt im
      Nachlass von Wilhelm Streitberg in der Handschriftenabteilung der Leipziger Universitäts-
      bibliothek.
21   Vgl. ebenda.

Koehler & Amelang Verlags. 1927 kam die alleinige Leitung des alten Verlags K. F. Koehler hinzu, dessen Programm sich nun auf die Herausgabe von Memoiren konzentrierte. Bereits in den zwanziger Jahren geriet Hermann v. Hase in Schwierigkeiten mit seinen Associés. Es kam 1936 zum offenen Konflikt mit der Konzernleitung, die schließlich sein Ausscheiden aus der Firma im Jahre 1938 bewirkte.[22]

Nachdem v. Hase 1938 zusammen mit den Erben von Wolfgang Koehler den Koehler-Volckmar-Konzern verlassen hatte, gründete er zusammen mit seinem Stiefsohn Karl Koehler in Berlin-Dahlem einen eigenen Verlag unter dem Namen „v. Hase & Koehler". Er erteilte Breitkopf & Härtel umfangreiche Druckaufträge und übergab ihnen die Leipziger Auslieferung. Hermann v. Hase war bis zur Stilllegung seines Verlags damit beschäftigt, zahlreiche Biografien und Memoiren zu verlegen.[23] Als die Rote Armee zum Angriff auf Berlin überging, meldete er sich zum Volkssturm und fiel am 22. April 1945 – durch Herzschuss, wie es hieß – als Bataillonsführer in Kleinmachnow bei Berlin. Wenige Tage darauf sind auch seine Frau und seine beiden Kinder in ihrem Haus in Berlin-Dahlem unter nicht geklärten Umständen ums Leben gekommen.[24]

Zeitgenössische Zitate zur Person:

Hermann v. Hase (1937):

„Durch den ausgeprägten vaterländischen Geist des Elternhauses bin ich stark beeinflusst worden. Mit jungen Jahren gründete ich einen Bismarck-Turnverein, bei allen Schülerfeiern trat ich als nationaler Redner auf. Als Turner errang ich in der Schule und auf grossen Turnfesten erste Preise; trotzdem konnte ich wegen starken Senkfußes nicht dienen, obwohl ich bis zum Generalarzt vordrang, um beim Militär genommen zu werden. Längere Aufenthalte in England und Amerika bestärkten mein Deutschgefühl. [...]

‚Sage mir, was du verlegst, und ich sage dir, wer du bist!' Die von mir verlegten <u>*sämtlichen*</u> *Bücher bilden eine gerade Linie, die vom Geist des wahren Frontsoldaten getragen zum Geist des Nationalsozialismus führt. Ich wollte dem deutschen Volke Vorbilder aus seiner großen Vergangenheit zeigen, an die es sich halten könnte und wandte mich in erster Linie an die deutsche Jugend und an das deutsche Volk. Die meisten Bücher sind in mühsamer Arbeit von mir persönlich angeregt worden und zwar auf fast allen Gebieten. [...]*

Im November 1923 habe ich auf Hitler gehofft und war tief geknickt über den Ausgang; von da habe ich seinen Weg verfolgt und Hoffnung auf ihn gesetzt. Immer überzeugter wurde ich und bekannte mich offen zu ihm. Meine Frau, die an der Entwicklung meines Verlages innigsten und tätigen Anteil nahm, ging mit mir völlig einig, ebenso habe ich den Kindern die Sendung

---

22   Aus firmengeschichtlichen Unterlagen geht hervor, dass das persönliche Einkommen von Hermann v. Hase 1936 aufgrund der Bilanz mehr als 28.000 RM betragen hatte. Seine Gattin Else v. Hase-Koehler erhielt in diesem Jahr Bezüge in der Höhe von ca. 12.000 RM. Vgl. Schreiben Hans Leo an das Schiedsgericht, Reichsgerichtsrat Frantz, vom 12.3.1938, in: Sächs. StAL, Koehler & Volckmar, 106.

23   In einem Prospekt von 1938 wurden folgende Sparten erwähnt: Erinnerungswerke deutscher Heerführer und Politiker, Erinnerungen von Kriegsteilnehmern, Kolonial- und Reisebücher (unter dem Motto: Deutsche in aller Welt), Frauenbiografien sowie Bücher zur „Germanenkunde". Vgl. Verlagsprospekt v. Hase & Koehler vom Oktober 1938, in: DBSM, Sammlung Verlagskataloge bis 1945.

24   Vgl. Hase: Hauschronik, S. 61.

Hitlers immer wieder nahegebracht. Im Kampf um den Youngplan November 1929 haben wir uns als erste eingezeichnet, ich gehörte zum Reichsausschuss für das deutsche Volksbegehren und hörte damals Hitler zum ersten Mal sprechen.

In den letzten Jahren vor der Machtergreifung haben wir jede Gelegenheit benutzt, um Hitler-Anhänger zu gewinnen. Es ist schwer, seine frühere politische Einstellung zu beweisen, aber das steht fest, dass, wohin wir kamen, offen und fanatisch für Hitler eintraten."[25]

Theodor Volckmar-Frentzel (1937):

„Wenn sich einerseits Herr Dr. v. Hase und andererseits meine Gesellschafter, ersten Mitarbeiter und ich seit 1933 in vielfach sehr aufreibenden und unerquicklichen Auseinandersetzungen gegenüberstehen, so ist der Grund hierfür, daß Herr Dr. von Hase unserer Ansicht nach die Tatsache seiner Parteizugehörigkeit aus 1933 und die Bewegung in einer gerade auch von jedem Nationalsozialisten zu beanstandenden und taktlosen Weise aus persönlichem Geltungsbedürfnis und konjunkturellen Gründen mißbraucht, während wir anderen, bei einer persönlich positiven Einstellung zu Staat und Bewegung, hiergegen kämpfen müssen, wenn anders wir in Ansehung unseres Pflichtenkreises nicht verantwortungslos gegenüber dem Führer und dem Volksganzen, dem Betrieb und dessen großer Gefolgschaft handeln wollen."[26]

Hans Volckmar und Theodor Volckmar-Frentzel (1937):

„Überdies ist der Zentrale und den übrigen leitenden Herren der Koehler-Volckmar-Firmen bekannt, daß Herr Dr. v. Hase im Verfolg seiner persönlichen Interessen seit Jahren bemüht ist, sich intern jeder kollegialen, die gemeinsamen Interessen berücksichtigenden Zusammenarbeit zu entziehen, extern aber in allen Verlagsangelegenheiten als der alleinige maßgebliche Träger der Koehler-Verlage aufzutreten, obgleich dies weder den tatsächlichen, noch den wirtschaftlichen, noch den rechtlichen Verhältnissen entspricht."[27]

Kurt Koehler (1937):

„Die wirtschaftlichen Ergebnisse der Koehler-Verlage waren nicht immer befriedigend, woraus aber Herrn Dr. v. Hase nicht notwendigerweise ein Vorwurf zu machen ist, denn die Zeiten waren für jedes Geschäft schwer. Daß Herr Dr. v. Hase ein geschickter Verleger und Propagandist ist, und im Laufe der Jahre die finanziellen Erträgnisse der Verlage in erfreulicher Weise steigern konnte, wird allseitig anerkannt. Die ideellen Werte einer Verlegertätigkeit in kurzen Worten abzuschätzen, ist schwer. Daß Herr Dr. v. Hase auch solche geschaffen hat, ist sicher. Unsere subjektive Ansicht geht allerdings dahin, daß Herr Dr. v. Hase in den Jahren seiner Tätigkeit nicht immer gleich hohe Ansprüche an den ideellen Wert seiner Verlagswerke gestellt hat, und daß er bei stets gleichbleibendem Wollen darin noch mehr hätte tun können."[28]

25   „Einige Worte über mich selbst auf Anforderung [von Bruno Galke bei der Dienststelle des Reichsführers SS, Th.K.] hin niedergeschrieben von Dr. Hermann v. Hase" vom 3.3.1937, S. 1, 3–5, in: BArch (ehemals BDC), Volckmar-Frentzel.
26   Schreiben Volckmar-Frentzel an Joseph Goebbels vom 17.2.1937, S. 4, in: Sächs. StAL, Koehler & Volckmar, 120.
27   Zusammenstellung der wichtigsten Tatsachen in der Streitsache Hase gegen die Zentrale der Koehler-Volckmar-Firmen, S. 6, in: Sächs. StAL, Koehler & Volckmar, 96.
28   Beantwortung von Punkt 33 des Fragebogens der Dienststelle RFSS, Bl. 125, siehe V.2., Ausgewählte Dokumente.

Kurt Koehler an Hermann v. Hase (1937):

„Bin ich der festen Überzeugung, daß die weltanschaulichen Beweggründe, die Dich angeblich bei Deinem Vorgehen leiteten, in Wirklichkeit keineswegs die leitenden, sondern nur von Dir herbeigezogene Behelfmittel sind, und daß das eigentliche Motiv Egoismus ist. [...] Ich stelle fest, daß Du, so lange wie Du in der Firma bist, stets gewühlt und in ganz unverantwortlicher Weise intrigiert hast. [...] Dein Verhalten der letzten Monate hat das Maß von Nachsicht und Verstehenwollen, das ich Dir im Bewußtsein eigener Mängel und Schwächen – wie jedem anderen – zubillige, zum Überlaufen gebracht. Ich muß Dir deshalb heute mitteilen, daß ich die persönlichen Beziehungen zur Dir hiermit abbreche. Infolgedessen bitte ich Dich, nur noch geschäftlich und schriftlich mit mir verkehren zu wollen."[29]

Dr. Kurt Koehler (1938):

„Die Beziehungen zwischen den Familien von Hase und Koehler reichen bis in die [18]70er Jahre zurück und wurden dadurch besonders eng, daß Geheimrat von Hase, soviel ich weiss unmittelbar nach Fertigstellung unseres Hauses in der Stephanstrasse dort mietete und jahrelang dort wohnte. Der Umstand, daß einige der Söhne von Hase gleichaltrig mit meinen Brüdern waren, führte zu einem lebhaften Verkehr der jüngeren Generation. Ich persönlich habe niemals mit Hases einen persönlichen Kontakt gefunden, weil bei allen Angehörigen der Familie Hase gewisse Charakterzüge zu Tage traten, die mich an einer inneren Verbundenheit mit ihnen hinderten. Ich empfand stets bei Hases, bezüglich der verschiedenen Mitglieder der Familie verschieden stark, einen Mangel an Echtheit und ein Zurschautragen von Idealen und Eigenschaften, die der Wahrheit nicht entsprachen, sowie ein unverkennbares Strebertum. Das Gefühl innerer, wenn nicht gerade Abneigung, so doch Ablehnung, war übrigens mir gegenüber bei voller Freundschaftlichkeit der äusseren Form auch bei Hases stets vorhanden. Dr. v. Hase ist mir schon als Schüler immer als ein reichlich roher und gewalttätiger Mensch erschienen. Ich habe ihn jahrelang vollkommen aus dem Auge verloren und habe dies auch nicht bedauert. Ein eigenartiges Geschick wollte es, daß mein Bruder Wolfgang in den letzten Monaten vor dem Kriege durch gemeinsame Freunde wieder in einen engeren Kontakt mit Dr. v. Hase kam. Ich erinnere mich noch sehr gut, daß er mir etwa im April oder Mai 1914 davon erzählte, daß er öfters mit Dr. v. Hase zusammenträfe und einen sehr guten Eindruck von dessen persönlichen und geschäftlichen Qualitäten gewonnen habe. Man konnte damals noch nicht wissen, daß dieser Eindruck unzutreffend und daß das Verhalten des Herrn Dr. v. Hase in der väterlichen Firma Breitkopf & Härtel und in seinem Privatleben derartig war, daß sich auf beiden Gebieten eine Krisis vorbereitete. An demselben Tag, an dem mein Bruder Wolfgang fiel, kam es zum Bruch zwischen Dr. v. Hase und seinem Vater. Viel zu spät erst wurde mir bekannt, daß Geheimrat von Hase das Verhalten seines Sohnes als so unerhört betrachtete, daß er, wie er selbst erzählte, seinem Sohn gewissermassen fristlos aus der Firma entfernte. Die näheren Umstände sind mir leider nicht bekannt geworden, doch dürfte Herr Geheimrat Volkmann darüber unterrichtet sein. Mein Bruder Karl Franz und ich erfuhren im Felde nur, daß Dr. v. Hase infolge sachlicher Meinungsverschiedenheiten aus der väterlichen Firma ausgeschieden sei. Diese Mitteilung wurde uns durch unsere Mutter, und zwar auf Anregung der Witwe meines Bruders Wolfgang, die heute Frau von Hase ist, gemacht, zugleich mit der Anregung, Dr. v. Hase, der damals vom Kriegsdienst befreit war, in die Firma aufzunehmen. Dieses Angebot hatte angesichts der Tatsache, daß niemand von uns zu Hause und daß einer von uns bereits gefallen war, viel Verlockendes für sich. Ich glaube aber, daß ich auf Grund meiner inneren

---

29   Brief Kurt Koehler an Hermann v. Hase vom 20.2.1937, in: Vgl. Das Verhalten von Georg v. Hase und die Verwirkung seiner Pensionsansprüche, S. 16–17, in: Archiv KNOe Stuttgart.

Einstellung zu Hases es doch nicht angenommen hätte, wenn nicht gerade das erwähnte Gespräch mit meinem Bruder Wolfgang einige Monate vorher stattgefunden hätte. Ich glaubte auf Grund dieses Gespräches, annehmen zu dürfen, daß meine Einstellung eine allzu subjektive sei und Herrn Dr. v. Hase nicht gerecht werde. Dies veranlasste mich, meine Zustimmung zu dem Vorschlage zu geben. Die Erwartungen wurden durch wiederholte Versicherungen des Herrn Dr. v. Hase unterstützt, daß er in erster Linie die Interessen der Firma und Familie Koehler im Auge haben würde. Zunächst schien dies auch der Fall zu sein. Es handelte sich ja in den Kriegsjahren im Wesentlichen um die Vorbereitung der Fusion mit der Firma Volckmar, und in dieser Angelegenheit ging ich mit Dr. v. Hase Hand in Hand, zum Teil gegen meinen Bruder Karl Franz. [...]

Ein Zusammenarbeiten mit Dr. v. Hase auf Grund innerer Harmonie und geistiger Übereinstimmung in vertrauensvoller Weise ist infolge dieser Charakteranlagen Dr. v. Hases beinahe ausgeschlossen. Es kommt hinzu, daß Dr. v. Hase mit seinem Geltungsbedürfnis und seiner Eitelkeit eine Überschätzung der eigenen Fähigkeiten verbindet, die es sehr schwer macht, ihn von der Unrichtigkeit mancher seiner Massnahmen zu überzeugen. Beide Eigenschaften, das Geltungsbedürfnis und die Selbstüberschätzung wären aber noch erträglich, wenn Dr. v. Hase in seiner ganzen Tätigkeit und in seiner Haltung eine einheitliche Linie nach gewissen Grundätzen und festen Zielen verfolgt. Dies ist leider durchaus nicht der Fall. Dr. v. Hase ist ein Stimmungsmensch, der weder in der Beurteilung öffentlicher Angelegenheiten, noch bei der Abschätzung geschäftlicher Dinge eine solche Linie innehält. [...]

Nachdem die erste Ehe des Herrn Dr. v. Hase durch sein Verschulden zerstört worden war, heiratete er 1918 die Witwe meines Bruders Wolfgang. Seine erste Frau hat damals versucht, ihrer Nachfolgerin die Augen über den Charakter Dr. v. Hases zu öffnen – vergeblich – und der eigene Vater Dr. v. Hases äußerte sich, daß er diese Ehe tief bedaure, da sein Sohn niemals der richtige Erzieher der Kinder Wolfgang Koehlers sein würde. Dr. v. Hase hatte an diese zweite Ehe materielle persönliche Hoffnungen geknüpft, über die ich mich hier im Einzelnen nicht verbreiten möchte. Jedenfalls war es seitdem, und besonders seit er aus seiner zweiten Ehe Kinder hatte, sein Bestreben, sich eine Position zu schaffen, die wesentlich fundierter sein sollte, als die, die er anfangs in unserer Firma gehabt hatte. Im Übrigen muss gesagt werden, daß die zweite Ehe Dr. v. Hases für seinen Charakter, soweit dies noch möglich war, sich katastrophal auswirkte; denn seine zweite Frau stärkte infolge der eigenen Veranlagung die bedenklichen Eigenschaften Dr. v. Hases, statt sie zu mildern.

Die ständigen Reiberein, die die Zusammenarbeit mit Dr. v. Hase mir eintrug, verleideten mir das Verlagsgeschäft mehr und mehr; denn wenn irgend einem Geschäft eine innere Übereinstimmung zwischen zwei Geschäftsführern notwendig ist, so ist dies zweifellos in einem Verlage der Fall, der sich mit weltanschaulichen und politischen Veröffentlichungen befasst. Schon kurze Zeit nach dem Kriege – ich glaube 1920 oder 1921 – habe ich nach einem Wege gesucht, den Vertrag mit Dr. v. Hase zu lösen, aber dies erwies sich als unmöglich. [...]

Inzwischen war der Verlag ebenfalls fusioniert worden (1924), sodaß Dr. v. Hase keinen Raum mehr hatte, in dem er Alleinherrscher sein konnte. Es war nur naturgemäss, daß sein Kampf – denn gegen irgend jemand in der Firma kämpfen musste er immer – sich nun andere Ziele suchte. Zunächst bot der Prozess gegen Professor Kern und Frau Lily Koehler genügend Gelegenheit zum Kämpfen. Hierbei brauchte er die Unterstützung der Volckmar-Herren, und deshalb war in den Jahren 1926 bis 1928 oder 1929 die Stimmung Dr. v. Hases zwar gelegentlich durch sachliche Gegensätze zu diesen Herren getrübt, im allgemeinen aber nicht feindselig. Nachdem aber diese Prozesse erledigt waren, fing die Animosität gegen die Volckmar-Herren an, sich stärker bemerkbar zu machen. Ich habe, da ich viel im Ausland war, immer nur gelegentlich die Anzeichen feststellen können, erinnere mich aber, daß ich bei der Rückkehr von jeder Reise Klagen und Vorwürfe gegen die Volckmar-Herren hörte. Der erste durchschlagende Grund zu einer persönlichen Feindschaft ist meiner Auffassung nach die Gründung der Zentrale gewesen, denn diese Einrichtung berührte das Geltungsbedürfnis und die Herrschergelüste Dr. v. Hases auf das empfindlichste. Der nationalsozialistische Umbruch, der, zunächst wenigstens, dem politischen Schwanken Dr. v. Hases ein Ende machte, brachte Dr. v. Hase auf den Gedanken, aus der neuen Sachlage Nutzen zu ziehen."[3030]

Oberregierungsrat Kohler vom Reichsarbeitsdienst (1940):

„Ohne Anlehnung an Kräftegruppen hat Dr. v. Hase in den Jahren 1919–1933 eine planmäßige Erziehungsarbeit für die Wertschätzung echt deutschen Geistes und für die Wiederbelebung des Wehrgedankens geleistet. Durch Planung und Förderung von Ideen, durch geistige Anregung und positive Kritik war er seinen Autoren stets mehr als ein Verleger, vielmehr ein Berater und echter Kamerad.

Er hat sich selbst bewußt parteimäßig während der Kampfjahre nicht gebunden, um seine Aufgaben unbeschwert erfüllen zu können. Wie aber nationalsozialistischer Geist in seinem Hause herrschte und zur Auswirkung kam, ist aktenkundig belegt."[31]

Hellmuth v. Hase (1960):

„Seine starke Eigenwilligkeit und sein ungestümer Drang zur Selbständigkeit führten leider zu einem gespannten Verhältnis zu seinem Vater und Ludwig Volkmann, die beide nicht gewillt waren, zu manchen seiner Rauheiten zugunsten seiner geschäftlichen Tüchtigkeit ein Auge zuzudrücken."[32]

---

30   Vgl. Kurt Koehler: Zur Vorgeschichte der Aktion Dr. v. Hase, 14.8.1937, in: Sächs. StAL, Koehler & Volckmar, 118.

31   Hermann v. Hase wurde 1940, anlässlich seines 60. Geburtstages für die Goethe-Medaille vorgeschlagen, die für „besonders hervorragende Verdienste auf den Gebieten der Kunst und der Wissenschaft" verliehen wurde. Man nahm schließlich von der Ordensverleihung Abstand, da diese i.d.R. erst mit dem 70. Geburtstag in Anwendung kam. Vgl. BArch, R 56 V, 684.

32   Hase: Breitkopf & Härtel, S. 99 f.

Hans Volckmar

Zwischenbuchhändler und „Konzernschmied"
geb. 24.06.1873 in Leipzig, gest. 29.06.1942 in Leipzig

Hans Volckmar, der Enkel des großen Zwischenbuchhändlers Friedrich Volckmar, entstammte einer traditionsreichen Leipziger Buchhändlerfamilie. Aus der elterlichen Ehe[33] gingen vier Kinder hervor. Hans, der letztgeborene, hatte zwei Schwestern, Margarete (geb. 1859) und Emmy (geb. 1861), sowie einen Bruder, Friedrich (geb. 1863), der auch eine buchhändlerische Karriere einschlug, jedoch 1891 verstarb.

Zunächst besuchte Volckmar das Realgymnasium in Leipzig. Im Zeitraum von 1893 bis 1899 durchlief er eine buchhändlerisch-praktische Ausbildung in renommierten Buchhandlungen Deutschlands und Frankreichs; er lernte in den Geschäften von Arnold Bergstraeßer (Darmstadt), Franz Wagner (Leipzig), M. Rieger (München) und Armand Colin (Paris).

In den Jahren 1899 bis 1900 unternahm Volckmar eine Weltreise, die ihn bis nach Amerika führte. In diesem Jahr wurde allerdings auch ein operativer Eingriff im Leber-Darmbereich vorgenommen, der seine Gesundheit in der Folge langfristig beeinträchtigen sollte. Fortan musste er jeder körperlichen Anstrengung, beispielsweise seiner militärischen Tätigkeit als Leutnant der Reserve, entsagen. Seit dem 1. Juni 1900 war er als Teilhaber und Geschäftsführer im väterlichen Konzern beschäftigt. Im Jahre 1908 heiratete er Martina Meyer, die Tochter des einflussreichen Leipziger Bankiers Paul Meyer.

In seiner gehobenen beruflichen Position konnte Hans Volckmar neue Akzente für den Buchhandel setzen. Die im Zeitraum 1918 bis 1925 vollzogene Fusion der beiden Firmen Fr. Volckmar und K. F. Koehler zur Koehler & Volckmar AG & Co. ging

---

33 Sein Vater Otto Friedrich Volckmar (1835–1887) und seine Mutter Antonie, geb. Vogel, (1837–1929) heirateten 1858 in Leipzig. Vgl. Genealogische Tafeln der Familie Volckmar, Leipzig 1926.

größtenteils auf seine Anregungen und Pläne zurück. Er wurde auch als „Konzern-schmied" bezeichnet, der es verstand, die unterschiedlichen Interessen der einzelnen Managergruppen in einem neuen großen Unternehmen zusammenzuführen. Nicht minder von Bedeutung ist seine Leistung für den Erhalt des Leipziger Kommissions-platzes nach dem Ersten Weltkrieg. Als infolge des Krieges der Auslieferungsverkehr über die Buchhandelsmetropole abnahm, weil der direkte Verkehr zwischen Verle-gern und Sortimentern preiswerter geworden war, warnte er bereits 1917 vor einem drohenden Bedeutungsverlust. Während der Inflation befürwortete er mehrere Inno-vationen des Leipziger Zwischenbuchhandels, zu denen eine Kostensenkung der Kommissiongebühren ebenso gehörten wie die Einführung neuer Abrechnungsein-richtungen.[34]

Seit 1930 herzkrank, zog er sich immer mehr aus dem Buchhandel und der Lei-tungstätigkeit des Konzerns zurück. 1931 wählte ihn der Vorstand und Aufsichtsrat der Koehler & Volckmar AG & Co noch einmal einstimmig in die neugegründete Konzernzentrale. Als Betriebsführer des Gesamtbetriebes war er zugleich Vorsitzen-der des Vertrauensrates. Da seine glückliche Ehe kinderlos blieb, adoptierte er 1932 seinen Neffen Theodor Frentzel. Zwischen beiden bestand ein inniges Verhältnis.

Über das Privatleben Volckmars ist so gut wie nichts zu erfahren. Er lebte zurück-gezogen in seiner vom Architekten Peter Dybwad errichteten Villa, Robert-Schu-mann-Straße 9.[35] Während der Sommermonate zog es ihn auf das 156 Hektar gro-ße Rittergut Zehmen bei Gaschwitz, das sein Vater 1872 erworben hatte. Wie sein entfernter Verwandter Albert Brockhaus war er ein begeisterter Sammler von Netsu-ke, einer japanischen Schnitzkunst.[36] Hin und wieder übernahm er ehrenamtliche Tätigkeiten in Vereinen. In den Jahren 1917 bis 1923 übte er das Amt des Schatz-meisters im Börsenvereinsvorstand aus, von 1917 bis 1933 war er Verwaltungsrats-mitglied der Deutschen Bücherei sowie Vorstandsmitglied der Gesellschaft der Freunde der Deutschen Bücherei. Ebenso agierte er im Arbeitgeberverband, Orts-gruppe Leipzig.

Für seine innovative Tätigkeit für den Zwischenbuchhandel erhielt Hans Volckmar zur Kantatefeier von 1933 das „Goldene Ehrenzeichen" des Buchhandels. Er selbst konnte aufgrund seines angeschlagenen Gesundheitszustandes der Preisverleihung nicht beiwohnen. Bis zum August 1935 war er Mitglied der Reichsschrifttumskammer und des Bundes Reichsdeutscher Buchhändler, danach erfolgte sein Ausschluss, da er sich nicht von seiner halbjüdischen Frau trennen wollte und somit aus Sicht der

---

34 Während der 1920er Jahre wurden mehrere Innovationen umgesetzt, welche die Geschäfts-vermittlung vereinfachten und die Situation im Zwischenbuchhandel stabilisierten. Dazu gehörten: die Einführung des Ibu-Schecks (Internationaler Buchhandels-Scheck) für interna-tionale Transaktionen, die Eröffnung des Zahlungsverkehrs Leipziger Kommissionäre (Zalko) sowie einer Girokasse (Gilko) als Abrechnungsstelle für solche Firmen, die in Leipzig keinen Kommissionär unterhielten.

35 „Auch dieser Prachtbau Dybwads, dessen Form er der deutschen Renaissance entlehnte und dessen Fassade mit Natursteinen verblendet war, wurde leider zerstört." Knopf / Titel: Gutenbergweg, S. 136.

36 Vgl. Degener: Wer ist's?, S. 345. Netsuke ist ein Gürtelschmuck aus Japan. Es handelt sich um kleine Knebel, Knöpfe bzw. knopfförmige Statuen, welche seit dem 17. Jahrhundert von japanischen Männern zur Befestigung von Gegenständen an ihren Gürteln verwendet werden. Über diese Schnitzkunst schrieb Albert Brockhaus eine Monographie mit dem Titel „Netsuke – Versuch einer Geschichte der japanischen Schnitzkunst", die, in drei Auflagen erschienen, reißenden Absatz fand. Vgl. Keiderling: Betriebsfeiern, S. 223.

nationalsozialistischen Machthaber als „jüdisch versippt" galt. Im Einverständnis mit dem Vorsteher des Börsenvereins war er dort weiterhin als „Mitglied ohne Firma" aufgeführt. Volckmar war in der Konzernzentrale noch bis 1937 offiziell vertreten. Im Januar des Jahres erhielt er vom Präsidenten der RSK Hanns Johst die Aufforderung, sich künftig vollständig dem Geschäftsleben fernzuhalten. Infolgedessen legte er seine noch verbliebenen Funktionen im Konzern vollständig nieder. Als Hans Volckmar im Juni 1942 seinen langjährigen Leiden erlag, nahm das *Börsenblatt* davon nur in knapper Form Kenntnis.[37] Er war eine sehr einflussreiche und bedeutende Persönlichkeit des deutschen Buchhandels.

Zeitgenössische Zitate zur Person:

Friedrich Oldenbourg (1933)[38]:

„Er ist heute nicht unter uns, weil sein Gesundheitszustand diese leider nicht zuläßt. Ich darf sagen, daß ich ihn besonders vermisse; denn obwohl er an Jahren älter ist als ich, gibt es wohl kaum einen Menschen, der mit solchem Eifer und mit solch stürmender Kraft immer am Neuen gearbeitet hat wie er, und was er für eine Kraft war, das zeigt sich am besten dadurch, daß er abgesehen von den vielen Ehrenämtern, die er im Buchhandel bekleidet hat, in einer Zeit die Finanzen des Börsenvereins geführt hat, die wohl die schwierigste war, die man sich vorstellen kann: er war unser Erster Schatzmeister von 1917 bis 1923! Er hat also den Börsenverein während der schwersten Zeiten in dieser Hinsicht betreut; zuerst zwei Kriegsjahre hindurch und dann während des ganzen Elends der Inflation, und er hat seine Aufgabe in einer Weise erfüllt, die es uns möglich gemacht hat, im Börsenverein so zu arbeiten, wie Sie es auch heute noch sehen. Bei nicht richtiger Führung der einschlägigen Geschäfte hätte es sich leicht ereignen können, daß der Börsenverein an den wirtschaftlichen Schwierigkeiten zugrunde gegangen wäre. Sein Verdienst ist es, daß er klug und vorausschauend alles getan hat, was in seinen Kräften stand, um uns über diese Zeiten finanziell hinwegzuführen. (Lebhaftes Bravo!)"[39]

Hans Volckmar (1936):

„Denn jeder, der das Genie Hitlers verehrt, muß sich doch abgestoßen fühlen, wenn unsere Verlage so tun, als ob sie vor 15 Jahren auf literarischem Gebiete schon das Gleiche getan hätte, wie Hitler auf politischem und gar mit gleicher Energie und unter Erduldung gleicher Anfeindungen und Verfolgungen. Das ist doch alles bewußt unwahr. Wir sind, wie Millionen anderer Deutscher stets anständige, national gesinnte Menschen gewesen und haben in den Verlagen diese Gesinnung vertreten ohne daß uns dadurch etwa durch Komplikationen etc. irgendein Schaden entstanden wäre."[40]

---

37 Dort hieß es: „Todesfälle: Wenige Tage nach Vollendung seines neunundsechzigsten Lebensjahres am 29. Juni Herr *Hans Volckmar* in Leipzig. Lange Jahre gehörte der Verstorbene dem Vorstand des Börsenvereins, dem ehemaligen Verein der Buchhändler zu Leipzig, dem Deutschen Buchgewerbe-Verein sowie dem Verwaltungsrat der Deutschen Bücherei an." BBl. Nr. 156/157, 18.7.1942, S. 144.

38 Ansprache des Börsenvereinsvorstehers zu Ehren der Auszeichnung Volckmars mit dem „Goldenen Ehrenzeichen" des Buchhandels. Kantate 1933.

39 BBl. Nr. 140, 20.6.1933, S. 447.

40 Fragebogen der Dienststelle des Reichsführers SS, Bl. 40, siehe 5.2., Ausgewählte Dokumente.

Theodor Volckmar-Frentzel

Zwischenbuchhändler
geb. 23.02.1892 in Döbeln, gest. 26.2.1973 in Rimsting am Chiemsee

Theodor Frentzel, Sohn des früh verstorbenen Hauptmanns Adolf Theodor Frentzel, wurde in Döbeln geboren und wuchs zusammen mit seiner älteren Schwester Hertha (geb. 1890) bei der Mutter auf. Im Jahre 1912 legte er das Abiturexamen am Leipziger Thomas-Gymnasium ab. Anschließend studierte er in München und Leipzig mehrere Semester Germanistik, brach dieses Studium jedoch bald ab, um praktisch bei Koch, Neff & Oetinger im Stuttgarter Eberhardbau zu arbeiten. Im Jahr darauf absolvierte er seine militärische Grundausbildung. Bereits im Frühjahr 1914 nahm er wieder an ersten Reserveübungen teil. Über die gesamte Kriegszeit vom 2. August 1914 bis Weihnachten 1918 war er als Führer einer Schwadron des Sächsischen Karabiner-Regiments Kriegsteilnehmer eingesetzt. Für seine Verdienste erhielt er das Eiserne Kreuz Erster und Zweiter Klasse.[41]

Im Jahre 1919 beteiligte sich Frentzel aktiv am Kampf gegen Aufständische und Streikende in Leipzig. Im Haus des Kaufmännischen Vereins, in dem damals der Leipziger Bürgerausschuss tagte, traf er sich insgeheim mit Gleichgesinnten. Es wurde unter seiner Regie ein Botendienst eingerichtet, der die Aufgabe hatte, bei Generalstreiks schnell und sicher wichtige Nachrichten zu übermitteln. Dies ist auch die „Urzelle" des späteren Zeitfreiwilligenregiments von Leipzig gewesen. Erst als die Gruppe in der Nacht vom 10. zum 11. Mai 1919 die sichere Kunde erhielt, dass die Regierungstruppen unter General G. Maercker in Leipzig einrücken würden, ließen sie die Tarnung fallen und eröffneten in der Stadt mehrere Werbebüros. Bis 1920 widmete Frentzel täglich mehrere Stunden dieser Freiwilligenarbeit. Innerhalb des Regiments bekleidete er die Funktion eines Bataillonsadjutanten.

Nach eigenen Aussagen stand für Frentzel stets das Militärische im Mittelpunkt seiner damaligen Tätigkeit. Politisch aktiv hatte er sich damals und später nicht betätigt, obwohl er 1919 in die Deutschnationale Volkspartei eingetreten war. Für sich und weitere Gesellschafter des Konzern formulierte er: „Wir alle fühlten und dachten im besten Sinne national, und waren hierfür auch bekannt, und zwar so bekannt, daß während der Märzunruhen in 1920 die Villa meines Onkels und Associés, des Herrn Alfred Voerster, dessen Wirken ebenfalls allgemein anerkannt wurde, von den Roten völlig niedergebrannt worden ist."[42] Voerster wurde gemeinsam mit seiner Frau in den Keller eingesperrt, durch einen besonderen Glücksumstand jedoch gerettet.[43]

---

41 Vgl. Theodor Volckmar-Frentzels „militärisch-politischer Lebenslauf", S. 2, in: Sächs. StAL, Koehler & Volckmar, 120.
42 Ebenda, S. 6.
43 Das *Börsenblatt* berichtete hierzu: „Schweren Schaden an seinem Eigentum hat einer unserer bekanntesten Leipziger Berufsgenossen, Herr Alfred Voerster, erlitten. Sein schönes Heim an der Sebastian Bach-Straße im Westen ist von einer räuberischen Arbeiterhorde buchstäblich über dem Kopfe des Besitzers in Brand gesteckt worden und leider, da die Feuerwehr nicht herangelassen wurde, völlig ausgebrannt. Am Sonntag drang noch der Rauch aus den Trümmern. Glücklicherweise sind derartige Schandtaten nur vereinzelt vorgekommen. Gleichwohl kann der angerichtete Tumultschaden getrost auf viele Millionen Mark beziffert werden." BBl. Nr. 65, 26.3.1920, S. 275. Vgl. ferner: Grieser: Inflation, S. 64.

Da ferner auf den Konzernhäusern stets die Handelsflaggen des deutschen Reiches wehten, nicht aber die „Systemfahnen", wurde von linken Gruppen nach der Ermordung von Walter Rathenau ein Versuch unternommen, das Volckmarhaus zu stürmen. Das Zeitfreiwilligenregiment konnte dies verhindern. Nach der Inflation sorgte Theodor Frentzel dafür, ehemalige Zeitfreiwillige im Betrieb unterzubringen.[44]

Vom Frühjahr 1924 bis zum Frühjahr 1925 hielt sich Frentzel in China auf, um beim Wiederaufbau des Auslands-Sortiments Max Nössler & Co in Shanghai, damals im Besitz von Koehler & Volckmar befindlich, zu helfen. Des Weiteren gewann er in China, Japan und den USA Einblicke in die Arbeitsweise des ausländischen Buchhandels. In den genannten Ländern knüpfte er enge Beziehungen zu zahlreichen Buchunternehmen, die bald nach dem Ersten Weltkrieg den Kontakt mit Leipzig wieder aufgenommen hatten.[45] Nach Leipzig zurückgekehrt, widmete er sich zunächst der hauseigenen wissenschaftlichen Antiquariatsabteilung (K. F. Koehler Antiquarium), dessen Leitung er übernahm.

Die Beziehung zu seinem Onkel Hans Volckmar war von Anfang an eine sehr enge, zumal Volckmar kinderlos geblieben war und Theodor frühzeitig seinen Vater verloren hatte. Die Namensänderung von Frentzel zu Volckmar-Frentzel erfolgte per Adoptionsvertrag vom 20. Dezember 1932. Theodor Volckmar-Frentzel war mit Elisabeth, geb. Schrenk, der Tochter eines Schul-Konrektors verheiratet. Aus der Ehe gingen drei Söhne hervor: Klaus (geb. 1933), Peter (geb. 1933) und Friedrich (geb. 1934). Die Familie bewohnte eine große Mietswohnung in der Bismarckstraße Nr. 8 (heute: Ferdinand-Lassalle-Straße.).

Die Gesamtleitung des Konzerns Koehler & Volckmar wurde ihm im Jahre 1931 übergeben, nachdem sich sein Onkel und Stiefvater gesundheitsbedingt von den Geschäften zurückziehen musste. Die frühen dreißiger Jahre waren aufgrund der vielen Notverordnungen und Bankenkrisen besonders schwierig für den Konzern Koehler & Volckmar. Nach Aussagen des Gesellschafters Starkloff ist es vor allem das Verdienst Volckmar-Frentzels gewesen, „das große Schiff" durch „alle die verschiedenen Klippen" gut hindurch gesteuert zu haben.[46] Er war in erster Linie zwischenbuchhändlerisch im Konzern tätig. Nur einmal noch, im Jahre 1934, übernahm er mit der Sanierung des Verlages L. Staackmann eine rein verlegerische Sonderaufgabe.

Ehrenamtliche Tätigkeiten übte Volckmar-Frentzel wiederholt aus. In den frühen dreißiger Jahren war er an der Organisation einer sogenannten Kredithilfe des Börsenvereins beteiligt. Ferner war er in verschiedenen Ausschüssen und Leitungsfunktionen des Börsenvereins, des Vereins der Buchhändler zu Leipzig, des Vereins Leipziger Kommissionäre sowie des buchhändlerischen Arbeitgebervereins tätig. Jahrlang hielt er einen der beiden traditionellen Sitze des Buchhandels im Vorstand der Industrie- und Handelskammer Leipzig. Als Dr. Friedrich Oldenbourg 1934 nicht mehr Vorsteher des Börsenvereins war, zog er sich aus dem buchhändlerischen Vereinsleben zurück.[47]

---

44 Theodor Volckmar-Frentzels „militärisch-politischer Lebenslauf", S. 6, in: Sächs. StAL, Koehler & Volckmar, 120.
45 Starkloff: Volckmar-Frentzel, S. 331.
46 Theodor Volckmar-Frentzels „militärisch-politischer Lebenslauf", S. 8, in: Sächs. StAl, Koehler & Volckmar, 120.
47 Starkloff: Volckmar-Frentzel, S. 332.

Im Zweiten Weltkrieg diente Volckmar-Frentzel bis 1944 bei der Wehrmacht und war als Offizier u.a. in Paris stationiert, wo er im dortigen militärischen Oberkommando tätig war. Das Kriegsende erlebte er wieder in Leipzig. Als die Stadt im April 1945 von amerikanischen Streitkräften besetzt wurde, baten der Leipziger Börsenverein und die Industrie- und Handelskammer (IHK) Volckmar-Frentzel, sich führend und helfend zur Verfügung zu stellen. Es entstand im Börsenverein eine rege Zusammenarbeit mit Hans Brockhaus und anschließend mit Walter Jäh. Als Vizepräsi-

Theodor Volckmar-Frentzel im Frühjahr 1945

dent der IHK Leipzig führte Volckmar-Frentzel grundlegende Verhandlungen im Interesse des Leipziger Buchhandels und dessen Verkehrseinrichtungen. Der Wechsel der Besatzungsmacht – Ende Juni 1945 zogen sich die Amerikaner aufgrund alliierter Abkommen aus Leipzig und von der gesamten sowjetischen Besatzungszone zurück – beendete allerdings diese Bemühungen.[48]

Am 14. März 1946 wurde Volckmar-Frentzel von der sowjetischen Besatzungsmacht verhaftet und vier Jahre in den NKWD-Lagern Mühlberg und Buchenwald interniert, angeblich wegen seiner Tätigkeit als Reserveoffizier im Zweiten Weltkrieg.[49]

Im Frühjahr 1950 wurde er, gesundheitlich schwer angeschlagen, aus der Haft entlassen und folgte seinem Unternehmen nach Stuttgart, dem neuen Stammplatz der Koch, Neff & Oetinger und Co. GmbH (KNOe). Hier leitete er in Gemeinschaft mit Karl Voerster ein Unternehmen, das es abermals schaffte, nach fast vollständigem Verlust des betrieblichen Vermögens eine führende Marktstellung in der Bundesrepublik einzunehmen. Da Leipzig als Zentralplatz des Buchhandels durch die Spaltung Deutschlands weggefallen und nicht mehr zu rekonstruieren war, blieb keine andere Wahl, als zunächst am alten Kommissionsplatz Stuttgart eine Grundlage zu schaffen, um mit Barsortiment, Kommissionsgeschäft und Buchexport wieder leistungsfähig zu werden. 1954/55 wurde in Köln unter dem Namen Koehler & Volck-

---

48   Ebenda.
49   Das war die Sichtweise, die Volckmar-Frentzel 1954 vortrug. Vgl. Volckmar-Frentzel: Stürme, S. 48. Möglicherweise hatte er sich wiederum in der SBZ mit einflussreichen Personen angelegt, wie etwa mit Dr. hc. Heinrich Becker (1891–1971), dem Börsenvereinsvorsteher (Leipzig) und Leiter des Bibliographischen Instituts, der einen guten Draht zur SED-Führung und zur Besatzungsmacht besaß. Vgl. Petry: LKG, S. 25. Vgl. auch Becker: Wahn und Wahrheit, S. 357 f.

mar ein neues Unternehmen aufgebaut, um von dort aus wieder dem nord- und westdeutschen Buchhandel sowie dem Exportbuchhandel zu dienen.[50]

Theodor Volckmar-Frentzel veröffentlichte im Frühjahr 1955 die Denkschrift „Grundlagen des Verkehrs über Kommissionär" und Mitte Mai 1956 eine weitere Schrift mit dem Titel „Grundlagen geordneter Beziehungen zwischen Verlag und Zwischenbuchhandel". Schließlich beteiligte er sich am Aufbau des modernen Großbetriebs von KNOe in Stuttgart-Vaihingen in den Jahren 1960 bis 1964.[51] 1967 verlieh ihm der Börsenverein in Anerkennung seiner Leistungen für das deutsche Buch und das Ansehen des Buchhandels in der Welt die Plakette „Dem Förderer des deutschen Buches".[52]

In den fünfziger und sechziger Jahren kam es in der Firma zu Auseinandersetzungen zwischen Volckmar-Frentzel und der Familie Voerster, die für heftige innerbetriebliche Spannungen sorgten. 1965 schied Theodor Volckmar-Frentzel aus dem Unternehmen. Er starb 1973 in Rimsting am Chiemsee.

*Theodor Volckmar-Frentzel,
Altersfoto um 1967*

Zeitgenössische Zitate zur Person:

Volckmar-Frentzel (1937):

„Meine politischen Freunde und ich erfreuten sich damals einer immerhin nicht ganz unbeachtlichen Bekanntschaft bei den ‚Roten'. Wir alle hatten damals die besondere Aufmerksamkeit der roten ‚Leipziger Volkszeitung' auf uns gezogen, die uns mitunter liebenswürdige Artikel widmete. Einmal wurde m.E.n. sehr eindringlich vor uns gewarnt, weil wir angeblich stets Waffen trügen, ein anderes Mal wurde ich angegriffen, weil ich einen unserer Mitarbeiter, Herrn Volkrodt, der jetzt unser Betriebszellenobmann ist, zur Teilnahme an den Befreiungskämpfen in Oberschlesien beurlaubt hatte. Jedenfalls war die Stimmung allgemein so, daß ich es z.B. im Interesse der Organisation [des Zeitfreiwilligenregiments Leipzig, Th. K.] für zweckmäßig halten mußte, in den Tagen vor der Mobilmachung vom 13. März 1920 meinen Wohnsitz und meine Akten in ein Leipziger Hotel zu verlegen. Während ich dann später bei dem mobilisierten Regiment war, haben die Roten auch prompt meine außerhalb der vom Regiment gesicherten Zone liegende Wohnung und meinen Schreibtisch durchsucht."[53]

---

50 Starkloff: Volckmar-Frentzel, S. 331.
51 Ebenda.
52 Vgl. BBL. Nr. 19, 9.3.1973, S. 328.
53 Theodor Volckmar-Frentzels „militärisch-politischer Lebenslauf", S. 4, in: Sächs. StAL, Koehler & Volckmar, 120.

Volckmar-Frentzel (1937):

„Die Beflaggung aller Geschäftshäuser der Koehler-Volckmar-Firmen, also auch des Koehler-Hauses, ist seit 1933 stets der gesetzlichen und politischen Entwicklung entsprechend erfolgt, vor 1933 allerdings in einer stets bewusst politischen Opposition, nämlich gegen ,Schwarz-Rot-Gold'. Diese Fahne hat allerdings nie auf einem Koehler-Volckmar'schen Flaggenmast geweht. Und als der rote Mob anlässlich eines revolutionären Aufstandes einmal Hof und Gebäude des Volckmar-Hauses im Jahre 1922 als Protestkundgebung gegen den Mord an Rathenau zu stürmen begonnen hatte, um auf diesem womöglich auch noch die rote Fahne zu setzen, da haben sich ihm drei alte Frontoffiziere, nämlich Herr Felix Gartmann, Herr Engler und Herr Volckmar-Frentzel, entgegengestellt und dank ihrer Energie wieder herausgeworfen. Die nationale Einstellung der Inhaber der Koehler-Volckmar-Firmen war insbesondere auch durch die schwarz-weiss-roten Fahnen, die auf ihren Häusern wehten, Stadt bekannt."[54]

Volckmar-Frentzel (1937):

„Aus Ostasien [1925, Th. K.] heimgekehrt, zwangen mich besondere, mit einem Versagen der bisherigen Leitung zusammenhängende Verhältnisse, mich jahrelang der Leitung eines wissenschaftlichen Antiquariats, nämlich unserer Firma K. F. Koehler's Antiquarium zu widmen. Ich hatte dort eine Geschäftsentwicklung zu bekämpfen, die von einem buchhändlerisch verantwortungsbewußt handelnden Manne nicht gutgeheißen werden konnte. Ich glaube, daß mir meine Mitarbeiter aus diesen Jahren bestätigen werden, daß unter meinen Händen aus einem aufgeblühten, auch qualitativ zu beanstandenden Geschäft allmählich ein Betrieb gestaltet worden ist, der als einigermaßen krisenfest angesehen werden kann und sich seitdem eines besonderen Ansehens in allen wissenschaftlichen Kreisen der Welt erfreuen darf. Dieser Aufbau vollzog sich insbesondere in einem teilweise erbitterten Konkurrenzkampf gegenüber der jüdischen Firma Gustav Fock."[55]

Volckmar-Frentzel (1937):

„Ich selbst habe seit 1921 und insbesondere je mehr ich die Verantwortlichkeit für das Gesamtunternehmen trug, das Feld meiner politischen Betätigung in unserm Betrieb gesehen, indem ich mich dort für Sauberkeit in der Geschäftsführung und fürsorgliche Betreuung der mir anvertrauten Volksgenossen eingesetzt und jederzeit nach Kräften für ein denkbar vertrauensvolles und gutes Einvernehmen zwischen Gefolgschaft und Betriebsführung gesorgt habe."[56]

Hanns Johst, Präsident der RSK, an Max Amann, den Präsidenten der RPK (1937):

„Sie erinnern sich unseres Gespräches im Propaganda-Ministerium anlässlich des Geburtstages des Herrn Ministers Dr. Goebbels. Ich wiederhole heute meine Bitte, mir in folgender Angelegenheit beizustehen.

Ich habe im Januar ds. Js. Herrn Theodor Volckmar-Frentzel, den Chef des Hauses Koehler & Volckmar in Leipzig, aus Gründen, die in seiner antinationalsozialistischen Haltung liegen, aus meiner Kammer ausgeschlossen. Herr Volckmar-Frentzel hat daraufhin bei der Kulturkammer Beschwerde eingelegt, und der zuständige Bearbeiter, Herr Ministerialrat Dr. Schmidt-Leon-

---

54   Exposé zur Flaggenfrage, Anlage III, in: Sächs. StAL, Koehler & Volckmar, 112.
55   Theodor Volckmar-Frentzels „militärisch-politischer Lebenslauf", S. 7 f., in: Sächs. StAL, Koehler & Volckmar, 120.
56   Ebenda, S. 9.

hardt, glaubt, als Jurist die Gründe nicht als ausreichend ansehen zu können, um die Beschwerde abzuweisen und dadurch den Ausschluss zu bestätigen.

Ich füge in der Anlage die Denkschrift des Herrn Dr. Hermann von Hase bei, der den Verlag Koehler & Amelang im Koehler & Volckmar-Konzern leitet. Der Kern der Sache ist der, dass Herr Volckmar-Frentzel seine antinationalsozialistische Haltung erneut bestätigt hat, indem er die Anordnungen Ihrer Kammer bezügl. der Umwandlung von anonymen Kapitalgesellschaften in solche mit persönlich haftenden Gesellschaftern sabotiert hat. Mir ist die Angelegenheit durch den Persönlichen Stab des Reichsführers-SS, Abteilung Wirtschaftliche Hilfe zugänglich gemacht worden.

Ich bitte Sie nun, sich der Sache anzunehmen und zu prüfen, ob ich die Dinge richtig beurteile, wenn ich nach Kenntnisnahme der Akten annehme, dass der Tatbestand zu einem Ausschluss aus der Reichspressekammer ausreicht. Es kommt bei der Behandlung der Angelegenheit nicht darauf an, dass die Reichspressekammer Herrn Volckmar-Frentzel wegen Nichtbefolgung ihrer Anordnungen ausschliesst, sondern wegen seiner grundsätzlichen antinationalsozialistischen Haltung, die ihn veranlasste, auch eine Anordnung der Reichspressekammer unbeachtet zu lassen."[57]

Heinrich Becker (1974):[58]

„Außer dem Sortiment und dem Verlag existierte im Buchhandel noch eine dritte Gruppe, die eine überaus wichtige Rolle spielte, die Kommissionäre. In ihren Händen lag die Vermittlertätigkeit zwischen Verlagen und Sortiment. Dadurch besaßen sie starken materiellen und sachlichen Einfluß nach beiden Seiten hin.

Der größte dieser Kommissionäre, die Firma Koehler & Volkmar [sic!], entwickelte sich im Lauf der Jahrzehnte zu einem Konzern, der auf allen Stufen der Buchproduktion einschließlich der Papierfabrikation und der graphischen Industrie seine mächtige Hand im Spiel hatte. Sein derzeitiger Inhaber, Volkmar-Frentzel [sic!] mit Namen, wurde nicht ohne Grund einer der Könige des Buchhandels genannt und fühlte sich auch so. Im Hause der alles bestimmende ‚Herr', Besitzer eines Rittergutes in der Nähe von Leipzig, Stabsoffizier der Reserve, war er ein typischer Vertreter des Großbürgertums in allem, was er tat und dachte. Er war jedoch nicht Mitglied der Nazipartei gewesen und hatte sich gegen die Ansprüche der Braunen dadurch abgeschirmt, daß er seine Abteilungsleiter und Prokuristen in die ‚Partei' schickte. So schien er zunächst nicht unter eine der Gruppen zu fallen, denen das Potsdamer Abkommen und seine Ausführungsbestimmungen die Weiterarbeit untersagte.

Da der ‚Leipziger Platz' seine zentralen buchhändlerischen Funktionen ohne die Vermittlertätigkeit der Kommissionäre nicht ausüben konnte, versuchte ich zunächst mit Volkmar-Frentzel zu verhandeln, um festzustellen, ob und wieweit er bereit sei, am Wiederaufbau mitzuarbeiten. Wie erwartet, kam in mehreren Verhandlungen nur das eine heraus: daß Volkmar-Frentzel zwar ein scharfer Gegner des Hitlerstaates gewesen war, der ihm ja im ‚Lühe & Co. Kommissionsgeschäft' eine sehr lästige Konkurrenz vor die Nase gesetzt hatte, daß es ihm aber weltfern lag, grundlegend neue Gedanken mitzudenken."[59]

---

57   Schreiben Hanns Johst an Max Amann vom 2.11.1937, in: Sächs. StAL, Koehler & Volckmar, 117.

58   Dr. h.c. Heinrich Becker war nach 1945 eine sehr einflussreiche Person im Leipziger Buchhandel der SBZ und DDR, siehe Fußnote 49 auf S. 270.

59   Becker: Wahn und Wahrheit, S. 357.

VII.
ANHANG

Abkürzungen:

BArch	Bundesarchiv Berlin
BBl.	Börsenblatt des Deutschen Buchhandels
BDC	Berlin Document Center
BRB	Bund Reichsdeutscher Buchhändler
DBSM	Deutsches Buch- und Schriftmuseum der Deutschen Bücherei Leipzig
Gestapo	Geheime Staatspolizei
Gestapa	Geheimes Staatspolizeiamt (Berlin)
IHK	Industrie- und Handelskammer
jun.	junior
KNOe	Koch, Neff & Oetinger und Co. GmbH, Stuttgart
M	Mark
m.A.n.	meiner Ansicht nach [in historischen Zitaten]
m.E.n.	meiner Erinnerung nach [in historischen Zitaten]
NKWD	Sowjetisches Volkskommissariat für innere Angelegenheiten (1934–46)
NSDAP	Nationalsozialistische Deutsche Arbeiterpartei
Pg.	Parteigenosse (der NSDAP)
RFSS	Reichsführer SS
RGBl.	Reichsgesetzblatt
RKK	Reichskulturkammer
RM	Reichsmark (ab 1924)
RPK	Reichspressekammer
RSK	Reichsschrifttumskammer
Sächs. HStAD	Sächsisches Hauptstaatsarchiv Dresden
Sächs. StAL	Sächsisches Staatsarchiv Leipzig
SD	Sicherheitsdienst des Reichsführers SS
sen.	senior
SS	Schutzstaffel der NSDAP
StadtAL	Stadtarchiv Leipzig
u.W.	unseres Wissens [in historischen Zitaten]
WHW	Winterhilfswerk des deutschen Volkes

Abbildungen

Umschlag: Das Koehlerhaus im Täubchenweg, in: Koehler & Volckmar 1934, S. 8; Detailaufnahme der Offizin Haag-Drugulin in der Salomonstraße 1933, in: Koehler & Volckmar 1934, S. 13.

Umschlaginnenseite, oben: Das Volckmarhaus, in: Koehler & Volckmar 1934, S. 7.

Umschlaginnenseite, unten: Das Koehlerhaus, in: Koehler & Volckmar 1934, S. 8.

Seite 9: Friedrich Volckmar, in: Volckmar-Frentzel: In den Stürmen, S. 9.

Seite 12: Karl Franz Koehler, in: Porträtsammlung, DBSM.

Seite 16: Volckmars Hof in der Poststraße um 1850, in: Volckmar-Frentzel: In den Stürmen, S. 17.

Seite 17: Der große Zentralpackhof um 1910, in: Das Buchhandlungshaus K. F. Koehler, Leipzig 1914.

Seite 19: Die Stuttgarter Betriebe im Graf-Eberhard Bau in Stuttgart, um 1930, in: Koehler & Volckmar 1934, S. 10.

Seite 21: Markthelfer von Koehler & Volckmar bei Verladearbeiten am Eilenburger Bahnhof, dem Güterbahnhof des Leipziger Zwischenbuchhandels um 1925, in: Sächs. StAL, Koehler & Volckmar, 137.

Seite 24: Ein Privatkontor der Geschäftsleitung um 1930, in: Koehler & Volckmar 1934, S. 42.

Seite 26: Neubau des Volckmarhauses an der Ecke Hospitalstraße / Platostraße 1936, im Hintergrund das Buchhändlerhaus, in: Sächs. StAL, Koehler & Volckmar, 137.

Seite 31: Zeitgenössische Darstellung der Reichsschrifttumskammer von 1937, in: Hinkel, Hans: Handbuch der Reichskulturkammer, 1937, S. 141.

Seite 33: Eine antikatholische Kampfschrift, 1935 im Verlag K. F. Koehler, Leipzig erschienen (Gottschling: „Zwei Jahre hinter Klostermauern").

Seite 38: Wilhelm Baur, in: BBl. Kantate Ausgabe 1936, S. 3.

Seite 49: Beflaggte Vorderfront der Offizin Haag-Drugulin (Salomonstraße/Dresdner Straße), 1933, in: Koehler & Volckmar 1934, S. 13.

Seite 54: Heinz Wismann, in: Deutsches Führerlexikon 1934/35, S. 534.

Seite 61: Aktennotiz zur Überprüfung der Korrekturfahnen durch die RSK, in: BArch, RSK, Koehler & Volckmar, 13.

Seite 73: Firmenschrift „Koehler & Volckmar Leipzig – Stuttgart – Berlin" um 1934.

Seite 77: Ministerialrat Schmidt-Leonhardt, in: Deutsches Führerlexikon 1934/35, S. 425.

Seite 78: Während einer Großveranstaltung zur „Woche des Buches" 1937 in Essen. Von links nach rechts: Wilhelm Baur, Karl Heinz Hederich, Oberbürgermeister Dillgardt, Hanns Johst, in: BBl. Nr. 260, 9.11.1937, S. 898.

Seiten 84/85: Gründungsanzeigen des Verlags „V. Hase & Koehler", in: DBSM, Sammlung Geschäftsrundschreiben.

Seite 89: Das kriegsbeschädigte Volckmarhaus, 1944, in: Bildarchiv, Stadtgeschichtliches Museum Leipzig.

Seite 253: Georg v. Hase, in: Unsere Hauschronik. Geschichte der Familie Hase in fünf Jahrhunderten, Zweiter Teil, 1960, S. 49.

Seite 255: Ein Arbeitssaal der physikalischen Werkstätten der Lehrmittelabteilung, in: Koehler & Volckmar 1934, S. 34.

Seite 259: Hermann v. Hase, in: Archiv Breitkopf & Härtel Wiesbaden.

Seite 265: Hans Volckmar, in: Volckmar-Frentzel: In den Stürmen, S. 33.

Seite 270: Theodor Volckmar-Frentzel im Frühjahr 1945, Archiv der Bibliographisches Institut & F. A. Brockhaus AG, Mannheim.

Seite 271: Theodor Volckmar-Frentzel, Altersfoto um 1967, in: BBl. Nr. 15, 21.02.1967, S. 331.

Quellen

SÄCHSISCHES HAUPTSTAATSARCHIV DRESDEN (Sächs. HStAD)

Bestand II.3.1. Geheimes Kabinett

2542 Die Bücherzensur und die Einschränkung des Mißbrauchs der Pressefreiheit
Vol. VII-VIII 1821–1831

Bestand III.3.2. Ministerium der Auswärtigen Angelegenheiten

4872 Zensur etc., Bd. Ia, Allgemeines 1812–1839
4873 Zensur etc., Bd. Ib, Allgemeines 1841–1846

Bestand III.3.3. Ministerium des Innern

1231 Bücherkommission und Buchhandel zu Leipzig 1832–1835
1232 Anträge der Leipziger Buchhandlungs-Deputierten 1829–1831
3715 Statistische Übersichten über Buchdruck und Zensur in Leipzig 1837–1842
3716 Zensurbefreiung der über zwanzig Bogen starken Druckschriften 1842
3751 Anträge um Erleichterung des Buchhandels 1840–1842
3755 Zensur- und Preßfreiheit 1848
3841 Druckschriften anstößigen Inhalts 1844

BUCH- UND SCHRIFTMUSEUM DER DEUTSCHEN BÜCHEREI LEIPZIG (DBSM)

*Archivalien der ehemaligen Bibliothek des Börsenvereins der Deutschen Buchhändler
zu Leipzig (Geschäftsrundschreiben, Bekanntmachungen, Pläne etc.)*

Kasten 20 Zahlungsverkehr, Geldwert, Kursdifferenz, Wechsel, Zahlungsanweisungen
Kasten 21 Kommissionsbuchhandel, Barsortiment, Bestellanstalt
Kasten 22 Verkehrsordnung, Messezahlung, Buchhändlerbank
Kasten 92 Hilfspersonal: Markthelfer und Laufburschen

SÄCHSISCHES STAATSARCHIV LEIPZIG (Sächs. StAL)

Bestand Börsenverein der Deutschen Buchhändler zu Leipzig 1825 ff.

532 Verein Leipziger Kommissionäre 1888–1914 (Statuten, Mitgliederlisten,
Briefwechsel mit dem Börsenverein)
826 Barsortimente und Kommissionsbuchhandel des Koehler-Volckmar-Konzerns
nach 1931
827 Großbuchhandel nach 1923

2.3.13.21 Bestand Koehler & Volckmar Leipzig 1877–1953

1. Leitung und Organisation
1.1. Gründung, Rechtsstellung, Verflechtung mit anderen Unternehmen

6 Handelsregisterauszüge 1880–1923
8 Vereinbarungen und Korrespondenzen im Volckmar-Konzern 1901–1945
9 Gesellschaftsverträge des Volckmar-Konzerns 1900–1940
10 Juristische und wirtschaftliche Gründung der Koehler und Volckmar AG 1918–1919
11 Gründung der Koehler & Volckmar AG und Co., 1920–1921
13 Umgründung der Firma Koehler und Volckmar in die Koehler & Volckmar AG & Co. 1921–1926, 1932–1948
14 Programme über die Leitung und die weitere Entwicklung des Koehler und Volckmar Konzerns 1923
33 Korrespondenzen, Entwürfe und Vollmachten über Fusion der Koehler & Volckmar Firmen Berlin und Stuttgart 1917
34 Fusion der Kommissionsgeschäfte 1918–1948
35 Fusion der Kommissionsgeschäfte 1921–1923
36 Fusion der Kommissionsgeschäfte 1921–1923
37 Protokolle über die Fusion der Kommissionsgeschäfte 1922
38 Fusion der Kommissionsgeschäfte 1922–1941
41 Fusion der Kommissionsgeschäfte im Volckmarhaus 1922
44 Umgründung der K. F. Koehler GmbH in K.F. Koehler Verlags GmbH, 1925–1936
45 Verlagsfusion (Koehler-Verlagsgruppe) 1926
47–49 Fusion des Koehler und Amelang Verlages (47: 1921–1925, 48: 1924–1925, 49: 1924–1927)
55 Gründungsvorgang der Koch, Oetinger GmbH 1907–1908, 1938–1939
56 Notarielles Protokoll über die Umgründung der Koch, Oetinger GmbH in die Koch, Neff, Oetinger GmbH 1917–1918
57 Entwicklung der Koch, Neff-Oetinger GmbH 1918–1929
58 Verträge, Protokolle, Korrespondenzen 1920–1947
69 Umgründungsprotokolle 1938–1939, (1938–1942)
107 Ausscheiden Hermann v. Hases als Vorstandsmitglied der Koehler und Volckmar AG und Neugründung der Kommanditgesellschaft v. Hase und Koehler aus dem Verlag Koehler & Amelang 1938
233 Auseinandersetzungen zwischen Koehler und Volckmar zur Fusionierung und Betriebsführung

1.2. Leitungsorgane, Protokolle

17 Generalversammlungsprotokolle, Anmeldungen zum Handelsregister 1919–1929
18 Generalversammlungsprotokolle der Koehler und Volckmar AG 1924–1947
19 Protokoll vom 23.12.1931 (sogenanntes Weihnachtsprotokoll) 1931–1932
20 Protokoll vom 31.12.1933 (sogen. Silvesterprotokoll) 1933–1934
21 Protokolle der Aufsichtsratssitzungen 1918–1944, 1946–1947
22 Protokolle, Korrespondenzen, Verträge (Inhaltsverzeichnis vorhanden) 1919
23 Protokolle über Betriebsbesprechungen der Koehler & Volckmar AG 1920
24 Protokolle der Betriebsbesprechungen der Koehler & Volckmar AG und der K. F. Koehler KG, enthalten auch Monatsberichte der Kommissionsgeschäfte 1922

25 Chefbesprechungsprotokolle, enthalten u. a. Protokolle von Betriebsbesprechungen der K & V AG & Co, Besprechungen der Kommissionsgeschäfte, Monatsberichte der Kommissionsgeschäfte 1921

26 Chefbesprechungsprotokolle 1922

27 Chefbesprechungsprotokolle, 1923

28 Chefbesprechungsprotokoll 25.9.1925

29 Chefbesprechungsprotokoll, enthalten auch Betriebsbesprechungsprotokolle 1925

30 Chefbesprechungsprotokolle

63 Protokolle von Gesellschaftsversammlungen und Besprechungen über den Graf-Eberhard-Bau, 1908–1935

118 Besetzung der Konzern-Zentrale mit Starkloff und Gartmann

1.3. Betriebsorganisation

7 Geschäftskorrespondenzen 1899–1900

1.4. Vergleichsverfahren und Klagesachen

14/1 Beantwortung der Fragen der Reichsschrifttumskammer zur Konzernbildung 1936, enthalten u. a. Ahnennachweise für Hans Volckmar und Theodor Volckmar-Frentzel

46 Umgründung des K. F. Koehler-Verlags von einer Kommanditgesellschaft in eine OHG

96 Zusammenfassung der wichtigsten Tatsachen in der Streitsache Hermann v. Hases gegen die Zentrale der Koehler-Volckmar Firmen 1936

97 Ausscheiden v. Hases und Wolfgang Koehlers aus dem K & V Konzern, enthalten auch: Kommanditgesellschaftsvertrag zwischen F. Haag und der Offizin Haag-Drugulin 1.1.1937, 1937

98 Ausschluss- bzw. Auflösungsklage Lily und Kurt Koehlers gegen Hermann v. Hase 1937

99–103 Schiedsklage der Koehler und Volckmar AG gegen Hermann v. Hase (99: 1933–1938, 100: 1937, 101: 1937–1938, 102: 1937–1938, 103: 1938)

104 Schiedsklage der Koehler & Volckmar AG gegen v. Hase, enthalten auch: Klage Neff und Koehler gegen die Koehler und Volckmar AG 1938

105 Vergleichsverfahren Lily Koehler und Hermann v. Hase 1938

106 Schiedsklage der Koehler-Volckmar AG gegen Hermann v. Hase 1938

108 Gesamtvergleich v. Hase, enthalten u. a. Auseinandersetzungen zwischen der Koehler und Volckmar AG und ihrem Vorstandsmitglied Hermann v. Hase, Auseinandersetzungen zwischen den Gesellschaftern der OHG K. F. Koehler-Verlag, Auseinandersetzungen zwischen der Firma Neff und Koehler und K. F. Koehler und ihren scheidenden Gesellschaftern 1938–39

111 Anfechtungsklage Neff und Koehler gegen die Koehler und Volckmar AG 1938

112 Auseinandersetzungen wegen der Beflaggung der Konzern-Häuser mit Hakenkreuzfahnen 1933–1937

1.5. Verbindungen zur Reichsschrifttumskammer

113 Korrespondenzen Hans Volckmars mit dem Präsidenten der Reichsschrifttumskammer wegen Ausschluss aus dem Bund Reichsdeutscher Buchhändler 1935–1937

114 Schriftwechsel mit der Reichsschrifttumskammer über die Verhinderung der Verbreitung unerwünschten Schrifttums 1936

115 Verhandlungen und Korrespondenzen mit der Reichsschrifttumskammer wegen Ausschluss Theodor Volckmar-Frentzels 1936–1937

116 Ausschluss Theodor Volckmar-Frentzels aus der Reichsschrifttumskammer 1936–37

117 Anzeige der Firma K. F. Koehler durch v. Hase bei der Reichsschrifttumskammer wegen Umgründung des K. F. Koehler-Verlags 1936–37

119 Überprüfung der Verlagstätigkeit durch Gunther Haupt, Beauftragter der Reichsschrifttumskammer 1937

120 Entscheidung des Präsidenten des Reichsschrifttumskammer gegen Theodor Volckmar-Frentzel zum Ausschluss aus der Reichsschrifttumskammer 1937

121 Entscheidung des Präsidenten der Reichsschrifttumskammer gegen Hans Volckmar 1937

122 Ausschluss des Verlegers Theodor Volckmar-Frentzel aus der Reichsschrifttumskammer 1937

123 Differenzen des K. F. Koehler Verlags nach der Umgründung in eine OHG mit der Reichsschrifttumskammer, enthalten auch Denkschrift zur Entwicklung der Firmenverhältnisse des K. F. Koehler Verlages 1937–38

1.6. Persönliche und Familienangelegenheiten der Unternehmer

2 Urkunden und Notizen betr. der Unternehmerfamilie Koehler 1808–1923

3 Genealogische Tafeln der Familien Volckmar und Voerster (13.–20. Jh.)

4 Wertpapiere der Firma, enthalten u. a. Vermächtnisse, Testamente, Urkunden, Gesellschaftsverträge 1854–1901

5 Unterlagen zur finanziellen Entwicklung der Firma

40 Vollmacht für Hermann v. Hase zur Vertretung der Firma K. F. Koehlers Antiquarium, enthalten u. a. Exposé über Personalabbau im Barsortiment, Fusionsplan mit R. Streller 1920

51 Finanzielle Regelung bei der Umgründung des Koehler & Amelang Verlages zwischen v. Hase und Koehler 1938–1939

54 Staackmann-Transaktionen 1934

60 Frühjahrs- und Herbsttransaktionen 1929

61 Frühjahrstransaktionen 1932

62 Weihnachtstransaktionen 1932, Frühjahrstransaktionen 1933

74 Transaktionen der Firma Streller, 1934–1946

STADTARCHIV LEIPZIG (StadtAL)

Kapitelakten
Kap. 35, Nr. 1337 Bestand Verein Leipziger Kommissionäre 1884 ff.

Titelakten
102 neue Organisation der Bücherkommission betr. 1831

103 der von den Herrn Buchhandlungs-Deputierten gebetene Beisitz bei der Bücherkommission 1833

106 Angelegenheiten des Zensurkollegiums (6 Bde.) 1831–1836

107 Angelegenheiten der Bücherkommission (2 Bde.) 1830–1836

112 Konferenzen der Bücherkommission 1835

120 Antrag der Buchhandlungs-Deputierten auf unmittelbare und beständige Teilnahme an den Verhandlungen der Bücherzensur 1830

BUNDESARCHIV BERLIN (BArch)

Reichsschrifttumskammer R 56 V

96 Verleihung der Goethe-Medaille und des Adlerschildes des Deutschen Reiches
158 Bericht über die für die Überwachung des Buchimports geleistete Vorarbeit

Akte Koehler & Volckmar AG & Co.
Akte Volckmar, Fr., Kommissionsgeschäft

Personalakten des ehemaligen Berlin Document Center (BDC):
Haupt, Gunther
Volckmar-Frentzel, Theodor (3 Ordner)

FIRMENARCHIV KOCH, NEFF & OETINGER & CO. GMBH / PRIVATARCHIV JÜRGEN VOERSTER

Das Verhalten von Georg v. Hase und die Verwirkung seiner Pensionsansprüche.
Als Manuskript gedruckt, Stuttgart 1958.

FIRMENARCHIV HAUS SAUERLÄNDER, AARAU (FaHS)

Briefkopierbücher

A 22/23 Briefkopierbücher 1805–69
          16 Briefe von Koehler, K. F. an Sauerländer, H. R. 1827–78

Verwaltung: Geschäfts- und Kassenbücher 1824–58

A 26 Leipziger Meß-Cassa-Buch 1824–61
          Wechsel von den Leipziger Ostermessen 1839–78

Gedruckte Quellen und Literatur

Achmann, Klaus und Hartmut Bühl: 20. Juli 1944. Lebensbilder aus dem militärischen Widerstand, 3. erw. Aufl., Hamburg: E. S. Mittler & Sohn 1999 (zit.: Achmann / Bühl: 20. Juli 1944).

Aigner, Dietrich: Die Indizierung „schädlichen und unerwünschten Schrifttums" im Dritten Reich, Sonderdruck aus: Archiv für Geschichte des Buchwesens, Frankfurt am Main 1971, Sp. 934–1034 (zit.: Aigner: Indizierung).

Barbian, Jan-Pieter: Literaturpolitik im „Dritten Reich". Institutionen, Kompetenzen, Betätigungsfelder, Sonderdruck aus: Archiv für Geschichte des Buchwesens, Frankfurt am Main: Buchhändler-Vereinigung 1993 (zit.: Barbian: Literaturpolitik).

Ders.: Von der Selbstanpassung zur nationalsozialistischen „Gleichschaltung", in: Buchhandelsgeschichte 2/1993, Frankfurt am Main, B41–B55 (zit.: Barbian: Selbstanpassung).

Ders.: Der Börsenverein in den Jahren 1933 bis 1945, in: Füssel, Stephan u.a. (Hg.): Der Börsenverein des Deutschen Buchhandels. Ein geschichtlicher Aufriss, Frankfurt am Main 2000, S. 91–117 (zit.: Barbian: Börsenverein).

Baur, Karl: Wenn ich so zurückdenke ... Ein Leben als Verleger in bewegter Zeit, München: Deutscher Taschenbuchverlag 1985 (zit.: Baur: Wenn ich so zurückdenke).

Becker, Heinrich: Zwischen Wahn und Wahrheit. Autobiographie, 2. Aufl., Berlin: Verlag der Nation 1974 (zit.: Becker: Wahn und Wahrheit).

Bez, Thomas: Zwischenbuchhandel, in: Der Stuttgarter Buchhandel im 20. Jahrhundert, Stuttgart 1997, S. 91–114 (zit.: Bez: Zwischenbuchhandel).

Börsenblatt für den Deutschen Buchhandel, Leipzig 1834 ff. (zit. BBl.).

Bollmus, Reinhard: Das Amt Rosenberg und seine Gegner. Zum Machtkampf im nationalsozialistischen Herrschaftssystem, zugl. Studien zur Zeitgeschichte, Stuttgart: Deutsche Verlags-Anstalt 1970 (zit.: Bollmus: Amt Rosenberg).

Bräutigam, Petra: Mittelständische Unternehmer im Nationalsozialismus. Wirtschaftliche Entwicklungen und soziale Verhaltensweisen in der Schuh- und Lederindustrie Badens und Württembergs, München: Oldenbourg 1997 (zit.: Bräutigam: Mittelständische Unternehmer).

Buchheim, Hans u.a.: Anatomie des SS-Staates, 7. Aufl., München: Deutscher Taschenbuchverlag 1999 (zit.: Buchheim: Anatomie).

Carlsohn, Erich: Lebensbilder Leipziger Buchhändler. Erinnerungen an Verleger, Antiquare, Exportbuchhändler, Kommissionäre, Gehilfen und Markthelfer, Meersburg: List & Francke 1987 (zit.: Carlsohn: Lebensbilder).

Dahm, Volker: Anfänge und Ideologie der Reichskulturkammer. Die „Berufsgemeinschaft" als Instrument kulturpolitischer Steuerung und sozialer Reglementierung, in: Vierteljahresheft für Zeitgeschichte 1986, S. 53–84 (zit.: Dahm: Reichskulturkammer).

Ders.: Das jüdische Buch im Dritten Reich, 2. Aufl., München: C. H. Beck 1993 (zit.: Dahm: Das jüdische Buch).

Ders.: Ein Kampf um Familienerbe und Lebenswerk. Otto Wilhelm Klemm und die Reichsschrifttumskammer, 1937–1939, in: Buchhandelsgeschichte 3/1997, Frankfurt am Main, B152–B159 (zit.: Dahm: Kampf).

Degener, Hermann A. L. (Hg.): Wer ist's? Unsere Zeitgenossen, 10. Ausgabe, 1935 (zit.: Degener: Wer ist's?).

Dohle, Vera: „Lager gebundener Bücher – eine Auswahl der gangbarsten Werke sämmtlich neu und elegant gebunden". Die Barsortimente zwischen 1852 und 1952, zugl. Magisterarbeit Universität München, Maschinenschrift, München 1991 (zit.: Dohle: Barsortiment).

Erker, Paul: Industrie-Eliten in der NS-Zeit. Anpassungsbereitschaft und Eigeninteresse von Unternehmern in der Rüstungs- und Kriegswirtschaft 1936–1945, Passau: Wissenschaftsverlag Rothe 1993 (zit.: Erker: Industrie-Eliten).

Ders. und Toni Pierenkemper (Hg.): Deutsche Unternehmer zwischen Kriegswirtschaft und Wiederaufbau. Studien zur Erfahrungsbildung von Industrie-Eliten, München: Oldenbourg 1999 (zit.: Erker / Pierenkemper: Deutsche Unternehmer).

Faustmann, Uwe Julius: Die Reichskulturkammer. Aufbau, Funktion und Grundlagen einer Körperschaft des öffentlichen Rechts im nationalsozialistischen Regime, als Manuskript gedruckt, Aachen: Shaker 1995 (zit.: Faustmann: Reichskulturkammer).

Fernau, Curt: Der Leipziger Platz und seine buchhändlerischen Einrichtungen, Leipzig: Verein Leipziger Kommissionäre 1931 (zit.: Fernau: Der Leipziger Platz).

Franke, Richard Walter, Zensur und Preßaufsicht in Leipzig 1830–1848. Mit einem Überblick über die gleichzeitige sächsische Preßgesetzgebung, zugl. philosophische Dissertation Universität Leipzig, Leipzig: Börsenverein 1930 (zit.: Franke: Preßaufsicht).

Franz, Lutz: Die Konzentrationsbewegung im deutschen Buchhandel, Heidelberg: C. Winter 1927 (zit.: Franz: Konzentrationsbewegung).

Friedlaender, Saul u.a.: Bertelsmann im Dritten Reich, München: Bertelsmann 2002 (zit.: Friedlaender: Bertelsmann).

Friese, Karl: Leipzig als Bücherstadt, Manuskript, Leipzig 1929 (zit.: Friese: Leipzig).

Füssel, Stephan u.a. (Hg.): Der Börsenverein des Deutschen Buchhandels 1825–2000. Ein geschichtlicher Aufriss, Frankfurt am Main 2000 (zit.: Füssel: Börsenverein).

Gall, Lothar und Manfred Pohl (Hg.): Unternehmen im Nationalsozialismus, München: C. H. Beck 1998 (zit.: Gall / Pohl: Unternehmen).

Gottschling, Erich: Zwei Jahre hinter Klostermauern. Aus den Aufzeichnungen eines ehemaligen Dominikaners, Leipzig: K. F. Koehler 1935 (zit.: Gottschling: Klostermauern).

Hase, Georg von: Die zwei weißen Völker! Kiel und Skagerrak. Deutsch-englische Erinnerungen eines Deutschen Seeoffiziers mit zwei Gefechtsskizzen, Leipzig: K. F. Koehler 1923 (zit.: Hase: Völker).

Ders.: Der Sieg der deutschen Hochseeflotte am 31. Mai 1916, Leipzig: K. F. Koehler 1934 (zit.: Hase: Hochseeflotte).

Ders.: Unsere Hauschronik. Geschichte der Familie Hase in fünf Jahrhunderten, Zweiter Teil: Von den Jahren 1898 bis 1960, Marburg an der Lahn: Privatdruck des Haseschen Familienbundes, 1960 (zit.: Hase: Hauschronik).

Hase, Hellmuth von: Breitkopf & Härtel. Gedenkschrift und Arbeitsbericht, Dritter Band 1918 bis 1968, Wiesbaden: Breitkopf & Härtel 1968 (zit.: Hase: Breitkopf & Härtel).

Hase, Hermann von: Die rechtliche Stellung des Vorerben zur Erbschaft nach deutschem bürgerlichen Gesetzbuch, zugl. jur. Dissertation Universität Leipzig, Leipzig: Breitkopf & Härtel 1904 (zit.: Hase: Erbschaft).

Heiber, Helmut (Hg.): Goebbels-Reden, Bd. 1: 1932–1939, Bd. 2: 1939–1945, Düsseldorf: Droste 1971, 1972 (zit.: Heiber: Goebbels-Reden, Bd. [x]).

Heß, A.: Die weltwirtschaftliche Bedeutung Leipzigs als Zentrale des deutschen Buchhandels, Leipzig: Verein Leipziger Kommissionäre 1925 (zit.: Heß: Leipzig).

Hinkel, Hans (Hg.): Handbuch der Reichskulturkammer, Berlin: Deutscher Verlag für Politik und Wirtschaft GmbH 1937 (zit.: Hinkel: Reichskulturkammer).

Höhne, Heinz: Der Orden unter dem Totenkopf. Die Geschichte der SS, Augsburg: Weltbild-Verlag 1997 (zit.: Höhne: Totenkopf).

Hohlfeld, Johannes: Genealogische Tafeln der Familie Volckmar. Der Familien-Ältesten Frau Antonie Volckmar geb. Vogel zum Eintritt in ihr 90. Lebensjahr in Verehrung dargebracht, Leipzig 1926 (zit.: Hohlfeld: Genealogische Tafeln Volckmar).

Jäger, Georg (Hg.): Geschichte des Deutschen Buchhandels im 19. und 20. Jahrhundert, Band 1: Das Kaiserreich 1870–1918, Teil 1, Frankfurt am Main: Buchhändler-Vereinigung GmbH 2001 (zit.: Jäger: Geschichte).

Joly, Hervé: Großunternehmer in Deutschland. Soziologie einer industriellen Elite 1933–1989, Leipzig: Leipziger Universitätsverlag 1998 (zit.: Joly: Großunternehmer).

Jordan, Paul: Der Zentralisations- und Konzentrationsprozeß im Kommissionsbuchhandel, Jena: Gustav Fischer 1911 (zit.: Jordan: Konzentrationsprozeß).

Kästner, Albrecht: Zu einigen Problemen des deutschen Buchhandels, insbesondere der Konzentrationsbewegung des Kommissionsbuchhandels – dargestellt am Beispiel des Koehler & Volckmar Konzerns, zugl. Diplomarbeit an den Historischen Instituten der Karl-Marx-Universität, Leipzig 1965 (zit.: Kästner: Konzentrationsbewegung).

Kapp, Arno: Streik der Angestellten im Leipziger Buchhandel, Leipzig: Selbstverlag 1919 (zit.: Kapp: Streik).

Kapp, Friedrich und Johann Goldfriedrich: Geschichte des Deutschen Buchhandels, 4 Bde., Leipzig Börsenverein 1886–1913 (zit.: Kapp-Goldfriedrich: Geschichte des Deutschen Buchhandels, Bd. [x]).

Kater, Michael H.: Das „Ahnenerbe" der SS 1935–1945. Ein Beitrag zur Kulturpolitik des Dritten Reiches, zugl. Studien zur Zeitgeschichte Bd. 6, München: Oldenbourg 1997 (zit.: Kater: Ahnenerbe der SS).

Keiderling, Thomas (Hg.): Das Memorandum der Leipziger Kommissionäre von 1846, Kornwestheim bei Stuttgart: Brockhaus Commission 1999 (zit.: Keiderling, Memorandum).

Ders.: Modernisierung des Leipziger Kommissionsbuchhandels 1830 bis 1888, zugl. Schriften zur Wirtschafts- und Sozialgeschichte Bd. 58, Berlin: Duncker & Humblot 2000 (zit.: Keiderling: Kommissionsbuchhandel).

Ders. (Hg.): Betriebsfeiern bei F. A. Brockhaus. Wirtschaftliche Festkultur im 19. und frühen 20. Jahrhundert, Beucha: Sax-Verlag 2001 (zit.: Keiderling: Betriebsfeiern).

Knopf, Sabine und Volker Titel: Der Leipziger Gutenbergweg. Geschichte und Topographie einer Buchstadt, Beucha: Sax-Verlag 2001 (zit.: Knopf / Titel: Gutenbergweg).

Das neue Geschäftshaus der Firma K. F. Koehler in Leipzig, Leipzig: K. F. Koehler 1894 (zit.: Koehler 1894).

Koehler, K. F. [Firma]: Das Buchhandlungshaus K. F. Koehler in 146 Jahren (1789–1914), Leipzig: K. F. Koehler 1914 (zit.: Koehler 1914).

Koehler, K. F. [Firma]: Aus der Geschichte des Verlages K. F. Koehler, Leipzig: K. F. Koehler 1925 (zit.: Koehler 1925)

Koehler & Volckmar Leipzig – Stuttgart – Berlin, Leipzig: Koehler & Volckmar ca. 1934 (zit.: Koehler & Volckmar 1934).

Kohlhammer, Walter D.: Der Kommissionär im Buchhandel, Stuttgart: Eigenverlag 1904 (zit.: Kohlhammer: Kommissionär).

Lexikon des gesamten Buchwesens, Hg. Von Severin Corsten u.a., 2. Auflage, Stuttgart: Hiersemann 1985 ff. (zit.: Lexikon Buchwesen, Bd.).

Liste 1 des schädlichen und unerwünschten Schrifttums. Gemäß § 1 der Anordnung des Präsidenten der Reichsschrifttumskammer vom 25. April 1935 bearbeitet und herausgegeben von der Reichsschrifttumskammer. Stand vom Oktober 1935 („Streng vertraulich! Nur für den Dienstgebrauch") Berlin o.J. (zit.: Liste 1: Oktober 1935).

Liste 1 des schädlichen und unerwünschten Schrifttums. Nachträge I–III. Stand vom 10. Juni 1936 („Streng vertraulich! Nur für den Dienstgebrauch") Berlin o.J. (zit.: Liste 1: Nachträge 1936).

Lokatis, Siegfried: Hanseatische Verlagsanstalt. Politisches Buchmarketing im „Dritten Reich", in: Archiv für Geschichte des Buchwesens, Bd. 38/1992, Frankfurt am Main: Buchhändler-Vereinigung, S. 1–190 (zit.: Lokatis: Hanseatische Verlagsanstalt).

Lorck, Carl Berend, Leipzig als Sitz des Börsen-Vereins und des buchhändlerischen Commissionsgeschäfts, in: ders., Die Druckkunst und der Buchhandel in Leipzig durch vier Jahrhunderte, Leipzig: J. J. Weber 1879 (zit.: Lorck: Leipzig).

Martin, Rudolf: Jahrbuch des Vermögens und Einkommens der Millionäre im Königreich Sachsen, Berlin: Eigenverlag 1912 (zit.: Martin: Jahrbuch der Millionäre Sachsen).

Menz, Gerhard (Hg.): Deutsche Buchhändler. Vierundzwanzig Lebensbilder führender Männer des Buchhandels, Leipzig: Werner Lehmann Verlag 1925 (zit.: Menz: Buchhändler).

Meyer, Friedrich Hermann: Die Organisation und der Geschäftsbetrieb des Deutschen Buchhandels, 2. Aufl., Leipzig: Waldow 1875 (zit.: Meyer: Geschäftsbetrieb).

Meyer-Dohm, Peter und Wolfgang Strauß (Hg.): Handbuch des Buchhandels, Bd. 4 (Übrige Formen des Bucheinzelhandels – Zwischenbuchhandel und Buchgemeinschaft), Wiesbaden, Gütersloh 1977, S. 361–405 (zit.: Meyer-Dohm: Handbuch).

Molau, Andreas: Alfred Rosenberg. Der Ideologe des Nationalsozialismus. Eine politische Biografie, Koblenz: Verlag Siegfried Bublies 1993 (zit.: Molau: Rosenberg).

Mommsen, Hans: Beamtentum im Dritten Reich. Mit ausgewählten Quellen zur nationalsozialistischen Beamtenpolitik, zugl. Schriftenreihe der Vierteljahreshefte für Zeitgeschichte Bd. 13, Stuttgart: Deutsche Verlags-Anstalt 1966 (zit.: Mommsen: Beamtentum).

Müller, Max: Der Kommissionär im Buchhandel, Maschinenschrift, Leipzig 1921 (zit.: Müller: Kommissionär).

Niewöhner, Emil: Der Konzentrationsprozeß im deutschen Kommissionsbuchhandel unter besonderer Berücksichtigung des Leipziger Platzes, Stuttgart: C. E. Poeschel 1935 (zit.: Niewöhner: Konzentrationsprozeß).

Ders.: Kommissionsbuchhändlerische Arbeit an Buch und Zeitschrift, Stuttgart: C. E. Poeschel 1940 (zit.: Niewöhner: Kommissionsbuchhändlerische Arbeit).

Ders.: Entwicklungsprobleme des Leipziger Zwischenbuchhandels, Jena: Gustav Fischer Verlag 1941 (zit.: Niewöhner: Entwicklungsprobleme).

Paul, Gerhard und Klaus-Michael Mallmann (Hg.): Die Gestapo – Mythos und Realität, Darmstadt: Primus Verlag 1996 (zit.: Paul / Mallmann: Gestapo).

Pfau, Karl Friedrich, Biographisches Lexikon des deutschen Buchhandels der Gegenwart, Leipzig: F. Pfau 1890 (zit.: Pfau: Biographien).

Pfeiffer, Hermann: Der deutsche Buchhandel seine Organisation und seine Einrichtungen, Dessau: C. Dünnhaupt Verlag 1928 (zit.: Pfeiffer: Buchhandel).

Presse in Fesseln. Eine Schilderung des NS-Pressetrusts [Eine Gemeinschaftsarbeit des Verlags auf Grund authentischen Materials] Berlin: Verlag Archiv und Kartei 1948 (zit.: Presse und Fesseln).

Rosenberg, Alfred: An die Dunkelmänner unserer Zeit. Eine Antwort auf die Angriffe gegen den „Mythos des 20. Jahrhunderts", 6. Aufl., München: Hohenzeichen-Verlag 1935 (zit.: Rosenberg: Dunkelmänner).

Rürup, Reinhard (Hg.): Topographie des Terrors. Gestapo, SS und Reichssicherheitshauptamt auf dem „Prinz-Albrecht-Gelände". Eine Dokumentation, 3. verb. Auflage, Berlin: Arenhörel 1987 (zit.: Rürup: Topographie des Terrors).

Sarkowski, Heinz und Wolfgang Jeske: Der Insel Verlag 1899–1999. Die Geschichte des Verlags, Frankfurt am Main und Leipzig: Insel 1999 (zit.: Sarkowski / Jeske: Insel).

Schmidt, Rudolf, Deutsche Buchhändler, deutsche Buchdrucker. Beiträge zur Firmengeschichte des deutschen Buchgewerbes. Berlin: Franz Weber 1902–1908, Nachdruck, Hildesheim 1979 (zit.: Schmidt: Biographien).

Schroeder, Werner: Der Buchhändler als Zensor. Erich Carlsohn und das Rußland-Lektorat des Sicherheitsdienstes der SS (SD), in: Buchhandelsgeschichte 2/1998, Frankfurt am Main, B92–B104 (zit.: Schroeder: Zensor).

Schütz, Waldemar (Hg.): Chronologie Deutsche Geschichte im 20. Jahrhundert. Geprägt durch Ersten Weltkrieg, Nationalsozialismus, Zweiten Weltkrieg, Rosenheim: Kultur- und Zeitgeschichte 1990 (zit.: Schütz: Chronologie Deutsche Geschichte).

Schütz, Waldemar (Hg.): Lexikon Deutsche Geschichte im 20. Jahrhundert. Geprägt durch Ersten Weltkrieg, Nationalsozialismus, Zweiten Weltkrieg, Rosenheim: Kultur- und Zeitgeschichte 1990 (zit.: Schütz: Lexikon Deutsche Geschichte).

Schulz, Otto August: Adreßbuch für den Deutschen Buchhandel, Leipzig 1839 ff. (zit.: Schulz, Adreßbuch).

Seifert, Otto: Die große Säuberung des Schrifttums. Der Börsenverein der Deutschen Buchhändler zu Leipzig 1933 bis 1945, Schkeuditz: GNN-Verlag 2000 (zit.: Seifert: Säuberung).

Sickel, Karl-Ernst: Leipzigs Entwicklung zum Umschlagplatz des deutschen Buchhandels, in: Merseburger, Georg (Hg.): Leipziger Jahrbuch, Leipzig 1940, S. 98–108 (zit.: Sickel: Umschlagplatz).

Starkloff, Johannes: Theodor Volckmar-Frentzel 75 Jahre, in: Börsenblatt für den Deutschen Buchhandel Nr. 15, 21.02.1967, S. 330–332 (zit.: Starkloff: Volckmar-Frentzel).

Stockhorst, Erich: Fünftausend Köpfe. Wer war was im 3. Reich? Kiel: Arndt-Verlag 1967 (zit.: Stockhorst: Wer war was?).

Umlauff, Ernst: Beiträge zur Statistik des deutschen Buchhandels, Leipzig: Börsenverein 1934 (zit.: Umlauff: Statistik).

Verein Leipziger Kommissionäre. Beiträge zum 50jährigen Jubiläum, Leipzig Verein Leipziger Kommissionäre 1934, in: Börsenblatt für den Deutschen Buchhandel Nr. 19, 23.1.1934, Beilage (zit.: Verein Leipziger Kommissionäre 1934).

Verzeichnis der Verlagsfirmen, die in Leipzig ausliefern lassen und für den „Empfohlenen Verkehr" in Frage kommen. Zusammengestellt vom Verein Leipziger Kommissionäre, Leipzig 1921 (zit.: Verzeichnis der Verlagsfirmen, 1921).

Volckmar, Fr. [Firma]: Die Entwicklung des Hauses F. Volckmar und der mit ihm verbundenen Firmen. Leipzig, in: Kantate, Taschenbuchalmanach für Buchhändler, Leipzig: R. Hintzsche 1910 (zit.: Volckmar 1910).

Volckmar-Frentzel, Theodor: In den Stürmen der Zeit. Zur Geschichte des Hauses Volckmar 1829–1954, Stuttgart: K. F. Koehler 1954 (zit.: Volckmar-Frentzel: Stürme).

Ders.: Grundlagen des Verkehrs über Kommissionär. Ein Beitrag zum Problem der Rationalisierung, Köln und Stuttgart: Koehler & Volckmar und KNOe 1955 (zit.: Volckmar-Frentzel: Grundlagen 1955).

Ders.: An unsere Herren Geschäftsfreunde vom Verlag. Grundlagen geordneter Beziehungen zwischen Verlag und Zwischenbuchhandel, Köln und Stuttgart: Koehler & Volckmar und KNOe 1956 (zit.: Volckmar-Frentzel: Grundlagen 1956).

Warmuth, Ludwig (Hg.): Taschen-Jahrbuch für den großdeutschen Buchhandel, Berlin: Otto Elsner Verlagsgesellschaft 1937–1942 (zit.: Warmuth: Taschen-Jahrbuch [Jahr]).

Weiß, Hermann (Hg.): Biographisches Lexikon zum Dritten Reich, überarbeitete Neuausgabe, Frankfurt am Main: Fischer-Taschenbuch-Verlag 2002 (zit.: Weiß: Biographisches Lexikon).

Wendt, Bernd Jürgen: Deutschland 1933–1945. Das „Dritte Reich". Handbuch zur Geschichte, Hannover: Fackelträger-Verlag 1995 (zit.: Wendt: Das Dritte Reich).

Weshalb verkehrt man über Leipzig? Eine Zusammenstellung der wirtschaftlichen Vorteile des Verkehrs über Leipzig nebst einer zahlenmäßigen Gegenüberstellung der Kosten des direkten Verkehrs, Leipzig: Verein Leipziger Kommissionäre 1925, 1926, 1931 (zit.: Weshalb? [Jahr]).

Wie verkehrt man über Leipzig? Die Technik des Verkehrs über Leipzig, Leipzig: Verein Leipziger Kommissionäre 1931 (zit.: Wie? [Jahr]).

Die Wirtschaftlichkeit des Verkehrs über Leipzig, Leipzig: Verein Leipziger Kommissionäre 1922 (zit.: Wirtschaftlichkeit 1922).

Wistrich, Robert: Wer war wer im Dritten Reich. Anhänger, Mitläufer, Gegner aus Politik, Wirtschaft, Militär, Kunst und Wissenschaft, München: Harnack Verlag 1983 (zit.: Wistrich: Wer war wer).

Wittmann, Reinhard: Geschichte des deutschen Buchhandels, München: C. H. Beck 1999 (zit.: Wittmann: Buchhandel).

Ziegler, Johannes, Carl Friedrich David Voerster, in: Adressbuch des Deutschen Buchhandels, Leipzig 1909 (zit.: Ziegler: Voerster).

Zwahr, Hartmut: Leipzig im Übergang zur bürgerlichen Gesellschaft (1763–1871), in: Sohl, Klaus (Hg.): Neues Leipzigisches Geschicht-Buch, Leipzig 1990, S. 132–179 (zit.: Zwahr: Leipzig im Übergang).

Zum Autor:

Geboren 1967, Studium der Geschichte, Journalistik und Kulturwissenschaften in Leipzig und Newcastle upon Tyne (Großbritannien), M. A. 1995 und Promotion 1999, seitdem wissenschaftlicher Mitarbeiter und Assistent an der Universität Leipzig. Er gilt als ein Kenner der Buch- und Unternehmensgeschichte.

Veröffentlichungen (Auswahl):

„Zur Post. Zur Fuhre". Konkurrenz und Kooperation zwischen Post und Buchhandel im 19. Jahrhundert, in: Wolfenbütteler Notizen zur Buchgeschichte 1/1998

Das Memorandum der Leipziger Kommissionäre von 1846 (1999)

Leipzig als Vermittlungs- und Produktionszentrum englischsprachiger Literatur zwischen 1815 und 1914, in: Bachleitner, Norbert (Hg.): Beiträge zur Rezeption der britischen und irischen Literatur des 19. Jahrhunderts im deutschsprachigen Raum (2000)

Die Modernisierung des Leipziger Kommissionsbuchhandels von 1830 bis 1888 (2000)

Leipziger Buchmessen und Buchhändlermessen – Kontinuität im Wandel von fünf Jahrhunderten?, in: Zwahr, Hartmut u.a. (Hg.): Leipzig, Mitteldeutschland und Europa (2000)

Betriebsfeiern bei F. A. Brockhaus. Wirtschaftliche Festkultur im 19. und frühen 20. Jahrhundert (2001)

Johannes Gutenberg und Friedrich Koenig – zwei Pioniere des Druckmaschinenbaus. Zur Methodik der vergleichenden Biographie- und Innovationsforschung, in: Hettling, Manfred u.a. (Hg.): Figuren und Strukturen (2002)

Personen- und Firmenregister

Auf Grund häufiger Nennungen sind die Firmen Fr. Volckmar, K. F. Koehler, Koehler & Volckmar AG, Koehler & Volckmar AG & Co. und die Personen Georg von Hase, Dr. Hermann von Hase, Hans Volckmar sowie Theodor Volckmar-Frentzel nicht aufgeführt.

Betriebsfeiern bei F. A. Brockhaus
Wirtschaftliche Festkultur im 19. und frühen 20. Jahrhundert

Herausgegeben von Thomas Keiderling

192 Seiten, 30 Stiche und Fotografien, gebunden, 15 x 23 cm, Einbandbild tief geprägt, 1. Auflage 2001, 24 €, ISBN 3–934544–10–X

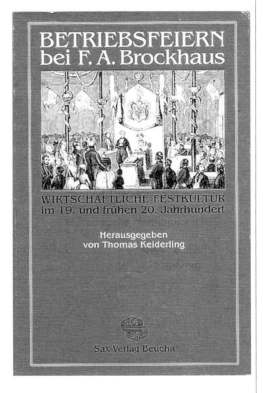

Was hier an historischer Recherche und Quellenedition zur Festkultur für einen einzelnen Betrieb vorgelegt wird, ist in derartig dichter Analyse und Dokumentierung ein Novum in der internationalen und firmengeschichtlichen Forschung. Betriebliche Festkultur über sechs Jahrzehnte, vom 25-jährigen Geschäftsjubiläum des Friedrich Brockhaus 1845 über die Totenfeier anlässlich des 100. Geburtstages des Firmengründers und das 50-jährige Geschäftsjubiläum von Heinrich Brockhaus in einem denkwürdigen Doppelfest 1872 bis zur Hundertjahrfeier der weltbekannten Firma 1905! Welchen Zielen diese Betriebsfeste dienten, welchen Anspruch sie hinaustrugen, wie sie ausgestaltet wurden, wer hier fest- und tischredete, Theaterstücke verfasste, Gedichte und Lieder vortrug – diesen Fragen wird nachgegangen, und tiefe Einblicke in Befindlichkeit und Selbstverständnis des deutschen Wirtschaftsbürgertums eröffnen sich. Feiern wurde im 19. Jahrhundert zu einer beliebten Erscheinung im Betrieb, doch nur wenige Unternehmen trauten sich so großartig wie Brockhaus zu feiern.

Die im Buch wiedergegebenen Dokumente sind größtenteils gedruckten Firmenschriften bzw. originalen Programmen entnommen, die sämtlich nicht im Buchhandel erschienen sind. Heute befinden sich diese gedruckten Handschriften – zum Teil Unikate – in Leipziger Bibliotheken und Sammlungen. Es sind einzigartige Zeugnisse der deutschen Festkultur. Fünf Unternehmerbiografien aus der Brockhaus-Geschichte beschließen den mit Bild-/Quellen-/Literaturverzeichnis und Personenregister versehenen Band.

Der Leipziger Gutenbergweg

Geschichte und Topographie einer Buchstadt

Von Sabine Knopf und Volker Titel

200 Seiten, 140 Fotografien und Karten/Stiche/Porträts, Klappenbroschur, 15 x 23 cm, fadengesiegelt, 1. Aufl. 2001, 18.– €, ISBN 3-934544-04-5

Der Gutenbergpfad ist in Mainz zu Hause, dort wo Johannes Gensfleisch zum Gutenberg vor 600 Jahren geboren wurde, den Buchdruck mit beweglichen Lettern erfand und Lebens- wie Wirkungsstätten, Museum und gleichnamige Gesellschaft an ihn erinnern. Leipzig hat derlei Personalia nicht zu bieten. Doch der genius loci einer alten großen Buchstadt, der „Mutter des deutschen Buchhandels", weht noch allenthalben, auch (oder gerade) nach den schweren Abbrüchen bei Kriegsende und im Gefolge der Wende. Wache Erinnerung an den „Leipziger Platz" ist im Antlitz der Stadt vorhanden: unterm Zeitpflaster im „lateinischen" Land um Nikolaikirche, Universität, Grimmaische und Ritterstraße wie auch im einst legendären Graphischen Viertel östlich des Augustusplatzes, im (Verleger-)Villenviertel der Tauchnitzstraße und auf Leipzigs Friedhöfen, im Pantheon der Bücherwelt. Überall dorthin führt der „Leipziger Gutenbergweg", den die beiden publizistisch und wissenschaftlich zur Buchhistorie arbeitenden Autoren in Text und Bild, kartografisch unterstützt, als ein gewichtiges Stück Topographie deutscher Buch- und Kulturgeschichte vorlegen, eingeleitet mit einem großen Überblick zur Geschichte der Buchstadt Leipzig.

In einem umfänglichen Anhang werden die Leipziger Standorte von Druckereien, Buchbindereien, Buchhandlungen und Verlagen sowohl in der Frühzeit (von 1490 bis nach 1800) als auch zu den Jahren 1868 und 1930 mit ihren Anschriften aufgelistet. Namenregister bieten gezielten Zugriff auf Personen, Familien und Firmen der Buchgeschichte und Druckbranche.